Nietzsche Werke
尼采全集

第2卷

[德]弗里德里希·尼采 著 杨恒达 译

人性的，太人性的
一本献给自由精灵的书

中国人民大学出版社
·北京·

总　序
尼采在当代中国的意义

弗里德里希·尼采（Friedrich Nietzsche，1844—1900）在当代中国也许是最著名的西方哲学家之一。尼采传入中国至今已百年有余，经历过多次的"尼采热"，影响广泛而深远，且经久不衰。现在，尼采的主要著作大多有好几个中文译本，拥有的读者不计其数。这种情况在其他西方思想家那里实属少见。

为什么尼采在当代中国受到如此厚爱？尼采对20世纪欧美一大批重要哲学家、思想家产生过重大影响，进而影响到中国思想界，这当然是重要原因之一。然而，更重要的是，中国的文化背景、人文环境、思维方式、具体的当代历史语境等，都对尼采在中国的广泛传播具有一种特殊的需求。

尼采不同于西方传统哲学思想家的地方在于，他挑战了形而上学的思维方式。海德格尔通过对尼采长期深入的研究而认识到这种挑战的价值。他认为，尼采所说的"上帝死了"，是宣布了西方自柏拉图以来的形而上学传统及其所形成的一切价值和观念的死亡。形而上学传统正是尼采"对一切价值的重估"努力中所要翻转的东西，因为形而上学传统所培育起来的理性精神和它自己形成的一套价值观念发生了不可调和的矛盾冲突，道德的"绝对命令"最终只能求助于信仰的飞跃，因此尼采要重估一切价值，连同其源头一起加以翻转。然而，海德格尔认为，尼采将一切都归结于强力意志是试图从超感性的形而上学世界里走出来，却最终还是陷在这个世界里。其实，海德格尔也未必没有陷在这个世界里，正如他自己所说："形而上学之本质的完成在其实现过程中可能是很不完善的，也无需排除以往的形而上学基本立场的继续存在。对不同形而上学基本立场以及它们个别的学说和概念的清算还是有可能的。"① 尼采的挑战和海德格尔的这种清算是意义十分深远的，使人们从对理性的非理性式的执迷不悟中，从对离实践和具体认识对象越来越远的逻各斯中心主义的迷恋中惊醒过来。

当尼采进入中国思想家视野的时候，正是西方的形而上学思维方式伴随启蒙思潮涌入中国之际。但是，西方的启蒙思想到了中国这块土地上，却发生了启蒙的初衷所始料未及的变异。自从传教士在中国办学以来，尤其是1905年中国取消科举制度、开始普遍引入西方教育体制以来，西方启蒙思想被大量贯穿到学校教育中，在青年学生和一些开明的中年知识分子中培养了一批对西方文化有好感的新文化倡导者。但是，由于当时中国保守势力的强大，启蒙思想的传播并不十分顺当。阻力越大，这些新文化倡导者就越是针锋相对。保守势力尊奉儒教，他们便一定要打倒孔家店，还将中国的贫穷落后、国力衰败、民族耻辱统统归罪于儒家和尊孔，进而将启蒙与民主兴国、救亡图存等联系起来。正如李泽厚先生所说："所有这些就并不是为了争个人的'天赋权利'——纯然个体主义的自由、独立、平等。所以，当把这种本来建立在个体主义基础上的西方文化介绍输入，以抨击传统打倒孔子时，却不自觉地遇上自己本来就有的上述集体主义的意识和无意识，遇上了这种仍然异常关怀国事民瘼的社会政治的意识和无意识传统。"②

西方形而上学思维方式作为启蒙理性的一个重要组成部分在传入中国时，遇到同样的问题。形而上学的思维方式尤其被用来作为演绎社

---

① ［德］马丁·海德格尔著，孙周兴译：《尼采》（下卷），833页，北京，商务印书馆，2003。

② 李泽厚：《中国现代思想史论》，6页，北京，三联书店，2008。

政治概念的工具,也许演绎过程本身是合乎理性的,而前提却是由某种宏大叙事式的主义或政治意识形态所先验性地预设的。本来一些中性的概念和术语,由于带有一定感情色彩或信仰色彩的先验性预设,而成为驾驭演绎过程的霸主,整个演绎过程及其论证可以完全合乎逻辑而不失为高度理性产物,但却仍然是这些霸主的奴隶。久而久之,这种理论和实践相脱离的倾向,这种一味借助工具理性的做法,沉淀为一种文化。

一种文化一旦形成,就很难在短时间内改变,不是一次起义或一场革命就能很快改变的,且不说中国两千多年的帝王专制文化是这样,就是形而上学思维方式加中国特色的社会政治宏大叙事而形成的文化也是如此。

其实,当尼采最初传入中国的时候,新文化运动的倡导者也在倡导语言的改革,这本是一个可以从尼采对语言的真知灼见中悟出其中道理的契机,并从对语言改革的思考中把握当时正在影响中国思想界的形而上学思维方式和逻各斯中心主义的一些重大问题,因为逻各斯中心主义总是在试图寻找一个永恒的中心,一种形而上的本源和绝对的权威,而历来的语言传统正是人们不断进行这种追寻的顽固工具。这就是之所以不少思想家在批判形而上学传统时,却在语言上仍然无法摆脱这种传统影响的原因。尼采也属于这样的思想家。但是,尼采却早在19世纪就已经看出了语言上这种问题的倾向。他说:"语言对于文化演变的意义在于,在语言中,人类在另一个世界旁建立起了一个自己的世界,一个人类认为如此固定不变的地方,立足于此,就可以彻底改造其余的世界,使自己成为世界的主人。人类长期以来把事物的概念和名称作为**永远真实的东西**来相信,同样也养成了他们借以居于动物之上的那种骄傲:他们真的认为在语言中掌握了关于世界的知识。语言的创造者没有谦虚到了如此地步,乃至于相信他给予事物的只是一些符号,他宁愿认为,他是在用言语表达关于事物的最高知识。"[①] 从这段话里,我们不仅看到

---

① [德]尼采:《人性的,太人性的》(德文版),见《评注版尼采全集》,第 2 卷,30 页,德语袖珍出版社(dtv),1999。

尼采对西方语言，对逻各斯中心主义式的思维方式的质疑，而且听得出他对人将自己置于世界主人或世界中心地位的做法感到不屑的口气。但是当时中国语言改革的倡导者并未注意尼采在这方面的先见之明，只是致力于让语言更好地发挥工具理性的作用，让更多的中国人更容易接受启蒙"真理"的教育，进而参与对旧文化、旧传统的批判，尼采也只是作为传统的彻底叛逆者的形象进入到新文化倡导者的视野中。

然而，尼采在这里所说的关键，是知识的真实性问题，也是我们是否能用概念和名称一成不变地把握认识对象的问题。按照尼采的看法，用相对固定或稳定的概念和名称去把握在动态中瞬息万变的认识对象，是不可能具有恒定真实性的，这由人本身的局限性所决定。形而上学思维方式依靠概念进行演绎，当然会离真实性越来越远。而中国学界一般都将这样的真实性（德文中的 Wahrheit 或英文中的 truth）翻译成"真理"，从而倾向于把真实性理解为"真实的道理"。这实际上又使形而上学思维方式的局限性在中国文化中成为必须隐讳的东西。当尼采质疑 Wahrheit 的时候，虽然他实际上是在怀疑人们对事物的认识是否会有恒定的真实性，但中国人也许会认为他大逆不道，竟然怀疑真理的存在。尤其是，中国人唱的《国际歌》歌词中，有一句"要为真理而斗争！"可是，如果你通读法、英、德文的《国际歌》歌词，你会发现根本找不到中文翻译成"真理"的这个词（法文中是 verité，英、德文中如前所注），这是因为在西方语言中，这个词并无"道理"的含义在内，只是强调真实性而已。从这一点可以看出，文化差异对形而上学思维方式的影响，而且进一步说明尼采对形而上学思维方式的挑战在当代中国具有更为深刻的意义。

尼采将形而上学的局限性归结为人的局限性，从某种意义上讲，也是要引起人们对文化问题的关注。人通过文化而掩盖了人自己的局限性，将弱点美化为优点。人的生命和活动范围、感觉器官、大脑皮层的有限，决定了人类的认识能力无法穷尽无限丰富的世界。由于在封闭环境下形成的文化心态，人们往往会把自己的一孔之见当成对整体事物的全面看法，从而养成从单一视角以偏概全地看问题的习惯，最终把自己当成了世界的尺度，无限拔高了自己。最可怕的是把对世界、对事物的肤浅、片面、有限、不求甚解的认识当成了"真理"，以不可质疑的权威强加于人。中外历史上由此而引起的冲突、迫害、杀戮、战争还嫌少吗？曾几何时，"人定胜天"的口号在中国激动了多少人的心弦，甚至大腕科学家都为之呐喊，为之论证，但结果如何呢？

尼采对人的局限性的思考可以为处于东西方文化碰撞中的当代中国思想界提供有益的借鉴。为了避免人性的弱点，尼采用"超人"理念，用"视角论"（Perspektivismus）和系谱学的方法，来弥补形而上学思维方式在真实性方面的不足。

尼采认为："就'认识'一词有其意义而言，世界是可认识的：但是它可以有不同解释，支撑它的不是一种意义，而是无数种意义。——'视角论'。"① 也就是说，如果我们认为世界是可认识的，那也只是以"认识"一词的最低限度意义为基础的，但是认识是无法穷尽世界的，我们只能通过多视角看问题来减弱片面性。所以，"视角论"的意义在于，在对事物本质加以界定的实践难以避免的情况下，不要过于执著于这样的界定，而应该尽量寻找更多的视角。这关涉到我们的教育机构如何处理好入门教育和深入引导的关系。在入门教育时，对事物本质加以界定的实践是难以避免的，但是这样的实践一经完成，即应该转入新的实践，让学生多视角看问题，接触更多信息，培养批判性思维的能力。我们常常会问，我们现在如此重视教育，为什么没有培养出大师级的人才呢？因为我国目前的应试教育体制不可能培养出具有独立思考精神和批判性思维能力的人才，当然更谈不上大师级人才了。这从尼采对当时德国教育机构的批评中可以得到一定的启发。他认为："在当今为最广泛的大众设置的教育机构中，恰恰是那些使成立教育机构有意义的出类拔萃的学生感到得到的促进最小。"② 他还认为："人们肯定也可以从大量教师中看

---

① 《三卷本尼采著作》（德文版），第3卷，903页，卡尔·翰泽尔出版社，1956。
② ［德］尼采：《论我们的教育机构的未来》（德语版），见《评注版尼采全集》，第1卷，697页，德语袖珍书出版社（dtv），1999。

到精神上的危急状态的一个主要原因：由于教师的原因，人们学的东西这么少，这么糟糕。"① 尼采把教师称作"一种必然的恶"，这是因为正是教师在尼采所说的那种教育机构中灌输给学生有限的视角和狭隘的视野，并以引导对真理和高尚情操的追求的表率者的面目出现，而实际上，他们却还是要像商人一样在"生产者那里尽可能降低价钱，在消费者那里尽可能提高价钱，以便从两者尽可能大的损害中得到好处"②。尼采对教师的这种尖锐指责，其实倒并不是针对教师这个职业，而是指出了教师角色在这样一种教育机构中必然面临知识灌输和批判性思维能力培养的矛盾。这样的教育机构作为形而上学传统的培育基地，当然要受到激烈反对形而上学传统的尼采的强烈攻击。尼采对德国教育机构的批评，实际上也切中了我国当前教育体制的弊病，值得我们的教育机构和教师、家长很好地加以思考。

运用"视角论"的方法可以减少认识上的片面性，然而现在处于信息社会，信息铺天盖地而来，我们如何进行判断呢？

尼采虽然没有经历我们现在的信息社会，但是他很清楚人喜欢从对自己有利的视角获取信息，而且人也有惰性，喜欢止于人自己方便接近的视角。这些都是人性的弱点，应该努力加以克服，所以尼采的查拉图斯特拉要教人做"超人"，也就是要超越人自己的局限性，置身事外，超善恶，这样才能在"视角论"的指引下接近认识的真实性。按照孔子的说法，就是"诚则明"。而且孔子十分智慧地说明了"诚"与"明"的互动关系："诚则明矣，明则诚矣。"（《中庸》）对于尼采来说，达到"超人"的境界需要有查拉图斯特拉式的修炼，需要有海纳百川的胸怀：因为人是一条不洁的河，只有成为大海，才能不遭污染，也就是摆脱人性的弱点。在孔子看来，诚意和正心都是和修身紧密关联的。

有人可能认为尼采提倡的是快乐哲学，将他和孔子的道德哲学相提并论，似乎很不合适。其实尼采挑战当时的道德法则，要求重估一

---

① ② ［德］尼采：《人性的，太人性的》（德语版），见《评注版尼采全集》，第 2 卷，677 页。

切价值，意在攻击虚伪的伦理道德，他认为这是基督教文化中的伪善一面所致，所以他对认识的真实性、道德的真实性的追求是无可非议的，尽管他怀疑恒定的真实性，只是试图努力去接近这种真实性。将他和孔子相提并论仅仅是为了说明，在对知识、道德、价值等问题的看法上，不同文化背景的民族和个人实际上都存在着对话和交流的平台。

实际上，尼采对虚伪道德的抨击是击中道德问题的要害的。当道德成为特权阶层和拥有话语权的人用来约束别人、对付别人的专用武器时，便必然显示出它的虚伪性。基督教文化受到尼采的抨击，是因为它的博爱精神与社会中的残酷现实反差太大。孔孟在中国的新文化运动中遭到猛烈冲击，也是因为他们被专制主义者用来作为掩盖他们巧取豪夺丑陋行为的美好面具。

尼采对虚伪道德的批判并没有停留在浅层次上，他同样是将其纳入到他对形而上学思维方式的挑战上。尼采反对把道德变成一门可以演绎的、理性的、必然的科学。在这样的"道德科学"面前，尼采针锋相对地提出了"道德系谱学"，把关于伦理学的探讨引入完全不同的方向。这同福柯后现代主义地对道德与权力，对犯罪、惩戒、性变态等进行系谱分析的出发点是一致的，这就是试图避免那种一味追求起源、目的和本质，只注重简单的因果关系，忽视事物中、人的自我中多元共生的复杂关系的形而上学倾向。正如学者所指出的那样："福柯将他的《性史》描绘成现代自我的系谱学，德里达则把他的大部分学术研究说成是'重复了道德系谱学'；两人都求助于尼采的实践和范例。"① 尼采提出的"道德系谱学"可以避免形而上学思维方式在认识的真实性、道德的真实性方面的许多问题，可以对形而上学思维方式传入中国以后过于强调工具理性的简单倾向产生积极的影响。

---

① [美] 盖利·夏皮罗：《翻译，重复，命名：福柯、德里达与〈道德系谱学〉》，见克莱顿·柯尔布编：《作为后现代主义者的尼采》（英文版），39～40页，纽约州立大学出版社，1990。

在此首批《尼采全集》著作出版之际，尤其要感谢中国人民大学出版社的领导和编辑人员，感谢他们的积极支持和辛勤劳动。

杨恒达
2011 年 9 月 15 日于世纪城

目 录

第 一 卷

代前言 ……………………………………………………… (3)
序 ………………………………………………………… (4)
第一章　关于最初的事物与最后的事物 …………………… (12)
第二章　关于道德感的历史 ………………………………… (34)
第三章　宗教生活 …………………………………………… (68)
第四章　出自艺术家与作家的心灵 ………………………… (92)
第五章　高级文化与低级文化的标志 ……………………… (124)
第六章　交往中的人 ………………………………………… (159)
第七章　妇女与儿童 ………………………………………… (176)
第八章　国家之一瞥 ………………………………………… (190)
第九章　自我独处的人 ……………………………………… (211)

第 二 卷

序 ………………………………………………………… (247)
第一部分　见解与箴言杂录 ………………………………… (254)
第二部分　漫游者和他的影子 ……………………………… (359)

第一卷

一个冬天在索伦托逗留期间（1876—1877年）形成的这本独白式的书，如果不是1878年5月30日的临近太强烈地激起了及时向最伟大的精神解放者之一表示个人敬意的愿望，那么它现在就不会发表。

（尼采于1878年第一版时的提示）

代前言

  我思考了很长时间人们在此生中陷入的各种活动，并尝试从中挑选出最佳者来。然而没有必要在此叙述我有了什么样的想法：就这方面而言，似乎没有任何东西显得比我严格按照自己的意图去爱的时候，也就是说，我将整个有限的生命用于培养我的理性，用我自己预定的方式方法追随真理足迹的时候更好了，这就足够了。因为根据我的判断，我用这种方式品尝到的果实，此生中不可能再找到比它更受欢迎、更无辜的了；而且自从我求助于那样的观察方法以来，我每一天都有新的发现，这新的东西总是有一点分量，而且完全不是众所周知的。最终我的灵魂变得如此充满欢乐以至于对所有其他的事情都不再关心。

——引自笛卡儿的拉丁文著作

(于1878年第一版)

序

1

人们十分经常地、总是带着非常惊异的表情告诉我,我的所有著作,从《悲剧的诞生》到最近发表的《未来哲学的前奏》,都有着某种共同的、了不起的东西:他们对我说,它们全都包含着捕捉粗心大意的小鸟的陷阱与罗网,几乎总是神不知鬼不觉地引导人们推翻习惯上的价值估价与受到珍视的习惯。怎么?难道**一切**都只是——人性的,太人性的吗?难道不是带着这样的叹息,人们从我的著作中走出来,甚至对道德也带着某种恐惧和猜疑,乃至受到很大诱惑和鼓动,要扮演一下最糟糕的事情的辩护者角色:好像这些事情只是受到了最恶劣的诽谤?人们把我的著作称为怀疑学派,更有甚者,称为鄙视学派,幸好也称作大胆学派,甚至冒险学派。事实上,我自己并不相信,以前曾有人以同样深刻的怀疑态度看待过世界,而且不仅是偶然作为魔鬼的辩护人,同样也是,从神学上讲,作为上帝的敌人和挑战者,任何人,只要猜到一点隐藏于每一种深刻的怀疑中的后果,猜到一点由于每一种绝对的**观点不同**注定那些受其影响的人必然要遭受的孤独的冷酷与恐惧,他也就会理解:我多么经常地为了从自身中恢复过来,仿佛为了暂时忘却自我,试图找个地方躲避一下——在某种崇敬,或者某种敌意,或者某种科学方法,或者某种轻浮,或者某种愚蠢中;他还会理解:我为什么在无法找到我所**需要**的东西时,就通过造假来逼迫自己接受,或从伪造与虚构中求取

（——诗人们还做过什么别的呢？世上一切艺术的目的何在呢？）。但是我最需要用于我的治疗与自我恢复的东西是，相信我不是这样的个别存在、个别的观察者——着了魔似的猜疑人们眼中所见、欲望中所求之物的相似与相同，心安理得对友谊的信任，双重盲目到毫无疑问的地步，津津乐道于前景、表面、近处、近在眼前的事物以及一切带有颜色、皮肤、表面性的东西。也许我这样的考虑会被指责运用了一点"艺术"，一点比较精巧的伪造钱币的做法。例如，我在已经充分看清道德问题的时候，却存心在叔本华盲目的道德意志面前闭上自己的眼睛；同样，我在理解理查德·瓦格纳不可救药的浪漫主义问题上也欺骗了我自己，就好像它是一种开始而不是一种终结；同样，还有希腊人的问题，同样，还有德国人及其未来的问题——也许还有整整一长串这样的"同样"吧！——但是，假定所有这一切都是真的，假定我受到的指责是有充分理由的，那么你们关于以下的问题又知道些什么，又能知道些什么呢？在这样的自我欺骗中包含着多少自我保存的狡诈，多少理智和更高的呵护——以及多少必要的虚假，从而我可以不断允许自己有大量**我自己**的真实呢？……够了，我仍然活着；生活毕竟不是凭道德想像出来的；它要的就是欺骗，它以欺骗为生……可不是吗？在这里我已经重新开始，做我一向所做的事情，我这个非道德主义的老家伙，这个捕捉鸟类的老手——说着非道德、超道德的话，"在善恶的彼岸"——

2

——于是当我需要的时候，我曾经为自己发明了"自由精灵"，这本标题为《人性的，太人性的》的忧郁而大胆的书就是献给这些精灵的：这种"自由精灵"现在不存在，过去也不存在——但是如我所说，当时我需要它们的陪伴，为的是在糟糕事物（疾病、孤独、异国他乡、忧郁症、无所事事）的怀抱中同好的事物为伍：作为勇敢的伙伴与幽灵，当你有兴趣又说又笑的时候，可以和它们在一起又说又笑，当它们变得令人厌倦的时候，你可以让它们见鬼去——总之是作为对缺少朋友的一种补偿。这种自由精灵有一天可能会存在，我们的欧洲在其明天或后天的子孙中将会拥有这样一些勇敢而大胆的小伙子，作为一种肉体的、显而易见的存在，而不仅仅是像我的情况那样，作为幽灵和隐士的幻觉效应而出现：我希望对此毫不怀疑。我已经看见他们慢慢地、慢慢地来临；如果我事先描述我**看见**他们在什么样的命运下产生，以什么样的方式来临，也许就做了加速他们来临的事情吧？——

3

人们可以猜测，自由精灵的类型有一天在一种精灵中达到了完美的成熟与甜蜜，而这样一种精灵已经决定性地经历了一场**大解脱**。它以前是一种格外受到束缚的精灵，似乎永远被束缚在它的角落与柱子上。是什么东西束缚得最结实，什么样的绳索几乎是扯不断的呢？在高级的、精选的人种那里是应尽的责任：那种青年人应有的崇敬之情；那种在一切受尊敬受推崇的古老事物面前的畏惧与温柔；那种对他们从中成长起来的大地、对引导他们的那只手、对他们在其中学会如何顶礼膜拜的圣地的感激之情——他们的关键性时刻本身将他们最结结实实地捆绑起来，使他们负起最持久的责任。大解脱突然像地震一般降临到那些受到如此束缚的人们头上：年轻的心灵一下子受到震颤，扯断了束缚，解脱出来——它自己也不知道发生了什么事。一种冲动和压力像一道命令一般支配并控制了它；一种意志和愿望觉醒了，更不惜一切代价地离去，无论去向哪里；在它的一切感觉中都燃烧着、躁动着一种对一个尚未发现的世界的强烈而危险的好奇心。"宁死也不在这里生活"——那种命令式的声音和诱惑如此回响着：而这个"这里"，这个"家园"，却是它至今所爱的一切！对它所爱之物突然感到的一种恐惧和怀疑，对它所谓的"责任"所产生的一种闪电般的轻蔑，一种渴望漫游、渴望异国他乡、渴望疏远、渴望冷静、渴望清醒、渴望冰冻的、躁动的、任性的、火山震荡般的要求，一种对爱的憎恨，也许是对以前曾在其中爱过、顶礼膜拜过的地方的一种亵渎神圣的回敬和回顾，或是对它曾经做过的那种事情感到的一种火辣辣的羞愧，同时也是一种**对**它做了那种事情所感到的狂喜，一种陶醉的、内心狂喜的震颤，在这种震颤中流露出一种胜利——一种胜利？对什么、对谁的胜利？一种谜一般的、问题成堆的、可疑的胜利，然而终究是**第一次**胜利：这样的糟糕而痛苦的事情便是大解脱的历史之一部分。它同时也是可以摧毁它的拥有者的疾病,这是要求自决、要求自我估价的力量和意志的第一次迸发,这是要求**自由**意志的意志:在获得自由、获得解脱的人现在试图用以显示他已掌握万事万物的疯狂尝试和不可思议的做法表明他真是病得不轻啊!他拼命地四处游荡,带着一种不知餍足的贪婪;他捕获的东西,必须为他绷紧到危险程度的骄傲之弦付出代价;他把引起他兴趣的东西撕得粉碎。他以一声狞笑把他所发现的遮蔽着的以某种羞怯保护起来的东西翻转过来:他试探一下,**如果**有人将这些东西翻转过来,它们将是什么样子。他现在也许赏识那些至今名声不好的东西——如果他好奇地、恶魔般地在最受到禁止的东西周围爬来爬去,这便是任性,是对任性津津乐道,在他的频繁活动与漫游的背后——因为他不安地、漫无目的地奔走,如同在沙漠中一般——带着越来越危险的好奇心的问号。"不是**一切**价值都可以翻转吗?而善也许就是恶吧?上帝只不过是魔鬼的一种发明和手腕吧?也许一切归根结底都是假的?如果我们是受骗者,我们是否同样也是欺骗者呢?我们必须不做欺骗者吗?"这样的想法引导着他,引诱着他越走越远,越走越远。孤独越来越威胁性地、令人窒息地、令人揪心地包围着他,拥抱着他,那位可怕的女神,那位疯狂的激情之母——然而今天谁又知道**孤独**是什么呢?……

4

路还远着呢,从这病态的孤独,从这样一些茫茫无际的尝试阶段,到那巨大而充分的安全与健康,那种安全与健康甚至也不可缺少疾病,以此作为获得知识的手段与工具;到那**成熟**的精神自由,这种自由同样也是内心的自我支配与约束,并且允许运用许许多多相互矛盾的思想方法;到那种过度富有的内在广博与骄纵,这种广博与骄纵排除了这样的危险:精神也许甚至会迷失在自己的道路上,会坠入情网,醉意朦胧地待在某个角落里;到那种造型力、治疗力、模仿力、修复力的过剩,那种过剩就是**高度**健康的标志,是那种给予自由精灵以危险特权的过剩,这种特权允许它**靠尝试**而生活,允许它献身于冒险——这是自由精灵的大师级特权!在这期间,也许有长年的康复期,有充满多种色彩的、痛苦而又魔幻般变化的年代,自由精灵受到一种坚韧的**健康意志**的支配与引导。这种意志敢于经常让自己穿上健康的外衣,装扮成健康本身。其中有一种中间状况,一个这样一种命运的人回忆起这种状况来不可能不情绪激动:他拥有苍白、纤细的光线和太阳的幸运,拥有一种鸟的自由、鸟的瞻望、鸟的高傲的感觉,拥有某种第三类事物,好奇与温和的蔑视在其中互相结合在一起。一个"自由的精灵"——这个清凉的字眼在那种状况中令人感到舒坦,而且几乎令人感到温暖。人们不再在爱与恨的桎梏中生活,没有"是",也没有"不",随心所欲地靠近,随心所欲地远离,最喜欢逃之夭夭,躲躲闪闪,随风飘去,飞得更远更高;人们被惯坏了,就像每一个曾经看到许许多多事物在自己**底下**的人一样——人们已经变成了那些关心同自己无关的事物的人的对立面。事实上,自由的精灵现在只同他不再**关心**的事物——多少事物啊!——有关系……

5

19　　进一步的康复:自由的精灵再次接近人生,当然是慢慢地,几乎很勉强、很不信任。它周围再次变得更加温暖,仿佛更有天国之色;感情和同情具有了深度,各种暖风从它头顶刮过。它似乎感觉到它的眼睛现在才为**近在咫尺的东西**而睁开。它默默地坐着,感到惊奇:它**曾经在**哪里?这些近在咫尺的最近的事物对它来说似乎变得极其厉害,它们现在具有了怎样的青春活力和魅力啊!它感激地回顾——感激它的漫游,它的顽强和自我异化,它的远视和在高空中鸟一般的飞行。它并没有像一个温存而抑郁的游手好闲者那样,总是"在家里",总是"在自己家里"待着,这有多好!它过去是**失去了**自我:这是毫无疑问的。只有现在它才看到自我——在它看到自我时,它经历了何等的惊喜!何等史无前例的震颤!何等的幸福,即使尚带着康复者的疲惫、老毛病,甚至旧病的反复!它多么喜欢悲哀地静坐着,喜欢长久的耐心,喜欢躺在阳光里!谁像它那样熟悉冬天里的幸福,熟悉阳光撒到墙上的斑点!这是世界上内心感激最多的动物,也是最谦虚的动物,这些重新把一半脸朝向生命的康复者和蜥蜴——它们中间的某一些不在每一天将要结束的时候唱上一支小小的赞歌是不会放这一天过去的。认真说来就是:以这些自由精灵的方式得病，长时间抱病不起，然后，获得更长、更长时间的健康，我的意思是说，变得"更健康"，这是治疗所有悲观主义（众所周知，即古老的理想主义者与说谎老手的痼习）的一种基本**疗法**。在长时期当中只为自己开小剂量的健康处方是明智的，是一种生命的智慧。

6

在那个时候，也许最终会发生这样的事情：在仍然承受着压力、仍然变化着的健康的光芒的照射下，那种大解脱的谜，那种一直都神秘而可疑地、几乎捉摸不定地等候在它记忆中的谜，开始为这自由的、越来越自由的精灵揭去自己的面纱。如果它长期以来都几乎不敢问自己："为何这般袖手旁观？这般孤独？为何放弃我曾经崇敬的一切，甚至连崇敬也一并放弃？为何这般顽固，这般猜疑，对你自己的德行这般仇恨？"那么现在它却敢于大声地提出问题，并且也听到了对此类问题的回答："你应该成为你自己的主人，也成为你自己德行的主人。从前它们是你的主人，但是现在它们只能是你的工具，像其他工具一样。你应该支配你的是非观念，学会按照你的更高目标亮出你的是非观念。你应该学会理解一切价值判断中的透视法——推移、畸变、表面的视界目的论，以及属于透视法的一切；还有关于对立价值问题的那些愚蠢想法，以及一切是与非让我们付出的智力上的损失。你应该学会理解一切是与非中的**必要**的非正义、与生命不可分割的非正义，理解甚至连生命本身也是由透视法及其非正义所决定的。你尤其应该亲眼看一看，非正义在何处为最大，也就是说，在哪里生命的发展最小、最狭窄、最简陋、最原始，而且不得不将自己作为目标与事物的尺度，为了保存它自己而秘密地、卑劣地、不停地捣碎、怀疑那些更高、更大、更富有的——你应该亲眼看一看**等级顺序**的问题，以及权力、权利、透视法的无所不包如何互相朝高处发展。你应该"——够了，自由的精灵现在**知道**，它服从了什么样的"你应该"，它现在能做什么，只有现在它才——**可以**——做什么……

7

自由的精灵便是这样就那个解脱之谜给予自己回答，而且因为它是从自己的情况中得出一般性结论的，所以它最终是就它自己的经验作出抉择。"就像发生在我身上一样，"它对自己说，"事情也必然发生在每个人身上，一项**任务**需要有所体现，需要'来到世上'。"这项任务的秘密力量和必然性将像一次无意识的怀孕那样在它个别的命运之间、之中起支配作用——早在它亲眼看到这项任务本身并知道称之为何种名目之前。我们的使命支配着我们，尽管我们不了解它；是未来规定了我们的今天。**假定等级顺序的问题**我们可以称之为**我们的**——我们这些自由精灵的——问题，那么现在在我们的生命如日中天的时候，我们才明白，这个问题在**可以**出现在我们面前之前需要做什么样的准备，需要走什么样的弯路，需要从事什么样的试验，需要接受什么样的诱惑，需要进行什么样的乔装打扮，以及我们首先必须如何经历身心中最多样化、最矛盾的困苦与幸福的状态：作为叫做"人"的那个内在世界的冒险者与环球航行者，作为同样叫做"人"的在每一个"更上一层楼"和"芝麻开花节节高"的阶段的测量者——渗透一切，几乎无所畏惧，无所蔑视，无所损失，充分享受一切，清除掉带偶然性的一切，仿佛彻底将其过一遍筛子——直到我们——我们这些自由的精灵——最终可以说："在这里——有一个**新的**问题！在这里，有一把长长的梯子，我们自己坐在梯子的横木上，已经爬了上来——我们自己在某个时候就曾经**是**这些横木！在这里，有高、有低、有在我们之下的一个巨大的长长的序列，一种等级序列，我们看见了这一切：在这里——**我们的问题！**"——

8

没有一个心理学家和能解读符号者会有片刻的困难，来认出本书属于（或**处于**）刚才所描述的那种发展的哪个阶段。但是今天哪里又有心理学家呢？在法国当然有，也许在俄国也有，但在德国肯定没有。今天的德国人之所以甚至能认为这有助于他们的声誉，这是不乏理由的：这对一个在此问题上其秉性与模样都不像德国人的人来说，是够糟糕的！这本**德国**的书懂得在许多国家与民族中找到它的读者——大约花了10年时间——并且一定熟悉某种音乐和笛子艺术，甚至外国人漠然的耳朵也会受到其诱惑而来倾听——可正是在德国，这本书被马马虎虎地阅读，**评价**最糟糕：原因何在？——"它要求太多"，有人回答我说，"它面向没有为粗野苦役所困扰的人，它想要有细腻的、极其精细的感觉，它需要过剩，需要时间的过剩，内心与天空的明朗的过剩，最无拘无束意义上的悠闲的过剩：我们今天的德国人是没有的，因而也不可能给予别人那种纯粹的好东西"。——在一个如此有礼貌的回答之后，我的哲学劝我保持沉默，不再继续发问，尤其是因为在某些情况中，如格言所说，要**继续**当一个哲学家，只有——保持沉默。

1886 年春于尼斯

第一章　关于最初的事物与最后的事物

1

23　观念与感觉的化学。——几乎所有的哲学问题都再一次提出了两千年前曾提出过的同样形式的问题：某事物如何能从它的对立面中产生？例如：理性产生于非理性，感觉产生于非感觉，逻辑产生于非逻辑，公正无私的观察产生于贪婪的欲望，为他人而活着产生于自我中心主义，真理产生于谬误。形而上学的哲学至今已克服了这个难题，因为它否认一物产生于另一物，并为受到更高评价的事物假定了一个奇迹之源，认为其直接从"自在之物"的核心与本质中产生出来。另一方面，历史哲学不再抛开自然科学来进行思考，作为一切哲学方法中最年轻的一种，它已经在个别情况中查明（这也许将是一切情况的结果），除了在对流行的或形而上学的解释的习惯性夸张当中，一般事物是没有对立面的，理性的谬误是产生这种对立面的基础。按照这种解释，严格地讲，既没有一种无私的参与，也没有一种完全公正无私的旁观，两者都只是升华，

24　在其中，基本因素几乎消散，只有在遇到最细致的观察时才显现。我们需要的一切——只有在各种科学目前所达到的水平上才能给予我们的一切，是一种道德、宗教、审美观念与感激的化学，同样也是我们在大大小小的文化社会交往中，甚至在孤独中亲身经历的所有那些冲动的化学：如果这种化学得出这样的结论，即甚至在这个领域，最美妙的色彩也是

来自于最低下的、很不起眼的材料,那又怎样呢?将有许多人有兴趣从事这样的研究吗?人类不喜欢关于起源与开端的问题:人们没必要非得成为非人才能在自己身上感觉到一种相反的爱好吧?——

2

哲学家的遗传缺陷。——所有哲学家都有自身的共同缺陷:他们想要从现代人出发,并通过对现代人的分析,来达到目的。他们不自觉地认为"人"是一种永远真实的事物,一种在一切流变中保持不变的事物,一种可靠的事物尺度。哲学家关于人所说的一切,归根结底只是关于一段**非常有限的**时间过程中的人的一个证明。缺乏历史感是一切哲学家的遗传缺陷;有些人甚至不知不觉地将人的最新形式,如在某些宗教影响下,甚至在某些政治事件影响下产生的人,视为人们必须从其中出发的固定形式。他们不知道,人是生成的,认识能力是生成的;而他们当中某些人则甚至认为整个世界都是从这种认识能力中产生出来的。——那么,人类发展中的一切**本质的东西**早在我们大概了解的那四千年之前的原始时代就已经产生了,在这四千年里人类不会有很大的改变。但是哲学家看到的却是现代人的"本能",并且认为这些本能属于人类不可变更的事实,因而可以为理解一般世界提供一把钥匙。整个目的论就是在此基础上建立起来的:人们把过去四千年的人类说成是**永恒的人类**,世界上的一切事物从一开始就自然地朝着这个方向而去。但是一切都是生成的,**没有永恒的事实**,就像没有绝对的真理一样。——因而从现在起,**历史的哲理思考**是必要的,与之相伴的是谦虚的美德。

3

对不起眼的真理的估价。——一种更高文化的标志在于对以严格的方法发现不起眼的小小真理,作出高于某种谬误的估价;这种谬误源于形而上学的时代与形而上学的人,源于艺术的时代与艺术的人,在当时它令人感到幸福,令人眼花缭乱。最初人们嘴上挂着对前者①的嘲笑,似

---

① 指一种更高文化。——译者注(以下脚注均为译者注)

乎两者之间不可能有同等的权利：前者显得如此谦虚、简单、平淡，甚至在表面上看如此令人沮丧，而后者①则如此美好、辉煌、令人陶醉，也许甚至还令人充满幸福感。但是，在艰难中得到的确切的、持久的东西，因而对每一种知识的发展有意义的东西，却是那更高的东西，坚持这种更高的东西，是有男子气概的，能够显示出勇敢、质朴与有节制。渐渐地，不仅个别人，而且整个人类都要提高到这种男子气概的水平，这时候他们已最终习惯于对固定的、经久不变的知识作出更高评价，并丧失了对灵感及奇迹般宣告的真理的信仰。——当然，**形式**的崇拜者有他们自己的关于美与崇高的标准，一旦对不起眼的真理与科学精神的评价开始占统治地位，他们首先有充分理由来嘲笑：或者因为他们的眼睛还没**有发现最简单的**形式的魅力，或者因为以那种精神培养起来的那些人还远没有充分地、内在地被那种精神所渗透，以至于他们仍然不假思索地模仿旧形式（这是够糟糕的，就像一个对某件事已感到无足轻重的人所采取的举措那样）。从前，严肃的思考不需要精神，因为精神的严肃性在于发明出象征与形式。现在这种情况已经发生了变化，那种象征的严肃性已变成了下层文化的标志。一方面，我们的艺术变得越来越理智，另一方面，我们的感觉变得越来越精神化；一方面，例如，人们现在对令人感官上愉悦的东西的看法已完全不同于百年以前了，另一方面，我们的生活形式也变得越来越**精神化**，以早先时代的眼光来看，它也许**更为丑陋**。这是因为早先时代的眼睛看不到具有内在的精神美的王国如何在不断地变得越来越广泛、深入，看不到在何种程度上，聪慧的目光比最美丽的四肢构造和最高耸的建筑物更适合于我们大家。

4

　　占星术及其相关物。——也许宗教感、道德感、审美感的对象同样都属于事物的表面，而人类则乐于相信，他们在这里至少接触到了世界的核心；可他们搞错了，因为那些事物令他们如此深深地感到幸福，又如此深深地感到不幸，于是他们便在这里显示出与占星术中的情况完全

---

①　指谬误。

相同的那种骄傲。因为占星术认为，星空围绕着人类的命运旋转；而道德的人假定，他内心本质上拥有的东西，必然也是事物的本质与内心。

5

梦的误会。——野蛮的原始文化时代的人相信在梦中认识了**第二个真实世界**，这便是一切形而上学的源泉。没有梦，人们便没有机会将世界分开。灵与肉的区分也是同最古老的梦的观点相联系的。另外，关于一种灵魂外表躯体的假定，一切精神信仰的起源，也许还有对神的信仰的起源，也都是这样的。"死者继续生，因为他在梦中出现在生者面前。"这就是从前人们在几千年中得出的结论。

6

科学精神的威力在于局部而不是整体。——对于科学划分出的各个**最小的**领域，人们都是纯客观地加以探讨的，而对于被视为整体的一般性大学问则相反，因为它们提出了这样的问题——当然是一个很不客观的问题：目的何在？有何用处？由于这种对用处的考虑，所以把它们作为整体来探讨，比使之处于局部状态更缺少客观冷静的态度。在探讨作为整个科学金字塔顶上的哲学时，关于"知识是否有用"的问题是无意中提出来的，每一种哲学都无意识地打算把**最高的**用处归于自己。因此，在一切哲学中都有很多雄心勃勃的形而上学，以及对显得无足轻重的物理学解释的一种羞怯；因为生活知识的意义**应该**显得越大越好。这就是科学的个别领域与哲学之间的对立。后者像艺术一样，想要给予生活与行动以尽可能大的深度与意义；在前者中人们继续寻求知识和虚无——这也是同时会出现的结果。至今还没有一个哲学家，哲学在其手下不变成一种对知识的辩护的，至少他们当中每一个人在这一点上都是乐观主义者，必须把最高的有用性归于知识。他们所有人都受到逻辑的压制：从根本上讲，逻辑就是乐观主义。

7

科学中的捣乱者。——哲学在提出这样一个问题时就已脱离了科学：人类借以最幸福地生活的那种关于世界和生活的知识是哪一种知识？这产生于苏格拉底学派之中：人们用**幸福**的观点捆绑住了科学研究的动脉——今天还是这样做。

8

关于自然的圣灵解释。——形而上学几乎是**从圣灵的角度**来解释自然文字的，就像教会及其学者从前对《圣经》所做的事情那样。它需要许多智慧，以便将同一种更为严格的解释艺术运用到自然上，就像现在语文学家为所有的书创造了这种艺术一样：故意简单地理解文字要说的东西，但是没有察觉到，更没有假定出一种**双重**的意思。然而甚至就书本而言，拙劣的解释艺术也绝没有被完全征服，人们在最有教养的社会中仍不断碰到讽喻的、神秘的解释的残余：就自然而言，也是这样的——甚至还要糟糕得多。

9

形而上学的世界。——真的，可能有一个形而上学的世界，这个世界的绝对可能性几乎是不可战胜的。我们通过人脑来观察一切事物，不可能将这脑袋砍去；即使人们将它砍去，"世界上还会有什么东西"这样的问题仍然存在。这是一个纯粹的科学问题，不大可能给人类造成忧虑；但是至今使他们感到形而上学的假定**有价值、很可怕、很有趣**的一切，导致这些假定的一切，却是激情、谬误和自我欺骗，是最坏的而不是最好的认知的方法。如果人们将这些方法揭示为一切现存宗教与形而上学的基础，那他们就是驳斥了这些方法。这时候这种可能性仍然存在，但是人们不可能靠它来做任何事情，更不用说人们可以让幸福、拯救和生命依赖于这样一种极微妙的可能性。——因为关于这个形而上学的世界，人们除了可以说它是另一种存在，一个我们不可接近、不可理解的另一种存在，别的就什么也说不出来了；它是一种带有否定性的东西。——即使这样，一个世界的存在还从未被如此出色地证实过，但却可以肯定地说，关于这个世界的知识是一切知识中最无关紧要的一种：甚至比处于暴风雨危险中的水手眼里的关于水的化学分析的知识还要无关紧要。

10

未来形而上学的无害。——一旦人们对于宗教、艺术、道德的起源的描述被人充分理解，不用求助于在开始时和发展过程中的**形而上学干预**的假设，人们对关于"自在之物"和"现象"的纯理论问题的最强烈兴趣也就到此为止了。因为我们在宗教、艺术、道德问题上没有触及"自在世界的本质"；我们处于观念的领域，没有一种"预感"可以领我们继续前进。至于我们对世界的认识怎么会如此不同于所被揭示的世界的本质，这个问题被十分心安理得地留给了生理学以及有机体与概念的发展史。

11

作为假定的科学的语言。——语言对于文化演变的意义在于，在语言中，人类在另一个世界旁建立起了一个自己的世界，一个人类认为固定不变的地方，立足于此，就可以彻底改造其余的世界，使自己成为世界的主人。人类长期以来把事物的概念和名称作为**永远真实的东西**来相信，同样也养成了他们借以居于动物之上的那种骄傲：他们真的认为在语言中掌握了关于世界的知识。语言的创造者没有谦虚到如此地步，以至于相信他给予事物的只是一些符号，他宁愿认为，他是在用言语表达关于事物的最高知识；事实上，语言只是为科学而做的努力的第一阶段。这里还有**对已被发现的真理的信念**，从中流出了最强有力的力量源泉。很久以后——只是在现在——人类才慢慢明白过来，在他们对语言的信仰中，他们已传播了一个大谬误。幸好，要使以那种信仰为基础的理性的演变倒退回去，当时已经太晚。——**逻辑**也以现实世界中所没有的东西及与其相适应的假定为基础，例如，关于事物相同的假定，关于不同时间点上的同样事物的同一性的假定；但是那样的科学是通过相反的信仰（即相信现实世界中确实有相同事物）而产生的。**数学**也是同样情况，如果人们从一开始就知道，自然中没有精确的直线，没有真正的圆，也没有绝对的大小尺寸，那么数学也就肯定不会产生了。

12

梦与文化。——最受睡眠影响的大脑功能是记忆：并非这种功能完全停顿下来，而是它被带回到一种不完美状态，就像原始时代的人们在白天清醒时的记忆功能一样。它混乱而又带有随意性，不断在转瞬即逝的相似性的基础上把事物混淆起来；但是各民族正是以同样的随意性与混乱，构成了它们的神话。甚至在今天，旅行者们也时常看到，野蛮人多么健忘，在记忆力短时间的紧张活动之后如何开始晕头转向，出于纯粹的松弛，他们说起了谎言与胡话。但是在梦中，我们大家都很像这野蛮人，不能正确地辨认出见过的东西，错误地认同不同的事物，这是我们在梦中能够产生使自己对之感到内疚的那种错误结论的基础。因此，在清晰地回想起一个梦时，我们会大吃一惊地发现自己身上藏有这么多的愚蠢。——一切梦的想像的完美清晰性都以无条件地相信其真实性作为先决条件，这再次使我们想起了早先人类的状况，在他们那里，幻觉是非常常见的，甚至有时候控制了整个整个的村社，同时也控制了整个整个的民族。因而，在睡梦中，我们再次上了一遍早先人类的课程。

13

　　梦的逻辑。——在睡眠中，我们的神经系统由于许多内在原因而不断处于兴奋之中，所有器官都被分别动用起来，血液迅猛地循环，睡眠者的姿势压迫个别肢体，他的被子以多种方式影响感觉，胃在进行消化，以其运动扰乱了其他器官，肠子曲曲弯弯，脑袋的姿势带来了不寻常的肌肉姿势，脚上没有穿鞋，没有用鞋底踩在地上，引起了不寻常的感觉，就好像全身穿着不同的服装——所有这一切都非同寻常地以每天的变化使人的整个系统兴奋起来，直至把大脑的功能充分调动起来。因此理智有100个理由感到惊奇，并要找出产生这种兴奋的**理由**：梦是对产生这种兴奋感的**原因的探索与想像**，也就是说对臆想的原因的探索与想像。例如，谁用两根皮带把自己的脚捆绑起来，他就会梦见两条蛇缠住了他的双脚。这首先是一种假设，然后是一种信念，伴随着一种图像的呈现与虚构："这些蛇一定是我这个睡眠者拥有的那种感觉的原因"——睡眠者的理智作出这样的判断。经他如此推断的最近的过去，通过激发起来的幻想而成为现在。因此每个人凭经验都知道，做梦者多么迅速地把猛然听到的强烈响声，如钟声，混同为睡梦中的炮声，也就是说，**事后按梦境来作出解释**，以至于他**认为**他首先经历了造成声响的环境，然后再听到那种声响。——但是，同样的理智在醒着的时候是如此清醒，如此小心谨慎,对假设如此疑心重重,它又怎么会总犯这样的错误呢?它怎么会竟至于认为用来解释一切感觉的第一个最佳假设就足以使它立即相信其真实性呢?(因为我们在梦中相信梦,就好像它是现实,也就是说,我们把假设当作完全被证实的东西)我认为:就像现在人们仍然在梦中作出的判断那样,人类几千年来**甚至在醒着的时候**也作出同样的判断:理智想到的、解释任何需要解释的事物的第一个原因就已使他感到满足,并被当作真理(按照旅行家的说法,野蛮人甚至在今天还是如此行事的)。在梦中,这一点古老的人性继续在我们身上发挥作用,因为这就是更高的理性赖以发展并且赖以在每一个人身上发展的基础:梦将我们再次带回到人类文化的遥远状态中,使我们掌握一种更好地理解这种状态的方法。梦思维现在对我们来说变得这么容易,是因为我们在人类的各大发展阶段中,正是依靠这种幻觉的、不必花多大代价的、借助于任何好像有理的第一想法的解释形式,如此出色地训练了自己。就某种意义上讲,梦对大脑来说是一种休息,因为大脑在白天要满足更严格的思维要求,这是更高的文明所要求的。——对于一件有关的事情,我们在理智清醒时也完全可以把它看作梦的入口与门厅。我们闭上眼睛,大脑会产生大量光的印象与色彩,也许是作为所有那些白天涌入大脑的光的效果中的余波与反映。但是,现在理智(与幻想结合在一起)立即将这些本身无形式的色彩加工成某种形态、形体、景色、热闹的人群。这样事情反过来成为一种由效果到起因的推导;理智询问:这些光的印象与色彩来自何方?它将那些形态与形体假定为原因:它将它们视为造成那些色彩与光的起因,因为它在白天睁着眼睛看东西时,已习惯于为每一种色彩、每一种光的印象寻找出一个原因。因而在这里,幻想不断把图像推到它前面,因为幻想依靠白天的视觉印象产生了这些图像,而梦幻就是这样产生的——也就是说,臆想的原因被从效果推断出来,并且是在效果之后被引入:这一切进行得异常迅速,以至于在这里就像变戏法一样,产生了一种判断混乱,一种有前后顺序的东西就会显得像是某种同时产生的东西,甚至像是前后顺序颠倒了的东西。——我们可以根据这些事件推测出:更为敏锐的逻辑思维以及原因效果的严格区分,是**多**

晚才发展起来的啊！因为我们的理性与理智功能**现在仍然**无意中要回过头去抓住那种原始的推断形式不放，而且我们差不多有半生时间生活在这种状态中。——诗人、艺术家也是将他们的情绪与状况**归结于**完全不真实的原因；在这个意义上讲，他们令人想起了早先的人类，并能帮助我们理解早先的人类。

14

共鸣。——一切**更为强烈的**情绪都给相关感觉与情绪带来一种共鸣，它们几乎都有激发记忆的作用。遇到这样的情绪时，记忆就使我们想起心中的某件事，并意识到相似情况及其起源。于是就形成了关于感情与思想的习惯性的迅速联系，如果这些感情与思想以迅雷不及掩耳之势的速度接连产生，最终就不再被感到是复合体，而是**统一体**了。在这个意义上，人们谈论道德感情、宗教感情，就好像这纯粹是些统一体一样，但实际上它们是有着上百个源泉与支流的大河。在这里，像十分常见的情况那样，言辞的统一并不保证事物的统一。

15

世界没有内外之分。——德谟克利特①将上与下的概念转用到无限空间，其实这些概念在那样的空间里已没有任何意义；而一般哲学家则将内与外的概念转用到世界的本质与现象上，他们认为，人们带着深入的感觉深入到内部，接近自然之核心。但是这些感觉之所以深入，只是由于带着这种感觉，通常几乎不知不觉地会激起某种复杂的思想群，我们称之为深入；一种感觉是深入的，因为我们把伴随的思想看作是深入的。但是深入的思想仍然可以离真理非常遥远，就像每一种形而上学的思想一样；人们从深入的感觉中扣除了与之相混合的思想因素，于是剩下的就是那种**强烈的**感觉，这种感觉与给我们这种感觉的知识没有关系，就像强烈的信仰只显示其力量而不显示被信仰对象的真实性一样。

16

现象与自在之物。——哲学家习惯于将自己置于生活与经验面

---

① 古希腊哲学家，原子论创始人之一。

前——置于他们称之为现象界的东西面前——就像在一幅一劳永逸地展开、一成不变地呈现同一事件的绘画面前一般：他们认为，这个事件必须得到正确解释，从而对产生这幅画的内在本质得出一个结论，也就是说，对总是习惯于被看作是现象界的充分依据的自在之物得出一个结论。与此相反，更严格的逻辑学家则在明确地将形而上学的概念确定为绝对的、因而也是无条件的概念之后，否定（形而上学世界的）绝对与我们所熟悉的世界之间有任何联系：所以自在之物根本**不会**在现象中显现，从现象是不可能得出关于自在之物的任何结论的。但是，从这两方面来看问题，都忽视了这样的可能性，即那幅画——也就是我们人类称之为生活与经验的东西——是逐渐**生成**的，而且仍然完全在**生成过程**中，因此不应该被看作只是固定的大小，人们可以由此出发得出关于首创者（充分依据）的结论或者拒绝得出结论。由于我们几千年来都带着道德的、审美的、宗教的要求，带着盲目的爱好、激情或者恐惧来看世界，完全沉溺于非逻辑思维的"坏毛病"中，于是这个世界就渐渐不可思议地**生成**得如此丰富多彩，如此令人吃惊，如此意义深刻，如此富有情感，它获得了色彩——可我们却是着色者：是人的智力让现象显现，并将其错误的基本观点带入到事物之中。很晚，很晚，人的智力才进行思考：现在它似乎觉得现象界和自在之物如此截然不同，如此截然分离，以至于它拒绝从前者得出关于后者的结论——或者用一种极其神秘的方式，要求我们**放弃**我们的智力以及我们的个人意志，以便于**通过本质的生成**而达到本质。别人再次把我们的现象界——也就是说，依据智力上的错误编制而成的并为我们所继承了的关于世界的观念——的所有特征拼凑到一起，**不是指责那种智力有过失**，而是将事物本质归咎为这种事实上的、非常可怕的世界特征的原因，并且鼓吹解脱存在的拯救。——有了所有这些理解，最终将在**思想发生史**上庆祝其巨大胜利的恒久而艰难的科学过程将以决定性的方式完成，其结果也许可以归结为这样一句话：我们现在称之为世界的东西，是大量谬误与幻想的结果，这些谬误与幻想是在有机存在物的全部发展过程中逐渐产生的，并且相互之间是紧密联系在一起的，现在它们作为整个过去积累起来的财富为我们所继承——作为财富是因为我们人性的**价值**以此为基础。事实上严格的科学只能在很小范围内使我们脱离这个观念世界——而且也完全无法对此抱有奢望——只要科学无法从根本上打破原始感觉习惯的力量,就只能这样。但是科学可以一点点、一步步地阐明作为观念的那个世界的发展史——至少使我们暂时超越整个过程。也许那时候我们会认识到,自在之物值得人们为它而纵情地大笑:它**显得**那么多,整个儿就是一切了,但实质上却是空的,也就是说,毫无意义。

17

形而上学的解释。——年轻人珍视形而上学的解释,因为形而上学的解释在他们认为不舒服或感到蔑视的事物中向他们显示出某种具有最高意义的东西:如果他们对自己不满,那么当他们在自己身上的、遭到他们自己如此非难的东西中重新认出了最内在的世界之谜或世界的苦难时,这种感觉便会得以减轻。感觉自己更无责任,同时发现事物更加有趣——他们将此视为双重善举,并将此归功于形而上学。当然,后来他们对整个形而上学的解释方式开始猜疑,那时候也许他们看透了,用另一种方法可以同样良好地、并且更科学地达到那种效果:物理的解释或历史的解释同样可以导致那种无责任的感觉,它们也许能更多地激发起对生活及其问题的那种兴趣。

18

形而上学的基本问题。——有朝一日要写思想发生史的时候,一位杰出的逻辑学家的下列一段话将给你以一种新的启示:"认识主体的原始的普遍法则在于这样一种内在的必然性,即认识到一切自在之物,从其自身本质而言,是一种同自身相一致,因而独立存在的,从根本上讲永远照旧、永远不变的东西,简言之,是一种物质。"这里所谓的这种"原始法则"也是生成的:有朝一日人们将会看到,这种倾向是如何渐渐地在较低级的有机体中形成的;这样一些有机体的鼠目寸光如何在最初除了只看到同样的东西,别的什么也看不到;然后,当各种愉悦与不悦引起的激动变得更加引人注目时,各种物质如何渐渐变得有所区别,但是每种物质都只是一种属性,也就是说,同这样一种有机体只有一种惟一的关系。——逻辑关系的第一阶段是判断，按照最好的逻辑学家的断言，判断的本质在于信念。就感觉主体而言，**快感或痛感**是一切信念的基础。一种新的第三感觉，作为两种先行的个别感觉的产物，就是最低级形式的判断。——原本使我们这些有机存在物对任何事物感兴趣的，是事物同我们在快乐与痛苦方面的关系。在我们意识到这种关系的各个时刻之间，在感觉的各种状况之间，是那些静止的时刻和无感觉的状况：那时候，我们对世界和一切事物都没有兴趣，我们不注意其中的任何变化（就像现在，任何饶有兴致地专注于某事的人就会注意不到某个从他身边走过的人）。对于植物来说，通常所有事物都是静止的、永恒的，任何事物都跟自身完全一样。正是从低级的有机体的时期开始，人类继承了这样的信念，即世上有**相同的事物**（只有以最高的科学性培养出来的经验才同这样的论点相抵触）。也许关于一切有机物的原始信念甚至一开始就是这样的：整个其余的世界是铁板一块，是不动的。——离这个逻辑关系的原始阶段最远的东西，是关于**因果关系**的思想。甚至现在我们都还从根本上认为，一切感觉和行动都是自由意志的行为；当感觉个体观察自身的时候，都把一切感觉、一切变化全看作某种**孤立**的东西，也就是说绝对的、无关联的东西：它们突然从我们身上冒出来，同早先或后来的事无关。我们饿了，但是我们原本并不认为有机体要得到维护，而是认为那种饿的感觉似乎在**无原因、无目的地**发生作用，将自己孤立起来，并把自己看作是**随心所欲的**。因而，对意志自由的信念便是一切有机物体所犯的一个原始的、极其古老的错误，因为其中存在着逻辑的冲动；关于绝对物质与相同事物的信念同样是一切有机物体所犯的一个原始的、同样古老的错误。但是，只要是所有形而上学都主要同物质与意志自由打交道，那么人们就可以认定它们是科学，这种科学探讨人类的基本谬误，就好像它们是基本真理一样。

40

19

数字。——数字法则的发明是建立在这样一个原本已经占统治地位的谬误的基础上的，即世上有若干相同的事物（但是事实上没有相同的事物），世上至少是有事物的（但是事实上世上没有事物）。关于多数的假定总是预先假定有**某种**多次产生的**东西**：但是正是在这里，谬误已经占了统治地位，我们已经虚构了存在，虚构了不存在的统一体。——我们的时空感是错误的，因为如果加以一贯的测试，它们就导致了逻辑上的矛盾。在作所有科学论断的时候，我们总是用一些错误的数值进行计算，因为假定这些数值至少是**不变**的，例如就像我们的时空感一样，于是科学的结论在其相互关系中就获得了一种完全的严格性和确定性；人们可以继续信赖这些结论——直到最后，错误的基本假设、那些不变的错误同这些结论发生抵触，例如像在原子论中的情况那样。我们在这里一直感觉自己不得不假定一件被动的"事物"或"物质"基础的存在，而整个科学程序则承担了这样一个任务，把一切像是"事物"（物质）的东西化解为运动：我们在这里也还是同我们的运动感和被动感不沾边，并且摆脱不了这个怪圈，因为关于"事物"的信念自古以来就是同我们的存在联系在一起的。——康德说："理智不是从自然中汲取它的法则，而是为自然制定法则。"就我们不得不将其同自然相联系的**自然概念**而言，这是千真万确的（自然＝作为概念的亦即谬误的世界），但是自然概念却是大量理智谬误的积累。——在一个**不是**我们的概念的世界上，数字的法则是完全无法运用的：这些法则只在人类世界有效。

20

退几步。——当人类超越了迷信与宗教的观念，并且，例如，不再相信可爱的天使或原罪，也不再谈论灵魂的拯救时，文化的某一个很高的层次就已经达到了；如果他们处于解放的这一阶段，那么他们也还必须以最高的审慎来克服形而上学。但是，**那时候**有必要作一个**倒退运动**：他们必须理解这样一些观念中的历史依据和心理依据，他们必须认识到：对人类的最大促进是如何由此而来的，而没有这样一个倒退运动，人们就会失去人类至今所取得的最佳成就。——就哲学的形而上学而言，我看到越来越多的人达到了反面的目标（一切正面的形而上学都是谬误），但是在梯子上后退几步的人还是很少；可是人们完全可以越过梯子上最高的一根横木往外看，而不是想要站在上面。最明白事理的人也只能达到将自己从形而上学中解放出来并带着优越感回顾它的地步：而在这里，就像在竞技场中一样，有必要在跑道的尽头拐过弯去。

21

怀疑态度的假定的胜利。——且让怀疑论的出发点适用一次吧：假定没有另一个形而上的世界，从形而上学获得的关于我们惟一熟悉的世界的所有解释都对我们无用，那么我们将用什么样的眼光来看人和事物呢？这是可以想像得出来的，甚至当形而上学的东西是否已由康德和叔本华所科学地证明了这样一个问题遭到否定的时候，这也还是有用的。因为按照历史的或然率，人类很可能有一天会在这方面完全地、普遍地变得怀疑起来；于是问题就变成了：在这样一种观点的影响下，人类社会将会如何发展？也许任何一个关于形而上的世界的**科学证明**都是如此之**难**，以至于人类再也摆脱不了对它的猜疑。而如果人们对形而上学怀有猜疑，那么大体上产生的结果就会同下面的情况一样，即形而上学遭到直接驳斥，人们不**会**再相信它。关于人类的非形而上学的思想感情的历史问题在两种情况下仍然是同一问题。

22

不信"比铜更持久的纪念碑"（monumentum aere perennius）①。——形而上学观点的终止所带来的根本不利在于，个人由于只一心想着他自己短短的一生，从而不接受更强大的推动力，来建立持久的、着眼于几百年大计的机构；他要自己从他栽种的果树上摘取果子，因此他不想再种植那些需要整个世纪都给予定期照料、用来为世世代代遮阴的树木。因为形而上学的观点提供这样的信念：它赋予今后人类的整个未来不得不赖以立足与定居的最终、最基本的基础。比方说，个人如果捐款建一个教堂或一个修道院，他就促进了他自己的幸福，他认为，他的灵魂算是获得了永久长存，他得到了回报，这是一项致力于灵魂永久幸福的工作。——科学也能唤起对其结论的如此信念吗？事实上，科学需要怀疑和猜疑作为其最忠实的盟友。尽管如此，随着时间的推移，经受住了一

---

① 语出罗马诗人贺拉斯名句："我的工作已完成，比铜更持久的纪念碑。"（*Exegi, monumentum aere perennius*）

切怀疑态度的冲击、经受住了一切分化瓦解的真理,其总数变得如此之大(例如在健康饮食学中),以至于人们决心要将"永恒的"事业建立于此基础之上。同时,我们不安的短暂存在同形而上学时代漫长的宁静之间的**对照**效果仍然过于强烈,因为这两种时间还是太接近了。现在,个人自己比起他敢于只是持久地、一劳永逸地做好自己一生的准备来,是经历了太多的内外演变。例如,一个要为自己建立一座房子的完全现代的人,同时会有这样一种感觉,好像他自己活生生的身体就要被禁锢在一座大陵墓中一样。

23

比较的时代。——人们受传统的束缚越小,他们内心动机的骚动就越大,因而他们表面的不安、相互间的交流以及他们的多重努力也就越大。现在对谁还会有一种更为严厉的束缚能将他和他的后代捆在一个地方呢?对谁还会有某种严厉束缚的东西呢?所有艺术风格一个接一个地被模仿,道德、风俗、文化的所有阶段和种类也都被模仿。——这样一个时代是如此获得其意义的:各种世界观、各种风俗文化在这个时代能得以比较,并且一个接一个地受到体验;这在以前是不可能的,因为以前一切文化都只有地域性的支配地位,所有艺术风格都束缚于时间和地点。现在增加了的审美感受将最终在这么多用来作比较的形式中作出决定:它将让其中的大多数——即所有那些遭遇这种感觉的拒绝形式——死亡。同样,现在在较高道德的形式与习俗中产生一种挑选,而这种较高道德的目标不是别,正是要让较低的道德消亡。这是比较的时代!这是它的骄傲——但是公正地说,也是它的痛苦。我们不要害怕这种痛苦!我们宁可要尽我们所能来理解时代为我们确定的任务:后世将因此而为我们祝福——这个后世将知道自己会超越与外界隔绝的原始民间文化,也同样超越比较文化,但是却带着感激之情来回顾这两种文化,就好像回头看令人肃然起敬的古物一般。

24

进步的可能性。——当一个古文化学者发誓不再同相信进步的人打交道时,他是对的。因为古代文化留下了它的善与伟大,而历史教育则迫使一个人承认，古代文化绝不可能再有新鲜活力；需要有一种令人难以忍受的愚钝或同样令人难以忍受的狂热，才能作出这样的否定。现在人们可以有**意识**地不断朝一种新的文化发展，而他们从前却是无意识地带着偶然性进行发展的：他们现在可以为人的产生，为人的食品、教育和信息创造更好的条件，把地球作为一个整体而经济地加以管理，对人与人之间的力量一般地加以权衡和调动。这种新的、有意识的文化摧毁了旧的、作为整体来看处于无意识的动植物生活中的文化；它也摧毁了对进步的猜疑——进步是**可能的**。我要说：相信进步**必然**实现，这是过于草率了，甚至近乎无稽之谈；但是人们又如何能否认进步是可能的呢？然而感官上的、古老文化方式的进步却甚至是不可想像的。如果浪漫主义的幻想总还是就其目标（例如与外界隔绝的原始民间文化）使用"进步"一词：那么它在任何情况下都是从过去借用了有关的形象；其思想和想像在这个领域内缺乏任何首创性。

25

个人道德与世界道德。——自从人们不再相信上帝从总体上指引世界命运，不再相信尽管人类道路上有各种表面的曲折，上帝却总是出色地引导人类走出困境以来，人们必须为自己确立世界性范围的、包含整个地球的目标。从前的道德，即康德的道德，要求个人行为符合人们对所有人的期望：这是一种美好天真的事情，好像每一个人立即就知道，用哪一种行为方式就能使整个人类幸福，因而也知道哪些行为是值得向往的。这是像自由贸易理论那样的一种理论，假定普遍和谐**必定**是根据天生的改善法则产生的。也许关于人类需求的未来情景会显得完全不尽如人意，所有人都举止相同，或者更应该说，可以为了世界性范围的目标，而为整个芸芸众生确立特殊的、也许在某些情况下甚至是恶劣的任务。——在任何情况下，如果人类不想让这样一种有意识的总支配力毁灭自己，那么就应该事先找到一种超越至今所有程度的**关于文化条件的知识**，以作为世界性范围目标的科学尺度。在这方面有巨大的任务等待着下一世纪的伟大精灵们。

26

作为进步的反拨。——有时候会出现突如其来的、粗暴的、引人注目的、然而流连不去的精灵,它们再次召唤来人类的一个过去阶段:它们有助于证明,它们反对的新趋势还不够强大,其中还缺少了些什么东西:要不然这些新趋势就会更好地抵制那些召唤者。例如,马丁·路德的宗教改革证明,他那个世纪里所有精神自由的冲动都还是不确实的、温和的、年轻的;科学还不能抬起它的头。是的,整个文艺复兴运动似乎就像一个又被大雪送走的早春。甚至在我们这个世纪,叔本华的形而上学也证明,现在科学精神也还不够强大。因此,尽管所有基督教的教条早就遭到摧毁,整个中世纪的基督教世界观和人的情感却仍然可以在叔本华的学说中庆祝复活。听起来,叔本华的学说中有许多科学的东西,但是科学并没有占支配地位,支配他学说的是那种古老的、众所周知的"形而上学需要"。我们从叔本华那里得到的最了不起的、完全无价的好处之一,便是他迫使我们的感觉暂时回到以前的观照世界与人类的强有力的方式中去,要不然,就没有一条道路会如此轻易地引导我们走入其中。这对于历史与公正好处是很大的:我相信,没有叔本华的配合,谁都休想如此轻易而公正地对待基督教及其亚洲近亲。尤其是从当前基督教的基础出发,这是不可能做到的。只有在这种**公正**的伟大**成果**之后,只有当我们在一个如此带根本性的问题上纠正了启蒙时代带来的历史观照方式之后,我们才可以重新举起启蒙的大旗——上面写着三个名字的大旗:彼特拉克①,伊拉斯谟②,伏尔泰——继续前进。我们从反拨中取得了进步。

27

宗教的替代物。——人们相信,当他们把一种哲学说成是宗教的大众替代物时,他们是在说它的好话。事实上,精神经济学偶尔需要过渡性的思想领域;因而从宗教转变为科学的思考是凶猛而危险的一跃,是

---

① 彼特拉克(1304—1374):意大利诗人、学者。
② 伊拉斯谟(1469—1536):荷兰人文主义者。

应该劝阻的事情。在这样一个范围内,那种对哲学的推荐才是正确的。但是归根结底,人们还应该知道,宗教已经满足而现在哲学家应该满足的那些需要,并非不可改变的;人们甚至可以**削弱**和**消除**它们。例如,人们会想到基督教式的灵魂痛苦,想到那种关于内心腐化堕落的叹息,想到那种对拯救的关心——这一切都是源于理性谬误而形成的想法,这些想法完全不应该得到满足而应该消除掉。一种哲学的用处,要么在于**满足**那些需要,要么在于消除那些需要;因为那是些学来的、时间上有限的需要,他们立足的前提是与科学的前提相矛盾的。在这里,为了造成一种过渡,更应该运用**艺术**来使过多负载着种种感受的心境轻松一下;因为上述那些观念是通过一种形而上学的哲学而远非艺术才得以维持的。那时候,人们可以更轻松地从艺术过渡到一种真正起解放作用的哲理科学中去。

28

声名狼藉的话。——滚开吧,乐观主义和悲观主义,这些已经被使用得令人厌烦的词!因为使用这些词的机会一天少于一天:只有那些闲聊的家伙仍然认为它们必不可少。因为,如果世界上有人认为自己就是善与完美而不必捍卫一个**必定**要创造最佳世界的上帝,那么他为什么还要当乐观主义者呢?但是,如果人们没有兴趣成为上帝的拥护者,成为神学家或思考神学问题的哲学家,并有力地提出相反论断:恶占上风,不快大于快乐,世界是劣质品,是邪恶的生命意志的幻影,那么引起悲观主义信条的原因也是不存在的。现在谁——除了神学家以外——还关心神学家呢?除了所有神学及其争论之外,很明显,世界不好也不坏,更不用说最好或最坏了,"好"与"坏"的概念只有在同人有关的问题上才有意义。是的,也许甚至在这里,按它们通常被使用的方式,它们也是毫无根据的:在任何情况下,我们都必须放弃责骂式的世界观和颂扬式的世界观。

29

醉于花香。——人们认为,人性之船负载越重,吃水越深;人们相信,人类的思想越深刻,他们的感觉越细腻,他们越自视清高,他们离其他动物的距离越远——他们越显得是动物中的天才——他们离世界的真正本质及对这种本质的认识能力就越近：他们实际上是通过科学来做到这一点的，但是他们却**认为**，他们更多的是通过他们的宗教和艺术来做到这一点的。宗教和艺术虽然是世界之花，但是却完全不比茎**更接近于世界之根**：人们根本不可能由此而更好地理解事物的本质，虽然几乎每个人都相信这一点。**这一谬误**使人类如此深刻，如此细腻，如此具有创造能力，从而产生了这样一朵宗教与艺术之花。单纯靠认识是不可能做到这样的。谁向我们揭示出世界的本质，谁就会给我们大家造成最令人不快的失望。不是作为自在之物的世界，而是作为观念（作为谬误）的世界如此充满意义，如此深刻，如此不可思议，如此孕育着幸福与不幸。这样的结果导致了一种**逻辑上否定世界**的哲学，但是这种哲学可以同一种实践上对世界的肯定相统一，就像同其对立面相统一一样容易。

30

下结论时的坏习惯。——人类最常见的错误结论是这样一种结论：存在的便是合理的。在这里是由生活能力推论到合目的性，由合目的性推导到合理性。于是，一种看法令人高兴，那么它就是真实的看法，其效果就是善的，因而它本身就是善的、真的。在这里，人们赋予结果以令人高兴的、善的等有用意义的属性，然后又给予原因以同样的善的然而在这里是逻辑上有效意义的属性。这些命题颠倒过来便是：一件事无法得以实现、无法维持，那它就是不合理的；一种看法令人痛苦、令人焦急不安，那它就是错误的。十分了解这种推论错误并且不得不深受其苦的自由精灵经常受不住诱惑而作出截然相反的结论，当然这一般来讲同样都是些错误结论：一件事无法得以实现，那它就是善的；一种看法造成困苦与不安，那它就是真的。

31

非逻辑的必要。——会使一个思想家感到绝望的事物中，包含着这样一种认识，即非逻辑对人类来说是必要的，许多善的事物均出自非逻辑。它如此根深蒂固地植根于激情中、语言中、宗教中、以及赋予生命以价值的一切事物中，以至于人们如果不可怕地损害这些美好事物就不可能将其拔除。相信人性会变成纯粹逻辑的人性的人实在是太天真了；但是如果可以不同程度地接近这个目标，那么就没有什么东西必须全部丧失了！甚至最有理性的人也需要不时恢复天性，也就是说，恢复他对一切事物的非逻辑的基本姿态。

32

不公正的必要。——所有关于生命价值的判断都是非逻辑地展开的，因此是不合理的。判断的不纯第一在于物质存在的方式（是很不完整的）；第二在于在这种物质的基础上所达到的总和的方式；第三在于每一样个别的物质又是不纯认识的结果，而且带着充分的必然性。例如，对一个人的了解，无论他离我们多近，都不可能很完整，我们在逻辑上对这个人作出总体评价，所有评价都是草率的，而且必然是这样。此外，我们用以衡量的尺度不是固定不变的大小，我们有情绪波动，可我们却必须把自己当作一种固定的尺度，以便能公正评价任何一件事物同我们之间的关系。也许所有这一切的结果是，人们完全不应该判断；但愿人们能够在**生活**中不必进行评价，不必有好恶！——因为一切厌恶都同一种评价有关，一切喜好也是如此。一种想实现或摆脱某事却没有感觉到人们趋利避害要求的冲动，在人类这里是不存在的。我们从一开始就是非逻辑的，因而是不合理的存在，**而且能够认识到这一点**：这是人类存在的最大的、最无法解决的不和谐之一。

33

关于生命的谬见对生命是必要的。——关于生命的价值与尊严的任何信念都是以不纯粹的思想为基础的；它只有通过这样一个事实才是可能的，即人们对于一般生命和人类痛苦的同情非常微弱。甚至那些完全超越自身来进行思考的较为少见的人也不考虑一般生命，而是考虑一般生命中被分隔开的部分。如果人们懂得应该主要将注意力放在例外上，我的意思是说放在非凡的才华与纯洁的心灵上，将其产生看作是为了实现世界进化的目的，并欣悦于其效果，那么人们就会相信生命的价值，因为人们在这时候**忽略**了其他人，因而进行了不纯粹的思考。如果人们考虑了全人类，只让他们身上的一种冲动，即那种最不利己主义的冲动有效，并且在涉及其他冲动时为之辩解，那么人们可以重新对整个人类抱有某种希望，并且在这方面相信生命的价值，因而在这种情况下也是通过思想的不纯粹起作用。但是如果人们采取如此这般的态度，那么采取这种态度的人只是人们当中的一个**例外**。而现在恰恰大多数人都忍受生活，并没有大发牢骚。他们因此而**相信**存在的价值，但是他们这样做正是因为每个人都想要并且坚持独自一人，而不像那些"例外"那样从自身中走出来：对他们来说，个人以外的一切都是不值得注意的，它们至多不过是一个微弱的影子。因此对于普通的、日常生活中的人来说，生命的价值只能建立在这样的基础之上：他把自己看得比世界更重要。他十分缺乏想像力，这使他不能体会其他的存在，因而他尽可能少地参与到其他存在的命运与痛苦之中。**谁**与之相反，能真正参加到其中去，谁就必然对生命的价值感到绝望；如果他成功地在自己身上抓住并且感觉到人类的总体意识，他就会带着存在的诅咒而昏倒在地——因为人类总的来说**没有**目的，因此人类在观察整个过程时不能在其中找到自己的安慰与立足点，找到的只是绝望。如果他在做一切时都注意到人类最终的无目的性，那么在他眼里，他自己的活动就带有浪费的性质。感觉自己作为人类（不仅仅作为个人）同样被**浪费**掉，就像我们看到一朵朵作为个体的花被大自然浪费掉一样，这是一种高于一切感觉的感觉。——但是谁能有这样一种感觉呢？无疑只有一位诗人能：诗人们永远懂得自我安慰。

34

心平气和。——那么我们的哲学会变成悲剧吗？真理会变得敌视生命、敌视较好的事物吗？一个问题似乎沉甸甸地压在我们的舌头上，然而我们却不想大声说出来：人们是否**能**有意识地留在谎言之中？或者，如果人们**不得不**这样，那么是否宁愿去死呢？因为不再有"应该"；道德，就它是一种"应该"而言，已经像宗教一样，被我们的思想方法消灭了。知识只能让快乐与不快、有用与有害作为动机而存在，但是这些动机又将如何解释对真理的辨别力呢？它们甚至同谬误有相同之处（在这方面，如已经说过的那样，好恶及其非常不合理的权衡从根本上决定了我们的快乐与不快)。整个人类生活深深地陷于谎言之中；个人不可能将其从这口井中拉出来，而不因此出于最深刻的原因对他自己的过去感到怨恨，不认为他现在的动机，如荣誉的动机，是不合理的，不让嘲笑与蔑视迎接朝着未来及未来幸福推进的激情。这是真的吗？难道只剩下惟一的一种思想方法，它作为个人的结果会引起绝望，作为理论的结果会造成一种毁灭哲学？我相信，知识的持续影响是由一个人的**气质**决定的：像所描述的那种在各种个别性格中可能达到的持续影响一样，我可以同样想像另一种持续影响，一种比现在简单得多的持续影响，而且情绪上更纯洁的生活会因此而产生：以至于那些有着强烈欲望的陈旧动机由于遗传下来的旧习惯，虽然一开始仍然有威力，但是在起净化作用的知识影响之下，就会渐渐削弱。一个人最终将生活在人们中间，同自我在一起，就像在**自然**中一样，没有赞美，没有责备，没有脾气，对许多他以前只感到害怕的东西赏心悦目，就像欣赏一场演出。人们将不再强调什么东西，不再继续感受到那种思想的激励——认为人们不仅仅是自然或者认为人们大于自然。当然，正如已经说过的那样，这里要有一种好的气质，一颗坚定、温和、实实在在欢欣的灵魂，一种不必对恶意和突然发作存有戒心并在其表达中不带有任何咆哮与乖戾的情调——长期拴在链条上的老狗和老人的那些熟悉的、令人讨厌的特点。一个人如果在这样一种程度上摆脱了通常的生命桎梏，以至于他继续生活下去仅仅是为了进一步改善他的认识，那么他就必然更能毫无妒忌、毫无烦恼地放弃许多，甚至也许是所有在其他人那里有价值的东西。那种在人类、在习俗、在法律、在对事物的传统评价之上的自由而无畏的翱翔，对他来说已**足以**作为最值得向往的状况。他很乐于传达他对这种状况的喜悦，也许他**没有**什么别的东西好传达——当然，其中还包含着一种匮乏、一种放弃。但是，如果人们仍然对他要求很多，那么他就会友好地摇一下头，指向他的兄弟，一位自由的实干家，也许还毫不掩饰地流露出一点嘲讽，因为他的"自由"有其特殊的情况。

55

第二章　关于道德感的历史

35

57　　心理观察的益处。——关于人性的、太人性的东西的思考——或者像有学问的说法那样，心理观察属于这样一种手段，人们可以因此而减轻生活负担；这种艺术训练能在困难形势下给人以沉着，在无聊环境中给人以消遣；人们能从自己生活中最布满荆棘、最不愉快的一次次经历中提炼出各种格言，并因此而感到一点自我安慰：人们相信这些、知道这些——在以前的几个世纪中。为什么这些却被 19 世纪所遗忘？在这个世纪中，至少在德国，甚至在欧洲，心理观察的贫乏通过许多征兆暴露出来。在长篇小说、中篇小说和哲学思考中还不太严重——这些是例外者的作品，在对公开事件与官方人士的评价中比较严重。特别是在存在各种等级的社会里尤其缺少心理解剖与心理综合的艺术，人们在这样的社会里关于人和人方面谈得很多，却完全不谈**人类**。为什么要错过最丰

58　富、最无害的谈话资料呢？——因为，毫不夸张地说，在欧洲读过拉罗什富科的作品①以及在精神上、艺术上同他的作品相接近的东西的学问家很难找到；知道这些而又不对其加以诽谤的人就更难找了。甚至是比较脱俗的读者对这些东西所抱有的乐趣，也许要比那些艺术家的形式会给予他的乐趣小得多；因为甚至是最精细的头脑，如果不曾被教育来接受那种以格言来进行润色的艺术，没有参与这种艺术的竞争，那它就不可

---

① 拉罗什富科（1613—1680）：法国伦理作家，出身贵族，曾参加投石党反王政的战争，著有《箴言录》五卷，内容主要表现其愤世嫉俗的思想。

能给予这种艺术以应有的尊重。没有这样一种实践教育，人们就会把这种创作和形式看得比实际情况更容易，因而便不能充分敏锐地察觉其成功之处与魅力。因此，现在的格言读者感到格言比较缺乏乐趣，甚至感觉还不如满嘴乖巧让人听着舒服，以至于他们的情况和通常的浮雕宝石的观赏者的情况变得一样：这样的人只会赞美，因为他们无法去爱，他们很迅速地发出惊叹，但是却更迅速地扬长而去。

36

异议。——或者，对于这样的命题，即心理观察属于存在的兴奋剂、药剂、轻松剂之列的命题，是否还应该有一个相反的命题呢？人们应该充分相信这种艺术的令人不快的结果，以便现在故意将受教育者的目光从这种艺术上引开去吗？事实上，一种对人性善的盲目信仰，一种对人类行为的支离破碎的天生反感，一种对灵魂裸露所感到的羞愧等，这些对一个人的全部幸福来说，也许比起个别情况下很有用的那种心理上洞察敏锐的特性来是更值得向往的东西。也许对善、对善人善举、对世界上大量非个人的好意的信仰改变了人，在这方面，这种信仰减少了人与人之间的不信任。如果人们热情地模仿普卢塔克①的主人公，并对带着怀疑去探讨这些主人公行为的动机感到厌恶，那么得益于其中的虽然不是真理，但却是人类社会的幸福：这个领域里的心理谬误和总体上的麻木不仁有助于人性向前发展，而关于真理的知识也许又为我们赢得了一个假设，例如像拉罗什富科放在他《箴言录》第一版之前的那段话："世人称为德行的东西，通常只不过是由我们的激情形成的一个影子，我们给它起了一个适当的名称，以便可以心安理得地为所欲为。"（*Ce que le monde nomme vertu n'est d'ordinaire qu'un fantôme formé par nos passions, à qui on donne un nom honnête pour faire impunément ce qu'on veut*）拉罗什富科以及其他那些法国心灵检测大师们（其中最近还多了一个德国人，《心理观察》一书的作者②）就像神枪手一样，一而再、再而

---

① 普卢塔克（公元46—120）：古希腊传记作家、散文家，最著名的作品有《希腊罗马名人比较列传》。
② 指尼采很熟悉的保尔·李，他的《心理观察》一书发表于1875年。

三地击中靶心——只不过是击中人性的靶心。他们的本事令人吃惊，但是，一个不是受科学精神而是受博爱精神指引的旁观者，最终将诅咒一种似乎把贬低与怀疑意识植入人类灵魂的艺术。

37

尽管。——就像计算和核算的情况那样：在某一个别的学科的眼前状况中，道德观察的觉醒变得必要起来，人类不能始终避免心理上的解剖台以及台上的刀子和钳子等残酷景象。因为在这里，探讨所谓道德感的起源与历史并在前进中不得不提出与解决纠缠不清的社会学问题的那种科学起着主导作用——以前的哲学根本不了解社会学问题，总是在不充足的借口之下避免研究道德感的起源和历史。其结果——在以许多实例证实之后，已经可以非常清楚地看到，最伟大的哲学家所犯的谬误在于：他们通常是在对人类某些行为和感觉的错误解释中找到其出发点；在一种错误分析的基础上，例如对所谓不利己的行为的分析，形成了一种错误的伦理学，然后为了使这种伦理学站得住脚，又反过来求助于宗教和神话的无中生有，最终这些糟糕的幽灵的影子甚至钻进了物理学和整个世界观。但是，如果确定，心理观察的肤浅为人的判断和推论设下了最危险的陷阱，而且不断重设这样的陷阱，那么现在就需要一种持久的工作，不知疲倦地将一块块石头和一块块砖头垒起来；需要适当的勇气，不耻于做这样一种简单劳动，并且同样勇于面对任何蔑视。这是真的：关于人性的，太人性的问题的无数的个别看法，是在社会圈子里首先被发现并表达出来的，这些社会圈子不习惯于对科学知识进行推崇，而习惯于对俏皮的卖弄大加推崇；道德家园的那种古老的芬芳——一种非常诱人的芬芳——几乎在整个这种类型中流连不去，以至于搞科学的人会因此而不自觉地让人注意到针对这种类型及其严肃性的一些猜疑。但是，指出下列结果就已经足够了：现在已经看得很清楚，哪一些最具严肃性的成果正在心理观察的基础上发展起来。但是，最大胆最冷静的思想家之一，《论道德感的起源》一书的作者①以他对

---

① 还是指保尔·李，《论道德感的起源》是他的主要著作，写于1876—1877年间，在意大利索伦托的一所房子里写成，尼采也同时在这所房子里写成了《人性的，太人性的》。

人类行为深入透彻的分析所要说明的主要问题是什么呢？他说："道德的人不比肉体的人更接近概念（形而上学）世界。"这个命题在历史知识的捶击之下变得坚实而锋利，也许在将来的某一天，能充当斧头，砍到"人的形而上学需要"的根上去——谁知道是否**更多的**是对普遍幸福的祝福而不是诅咒呢？——但是无论如何，它被作为具有最显著后果的命题，既富有成果，又很可怕，它用所有了不起的知识都拥有的那种双重面孔来看世界。

38

有多少用。——那么，心理观察是否会更有利于或更不利于人的问题，仍然悬而未决，但有一点是确定的，即它是必要的，科学不能没有它。但是科学不考虑终极目标，就像自然对科学一无所知一样。但是正如自然在无意中实现了具有最高合目的性的事物一样，真正的科学，**作为在观念中对自然的模仿**，也偶尔甚至一再促进有用的东西和人的幸福，并实现合目的性的东西——但同样是**在无意中**。不过谁要是感到这样一种思考方式太冷冰冰，那么他也许是因为自己身上的火太少，他可以同时看一看周围，这样就将注意到一些有必要使用冰敷袋的疾病以及一些由灼热和酒精混合而成从而几乎在哪儿都不会认为空气足以使自己感到寒冷、感到刺骨的人。此外，就像太过于严肃的个人和民族有一种轻浮的需要，太过于容易激动、太过于活泼的人往往需要沉重地压在他们身上的重负来促进其健康一样，我们这些在一个显然越来越燃烧起来的时代中**更加精神化**的人不也应该抓住一切现存的灭火工具和冷却工具，以便我们至少能像现在一样保持稳定、无害、适度，从而也许甚至可以充当这个时代的镜子和自我意识吗？——

39

纯概念性的自由的寓言。[①]——我们让人负起责任来所依据的那种感觉，也就是所谓的道德感，其历史经历了下列主要阶段。首先，人们把个别的行为称作好或坏，完全不考虑这些行为的动机，而只是考虑有用

[①] 叔本华坚持康德的纯概念性的自由概念，并在《论道德的基础》中为之辩护。

或有害的结果。但是，不久以后，人们忘记了这些称谓的起源，误以为"好"或"坏"的特性是行为本身固有的，不管其结果怎么样。由于这样的谬误，语言把石头本身称为硬的，把树称为绿的——也就是说，颠倒了因果关系。于是人们就将好或坏的属性装进了动机里，并把行为本身看作在道德上有两种解释。人们进而不再把好或坏的评价给予个别动机，而是给予一个人的全部本性，动机从本性中产生出来，就像植物从土壤中生长出来一样。于是人们就按顺序让人为其后果，然后为其行为，然后为其动机，最终为其本性负责。人们最终发现，这种本性也是不可能负责的，在这方面，它完全是必不可少的结果，而且集中了过去和现在事物的各种因素和影响，因而人类不必为任何事情负责，既不必为其本性，也不必为其动机、行为以及后果负责。于是人们得到这样一种认识，即道德感的历史就是一种谬误的历史，是关于责任的谬误的历史，这种责任以意志自由的谬误为基础的。——叔本华与此相反，得出了这样的结论：因为某些行为引起了**不快**（"负罪意识"），所以就必须要有一种责任；因为如果不仅是人的所有行为都有必然性——就像事实上的情况以及这位哲学家的洞察力所看到的情况那样——而且是人本身以这同样的必然性实现了他的全部**本性**——这是叔本华所否认的——那么引起这种不快就**没有任何**现成的**理由**了。从那种不快的事实出发，叔本华相信能证明一种自由，人类必定以某种方式拥有过这种自由，虽然不是在行动上，而是在本性上；也就是说，**成为**这**成为**那的自由，**不做**这**不做**那的自由。按照他的看法，从存在（esse）中，即自由与责任的领域，产生了行为或行为方式（operari）、严格的因果关系、必然性和无责任等的领域。虽然那种不快看起来同 operari 有关——在这一点上它是错的——但事实上是同 esse 有关，esse 是一种自由意志的行为，是个体存在的基本原因；人成为他**意欲**成为的东西，他的意欲早于他的存在。——这里作出了一个错误结论：从不快的事实中推论出引起这种不快的理由和合理**许可**；从这种错误结论出发，叔本华得出了他所谓的纯概念性的自由的幻想的结论。但是行为之后的不快完全不必是合理的。是的，这种不快肯定是不合理的，因为它以这样一个错误前提为基础，即那种行为根本就

不是必然要发生的。也就是说，因为人**认**为自己是自由的，而不是因为人本身是自由的，所以他感到悔恨和内疚。——此外，这种不快是某种人可以戒除的东西，如许多人对别人在其中有不快感觉的行为完全没有感到什么不快。这种不快是一种非常易变的、同习俗与文化有关的事物，也许只存在于世界史上比较短的一段时间内。——没有人为他的行为负责，没有人为他的本性负责。评判和不公正是一回事。个人作自我评判也是如此。这个命题如阳光一般明亮真切，可在这里每个人都宁愿走回到阴暗和谎言之中：出于对结果的恐惧。

40

超动物。——我们身上的猛兽要被哄骗才行，道德就是为了使我们不被这猛兽撕碎而说的应急的谎言。没有存在于道德的假设中的谬误，人类就仍然是动物。但是人类因此而将自己视为更高级的东西，并给自己强加了更加严厉的法律。人类因此而憎恨更接近于动物性的阶段：由此可以解释为什么从前看不起奴隶，把奴隶视为非人、视为一件东西。

41

不变的性格。①——性格是不变的，这句话从严格意义上讲是不真实的。只能说，这个受欢迎的命题只不过意味着在一个人短暂的一生中，有影响的动机通常不可能留下深深的痕迹，以足以破坏几千年铭刻下的字迹。但是，如果你想像一个八千岁的人，那么你在他身上甚至可以看到一种绝对变化的性格，以至于大量的、各种各样的个人都逐渐由他而演变出来。人的生命之短促，导致我们对人的特性作出了一些错误的论断。

42

善的等级与道德。——不同的人会向往不同等级的利己主义，或低级的，或较高级的，或最高级的。曾经被接受的、根据这种情况而决定的善的等级，现在却决定起有道德和没有道德的问题来了。宁要一种低

---

① 这是叔本华坚持的观点。

层次的好处（如感官享受），而不要受更高珍视的好处（如健康），这被看作是不道德的；宁要舒适生活而不要自由，也被看作是不道德的。但是，善的等级并非在任何时代都是固定不变的；如果某人宁要复仇而不要司法公正，那么他按昔日文化的标准是道德的，而按现在文化的标准就是不道德的。因此，"不道德"意味着一个人还没有感觉到或者还没有足够强烈地感觉到当时的那种新文化带来的更高、更细腻、更精神化的动机；它指的是一种落后，但始终只是按程度差别来说的。善的等级本身不是按道德的观点建立和改变的；但是一旦它确定下来，就要决定一个行为是道德的还是不道德的。

43

作为落后者的残酷之人。——现在残酷的人，必然会被我们当作仍处于残留下来的**昔日文化**的各个阶段中；人性的山脉在这里一下子亮出了在相反的情况下会掩藏起来的岩层。这是一些落后的人，他们的大脑很可能碰巧在遗传过程中没有得到如此细腻、如此多方面的深造。他们向我们表明，我们大家**曾经是**什么，把我们吓了一大跳；但是他们自己不负什么责任，就像一块花岗岩不必为它是花岗岩负责。我们大脑中一定也有同思想感情相适应的沟沟坎坎、曲曲弯弯，就像个别人体器官形式会让人想起鱼的一些状况一样。但是这些沟沟坎坎、曲曲弯弯不再是我们的感觉在其中流淌、滚动的河床。

44

感激与复仇。——强有力的人心怀感激的理由是这样的：他的恩人似乎通过善行，侵占了这个强有力的人的领域，自己挤了进去，现在作为报答，强有力的人通过感激的行为，重又侵占了那位恩人的领域。这是一种比较温和的复仇形式。如果没有感激的补偿，强有力的人就会表现得软弱无力，并就此在人眼里成为这个样子。这就是为什么一切善人的社会，也就是说，原本强有力的人的社会都会把感激放在它最初的义务之中。——斯威夫特[①]说过这样一句话：人们心怀感激，同样也怀有复仇心。

---

① 斯威夫特（1667—1745）：英国作家，《格列佛游记》的作者。

45

善恶的双重来历。——善恶观念有一个双重来历：**首先**是在占统治地位的宗族和种姓①的灵魂中。谁有力量以德报德，以怨报怨，而且真正实行报答和报复，也就是说，感恩图报和有仇必报，那他就被称为好人；谁无力进行报答和报复，就被看作坏人。好人属于"善的"群体，有公共意识，因为所有个人都通过报答和报复的意识，密切地相互结合在一起。坏人属于"恶的"群体，是一堆没有公共意识、卑躬屈膝的无能之辈。好人是一个种姓集团，坏人却是尘土般的乌合之众。好与坏在很长一段时间内等同于高贵与卑贱，主人与奴隶。相比之下，人们并不把仇敌视为恶人：他能报答和报复。在荷马那里，特洛伊人和希腊人都是好的。不是那些加害于我们，而是那些可鄙的人，才被看作是坏的。在善的群体中，善代代相传；一个坏人要想从如此好的土壤中生长出来是不可能的。尽管如此，但是如果好人中有一个人做了好人认为不足取的事情，那就得想些借口了，例如，人们将罪责推到神的身上，说是神让好人丧失理智，变得疯狂起来。——**然后**，再来看在受压迫者、无能者的灵魂中是怎么样的。在这里，任何**其他**人，无论他高贵还是卑贱，都被看作是敌对的、不顾及他人的、剥削他人的、残酷的、奸诈的；"恶"是一个表明特性的词，用于人，甚至用于人们所假定的任何活的存在物，例如神；人性的、神性的和魔鬼的、恶的，都被看作是一回事。善、乐于助人、同情等的标志，被恐慌地作为诡计，作为一个可怕结局的前奏，作为麻痹和蒙骗，一句话，作为美化了的恶意来看待。个人有这样一种思想感情，那就几乎不可能形成一个集体，或者最多也只是形成一种集体的最粗糙的形式，以至于在这种善恶观念占统治地位的任何地方，个人及其宗族、种族的沉沦就离他们不远了。——我们现在的道德是从**占统治地位**的宗族、种姓的道德的基础上发展起来的。

46

同情比痛苦更痛苦。——有些情况中同情比单纯的痛苦更痛苦。例

---

① "种姓"在德语中是"die Kaste"，源于印度的种姓制度。

如，当我们的一个朋友为可耻的事情感到内疚时，我们就会感到我们比自己为可耻的事感到内疚时更痛苦。因为我们首先比他更相信他性格上的无辜；然后，也许正是由于这种信念，我们对他的爱比他对自己的爱更强烈。同时，即使就他必须更强烈地承受他过失的恶果而言，他的利己主义真的比我们的利己主义更痛苦，我们身上的非利己主义——这个词从来不用严格地去理解，而只是一种委婉的说法——比他身上的非利己主义更强烈地受到他过失的震动。

47

疑病。——有些人出于对另一个人的同情和关心而得了疑病，这时候产生的那种同情只不过是一种病。因此也有一种基督教的疑病降临到那些孤独的、有宗教感的人身上，他们不断在眼前看到基督的痛苦和基督之死。

48

善的经济学。——善与爱作为人与人之间交往中最能治病的草药和力量，是如此珍贵的发明，以至于人们会希望，这些镇痛剂会尽可能经济地得到运用，但这是不可能的。善的经济学是最大胆的乌托邦主义者的梦。

49

好意。——对于小而经常性的、因而颇有影响的事物，科学得给予它们更多关注，而不是给予伟大的罕见事物以更多注意，这些小的事物，还应该算得上好意，我的意思是指那种交往中的友好思想感情的表达，那种眼睛的微笑，那种握手，那种通常几乎同所有人类行为交织在一起的舒适。每一位教师、每一位官员都将这种附属品附加到他所认为的义务上；这是人性的不断实现，仿佛是一切事物在其中生长的人性之光的光波；尤其是在最狭窄的圈子里，在家庭内部，生活只有通过那种好意才能幸福地延续。内心的善良、友善、谦恭是非利己主义冲动不断涌流的结果，它们比人们称为同情、怜悯、献身的那种更加有名得多的表达更强有力地对文化建设作出贡献。但是人们往往低估了它们，它们确实并不含有多少非利己主义的成分，但是，这些点点滴滴加在一起的**总和**却是巨大的，它们的集体力量属于最强大的力量之列。——同样，同忧郁的眼睛所能看到的一切相比，人们会在世界上找到更多更多的幸福。当然，这得需要正确估计，而且不能忘记所有那些舒适的时刻，在这些时刻，人类生活中的每一天，甚至最窘迫的人类生活中的每一天，都是富有的。

50

激发同情。——拉罗什富科在他那段最值得注意的自我描述中无疑说得很有道理，他警告所有那些有理智的人不要怀有同情，他劝说把同情留给那些需要激情的普通老百姓出身的人去怀有（因为激情不是由理智决定的），以便可以帮助受苦人，并且在遇到不幸时有力地加以干预；而同情，按照他（以及柏拉图）的判断，则使灵魂软弱无力。当然，人们应该**表示**同情，但是避免**怀有**同情：因为不幸者如此**愚钝**，以至于在他们那里，同情的表示意味着是世界上最大的善。——如果人们把不幸者的那种需要不是恰恰理解为愚钝和智力不足，理解为不幸带来的一种精神错乱（拉罗什富科似乎就是这样理解的），而是理解为完全不同的东西、更为可疑的东西，那么也许人们会更强烈地警告别人不要这样怀有同情。人们倒不如观察小孩，他们哭哭啼啼，**为的是**要得到同情，因而就等待着他们的状况会被人注意到的那一刻；人们倒不如生活在同病人和精神上受压抑者的交往之中，问一问自己，那种雄辩的抱怨和呻吟，那种不幸的展示，从根本上讲是否是在追求一种**伤害**在场者的目的：在场者那时候所表达的同情，在一定程度上对弱者与受苦受难者是一种安慰，因为受苦受难者因此而认识到，尽管他们有所有种种弱点，但至少还**有一种力量：伤害的力量**。不幸者在使他意识到同情表示的那种优越感中获得了一种乐趣；他的自负增加了，在使世界痛苦的问题上，他始终是足够重要的。所以，对同情的渴望就是对自我享受的渴望，而且以牺牲同胞作为代价；这是那种只顾及自己最亲爱的自我而完全不顾他人的人；但是并不单单是拉罗什富科所说的"愚钝"的人。——在社会交往的谈话中，在所有提出的问题和所有作出的回答中，有 3/4 是为了给交谈者一点点小小的伤害；因此许多人才如此渴望社会交往：它使他们感觉到他们的力量。它以恶意在其中显示其威力的无数点点滴滴的小小剂量，强有力地促进了生命：就像以同样的形式通过人类世界传播的好意一样，是任何时候都有备无患的良药。——但是，会有许多老实人承认伤害也能给人愉快吗？会有许多老实人承认不少人沾沾自喜于——而且十分沾沾自喜——至少在思想中伤害他人，并且将霰弹一般的小小恶意射向他人吗？大多数人都太不老实，而有一些人又太好，因而对这种羞于启齿的东西一无所知；于是他们就要否认普罗斯佩·梅里美①所说的话有道理："还要记住，没有什么比为了做坏事取乐而做坏事更常见的事情了。"（*Sachez aussi qu'il n'y a rien de plus commun que de faire le mal pour le plaisir de le faire*）

51

假象如何变成真实。——演员即使在最深的痛苦中，也不会最终停止考虑他的角色给人的印象和总体戏剧效果，例如甚至在他孩子的葬礼上，他将作为他自己的观众，为他自己的痛苦及其表达而哭泣。总是扮演同一角色的伪君子，最终不再是伪君子；例如神甫，他们年轻时通常有意无意地是伪君子，但是他们最终变得很自然，那时候便真正是神甫了，没有任何矫揉造作；或者如果父辈没有走得那么远，那么利用了父辈优势的子辈也许就继承了父辈的习惯。如果一个人长期地、顽固地想要**显得**是某种人，那他就很难**是**另一种人。几乎每一个人的职业，甚至艺术家的职业，都是以伪善、以一种外部的模仿、以对有效之物的复制开始的。总是戴着一副友好表情面具的人，最终会获得一种支配权来支配友好情绪，没有这种情绪，友谊的表达就不能实现——而最终这种情绪又支配了他，他就**是**友好的了。

52

欺骗时的诚实瞬间。——在所有的大骗子那里都会有一件事值得注意，他们的力量都要归功于这件事。在真正的欺骗行为中，他们做了各

---

① 普罗斯佩·梅里美（1803—1870）：法国作家。

种准备，用了所有各种令人非常难受的声音、表情、姿态，但是在令人印象深刻的场面中，是**自我信仰**在他们身上占了上风：正是这种信仰如此神奇、如此有征服力地对周围的人说话。宗教的创建者们同那些大骗子的区别在于，他们从来不从这种自我欺骗的状态中走出来，或者他们甚至极少有那种让怀疑在自己身上占了上风的较为明白的时刻；但是他们往往将这种较为明白的时刻推到邪恶的对手那里，借此自我安慰。自我欺骗必须存在，以便某些人能产生伟大**影响**。因为人们信奉的真理是关于人们明显地十分相信的事情的。

53

所谓真理的几个阶段。——通常的错误结论之一是：因为某人对我们真诚坦率，因此他说的就是真理。于是孩子就相信父母的判断，基督徒就相信教会创建者的断言。同样，人们也不愿意承认，人们在前几个世纪里牺牲幸福和生命所捍卫的所有那些东西竟不过是些谬误；也许人们会说，这是真理的几个阶段。从根本上讲，人们的意思是，如果有人诚心诚意地信奉某事，并且愿为他的信仰而斗争、而死，可人们却说实际上鼓舞他的只是一个谬误，那就太**不公平**了。这样的事情似乎是违背永恒的正义的，因此敏感者的内心总是违背他们的头脑来确定原则：在道德行为和理智的洞察力之间绝对有而且必须有一种必要的联系。可惜情况不是这样，因为根本不存在永恒的正义。

54

谎言。——为什么日常生活中的人绝大多数都说真话？——肯定不是因为有一位神禁止谎言。首先是因为这样比较方便，因为谎言要求能编造，能装模作样，并有好的记忆力（因而斯威夫特说，说谎者很少明白他背起的沉重负担，因为为了维持一个谎言，他必须再编造20个谎言）。然后是因为在简单的关系中，直接说我要这、我做了那，以及诸如此类的事情有好处；也就是说，因为你不得不这样做，这样做你能建立威信，这样的方法比狡诈的方法更可靠。——但是，如果一个小孩是在复杂的家庭环境中被抚养长大的，那他便会同样自然地运用谎言，并且总是说些同他的利益相符的话；真实感以及对谎言本身的反感，对他来说都是陌生的，都是达不到的，于是他就毫无愧疚地说谎。

55

因信仰而怀疑道德。——任何一种权力，如果纯粹由伪君子来做其代表，那它就维持不下去；天主教会也许会拥有很多"世俗"的因素，但它的力量却立足于那些甚至现在也数不清的教士秉性，这些秉性就是要人过艰苦的生活，并使生活具有深刻意义。他们的目光和备受忧虑折磨的躯体表明他们在熬夜、挨饿、热烈地祈祷，也许甚至还在受鞭挞；他们令人震惊，使人害怕：如果**必须**这样生活，那如何是好？——这就是看到他们以后人们想要提出的可怕问题。通过散布这种怀疑，他们一再重新建立起他们的一根权力支柱；甚至自由思想家也不敢那样以冷酷的求实意识来反对无私的人，并对他们说："你们这些受骗者，不要骗人了！"——将自由思想家同无私的人区分开来的，只有认识上的分歧，而毫无好坏之分；但是人们谈论耶稣会教士的狡猾和卑劣手段时，却忽略了每一个耶稣会教士强加于自身的是如何的自我克制，人们没有看到，耶稣会教科书上宣讲的那种轻松的生活实践完全不是为了他们自己，而是为了世俗之人的好处。人们确实会问，我们这些得到启蒙的人，如果运用同样的手法和组织，是否会成为同样好的工具，是否在自我克制、不屈不挠、自我献身等方面同样令人赞叹。

56

知识对极端之恶的胜利。——想要变得聪明的人曾有过以下想法是大有好处的，即人类基本上是恶人，是堕落之人：这种想法是错误的，正如相反的想法也是错误的一样；但是它在所有时代都占统治地位，它根深蒂固，一直长入到我们和我们的世界之中。要理解**我们自己**，我们就得理解**它**；而要在其后有更高的发展，我们就得超越它。我们然后才会认识到，没有形而上学意义上的罪恶，也没有同样意义上的德行，这整个道德观念的领域不断处于波动之中，因而有高高低低的各种善与恶、道德与不道德的观念。人们渴望事物，不过是渴望了解事物，那么他们很容易达到心灵的宁静，最多会由于无知，而不会由于渴望而犯错误（或者像世人所说，犯罪）。他将不再想要诋毁和消除那些渴望，完全支配他的惟一目标，即在任何时候都要尽可能充分地去**认知**，将使他冷静下来，缓解他性情中的一切疯狂。此外，他将摆脱大量折磨人的观念，使他再听到"地狱中的惩罚"、"罪孽深重"、"没有好下场"等说法时已无动于衷，他在其中将只认出错误的世界观、生活观的飘忽的幻影。

57

作为人类自我分割的道德。——一个真正专心致志于研究课题的好作者会希望有人来更清楚地描述同样的课题，并毫无保留地回答其中包含的问题，从而把自己全盘否定掉。一位恋爱中的姑娘会希望她能以恋人的不忠来证明她爱情的忠贞不渝。士兵会希望为了他常胜的祖国而战死沙场，因为在祖国的胜利之中他实现了自己的最高愿望。母亲会把自己不舍得的东西、睡眠、最好的食物，在某些情况下，甚至把自己的健康、自己的能力，给予孩子。——然而这一切都是非利己主义状态吗？难道这些道德行为由于按叔本华的说法"是不可能的然而是真实的"，因而就是**奇迹**吗？在所有这些情况中，人类更热爱的是他**自身的东西**，一个念头，一个要求，一件作品，而**不是他自身之外的其他东西**。他因此而要**分割**他的本性，将其中一部分牺牲给他人，这不是很清楚吗？这同一个犟脾气的家伙说"我宁愿被就地枪杀，也不愿对这人做一点点让步"又有什么**本质**区别呢？——**对东西的爱好（愿望、冲动、要求）**存在于上述所有的情况中；对它作出让步而造成了种种后果，无论如何都不是"非利己主义的"。——人类在道德中把自己当作 dividuum 而不是 individuum①。

58

人们可以许诺的东西。——人们可以许诺行动，但不可以许诺感觉；因为感觉是不自觉的。谁许诺将永远爱某人，或永远恨他，或永远忠于他，谁就是许诺了力所不能及的事情；可是他大概可以许诺这样的行动：这种行动虽然通常是爱、恨、忠诚的后果，但也可能出自其他动机，因

---

① 尼采在这里使用这两个词是基于其经院哲学的含义。dividuum 指合成的东西，缺少一个个别的本质；individuum 指不可分割的东西，要分割便必然有损其本质。

为多种途径和动机都会导致同一种行动。因此，许诺永远爱某人意味着：只要我爱你，我就将对你作出爱的行动；如果我不再爱你，那你也将继续从我这里接受同样的行动，尽管出于别的动机；以至于在我们同胞们的脑袋里，表面上似乎爱仍然没有改变，仍然一如既往。——因此，即使人们清醒地发誓永远爱某人，人们许诺的也只是爱的表面现象的延续。

59

理智与道德。——人们必须有好的记忆，才能信守诺言。人们必须有很强的想像力，才能拥有同情。道德与理智的质地是如此的密切相关。

60

意欲复仇与复仇。——意欲复仇并付诸实施，意味着得了一场转瞬即逝的热病；意欲复仇却没有力量和勇气来付诸实施，则意味着得了一场慢性病，随身携带着毒害身心的毒药。只问意图的道德会对这两种情况作出同样的评价；而通常人们则把前一种情况视为更恶劣（因为复仇行为也许会产生不良后果）。两种评价都是短视的。

61

等待的能力。——等待的能力是如此难以实现，以至于最伟大的诗人也把不能等候作为他们诗歌创作的主题。所以，莎士比亚塑造了奥赛罗，索福克勒斯塑造了埃阿斯①：埃阿斯只要还有一天时间能让自己的感情冷静下来，他的自杀就会显得不再必要，正如神谕上所说的那样；也许他会对受伤害者的虚荣心的可怕暗示不以为然，并对自己说：有谁在我的情况下会不把一个败类当成一个英雄呢？这是如此可怕的事情吗？相反，这只是一般人性的东西：埃阿斯可以如此安慰自己。激情不愿等待；伟大人物生活中的悲剧因素往往不在于他们与时代、同胞们的卑劣之间的冲突，而在于他们不能将他们的工作推迟一年或两年；他们不能等待。——在所有的决斗中，附和的朋友们有一点必须确定，即参加决斗的人是否还能等待，如果不能等待，那么一场决斗便是合情合理的，

---

① 希腊神话传说中的希腊英雄。

只要双方每个人都对自己说:"要么我继续活下去,那么对方就得马上死去,要么就是相反情况。"在这样的情况下,等待意味着受伤害的荣誉面对其伤害者遭受更加长期的痛苦,这可能是大于生命之所值的痛苦。

62

沉湎于复仇。——感觉受了侮辱的粗人往往尽可能把侮辱的程度说得很厉害,并且用十分夸张的语言来阐述原因,以便能真正沉湎于有一天被唤起的憎恨与复仇的感觉之中。

63

贬低之举的价值。——不少人,也许是大多数人,为了在自己身上维持自尊和某种行动上的功效,无论如何都必须在观念中藐视和贬低他们认识的所有人。然而,由于卑微的性格占大多数,而且这些性格是否拥有那种功效很是举足轻重,所以——

64

暴跳如雷者。——在一个对我们暴跳如雷的人面前,人们应该小心谨慎,就像在一个曾图谋杀害我们的人面前一样:我们**之所以**还活着,是因为他没有杀人的权力;如果目光足以杀人,那我们早就完蛋了。这是一种较野蛮的文化,通过显示体力上的野蛮和激起人的恐惧而让人沉默。——同样,高贵者用来看他们仆人的那种冷酷的目光是人与人之间等级界限的残余,是一种野蛮的古代玩意儿;女人们,那些古物捍卫者,甚至更为忠实地捍卫着那些**残余**。

65

诚实的下场。——有人有这样的坏习惯,他会偶尔十分诚实地对他的行为动机以及对像所有人的动机一样好和一样坏的动机发表意见。他首先引起人们的不满,然后是怀疑,渐渐地遭到完全的唾弃,并被宣布为不受社会保护的人,直到最后,法律一反它平时视而不见或闭眼不见的状况,偶尔想起了这样一个卑劣的家伙。对普遍的秘密缺乏沉默的能力,并不负责任地想看一看没有人要看的东西——即自己——就招来了牢狱之灾与杀身之祸。

66

该罚的从不受罚。——我们对罪犯所犯的罪行在于我们把他们当作无赖来对待。

67

德行的神圣淳朴。——每一种德行都有特权,例如,给烧死一个被判刑者的柴堆加上一小捆它自己的柴火。

68

道德与成功。——不仅仅一个行为的旁观者经常根据成功与否来衡量这个行为的道德与否,甚至连行为者也是这样的。因为动机和意图很少是十分清晰简单的,有时候甚至连记忆也似乎被行为的成功搞糊涂了,以至于人们将其行为本身归咎于假的动机,或者把非实质性的动机当作实质性的动机。成功经常给予一个行为以问心无愧的十分诚实的光彩,失败则将内疚的阴影投射于最值得尊敬的行为上,由此而产生了大家所熟悉的政治家实践。政治家认为:"只给予我成功即可,伴随着成功,我也把所有诚实的心灵带到了我这一边——并使我在我自己面前变得诚实。"——以同样的方式,成功代替了更为充分的依据。甚至现在,许多受过教育的人都认为,基督教对希腊哲学的胜利是前者更伟大的证明——虽然在这个例子中,只是更粗野、更粗暴的一方对更精神化的、更温和的一方取得了胜利。就更伟大的真理而言,我们可以看到,正在觉醒的科学正一点一点地同伊壁鸠鲁的哲学联系在一起,并且在一点一点地拒绝基督教。

69

爱与正义。——为什么人们更高地评价爱,却冷落了正义,并把爱说得天花乱坠,好像它在实质上要比正义好得多呢?难道因为它不是明显比正义更愚蠢?——但是,无疑正因为如此,大家感到它格外**受欢迎**。它愚蠢而富有,将礼物分发给每一个人,即使有人不值得给礼物,它也给,有人甚至还不为此而感激它。它像雨一样没有偏见,按照《圣经》的说法,也按照经验,雨不仅使不公正的人浑身湿透,而且在某些情况下，也使公正的人浑身湿透。

70

处决。——每次看到处决犯人都比看到谋杀还要不舒服，这是怎么回事呢？这是因为法官的冷酷无情和用刑的准备工作，也因为人们认识到，这里有一个人被用作工具来吓唬别人。因为即使有过失存在，也不是过失受到惩罚：过失在于教育者、父母、周围的人，在于我们，而不在于凶手——我指的是造就凶手的环境。

71

希望。——潘多拉带来了装着灾祸的盒子，并打开了它。它是诸神送给人类的礼物，从外表看，这个礼物美丽而诱人，而且叫做"幸运之盒"。然后所有的灾祸和所有活蹦乱跳的生命飞舞着跑了出来：从此以后，它们就到处游荡，日夜危害人类，只有惟一的一种灾祸还没有从盒子里溜出来，因为潘多拉按照宙斯的意志合上了盖子，于是它就被留在了盒子里。现在人类总是在家里放着"幸运之盒"，并对他们在盒中所拥有的宝贝感到惊奇；它为他们效力，他们向它伸出手去：如果他们有这样的愿望的话；因为他们不知道，潘多拉带来的是灾祸之盒，而他们把留下的灾祸当作了最了不起的财富——这就是希望。——因为宙斯看到的是，人类尽管受到了其他灾祸的如此磨难，却不放弃生命，而是继续让自己一再重新受磨难。为此他给予人类以希望：希望实际上是所有灾祸中最大的灾祸，因为它延长了人类的苦难。

72

不为人知的道德可燃性的程度。——我们的激情是否到了白热化的程度以及是否驾驭了整个生命，取决于人们是否看到了某些令人激动的场面，是否有些令人激动的印象，例如看到一位被不公正地判决、杀害或拷打的父亲，看到一个不忠实的妻子，看到敌人的一次残酷的进攻。没有人知道环境、同情、愤怒会驱使他走向何方，没有人知道他的可燃性的程度，种种卑微的小关系造成卑微；无论好人坏人，其高低之分通常并不取决于经验的质，而是取决于经验的量。

73

违心的烈士。——在一个党内,有一个人太胆小懦弱,不敢同他的同志们发生矛盾,人们让他做各种服务,要求他做到一切,因为对他来说,他的伙伴们的不好看法比让他死还要令他害怕,这是一个可怜的弱者。人们认识到了这一点,在已提到过的质的基础上,把他变成了一个英雄,最终甚至变成了一个烈士。虽然那个胆小的人内心一直在说"不",可嘴上却一直挂着"是",甚至在断头台上,当他为他的党的观点而死去时也是这样:因为在他旁边站着他的一个老同志,正用语言和目光折磨他,以至于他实际上以最令人满意的方式遭遇死亡,从此以后就被当作烈士和伟大人物来颂扬。

74

日常标准。——如果人们将极端行为归咎于虚荣,将中庸行为归咎于习惯,将小题大做的行为归咎于恐惧,那是很少会有错的。

75

关于德行的误解。——谁认识到恶行同快乐有关,就像身后有一个放荡青年的人一样,他就会想像德行同不快有关。反过来讲,谁受到自己激情和恶习的种种折磨,他就渴望在德行中求取心灵的宁静与幸福。因此,很可能有两个有德行的人相互间完全不理解。

76

苦行者。——苦行者以德行造成了困苦。

77

从人转向事的荣誉。——人们普遍尊敬爱的行为和愿为最亲近的人的利益而作出牺牲,在任何情况下都是这样。因而人们提高了对以如此方式而被喜爱或者人们为之而作出牺牲的**事物的评价**:虽然事物本身并不很有价值。如一支勇敢的军队就令人深信它为之而战斗的事业很有价值。

78

野心:道德情感的代用品。——那些没有野心的天性一定不乏道德情感。而有野心没有道德感的人也几乎同样成功。——因此，简朴的、与野心无缘的家庭出身的儿子们一旦丧失了道德情感，就往往以更快的速度变成了地地道道的无赖。

79

虚荣使人富足。——人类精神没有虚荣会变得何等贫乏！它就像一个货源充足并且一再得到补充的百货商店一样，吸引了各种各样的顾客：他们几乎能找到一切、拥有一切，前提是他们带来有效的钱币（赞美）。

80

老年与死亡。——人们会不顾宗教提出的要求而问道：为什么对一个感觉自己力量在减少的年事已高的人来说，耐心等候他缓慢的衰竭和寿终正寝比十分有意识地为自己设定一个目标更受到赞赏？在这种情况下，自杀是一种自然的并且很可理解的行为，这种行为作为理性的胜利完全应该唤起敬畏，而且已经在一些时代里唤起过：当时希腊哲学的带头人与最正直的罗马爱国者都往往自杀而死。相反，胆战心惊地去看医生，以最痛苦的生活方式一天又一天地继续艰难度日，没有力量接近自己的生活目标，这要不受尊敬得多。——宗教有丰富的借口来逃避自杀的要求：这样，宗教就讨好了那些迷恋生命的人。

81

受害者与为害者的错误。——当一个富人拿走了穷人的所有（例如一个王公夺走了平民的恋人）时，穷人心目中就产生了一个错觉，他认为那富人一定是太卑劣了，连他所拥有的那一点点东西也要拿走。但是那个富人却根本没有如此深深感觉到**一件个别的**财物所具有的价值，因为他习惯于拥有许多许多，所以他不可能设身处地地为那个穷人着想，远没有认为自己做了那个穷人所相信的那种不公正的行为。两人相互之间有一种错误想法。在历史上最激怒人的强者的不公正，远没有它看上去的那么大。要做就做一个有更高要求、更高地位的高高在上者，这种代代相传的感受，造成了相当的冷漠，并使良心得到安宁。当我们和其他生物之间的区别很大时，我们甚至不会再感觉到不公正，例如，我们杀死一只蚊子而没有任何良心不安。因此，当薛西斯①（甚至所有的希腊人都把他描绘成特别高贵的人）从一个父亲手里夺走了儿子，并因为这个年轻人对整个进军作战表示了胆怯的、令人不安的怀疑而把他剁成肉泥时，这种做法并不被看作是卑劣的标志：在这种情况下，个人就像一只令人不快的昆虫一般被消灭掉，他的地位太低了，不允许他继续引起一位世界统治者的不安之感。确实，任何残酷的人都没有受虐待者所相信的**那样**残酷；对痛苦的想法同对痛苦的承受不是一回事。这也同样适用于不公正的法官，适用于以无关痛痒的假话来错误引导舆论的新闻记者。在所有的这些情况里，因和果都是由完全不同的思想组合和感觉组合所包围的；而人们却不由自主地假定为害者和受害者都有同样的想法和感觉，并按照这种假定来评价一个人应对另一个人的痛苦所负的罪责。

82

心灵的表皮。——正像骨头、肉、内脏、血管包在表皮里面从而使人的外表看上去可以忍受一样，心灵的骚动和激情包在虚荣里面：虚荣是心灵的表皮。

83

德行的睡眠。——当德行睡眠之后，它将更加精神焕发地起床。

84

羞耻的细微区别。——人们不羞于思考肮脏的东西，但是当人们想像有人相信他们有这种肮脏的念头的时候，他们就感到羞耻了。

85

恶意很少见。——大多数人都太忙于自己的事情而不可能有恶意。

86

决定性作用。——人们的赞美和谴责是依据这样的情况，看这个人或那个人是否提供更大的机会给予我们的判断力以更大的启发。

---

① 薛西斯（公元前519—前465）：波斯国王。

87

对《路加福音》第 18 章第 14 句的改进①。——自卑的必欲升为高。

88

防止自杀。——有规定我们可以剥夺一个人的生命的法律，但是却没有规定我们可以剥夺一个人的死亡的法律，这实在是残酷。

89

虚荣。——我们很重视人们的好评，首先是因为它对我们有用，其次是因为我们要让他们高兴（孩子让父母高兴，学生让老师高兴，好心人让所有其他人高兴）。只是在人们的好评对某人来说很重要的情况下，抛开利益问题或者他要让人高兴的愿望不谈，我们来谈一谈虚荣的问题。就此而言，一个人要让他自己高兴，就要以他的同胞为代价，因为他要么引诱他们对他形成一种错误评价，要么甚至瞄准一种在一定程度上使所有其他人痛苦的"好评"（通过引起妒忌）。个人通常要通过别人的评价来确认他对自己的评价，并在自己面前使这种评价更加站得住脚；但是我们那种惯于服从权威的强有力倾向——一种和人类一样古老的习惯——使许多人让自己的信念取决于权威，也就是说服从于别人的看法：他们相信别人的判断力胜于相信自己的。——对自己的兴趣和求快乐的愿望，在虚荣的人那里到了这样一种高度，以至于他引诱别人对自己形成一种过高的错误评价，然后却又坚持别人的权威性，也就是说，他导致了错误，然而却相信它。人们因此必须承认，虚荣的人与其说他们取悦于他人，不如说他们取悦于自己，他们这样做的时候甚至忽视了自己的长处；因为对他们来说重要的往往是，仅仅为了得到自身的快乐和自我享乐，甚至不惜引起同胞们对他们的恶意、敌意、妒忌和损害。

90

博爱的界限。——任何声称别人是笨蛋、是坏伙伴的人，在那人最终表明自己不是这样的人时，便火冒三丈。

---

① 这句话的原文应为："凡自高的，必降为卑；自卑的，必升为高。"

91

催人泪下的道德。——道德提供了多少娱乐啊！人们在讲述高尚而慷慨的事迹时，兴奋的眼泪流成了海洋！——生活的这种魅力将会消失，如果全无责任心的信仰迅速蔓延的话。

92

正义的起源。——正义（公正）起源于**力量**大致相当的双方之间，正如修昔底德①（在雅典同米洛斯的使者所进行的可怕谈话中）所正确理解的那样；哪里没有清晰可辨的优势，一场斗争就变成了毫无结果的相互伤害，于是哪里就会产生相互达成谅解、并就双方要求进行谈判的想法：**交换**的特点就是正义的原始特点。每个人都在使别人满意，因为每个人得到了他比别人更珍视的东西。一个人把他想要今后拥有的东西给每个人，作为回报，他也得到了他想要的东西。因此，正义便是在差不多相同的权力地位前提下的报答与交换。所以复仇原本属于正义的范围，它是一种交换。感激也一样。——正义自然要回到一种明明白白的自我保存的观点上，也就是说回到以下所考虑的利己主义上："为什么我要无用地损害自己，尔后却也许还达不到我的目的呢？"——正义的**起源**不过如此。因为，按照人们智力活动的习惯，人们已经**忘记**了所谓正义和公平行为的本来目的，尤其是，因为几千年来孩子们接受的培养和教育，就是要他们崇尚并模仿这样的行为，于是渐渐给人留下了这样的表面印象，好像一个正义的行为就是一个不利己的行为。而对这行为的高度评价正是建立在这种表面印象的基础之上的，而且这种高度评价像所有评价一样，在继续增长着：因为受到高度评价的东西要用牺牲精神来争取、模仿、复制，而且每个个人所作的努力与追求的价值也被添加到被评价事物的价值上而发展着。——世界如果并不健忘，会显得多么没有道德啊！一个诗人会说，上帝把健忘作为看门人安置在人类尊严之庙的门槛上。

93

关于弱者的权利。——如果处于某些条件下的某个力量，例如一个

---

① 修昔底德（约公元前460—前400）：希腊历史学家。

被包围的城市,能向一个更强大的力量屈服,那么,相反的情况便是,这个力量也可以毁掉自己,烧毁这个城市,从而给强大者造成巨大损失。因此就产生了权利赖以建立的一种**平等待遇**。敌人拥有保留权利的优势。——在这一点上,也存在着奴隶和主人之间的权利,精确地说,是在这样的范围之内:保留奴隶,对奴隶的主人很有用,也很重要。**权利**原本就取决于一个人对另一个人显得有价值、重要、不会失去、不可战胜等的**程度**。在这方面,弱者也有权利,不过小得多。因此就有了著名的"一个人有多大权力,就有多大权利"(*unusquisque tantum juris habet, quantum potentia valet*)的说法。或者更精确地说:一个人被认为有多大权力,就有多大权利。(*quantum potentia valere creditur*)

94

道德发展至今的三阶段。——最初的标志是动物变成了人。这时他的行动不再着眼于暂时的幸福,于是人变得**有用**和**合目的性**了:就此产生了理性的自由统治。当他按**荣誉**的原则行事时,就达到了一个更高的阶段;基于这一原则,他令自己适应环境,屈服于共同的感觉,这使他超越了只受个人所理解的有用所指引的那个阶段:他给人以尊敬,也要得到尊敬,就是说:他认为有用取决于他对别人以及别人对他怎么想。最后,在发展**至今**的道德的最高阶段,他按**他自己**关于万物人类的标准行事了,他为自己,也为别人决定何为光荣,何为有用;他成了按照越来越提高的、有用与光荣的概念进行判断的立法者。知识使他能够优先考虑最有用的事物,也就是说,优先考虑普遍的、持久的用处,而不考虑个人的用处;优先考虑尊敬地承认普遍的、持久的效益,而不是短暂的效益;他是作为集合个体生活、行事的。

95

成熟的个人道德。——人们至今都把非个人行为看作是道德行为的真正标志;已经证明,一开始是考虑到其普遍有用性,人们才赞美和赏识所有非个人行为的。而现在人们已经越来越看得清楚,正是按照最为**个人的**考虑,普天下大众的利益才最大:因而正是严格意义上的个人行动才符合现在的道德的概念(作为一种普遍的有用的概念)。那么,在这样的时候，人们在观点上不应该有一个重大改变吗？使自己成为一个完人，并在一个人所做的所有事情中看到其**最高的善**——这比那些为了他人着想而作出的富有同情的感情冲动和行为来，更有前途。可我们大家仍然因为太不重视我们身上的个人因素而吃苦头，对这些个人因素的培养很糟糕——我们得承认这一点：人们宁可强行不让我们去想这些因素，让我们表示情愿为国家、为科学、为需要帮助的人作出牺牲，好像必须被牺牲掉的是坏东西。就是现在，我们也愿意为我们的同胞工作，只是受制于我们要在这工作中发现我们最大的好处，不多也不少。这全看一个人将什么理解为**他的好处**了；那种不成熟、不开化的野蛮个人会最野蛮地来理解它。

96

习俗与合乎道德。——讲道德、合乎道德、合乎伦理的意思是服从自古以来建立的法则或传统。人们是勉强还是欣然服从于它，这是无所谓的，只要人们服从它就足够了。一旦道德规范形成，在长期遗传之后，一个人就会轻松而欣然地做着合乎道德的事情（例如，当复仇像在古希腊人那里一样属于好习俗的时候进行复仇），如同出于自然，人们称此为"善"。他被称为善，因为他"某一点"是善的；亲善、同情等在习俗变化中总是被感觉为"某一点"是善的、是有用的，所以现在人们尤其把亲善者和乐于助人者称为"善"。坏是"不合乎道德"（不道德），做不合乎习俗之事，违背传统，不管这传统是合理还是愚蠢；在各个时代的所有习俗法则中伤害邻人尤其被感觉到具有伤害性，以至于现在一听到"坏"这个词，我们就首先想到对邻人的伤害。使人们区分合乎道德与不合乎道德、善与恶的，不是"利己"与"不利己"这样的基本对立，而是是否受传统、法则的制约。传统如何**形成**无关紧要，它在任何情况下都不是同善与恶或者任何一种内在的绝对命令有关，而是尤其出于保存一个**团体**、一个民族的目的；在任何被错误解释的偶然事件的基础上产生的每一种迷信的习俗都强行实施一种传统，遵循这种传统就是合乎道德的；因为脱离这种传统是危险的，对**团体**来说比对个人更加有害（因为神将亵渎神灵的罪恶和对神权的任何侵犯归罪于团体的时候，只有通过惩罚个人才行得通）。现在，任何一种传统，它的起源越是久远，越是被人遗忘，就越是不断变得更加令人敬畏；它受到的尊敬一代又一代地堆积起来，最后变得神圣起来，唤起敬畏之情；所以说，虔敬的道德在任何情况下都是一种比要求不利己行为的道德古老得多的道德。

97

习俗中的快乐。——一种重要的快乐，因而也是一种重要的道德源泉，从习俗中产生。人们做起习惯的事情来更加容易，更加出色，因而也更喜欢做，人们从中感到一种快乐，并从经验得知，习惯的东西经受了考验，因而是有用的：一种能伴随人们生活的习俗，同一切新的、尚未经受考验的尝试相比，已证明是有益于健康的、有裨益的。因此，习俗是愉悦与有用的结合。此外，它使任何思考都成为不必要。人一旦能施行强制措施，他就用它来贯彻、引进他的**习俗**，因为对他来说，他的习俗是已得到证明的处世之道。一个由个人构成的团体同样强迫每个个人遵循同样的习俗。这里是一个错误的结论：因为人们对一种习俗感到高兴，或者至少靠它得以存在，所以这种习俗就是必要的，因为它被看作人们借此能感受愉悦的**惟一**可能性；生命的愉悦感似乎单单从它那里滋生出来。这种把习以为常之事理解为此在的一个条件的做法，被贯彻到习俗的最小细节上；因为在发展水平低的民族与文化当中，对真正的因果关系的洞察真是凤毛麟角，所以人们带着迷信的恐惧认为，一切都循着同样的轨道进行；甚至在习俗很严厉、很死板、很令人不堪承受的地方，它也因为表面上最高的有用性而受到保护。人们不知道，同样程度的幸福也可能在其他习俗中存在，甚至可能达到了最高的水平。可是人们也许觉察到，所有习俗，甚至最严厉的习俗，也已经随着时间的推移变得更加令人愉快、更加温和了，即使是最严格的生活方式，也可以变成习俗，从而变成快乐。

98

快乐与社会本能。——人从他与他人的关系中，又获得一种除了他从自己那里得到的快感以外的新的**快乐**；由此他大大扩大了一般意义上的快感领域。也许他现在的快感中，有好些是从动物那里遗传下来的，动物在一块玩耍,尤其是母兽同幼崽玩耍时,明显感觉到快乐。然后想一下性关系,它差不多使每一个女子在每一个小伙子那里都显得能引起快乐方面的兴趣,反过来的情况也一样。总的来说,在人际关系基础上引起的快感能改善人。一起享受快乐的共同乐趣,提高了快乐本身,它给个人以安全感,使人善良,能消除不信任,消除嫉妒:因为人们自己感觉幸福,就看到别人也以同样的方式感觉幸福。**相似的快乐表情**唤起了同情的幻觉,即认为是相同事物的感觉;共同的痛苦,同样的恶劣天气,同样的危险,同样的敌人,都产生同样的效果。最古老的联盟大概就是建立在这样的基础上的:这种联盟的意思就是,共同消除和防止一种有威胁的不快对每一个个人都有用。所以,社会本能出自快乐。

99

所谓恶行中的无辜因素。——所有"恶"行都是受个人自我保存的冲动,或者更精确一点说,受个人的快乐意图和避免不快的意图的驱使的;但是,它尽管如此受到驱使,却不是恶的。"自发的痛苦"是**不存在的**,除非在哲学家的脑袋里。同样也没有"自发的快乐"(叔本华意义上的同情)。在国家产生**以前**的状态中,我们杀生,无论这是一只猿猴,还是一个人,当我们正好肚子饿了朝一棵树跑去的时候,这家伙却抢先一步,摘走了树上的果子,那我们就非杀死它或他不可,就像我们现在走到不开化的地区时仍然会对动物做的事情那样。——现在使我们最感到愤怒的恶行建立在这样一种错误认识的基础上:另外一个人对我们作了恶,但他是拥有自由意志的,也就是说,他可以**选择**不对我们作恶。相信有这样的意愿,便会激起仇恨、复仇欲、恶意,并使想像完全朝不好的方向发展,而我们即使对一个动物发火也会火气小得多,因为我们认为它们是不负责任的。做出让人痛苦的事情不是出于自我保护的冲动而是为了报复——这是一个错误判断的结果,因此同样是无辜的。个人可以为了**威慑**的目的而处于国家产生之前的状态中,冷酷无情地对待其他生存物,为的是通过试一试他的威慑力量来确保他的存在。弱者所屈从的强暴者、强有力者、最初的开国元勋都是如此行事的。他们有权如此行事,就像现在的国家为自己规定的那样;或者更确切地说,没有任何权利可以阻止他们如此行事。只有当一个较伟大的个体,或者一个集合个体,例如社会、国家,使个人屈服并把他们从个体状态中拽出来归入一个联盟的时候,一切道德的基础才能建立起来。**强制**先于道德,甚至有一段时间道德本身就是强制,人们为了避免不快,便服从了它。然后它就像所有长期以来习惯成自然的东西一样,同快乐相联系——并被称为**德行**。

100

羞耻。——哪里有"神秘",哪里就有羞耻,但这是一个宗教概念,在人类文化较早的时期,它有很广的范围,到处都有封闭的区域,神有权力禁止你入内,除非在一定的条件下,首先完全从空间上来讲,有些场所门外汉的脚是不许踏入的,他们在这附近就会感觉战栗和恐惧。这种感觉被多方面传到其他关系中,例如性关系,这作为成年人的特权和秘密殿堂,为了未成年人的好处着想,是连一眼都不可以让他们看的:许多神被认为是专门保护这些关系并使之神圣的,是婚房的守护神(因此在土耳其语中这样的闺房叫"圣地",和通常用来表示伊斯兰寺院前院的是同一个词)。所以,作为权力与光辉的辐射中心的王权,对于被征服者来说,是一种充满秘密与羞耻的神秘,其许多影响至今在本属于害羞者一类的民族中仍然可以感觉到。同样,整个内心世界,即所谓的"灵魂",在经历了无数时代,被当之无愧地相信是神的源头、是同神的交往之所在以后,甚至现在对所有非哲学家来说,也还是一种神秘:它因此而是一个神秘殿堂,唤起羞耻。

101

不作判断。——我们必须留神,在考虑以前时代的时候,不要陷入一种不公正的指责。奴隶制的不公正,对个人和民族的征服中的残酷,不应该按照我们今天的标准来衡量。因为当时正义的本能还没有如此广泛地形成。谁可以指责日内瓦的加尔文烧死了医生塞尔维特①呢?这是一

---

① 塞尔维特(1511—1553):西班牙医生、神学家。据说加尔文向宗教法庭控告他是上帝一位论者,他因此在日内瓦被处火刑。

个源于他信念的前后一致的行为，宗教裁判所也同样有充分的理由；只是占统治地位的观点是错误的，于是产生了一个对我们来说是冷酷无情的结果，因为那些观点对我们来说变得陌生了。此外，同几乎等待着所有的人的永久的地狱惩罚相比，烧死一个个人又算得了什么！这种观念当时支配着整个世界，却也没有以其极大的恐怖，从根本上损害一个上帝的观念。而在我们这里，甚至连政治宗派的成员也受到冷酷无情的待遇，但是因为人们学会了相信国家的必要性，所以人们在这里不像在我们谴责那些观点时那样感觉残酷。小孩和意大利人对动物的残酷，是源于不理解；尤其是在教会教义的兴趣中，动物的地位远低于人。——甚至连人们几乎不愿意相信的、历史上许多可怕的、不人道的事情也变得不那么可怕了，因为人们认为，命令者和执行者是不同的人：前者没有亲眼看到事情的经过，因此难以想像，也无法留下强烈印象；后者则听命于上司，认为自己不负有责任。由于缺乏想像，大多数王公和军事首领很容易显得冷酷无情，而实际上并非如此。**利己主义不是恶**，因为"邻人"的观念——这个词源于基督教，不符合真实情况——在我们这里非常之弱；我们对其就像对植物和石头一样感觉自由且不负责任。应该**了解**别人受苦的情况，但绝不可能了解得很充分。

102

99　　"人的行为总是善的。"——当自然给我们带来雷雨天气，把我们淋成落汤鸡的时候，我们不抱怨它是不道德的：为什么我们把造成损害的人说成是不道德的呢？因为我们在后一种情况里设想了一种专断地进行统治的自由意志，而在前一种情况里则认为是必然（但是这样的区分是一个错误）。然后，故意伤害甚至在任何情况下，我们也不将它称为不道德；例如人们毫无顾忌地故意杀死一只蚊子，就因为我们不喜欢它嗡嗡地叫；我们故意惩罚罪犯，使他痛苦，是为了保护我们自己和社会。在第一种情况里，个人是为了自我保存或者甚至为了不使自己不快，才故意作出伤害的；在第二种情况里是为了国家。所有道德都认为故意伤害在自卫中是可行的，也就是说同**自我保存**有关！这两种观点**足**以解释人对人作出的所有恶行：因为人们要得到快乐，或者要防止不快；从任何一种意义上讲,都始终同自我保存有关。苏格拉底和柏拉图说得对:人无论做什么,他总是做善事,就是说,按照他相应的智力水平,按照他的理性的具体程度,做他认为似乎为善的(有用的)事情。

103

恶中的无害因素。——恶不把他人的痛苦本身而是把我们自己的快乐(例如复仇感或者更加强烈的神经兴奋那一类快感)作为目的。任何戏弄都表明,向他人耍威风,并由此而感觉自己拥有优势,充满快感,这是何等的快活!那么,**不道德的因素**就在于**在他人不快的基础上得到快乐**吗?幸灾乐祸就像叔本华所说的那样有如恶魔一般呢?现在,我们在自然中通过折断树枝、使石头松动、同野兽搏斗来给自己找到快乐,而且也为了由此而意识到我们的力量。**知道别人因为我们而受苦**,在这里,会使我们本来就感觉自己对其不负责任的事情变得不道德吗?但是如果有人不知道这一点,那么他就不会因此而感觉到自己的优越,因为这种优越只有在别人的痛苦当中才会**体现**出来,例如在戏弄的情况中那样。所有的快乐本身都既非善,亦非恶;哪里来的规定说是人们为了得到快乐本身就可以引起别人的不快呢?单从有用的观点来看,也就是说,从**结果**、从受伤害者或者作为其代表者的国家让人预期制裁和报复时可能发生的不快来看:只有以下观点才能提供不让自己做出那样行为的理由——同情不以他人的快乐为目的,正如已经说过的那样,恶也同样不以他人的痛苦本身为目的。因为同情在自身中至少藏着使个人快乐的两个(也许更多的)因素,因此是自我享乐:首先是作为情绪的快乐,这就是悲剧中的同情所代表的那一种;然后,在诉诸行动时,作为在威力的发挥中获得满足的快乐,如果一个受苦者同我们近在咫尺,那么我们就通过作出充满同情的行为而使自己解脱痛苦。——除了几个哲学家以外,人们总是在道德感的等级中将同情置于相当低的地位上:这很有道理。

104

自卫。——如果人们一般来说都认为自卫合乎道德,那么他们就必须认为所谓不道德的利己主义的几乎所有表现也都合乎道德:人们造成痛苦，抢劫或杀人，是为了保存自己或保护自己免遭个人不幸；当狡诈和装假是自我保存的正当手段时，人们就说谎；当涉及我们的存在和安全（保存我们的幸福）时，**故意伤害**被承认为合乎道德；按照这个观点，国家在实施处罚的时候，自己也在作出伤害。在非故意伤害中，当然就不存在不道德的因素，因为是偶然性在起作用。究竟有没有一种故意伤害**不**涉及我们的存在、不涉及我们的幸福呢？有没有一种纯粹出于**恶**的伤害呢，例如像在残酷行为中那样？如果人们不知道一个行为会造成多大痛苦，那么它就不是恶的行为；所以孩子对动物不是恶意的、恶的：他们像对自己的玩具一样研究动物、摧残动物。但是人们充分**了解**一个行为会对别人造成多大痛苦吗？我们尽我们神经系统的能耐避免痛苦：如果能耐继续扩展，就是说，扩展到同胞身上，那么我们就不会给任何人造成痛苦（除非在这样的情况下我们给自己造成痛苦：因为治疗而开刀，因为健康而吃苦耐劳）。我们通过类推**得出结论**：某事物给某人造成痛苦，而经回忆和想像力的作用，它甚至使我们感到讨厌了。可是，在牙痛和牙痛的样子引起的痛苦（同情）之间始终存在什么样的区别呢？在出于所谓恶的伤害中，所产生的痛苦的**程度**在任何情况下我们都无法知道；但是只要在行为中有**快乐**（自己的力量感，自己强烈的兴奋感），就会有行为发生来保护个人的幸福，并因此而符合类似关于自卫和应付人的谎言的观点。没有快乐就没有生命；为快乐而进行的斗争就是为生命而进行的斗争。个人这样来进行这场斗争，以至于人们称之为**善**，或者那样来进行这场斗争，以至于人们称之为**恶**，这取决于他**才智**的程度和性质。

105

行赏的正义。——谁充分理解了关于不负任何责任的理论，谁就不会再把作出赏罚的正义归入正义的概念里了，除非这正义在于给每一个人他自己的东西。因为被罚的人不该罚：他只是作为今后吓退某些行为的手段而受到利用；受赏的人同样不该赏：因为除了他做过的以外他不可能有其他做法。对于他和其他人来说，奖赏只有一种鼓励的意义，为以后的行为提供一个动机；赞扬应该对正在跑道上跑的人喊，而不应该针对已经到达终点的人。赏与罚对于一个人来说，都不像**他自己的东西**那么适宜。把它们给他是出于有用的理由，他本不必正义地对它们提出要求。人们不得不说，"聪明人不因善行而行赏"，就像人们已经说过的那样，"聪明人不因恶行而作处罚，而是为了因此而没有恶行"。如果赏罚被取消，那么做某些行为和不做某些行为的强有力的动机也就被取消了；人类的有用性需要它们延续下去。只要赏罚、褒贬最敏感地作用于虚荣心，那么这同样的有用性也需要虚荣心的延续。

106

在瀑布旁。——看到一个瀑布，我们就会认为我们在波浪的无数弧线、曲线和浪花飞溅中看见了意志的自由和随心所欲；但是天地万物必须在数学上算出每一个运动。人类行为也是这样；如果人们全知全能，他们就一定能事先算出每一个个别的行为，同样也能算出知识的每一个进步、每一个错误、每一个恶。行为者本人当然处于专横的幻觉中；如果世界之轮有片刻工夫停止转动，且有一种全知全能、能掐会算的智能利用这个间歇，那么它就能够继续讲出每种生存物的最久远的未来，描绘出世界之轮还将在其上滚动的每一条轨道。行为者关于自己的错觉，即关于自由意志的假设，也属于这种要算出的机械论。

107

不负责任与无辜。——人对自己的行动和本质不负任何责任，这是认知者必须吞下的一味最苦的苦药，如果他已习惯于在责任和义务中看到其人性的特殊荣誉的话。他的全部评价和全部好恶因此而变得一文不值，变成了错误：他给予受苦者和英雄的最深厚的感情，竟然同一个错误有关；他不可以再赞美、再谴责。因为赞美自然和必然性或谴责自然和必然性，都是愚蠢的。比如说，他爱好精美的艺术品，但是不可以赞美它，因为它不能独自做任何事情，这就好像他是站在植物面前一样。同样，他也必须站在人的行动面前，站在他自己面前。他可以赞美这些行动的有力、美、丰富，但是不可以在其中找到任何功绩：元素的化学过程和元素间的争斗以及渴望康复的病人的痛苦，就像那种内心斗争和苦恼状态一样，不是功绩，人们在那些内心斗争和苦恼状态中被各种动机来回撕扯，直到他们最后决定选择其中最强有力的那种——如人们说的那样（但实际上是直到最强有力的动机对我们的问题作出决定）。不过所有这些动机，尽管我们给了它们好听的名目，但却是出自我们相信其中藏着剧毒的根；在善恶之间没有类的区别，最多只有程度的区别。善行是升华的恶行；恶行是变得粗野、愚蠢的善行。个人对自我享乐的惟一要求（以及害怕它会丧失的担心）在任何情况下都会得到满足，人可以如他能够做的那样去做，也就是说，如他必须做的那样去做：无论是虚荣、复仇、快乐、有用、恶意、狡诈的行为，还是牺牲、同情、知识的行为。判断能力的大小决定一个人被这要求拽向何方；每个社会、每个个人总是会想起一个善的等级顺序，按照这个顺序，他决定自己的行为，并判断他人的行为。但是这个尺度在不断变化，有许多行为被称为恶，其实不过是愚蠢而已，因为决定作出这些行为的智力程度很低下。是的，从某种意义上讲，甚至现在**所有的**行为也还是愚蠢的，因为人类智力现在所能达到的最高程度肯定还要被超过，然后在回顾中，**我们所有的行动和判断都将显得如此愚蠢、如此轻率，就像现在落后野蛮的部落在我们看来是愚蠢、轻率的一样。**——看清这一切会引起深深的痛苦，

105　但是在那以后又产生一种安慰：这样的痛苦是分娩时的痛苦。蝴蝶要从它的茧子里出来，它扯着茧子，将其撕破：陌生的光线，自由的王国，使它感到头晕目眩。在这样一些**能够**承受那种悲伤的人那里——这样的人将会变得多么少！——作出了最初的尝试，看看人类是否**能从道德的人变成明智的人**。——一个新福音的太阳将其最初的光芒投射到那些个人的灵魂的最高处：在那里雾气积聚成空前浓密的一团，最明亮的光辉和最阴暗的朦胧之光互相挨在一起。一切都是必然——新知识如是说，而这种知识本身也是必然。一切均为无辜，知识则是帮助你看清这种无辜的必由之路。如果快乐、利己主义以及虚荣对于产生道德现象及其最高的繁荣（寻求知识的真实与公正的意识）是**必要的**，如果谬误和想像力的误导是人类能够借以将自己逐渐提高到这种程度的自我启蒙和自我拯救的惟一手段——那么谁又可以小看这种手段呢？谁又会在意识到这条道路所通向的目标时而沮丧呢？确实，道德领域里的一切生成着、变

化着，反复无常，一切都在流动——但是**一切也在流向**：向着**一个**目标。也许在我们身上，那种遗传下来的错误估价、错爱错恨的习惯继续在起着支配作用，但是在增长的知识的影响下，它的力量被削弱了：一种新的习惯，一种善于理解、不爱不恨、通观全局的习惯渐渐在我们身上的相同土壤中培植出来，也许在几千年以后其支配力将强大到足以给予人类以定期产生明智的、无辜的（意识到无辜的）人的力量，就像现在产生不明智的、不公平的、有负罪意识的人一样——**也就是说，这是必要的预备阶段，而不是相反。**

106

第三章　宗教生活

108

对病痛的双重斗争。——如果我们遭遇到病痛，那么我们要么可以通过消除它的起因来摆脱它，要么可以改变它对我们的感觉所产生的效果；也就是说，转而将病痛解释为一种其好处也许只有在以后才看得见的善。宗教和艺术（还有形而上学哲学）都致力于实现感觉的改变，部分通过我们的经验判断的改变（例如通过这样一种命题的帮助："为上帝所爱的人，也受上帝的惩罚"），部分通过唤起一种在痛苦中和一般情感中获得的快乐（悲剧艺术的出发点由此而来）。一个人越倾向于重新解释和考虑周全，就越看不见病痛的起因，越不会去消除它；片刻的缓解和麻醉，就像牙疼时常见的情况一样，对他来说足矣，尽管还要面对更大的痛苦。宗教和所有麻醉艺术的支配地位越削弱，人们就越严格注意病痛的真正消除：这对悲剧诗人来说无疑是很糟糕的事情——因为由于无情的、不可战胜的命运王国的地盘越来越小，供悲剧用的题材也就越来越少了；但是这对教士来说更糟糕——因为他们至今都一直靠麻醉人类的病痛而生活。

109

忧患为知。——教士们声称有一个上帝，声称他要求我们行善，他是每一个行为、每一个片刻、每一种思想的守护者与目击者，他爱我们，在所有的不幸中都对我们怀有最好的好意。人们多么愿意将这种错误的说法换成像这谬误一样有益、一样有镇定作用、一样令人感到舒适的真理！但是这样的真理却不存在；而哲学最多是以形而上的虚假表面（本质上仍然是非真理）与其相对抗。但是，不幸的是，如果人们在心中和头脑中有了获得真理的严格方法，那么人们就不会**相信**宗教教条和形而上学；而另一方面，由于人性的发展，人们变得如此温柔、敏感、痛苦，以至于必须要有最高级的药品和安慰手段才行；于是就产生了这样的危险：人类因为知道了真理而流血致死。拜伦在其不朽的诗句中表达了这一点：

> 忧患为知：通晓天下之最者
> 必极深痛于致人死命之真理，
> 知识之树呀，非生命之树矣。
> (*Sorrow is knowledge：they who know the most*
> *must mourn the deepst o'er the fatal truth，*
> *the tree of knowledge is not that of life*)

如此忧心忡忡、无药可救，除非召唤出贺拉斯那种庄严肃穆的轻浮，用于灵魂的最糟糕时刻和日食之时，并同他一起对自己说：

> 为什么因为洞察永恒之谜
> 而折磨你可怜的灵魂？
> 为什么不躺在高高的梧桐树下
> 或松树下休憩——
> (*quid aeternis minorem*
> *consiliis animum fatigas？*
> *cur non sub alta vel platano vel hac*
> *pinu jacentes*—)

然而，无疑任何程度的轻浮或忧郁都比一种浪漫的回归和开小差以及比接近任何形式的基督教要好；因为按照现在的知识状况，人们已经完全不再可能既同它打交道而又不彻底玷污自己的**良知**，在自己和他人面前将它抛弃。那些痛苦也许已经够严重的了，但是没有痛苦你就不可能成为人类的领袖和教育家；想要尝试这样做却又不再有那种纯洁良心的人是多么不幸啊！

110

宗教中的真理。——启蒙运动时期，人们无法理解宗教的意义，这一点是毋庸置疑的；但是同样肯定的是，在随后对启蒙运动的反拨中，人们又做过了头，以爱，甚至以热恋来对待宗教，并且将宗教视为一种对世界的更为深刻的甚至最最深刻的理解，要剥去科学的教条外衣，然后以神话的形式来掌握"真理"。所以宗教——这是所有启蒙运动反对者的断言——以讽喻感（sensu allegorico）并考虑到大众的理解力，表达了那种原始的智慧。这是自在的智慧，引导新时代所有真正的科学始终向着它，而不是背离它：以至于在人类最古老的智者和最现代的智者之间，认识上的和谐甚至一致占统治地位，知识的进步——假如人们要谈论这样一个问题——不是同本质，而是同本质的揭示有关。这种对宗教和科学的整个理解是彻底错误的；如果不是叔本华的雄辩保护了它，现在没有人敢再信仰它：这种雄辩掷地有声，然而要等30年的时间才会传到其听众的耳朵里。当然，人们可以从叔本华关于人和世界的宗教道德解释中得到许多东西，从而获取对基督教和其他宗教的理解，但是同样肯定的是，叔本华在**宗教对知识的价值**问题上陷入谬误。他自己在这个问题上是一个他那个时代的科学教师的太过于驯服的学生，那些教师全都崇尚浪漫主义，断然抛弃启蒙精神；他要是出生在我们现在的时代，是不可能谈论宗教的讽喻感的；他宁可一如既往地说出他的真心话：**一种宗教从来都不是直接或间接作为教条或作为比喻来包含一条真理的**。因为每一种宗教的诞生都是出于恐惧和需要，它在理性的迷宫中悄然来到人世；也许它曾经在受到科学危害的状态中以谎言的形式将某一种哲学学说引入到它的体系中，从而后来人们在其中找到这种学说：但是在一个宗教已经在怀疑自身的时代，这却是出自这个时代的一种神学家的技巧。神学家的这些技巧在作为讲究学问、充满哲学气息的时代的宗教的基督教中无疑早就付诸实施了，它们导致了那种具有讽喻感的迷信，但是更导致了哲学家（尤其是那种半吊子，那种诗人哲学家，那种探讨哲学的艺术家）这样的习惯：他们把在**自己身上**发现的所有感觉作为人类的本质来处理，从而也允许他们自己的宗教感对他们思想体系的结构产生重大影响。因为哲学家经常在宗教习惯传统的范围内，或者至少在那种自古传下来的"形而上学需要"的强力之下进行哲学思考，所以他们形成了事实上非常相似于犹太教、基督教或印度教的宗教观的观点——也就是说，孩子通常像母亲，只是在上述情况下很可能神甫们不了解那种母亲的身份是怎么来的——而在他们对所有宗教和科学像一家人那样相似感到惊奇的天真无邪中加以虚构。事实上，在宗教和真正的科学之间不存在亲属关系、朋友关系、敌对关系：它们生活在不同的星球上。哲学在自己最终的远景上让一颗宗教的彗星拖着长长的尾巴在黑暗中闪烁，每一种这样的哲学都使自身中被它视为科学的一切成为可疑：这一切也许同样是宗教，尽管穿上了科学的盛装。——此外，如果所有各族人民都对某些宗教事物如一位上帝的存在达成一致（顺便说一下，在这一点上，事情并非如此），那么，这将不过是对那些被断言的事物如一位上帝的存在的**相反论据**：所有人的一致意见，如果合理地来看，只能算作一种愚蠢。在另一方面，关于独一无二的事物也根本没有所有智者的一致意见，只有歌德诗句所谈到的那种例外：

万世大智喜相合：
愚者脱愚不可得！
聪明孩儿不多见，
愚者得愚是上策！

如果不用诗和韵律来说话，适合于我们现在这种情况的话就是，智者的一致意见在于：所有人的一致意见只能算作一种愚蠢。

111

宗教迷信的起源。——如果我们回到宗教生活十分盛行的时代，那么我们会发现一个基本信念，它涉及自然以及同自然的联系。这个基本信念我们现在已经不再拥有，因而我们看到通往宗教生活的大门已经永远地对我们关闭。在那些时代，人们尚对自然法则一无所知；天地之间没有什么必然的东西；季节、阳光、雨水来去无常，根本没有**自然的**因果关系的概念。如果人们划船，人们并不认为是划船推动了船前进，而认为划船只是一种有魔力的仪式，人们通过这个仪式迫使一个魔鬼推动船前进。所有疾病，甚至死亡，都是魔力作用的结果。生病和死亡从来不是自然发生的事情，人们毫无"自然过程"的概念——在早期古希腊人那里，也就是说，在很晚的人类阶段，这种概念才开始出现在凌驾于诸神之上的命运女神的观念中。当一个人用弓射箭时，始终还有一只非理性的手和一股非理性的力量在起作用；如果泉水突然干涸，人们首先想到的是地下的恶魔及其险恶用心；如果一个人突然倒下，那么一定是一位神的箭发挥了看不见的作用。在印度（按照卢伯克①的说法）一个木匠通常要为他的榔头、斧子及其他工具上供祭品；一个婆罗门成员对他用来写字的笔、一个士兵对他在战场上使用的武器、一个泥瓦匠对他的瓦刀、一个农民对他的犁也做同样的事情。整个自然在宗教人士的观念中是有意识、有意志的生物行为的总和，一个**任意性**的巨大复合体。关于外在于我们的一切，不可能得出这样的结论：某事**将**是如此这般地、**必然**如此这般地发生；只有**我们本身**才差不多是安全的、可测算的；人是**法则**，自然便是**无序**——这个命题包含了支配不文明的、在宗教上有创造性的原始文化的基本信念。我们今天的人感觉的东西恰恰相反：现在的人内心感受越丰富，他的主体越是复调式的，与自然的和谐就越是强烈地对他产生影响；我们大家都像歌德一样，在自然中认识到它对现代人灵魂的了不起的镇静手段，我们带着对安宁、家园和宁静的渴望倾听着巨大无比的大钟的钟摆声，好像我们能将这种和谐嵌入体内，从而最终能自得其乐。以前的情况正相反：如果我们回想一个民族不文明的原始状况，或者在附近看见现在的野蛮人，我们会发现他们严重地受制于**法则**、受制于**传统**，个人几乎是自动地受它们的束缚，像钟摆一样有规律地运动。对个人来说，自然——无法理解的、可怕的、神秘的自然——就好像是**自由王国**，是随意性的王国，是有着更高权力的王国，甚至几乎是此在的超人阶段，是上帝。但是每一个生活在那些时代和状况中的人感到，他的存在、他的幸福、家庭的幸福、国家的幸福、任何

---

① 卢伯克（1834—1913）：英国银行家、博物学家、历史学家。

事业的成功是取决于自然的那种随意性的：有些自然事件到时候就降临了，有些却到时候不来。人们如何才能对这些可怕的、未知的力量发挥影响，人们如何才能束缚住这个自由王国呢？他这样向自己发问，并焦虑地探索着：难道就没有办法像你自己很有规律那样使那些力量通过传统和法则同样变得有规律吗？——相信魔法和奇迹的人的反思在于**将一条法则加于自然**——质言之，宗教迷信是这种反思的结果。那些人向自己提出的问题是同下列问题密切相关的：**较弱**的一族如何能将法则强加于**较强**的一族，如何能支配他们、指导他们的行为呢？人们将首先想到最无害的那种强制，即在人们获得了某人的**宠爱**时所作出的那种强制。因此，通过祈祷和恳求，通过屈从，通过承担起定期进贡和献祭的义务，通过恭维式的美化，是可能将强制运用到自然力上的，只要人们得到自然力的宠爱：爱总是缠人又缠于人。然后人们可以缔结**条约**，缔约双方在某些行为上互相承担义务，交换抵押品，交换誓言。然而，比这更重要得多的是一种通过魔法和魔力实施的暴力强制。就像人在魔法师的帮助下能够损害一个比他更强大的敌人，使他惧怕自己；就像爱的法术能在远处发挥效应，较弱的人相信他也能够支配较强大的自然精灵。所有魔法的主要手段是，人们先占有属于他人的某种东西：头发、指甲、他人桌上的某种食物，甚至他人的图画、他人的名字。有了这样一些东西后，人们就可以施行魔法了。因为基本的前提条件是：一切精神的东西总有某种肉体的东西所归属；靠着肉体的帮助，人们才能够束缚精神，损害精神，消灭精神；肉体的东西提供了人们可以借以抓住精神的东西的途径。所以，就像人支配人那样，人也支配某一种自然精灵；因为自然精灵也有它可以被人借以抓住的肉体方面。打个比方，树和它赖以形成的种子——这种难以捉摸的并列似乎证明，同一种精神体现在两种形式里，一大一小。一块突然滚走的石头是一个精灵在其中发挥作用的躯体；如果一块大石头躺在偏僻的荒野上，似乎难以靠人力把它运到那里，那么就一定是石头自己跑到那里去的，也就是说：它里面一定藏有一个精灵。一切有躯体的东西都是向魔法开放的，自然精灵也是如此。如果一个神完全为他的形象所束缚，那么人们也就能对他实施相当直接的强制（通过拒绝上供祭品，通过鞭挞和上镣铐等）。中国的老百姓为了强行索取他们的神应该给而没有给的恩惠，就在抛弃他们的神的塑像上缠上绳子，把它拉倒，拖着它在街上的烂泥和粪堆上经过；"你这个神灵的狗东西"，他们说，"我们让你住在豪华的庙宇里，我们给你涂上漂亮的金身，我们把你喂得好好的，我们给你上供，而你却如此忘恩负义"。甚至19世纪在一些天主教国家，当圣徒像和圣母像在瘟疫或干旱时节拒绝行使职责时，人们对它们也采取了类似的暴力措施。——由于所有这些同自然的魔幻关系，无数仪式应运而生。最终，当这些仪式变得过于混乱时，人们就努力使它们条理化、系统化，以至于人们认为，全部自然进程，尤其是一年的季节更替，其良好的运行是得到一个程序体系的相应运行的保证的。宗教迷信的意义在于支配自然和驱除自然妖魔以有利于人类，也就是说，给它强加上一个**它一开始并不具有的规律**；而当今时代的人们则想要**认识**自然规律，以便同它相适应。简言之，宗教迷信立足于人与人之间的魔幻观念，巫师早于祭司。但是它**同样**也立足于别的更崇高的观念，它以人和人之间的同情关系，以下列情况的存在作为先决条件：好心、感恩、注意听取别人的请求、敌对者之间签订协议、给人以抵押品、要求保护财产。即使处于非常低的文化阶段，人类在自然面前也不充当软弱无能的奴隶角色，人类并**不**必然是自然任意摆布的仆人：在希腊人的宗教阶段，尤其在人们对奥林匹斯诸神的态度中，甚至令人想到两个集团的和平共处，其中一个集团较高贵、较强大，另一个集团不太高贵，但是两者同宗同源，不必羞于相见。这便是希腊人的宗教中的高贵因素。

112

某些古代献祭用具之一瞥。——我们是如何失去了某些感觉，这可以在诸如滑稽的东西甚至淫秽的东西同宗教感情的结合中看到：对这种混合的可能性的感觉衰退了，我们只是历史地理解这种感觉的存在，在农神节和酒神节的时候，在基督教的复活节表演和神秘剧中；但是我们也知道同粗俗之类的东西相联系的崇高，同可笑的东西相融合的动人事物，这些事物也许后人不会再理解。

113

作为古迹的基督教。——当我们有一个星期天早晨听到钟声敲响时,我们自问道:这怎么可能!这一切的进行就因为一个两千年前被钉在十字架上的犹太人说他是上帝的儿子。这样一种断言的证据是不足的。——在我们的各个时代里,基督教肯定是从远古时代延伸过来的一件古迹,人们相信那个断言——而人们在其他情况下检验各种资格身份的时候是那么严格——这也许是最古老的一份遗产。一个同凡人女子一起生孩子的神;一个要求人们不再工作、不再进行审判而去注意即将来临的世界末日的标志的智者;一种接受无辜者作为替代牺牲品的正义;某个命令自己的门徒喝他的血的人;指望奇迹出现的祈祷;对一位神犯下的、由一位神来赎罪的罪孽;对死亡是其门径的彼岸世界的恐惧;在一个不再了解十字架的用途和耻辱的时代里作为象征的十字架形象——这一切,就像从远古时代留下的坟墓里刮出来的风一样,多么可怕地吹到了我们身上!人们应该相信这样的事物仍然被相信着吗?

114

基督教中的非希腊因素。——同犹太人的情况不一样,希腊人不把荷马的众神看作凌驾于自己之上的主人,也不把自己看作众神统治下的奴隶。他们就好像只是看见了他们自己的社会集团的最成功例子的映像,也就是说,看到了一个理想,而不是他们自己本质的对立面。存在着一种相互联系的感觉,存在着相互的兴趣、一种对称。当人赋予自己这样的神祇时,他把自己想得很高贵,将自己置于这样一种关系中:就好像是下层贵族同上层贵族的关系一样。而古代意大利各民族则有着一种真正的农民宗教,对凶恶而反复无常的当权者和惹人讨厌的家伙怀有持续不断的恐惧。在奥林匹斯众神引退的地方,希腊人的生活也更加暗淡、更加充满恐惧。——在另一方面,基督教完全压扁了人类,粉碎了人类,使人类深深地陷入烂泥里;然后它突然让一道神的怜悯的光芒照入到完全的堕落感中,以至于人类被这种仁慈的行为惊得目瞪口呆,发出狂喜的尖叫,顷刻之间以为自己心怀了整个天堂。靠着这种病态的感情放纵,靠着这种放纵所必然伴随的心脑的严重腐败,基督教在心理上的一切创造发明发挥了作用：它要消灭人、粉碎人，使人麻醉，使人陶醉，只有一件事它不要，这就是**适度**。因此从最深刻的意义上讲，基督教是野蛮的、亚洲式的、卑劣的、非希腊的。

115

信教的益处。——有一些头脑清醒、兢兢业业的人，宗教就像一条由更高人性构成的褶边绣在他们身上：这些人大行善事来保持其宗教身份，这同时也美化了他们。——所有不擅长使用武器——包括口和笔——的人都成为奴隶：对这样的人来说基督教非常有用，因为在基督教内奴性呈现出一种基督教道德的外表，被惊人地美化了。——对日常生活感到太空虚、太单调的人容易信宗教：这是可以理解和原谅的，只是他们没有权力要求那些日常生活并不空虚的人信教。

116

日常的基督徒。——如果关于上帝的复仇心强、人人都有罪、神恩选择有福的人进入天堂、人有被罚入地狱的危险等的基督教教义有道理的话，那么**不**成为教士、信徒或隐士，**不**在恐惧和颤抖中专门致力于自己的拯救，这就是弱智和意志薄弱的标志；为了暂时的舒服而看不见永恒利益是愚蠢的。假定有人**相信**这一切，那么日常的基督徒就是一个可怜的形象，一个连三也数不到的人，正是因为他精神上的低能，所以他不应该受到基督教向他预言的那种严厉惩罚。

117

关于基督教的精明。——基督教有一种诀窍便是大声教导人说，一般人毫无价值、罪孽深重、轻如鸿毛，以至于使人们蔑视自己的同胞成为不可能。"他尽管造孽，却仍然在本质上和我没有什么区别：正是我，从任何一种程度上讲，都是毫无价值、轻如鸿毛的"，基督徒对自己这么说。但是，这种感觉也失去了它最强烈的刺激，因为基督徒不相信他个人轻如鸿毛：他作为一般人是很坏的，但当他听到"我们大家都是**一类人**"这样一句话时，心里便平静了一点。

118

更换角色。——一种宗教一登上统治地位，就把所有那些本来会成为它第一批信徒的人变成了它的反对者。

119

基督教的命运。——基督教的产生是为了要使心灵轻松；但是它现在必须首先使心灵沉重，以便然后能使心灵轻松。因此它将走向灭亡。

120

快乐的证明。——快乐的观点被认为是合理的：这是快乐的证明（或者如教会所说，是力量的证明），所有宗教都对此感到非常骄傲，然而它们是应该对此感到羞愧的。如果信仰不能使人快乐至极，它就不会被相信：它因此将变得多么没有价值！

121

危险的游戏。——任何在自己心中重又给宗教感情留下余地的人，接下来就不得不允许它发展，他没有别的办法。结果他的天性渐渐改变，宁愿喜欢那些依赖于、接近于宗教因素的东西，以至于他的整个判断和感觉领域都会云雾密布，掠过宗教的阴影。感觉不可能静止，所以要留神哪！

122

盲目的学生。——只要一个人很好地了解了他的学说、他的艺术、他的宗教的长短，那么他便会知道，这些东西的力量仍然是微不足道的。学生和信徒被先生的威望以及他们对先生的虔诚所蒙蔽，看不到一门学说、一种宗教的短处，因而通常比先生更有力量。若没有盲目的学生，一个人及其著作的影响是绝不会变得伟大的。帮助一种认识取胜往往只是意味着：将它同愚蠢如此紧密地捆绑在一起，以至于后者的重量硬是为前者求取了胜利。

123

拆除教堂。——世界上还没有厌烦宗教到了消灭宗教的地步。

124

人的无罪。——如果人们理解了"罪恶是如何来到世上的"，也就是说，由于理性的谬误，人们相互之间错以为对方，甚至个别人错以为自己比实际情况黑得多、坏得多，那么，人们的全部感觉就会变得十分轻松，人和世界有时就会出现在无害的光环中，令人一看到就有一种彻底的愉悦之感。人在自然中始终是一个自在的孩子。这个孩子真的有一次做了一个忧郁而令人惊恐的梦，但是当他睁开眼睛一看，自己仍然在天堂里。

125

艺术家的非宗教性。——荷马在他的众神当中感到如此自在，他作为一位诗人在他们那里得到如此的快乐，以至于他在任何情况下都必然具有强烈的非宗教倾向；他同民间迷信带给他的东西——一种没有价值的、不文明的、一定程度上来讲还很可怕的迷信——打交道，就像雕塑家同他的黏土打交道一样自由，也就是说，像埃斯库罗斯和阿里斯托芬那样自由自在，正是这种自由自在在近代使文艺复兴的伟大艺术家以及莎士比亚和歌德凸现出来。

126

伪解释的艺术和力量。——圣徒所经历的所有幻象、惊恐、困乏、欢乐是大家都知道的病理状态，他在宗教和心理谬见的基础上完全把这种状态**解释**为另外一回事，即不是**解释**为病态。——所以苏格拉底的恶魔或许也只是一种耳疾，而他只是按照支配他的道德思维方式对此作出了不同于现在的**解释**。先知和宣布神谕的祭司的疯癫和疯话与此没有什么两样；这始终是由于**解释者**心脑中的知识、想像、努力、道德从中**大做文章**的缘故。那些人们称之为天才和圣徒的人要达到最佳效果，不得不把那些为了拯救人类而**误解**他们的人硬拉到他们一边。

127

对疯癫的敬重。——因为人们注意到，兴奋经常使头脑更灵敏，并唤起快乐的念头，所以人们认为，通过最高的兴奋，人们将享有最快乐的念头和灵感；所以人们推崇疯癫者为智者和神谕发布者。这里所依据的是一个错误的结论。

128

科学的许诺。——现代科学的目标是：尽可能使人少受痛苦，越长寿越好——也就是说使人拥有一种永恒的幸福，这同宗教的许诺相比只是一种非常适可而止的许诺。

129

禁止的慷慨。——世界上还没有足够的爱和善能让我们可以从中拿出一部分来送给想像的事物。

130

宗教迷信继续活在情感中。——天主教会以及在它之前的所有古代迷信，支配了将人们置于不寻常的氛围中并剥夺他们对长处的冷静考虑以及属于纯粹理性思维能力的各种手段的整个领域。一个以深沉的声音令人颤抖的教会，一伙教士发出的沉闷而有规律的压抑呼唤，他们无意中将自己的紧张传达给教民，并让他们几乎充满恐惧地倾听，好像一个奇迹正要发生；作为神灵居所而延伸到不确切性中的建筑的气氛，在所有黑暗的空间中让神灵的活动使人感到害怕——既然这些事物的先决条件不再被人相信，谁会想要把这些事物再带回给人类呢？但是，所有这一切的结果仍然存在：崇高、感动、预感、追悔莫及、期待等心境构成的内心世界主要通过宗教迷信在人类身上找到了家园；其中一些至今仍然存在于人类灵魂中的东西，在当初它萌芽、生长、开花的时候得到了人们大力的培植。

131

宗教的产后痛。——如果说人们相信自己已经大大摆脱了宗教，那么这种摆脱还没有达到不高兴面对没有概念内容的宗教感情和宗教情绪的地步，如面对音乐；如果一种哲学向我们指出形而上学希望的依据，指出通过这种希望可以使心灵上达到高度宁静的依据，并谈论诸如"拉斐尔圣母像目光中的全部确定无疑的福音内容"，那么，我们就会特别衷心地接受这样的言论和解释：哲学家在这里更容易证明他所指出的一切，因为他想要提供的东西正符合一颗迫切想索取的心。由此人们注意到，不太谨慎的怀疑论者实际上只是对教条有反感，但是却很了解宗教感情的魔力；为了后者而放弃前者，这是很令他们痛苦的事情。——科学的哲学必须十分小心，不要由于那种需要——一种已经生成的因而也是暂时的需要——而把谬误偷运进来：甚至连逻辑学家也谈论道德与艺术中的真理的"预感"（如谈论这样的预感："万物的本质归一"），即谈论本该禁止他们谈论的东西。在作为谨慎的理性思维结果的真理和这些"预感到的"事物之间始终有一条不可逾越的鸿沟：前者靠的是理智，后者靠的是需要。饥饿并不证明有充饥的食物**存在**，而只是它想要有食物。"预感"并不意味着在某种程度上认识到一件事物的存在，而是在人们想要它或害怕它的情况下认为这种存在有可能；"预感"不越雷池半步，绝不进入确定性的领域。——人们无意中相信，一种哲学中带有宗教色彩的东西可以比其他东西得到更好的证明；但是从本质上讲，情况正好相反，人们只有内心的愿望，**希望**它是这个样子的——也就是说，人们希望令人快乐的东西也是真实的东西。这种愿望往往误导我们把糟糕的依据拿来当作好的依据，并令我们为此而付出代价。

132

关于基督教的拯救需求。——若仔细考虑，就有可能对基督徒灵魂中的某些事情（这种事情人们称之为拯救需求）取得一种排除了神话的解释，也就是说，这是一种纯粹的心理学解释。但是，只要一种自称自由的神学在这个领域从事它无益的活动，那么关于宗教状态和宗教事件的心理学解释至今在某种程度上就都是声名狼藉的：因为这些解释从一开始就针对基督教的保存和基督教神学的继续存在，其创建者施莱尔马赫[①]的精神让人猜到了这一点。这些解释在关于宗教"事实"的心理分析中应该找到一个新的泊位，尤其是找到一个新的职业。我们不去理会这些事情，敢于就所说的现象提出下列解释：人类意识到了某些在通常的行为级别中处于很低地位的行为，他们甚至在自己身上发现了一种对这类行为的嗜好，这种嗜好在他们看来几乎就像是他们的整个天性一样不可改变。他们多么想尝试一下另一种行为，那种普遍受到最高评价的行为，多么愿意感觉自己充满了遵循一种无私的思想方式的良好意识啊！然而，不幸的是，他们仅仅停留在愿望上：对自己的匮乏所感到的不满，

[①] 施莱尔马赫（1768—1834）：德国神学家，现代基督教新教神学的创建者。

再加上由他们的一般生活命运或者那种所谓恶行的结果在他们身上所引起的其他各种不满,导致了极度的沮丧,同时他们期望有一位医生可以消除这种沮丧及其所有的原因。——如果人们只是毫无偏见地将自己同其他人相比,那么这种状况是不会令人感到如此痛苦的:因为这时候他们没有理由对自己特别感到不满,他们只是承受着人类的不满和不完美所形成的一般压力。但是,他们是将自己同一种能独自做出所谓无私行为并在对一种无私的思想方式的意识中同上帝生活在一起的生物相比;正是因为他们朝这面明镜中观看,他们才感觉他们的本性如此忧郁、如此非同寻常地扭曲。于是,一想到这样的生物就使他们感到害怕,只见它作为行使惩戒职权的正义之神浮现在他们的想像中:在各种可能有的大大小小的经历中,他们相信自己能够辨认得出它的愤怒和威胁,甚至已经预感到它作为法官和刽子手正挥舞着鞭子。这种危险由于无限长的惩罚期而比所有其他想像中的恐怖显得更加恐怖,谁还会在这样的危险中帮助他们呢?

133

在我们进一步向自己展示这种状况的后果之前,我们想要对自己承认,人类不是由于其"过失"和"罪孽",而是由于一系列理性的谬误才陷入这种状况的;如果人类的天性在他们看来已经到了如此黑暗、如此可恨的地步,那么这是镜子的过失;而这种镜子就是**他们**的作品,是人类想像力和判断力的非常不完美的作品。首先,一种只能从事纯粹无私行为的生物甚至比凤凰更具有虚构色彩,这甚至难以清晰地加以想像,因为整个"无私行为"的概念一经严格检查就会消失得无影无踪。从来没有人做过任何完全为了他人而没有任何个人动机的事情,那么人们又怎么**能够**做同自己无关的事情,也就是说,没有内在强制(这种强制的基础必然在于一种个人的需要)的事情呢?没有自我的自我如何行事呢?——相反一个偶尔被认为**完全**就是爱的上帝是连一件无私的行为也做不了的:这使人想起了利希腾贝格①的一种看法,当然,这种看法出自

---

① 利希腾贝格(1742—1799):德国学者与作家。

比较低下的领域:"我们不可能像人们通常所说的那样同情他人,我们只同情自己。这个道理听起来冷酷无情,但是如果理解正确,情况就不是这样了。人们既不爱父亲母亲,也不爱妻子儿女,而是爱他们给我们的快感。"或者如拉罗什富科所说:"如果相信为了爱自己的情人而爱情人,那就大错特错了。"(*si on croit aimer sa maîtresse pour l'amour d'elle, on est bien trompé*)为什么出自爱的行为比其他行为更能受到好的**评价**呢?它受到更高评价不是因为其本质,而是因为其有用。关于这个问题,大家可以对比一下前面已经提到过的"关于道德感的起源"的研究。但是,如果一个人希望像那位上帝一样完全就是爱,做一切事情或向往一切事情,都是为了他人,**丝毫不为自己**,那么,仅后面这一点(**丝毫不为自己**)便不可能做到,因为他为了能给他人做出任何爱的举动,就必须为**自己做非常多的**事情。否则就需要这样的前提:他人是足够利己主义的,因而他一而再、再而三地接受那种牺牲,接受那种有利于他的生活,所以有爱心和富于牺牲精神的人就必须对无爱心、无牺牲精神的利己主义者的继续存在有兴趣,而最高的道德为了能够存在,就必须确确实实**强迫**非道德的存在(它当然会因此而自行消失)。——而且:关于上帝的观念,只要它被人相信,它就令人不安、令人屈辱,至于它是如何**产生**的,现阶段的比较文化人类学对此已不再有任何疑问;随着对那种起源的认识,那种信仰就消失了。那些将自己的本性同上帝的本性相比的基督徒就像低估了自己勇气的堂·吉诃德一样,堂·吉诃德这样做是因为他的脑子里充满了骑士小说主人公的奇迹行为:两种情况里用来衡量的尺度都属于寓言的领域。如果上帝的观念消失了,那么作为对神的规则的违犯以及作为一个祭神的生物身上的瑕疵的"罪孽"之感也就消失了。然后留下的也许还有那种沮丧感,它同人们害怕受世俗法律惩罚或受人蔑视的恐惧感纠缠不清、密切相关;如果人们看透,虽然由于自己的行为会违背人类传统、违背人类规范和秩序,但是并没有因此而危及"灵魂的永恒拯救"及其同神灵的关系,那么,内疚引起的沮丧和负罪感中最强烈的刺痛也终究会消失。如果人类最终成功地使自己在哲学上相信,所有行为都是绝对必然的,完全不必承担任何责任,并将这种信念融化到血液中，那么，剩余的内疚也就消失了。

134

正如已经说过的那样，如果基督徒由于某种谬误，也就是说，由于关于他的行为和感觉的谬误的、不科学的解释而产生自我鄙视感，那么，他也会十分惊奇地注意到，那种鄙视、内疚、普遍不快的状态如何不能持久，如何偶尔会有这样的时刻到来：这时候，所有这一切都从他的灵魂中飘然而去，他重新感到自己很自由、很勇敢。但是，对自己感到的愉悦、对自己力量感到的惬意，却又同任何高度亢奋所必然经历的情绪衰落相结合，使胜利离他而去。这人重新爱自己，他感觉到这一点——但是，正是这种爱，这种新的自我评价使他感到难以置信，他只能在其中看到完全不应得到的仁慈之光从上苍流泻下来。如果说以前他相信他在每一件事情中都看到了警告、威胁、惩罚以及神怒的任何一种标志，那么，现在他**穿凿附会地**以他自己的经验来**解释**神的善良宽容：一件事情他感到亲切，另一件事情像一个有益的暗示，第三件事情尤其是他的整个快乐的情绪，在他看来就是上帝仁慈的明证。如果说他以前处于沮丧的心态中尤其错误地解释了他的行为，那么他现在尤其错误地解释了他的经历：他把得到安抚的情绪理解为一种外在于他的支配力量的作用；他自己对自己的爱似乎成了神之爱；他称之为仁慈和拯救序曲的东西，实际上是自我赦免和自我拯救。

135

于是：某一种伪心理学以及某一种关于动机和经历的解释中的幻影，对于一个人成为基督徒并感觉到拯救的需要来说，是必要的先决条件。随着对这种误入歧途的理性和幻想的洞察，人们便不再是基督徒了。

136

关于基督教的禁欲主义和神圣。——无论个别思想家如何努力在人们通常称之为禁欲主义和神圣的罕见道德现象中描绘一件奇迹，若用理性解释之光来照亮它，便几乎是恶行和亵渎神灵，反过来讲，使人走向这种恶行的诱惑也同样强烈。一种强有力的**自然**冲动在任何时候都导致对那样一些普遍现象的抗议；科学，只要它如前面所说，是对自然的模仿，那么它就会允许自己至少对上述现象的所谓不可解释甚至不可接近提出异议。但是，它至今没有成功：那些现象始终没有得到解释，这使上面提到的那些道德奇迹的崇敬者感到十分满意。因为，一般来说，没有得到解释的东西应该是完全无法解释的，无法解释的东西应该是完全非自然的、超自然的、奇迹般的——所有宗教信徒和形而上学家（还有艺术家，如果他们同时也是思想家的话）心灵中的要求就含有这样的意思；而讲科学的人则在这个要求中看到了"邪恶原则"。——人们在考虑禁欲主义和神圣的时候首先陷入的第一个普遍的或然性是这样的：它的性质很**复杂**，因为在有形世界，同时也在道德世界的范围内，人们几乎在各处都成功地将所谓的奇迹追溯到复杂的、由多方面条件决定的事物上。所以，让我们首先大胆地将圣徒和禁欲主义者灵魂中的个别冲动孤立起来，最终又大胆地认为它们同我们相互密切纠缠在一起。

137

存在一种**对自己的违抗**，不少形式的禁欲主义就属于这种违抗的最崇高的表现。因为某些人如此迫切地需要行使他们的权力和实现他们的统治野心，以至于由于缺乏其他对象或者因为他们在其他方面的努力总是失败，所以他们最终猛然想到，还是对他们自己本性的某些部分，对几乎就是他们自我的各部分或各阶段的东西实施暴政。于是，有的思想家声明相信这样一些观点，这些观点显然不是用来增加或改善他们的声望的；有的思想家简直就招来了别人对自己的不敬，而如果他们保持沉默本来是很容易继续当一个受人尊敬的人的；还有的思想家收回了以前的看法，不怕因此而被称为前后不一；相反，他们努力成为这个样子，行为举止就像目空一切的骑士，只有在自己的坐骑受了惊、变得疯狂起来、大汗淋漓的时候，才最喜欢它。所以人们攀登在最高山区里的危险道路上，为的是嘲笑他们自己的恐惧和哆嗦的膝盖；所以哲学家声明信奉禁欲主义、恭顺、神圣等观点，在这些观点的光辉中，他自己的形象被丑化到了丑恶的程度。这种自我粉碎，这种对自己天性的嘲弄，这种各宗教都如此喜欢的"用轻蔑回答轻蔑"（*spernere se sperni*），其实是很高程度的虚荣。"登山训众"的全部道德都在于此：人有一种真正的快乐，他用过分的要求来压迫自己，然后崇拜他灵魂中这种暴君般咄咄逼人的东西。在任何禁欲主义道德中，人都是将他自己的一部分作为上帝来膜拜，并因此而必须将剩余的部分妖魔化。——

138

人不是在任何时候都是同样讲道德的，这是众所周知的事实：如果按照一个人作出伟大的献身决定和自我否定（它天长日久变成了习惯，便是神圣）的能力来判断他的道德，那么他**感情用事**时是最讲道德的；较高度的兴奋呈献给他全新的动机，而他像往常一样清醒和冷静，也许甚至不相信自己能有这样的动机。这是怎么回事？也许是由于所有伟大和高度兴奋的东西都很接近；一旦人被带入到一种特别紧张的状态中，他就会决定既进行可怕的复仇，又可怕地粉碎他的复仇需要。在强烈情绪的影响下，他无论如何都想要伟大的、凶猛的、惊人的东西，如果他偶尔注意到牺牲自己和牺牲他人一样或比牺牲他人更加使他满意，那么他就会选择牺牲自己。所以，他真正关心的只是发泄他的情绪；为了缓解他的紧张状态，他会抓住敌人的长矛，插进自己的胸膛。在自我否定中，而不仅仅在复仇中，有某种伟大的东西，这一点一定是通过长期的习惯才灌输到人类头脑中的；一位自我牺牲的神灵是这种伟大的最强有力和最有效的象征。战胜最难以战胜的敌人、突然控制住内心的冲动——这就是这种否定所**显示**的；在这样的范围内，它被视为道德的顶峰。实际上，它涉及的是从一种观念到另一种观念的变换，而情绪却维持在它自己同样的水平面和它自己同样的洪峰高度上。当人们重新清醒过来想摆脱掉这种内心冲动歇一歇的时候，他们便不再能理解那些时刻的道德，但是对所有那些共同经历那种道德的人的赞叹维持了他们；当内心冲动和对他们的事迹的理解消失时，骄傲便是他们的安慰。所以：那些自我否定的行为只要不是严格为他人而做，从根本上讲就也是不道德的；宁愿说，他人只是给高度紧张的情绪一个机会，通过那种否定而使自己得到缓解。

132

139

禁欲主义者在不少方面也企图使生活变得轻松愉快,而且通常通过完全屈从于他人的意志或者通过屈从于一种广泛的法律和程序;这就有点像婆罗门教徒,丝毫不听任自己的任何规定,而是每一分钟都受圣约的支配。这种屈从是控制自我的有力手段;人们忙忙碌碌,无暇感到无聊,可同时也没有独立意志和激情的激发;在行为完成以后,没有责任感,因而也没有悔恨的折磨。人们一劳永逸地放弃了自己的意志,这比只是偶尔放弃一次更容易;此外,完全放弃一种渴望也许比适量保留它更容易。如果我们想起现代人对国家的态度,那么我们就会发现,无条件的服从比有条件的服从更舒服。所以,圣徒就是这样通过那种对个性的完全放弃而使他自己的生活变得轻松的,如果人们在这种现象中赞美道德上最高的英勇行为,那么人们就是欺骗了自己。毫不动摇、毫不含糊地固守自己的个性无论如何比用上面所提到的方法摆脱它更困难;而且这需要更加多得多的精神和反思。

140

在许多更难以解释的行为中发现了那种关于**自在情绪**的乐趣的说法以后,我也在作为神圣特征之一的自我鄙视的问题中,同样也在自我折磨的行为中(通过饥饿、鞭挞、肢体扭曲、装疯卖傻等)认识到一种手段,那些具有这种特征的人就用这种手段来同他们生命意志(他们的神经)的普遍倦怠作斗争:他们利用最痛苦的刺激品和残酷行为,时不时地从沉闷和无聊中浮现出来,他们精神上的大惰性和我们描述过的那种对他人意志的屈从是如此经常地让他们陷入沉闷和无聊。

141

禁欲主义者和圣徒用来使自己的生活尚可以忍受并有所乐趣的最常见手段在于有时发动战争,在于维持胜利和失败的交替。为了达此目的,他需要一个对手,并在所谓的"内在敌人"中找到他。他尤其利用他对虚荣、荣誉和支配权的嗜好,然后还有他的肉欲,以便可以把他的生活看作一场连续进行的厮杀,而把他自己看作一个战场,在这个战场上,善与恶的精灵你死我活地拼搏着。众所周知，肉欲幻想因性交的规律性而变得适度，甚至几乎受压抑；相反，却因性交的节制或紊乱而放纵不羁。许多基督圣徒的想像非同寻常地污秽不堪；有理论认为，这些肉欲是在他们身上肆虐的真正的恶魔，由于这样的理论，他们对此不感到自己负有多大责任；他们的自我见证中包含如此有教育意义的坦率，我们将此归功于他们的这种感觉。他们的兴趣在于在某种程度上将这样的斗争永远保持下去，因为正如已经说过的那样，他们无聊的生活就是通过这种斗争维持下来的。但是，为了使这种斗争显得足够重要，以激发非圣徒的持续参与和赞叹，肉欲就必须越来越遭到诋毁和谴责，甚至被永久罚入地狱的危险也被如此紧密地同这些事物相联系，以至于很有可能基督徒在所有时代都是问心有愧地生出小孩来的；由此一定大大伤害了人类。在这里真理完全被颠倒了。虽然基督教说过：每个人都是在罪孽中孕育出生的，而且在卡尔德隆①那令人不堪忍受的用最高级表示的基督教思想里，这种思想再一次纠缠不清，以至于他敢于在下列著名的诗句中使用最违背常情的悖论：

  人的最大过失

  在于他不该出世。

在所有悲观主义的宗教中，生殖行为本身就被认为是不好的，但是这种认识绝不是人所共有的；甚至所有悲观主义者的判断在此问题上也不尽相同。例如，恩培多克勒②对所有色情事物中可耻的、恶劣的、罪恶的东西一无所知；或者说，他在一大片不幸之中看到了惟一充满幸福和希望的现象：爱神阿佛洛狄特；在他看来，她是这样一种保证：争执并不是永远占统治地位的，而是有一天将会把王杖交给一位更为温和的魔鬼。有实践经验的基督教悲观主义者如我们说过的那样有着这样一种兴趣：他们需要一个永远充满活力的敌人来适应他们生活中的孤独和精神上的荒原；一个公认的敌人，通过战胜和制服这个敌人，他们在非圣徒面前总是一再显示为几乎无法理解的、超自然的存在。如果这位敌人最终由

---

① 卡尔德隆（1600—1681）：西班牙戏剧家。
② 恩培多克勒（约公元前 490—前 430）：古希腊哲学家、诗人、医生。

于他们的生活方式和他们被毁坏的健康而永远地逃走了,那么他们立刻就懂得如何来**看待**他们那住满新的魔鬼的内心世界。傲慢与恭顺这两个天平上的秤盘的上下浮动,就像欲望和内心宁静的交替一样,如此出色地使他们苦苦思索的脑袋得到了消遣。当时的心理学的目的在于不仅怀疑一切人性的东西,而且对其加以亵渎、鞭挞和折磨;人们**要**尽可能认为自己很坏、很邪恶,他们寻求恐惧,为灵魂的拯救而担心,因对自己力量的绝望而担心。人类将关于坏与罪恶的观念附加于一切自然物上(例如就像甚至现在人类还习惯于对色情事物所做的事那样),困扰想像力,使它变得愚钝,流露出羞怯的目光,使人不满于自身,变得不可靠、不可信任;甚至连他们的梦也带有一种受折磨的良心的味道。然而,这种来自万事万物的现实中的自然之物的痛苦是完全没有根据的:它只是**关于**万事万物的看法的结果。你很容易认识到,人们是如何因为认定必然的自然之物是坏的,然后始终感觉它就是坏的,从而使自己变得更坏。使人怀疑自然,因而**也**使人自己变坏:因为人学会了感觉自己是坏的,他也无法脱去自然的外衣——这是宗教和形而上学家的诀窍,那些宗教和形而上学家们想要的就是:人天生就是坏的、有罪的。由于长期生活在自然之中,人渐渐感到自己受到这样一种负罪感的压力,以至于需要超自然的力量来消除这种重负;于是,我们已经讨论过的拯救需求登上了舞台,这种需求完全不是适应真正的罪恶,而只是适应一种想像出来的罪恶。审阅一下基督教文件的各个道德条款,你就会到处发现,这些要求是过分的,人**不可能**满足这些要求;其意图不是让人**变得**更加道德,而是**尽可能**让人有罪恶感。如果人们对这种感觉感到不**舒服**——那么为什么他们还会产生这样一种观念并且如此长久地坚持不放呢?在古代社会中,一种无法估量的精神力量和首创才能被用来通过节日膜拜而增加生活的欢乐,而在基督教时代,同样无法估量的精神力量则被牺牲给另一种努力:人无论如何都应该感觉自己有罪,并且因此而变得激动、活跃、热情奔放。不惜一切代价使人激动、活跃、热情奔放——这难道不是一个衰退的、过于成熟的、过于有教养的时代的口号吗?所有自然感受的领域被周游了100遍,灵魂对这些领域已感到厌倦:圣徒和禁欲主义者就此发明了一种新的生命激活剂。他们将自己呈现在所有人的眼前，不是真正为了让许多人模仿他们，而是作为令人战栗的但是又令人神往的戏剧场面，在现实世界和超感觉世界的分界线上演出，当时每一个人都相信自己在那里一会儿看到了天国之光，一会儿看到了深渊中熊熊燃烧的可怕火焰。圣徒的眼睛看到了无论如何都很可怕的短暂人生的意义，看到了关于无尽的新生活历程的时刻的临近，这灼热的目光，在一个一半已被摧毁的躯体上，使古代世界的人在所有的深渊中颤抖；人们或观望，或恐惧地移开目光，或重新感觉这种戏剧场面的魅力，屈服于它，依赖于它，直到灵魂处于炽热中和高烧的寒战中——这便是**古代**在甚至对动物之争、人类之争的景象变得麻木不仁之后所**发明**的最后的**乐趣**。

142

总结一下已经说过的话：圣徒和将要成为圣徒的人所拥有的心灵状态是由我们大家都很熟悉的因素构成的，只是在宗教观念以外的其他观念的影响下，它们显示出不同的色彩，然后往往强烈地受到人类的谴责，就像它们用宗教和存在的终极意义装饰以后可以同样强烈地指望得到赞美甚至崇拜一样——至少在以前的时代可以这样指望。一会儿圣徒实行同自己的对抗，这种对抗是对权势欲的近亲，还把权力感给予最孤独的人；一会儿圣徒膨胀的感觉背离了释放激情的要求，在一颗骄傲的灵魂的强大压力下，改成让这些激情像疯狂的骏马一样垮掉；一会儿他想要完全停止所有打扰人、折磨人、刺激人的感觉，想要一种醒着的睡眠，一种在沉闷的动植物一般的惰性深处的持久休憩；一会儿他寻求斗争，在他自己身上点燃起战火，因为无聊把他那张倦怠的脸对着他：他自我鄙视地和残酷地鞭挞他的自我崇拜、他对他欲望的疯狂骚动以及对负罪感的强烈刺痛，他甚至对想到自己迷失的念头感到高兴，他懂得为他的内心冲动（例如极度的权势欲）设置陷阱，以致他陷入极度的屈辱中，他的受煽动的灵魂被这种对照撕得四分五裂；最后，当他十分渴望幻象、渴望同死者或神仙交谈的时候，他所渴望的，归根结底是一种罕见的肉欲，不过也许是所有其他肉欲在其中打成一个结的那种肉欲。凭经验和本能而在神圣问题上拥有权威地位的诺瓦里斯①有一次以天真的喜悦说出了全部秘密:"十分不可思议的是,不久前肉欲、宗教、残忍的结合使人们注意到它们的内在关系和共同倾向。"

143

并非圣徒**是**什么人,而是他在非圣徒的眼睛里**意味着**什么这一点给了他世界史的价值。因为人们误解了他,错误地解释了他的心理状态,并尽可能强硬地将他同自己分开,将他当作彻底无与伦比的、陌生的、超人的东西:他因此而获得了非同寻常的力量,他能以此支配各民族、各时代的想像。他自己不认识自己;他自己按照像关于《圣经》的圣灵解释一样夸张、一样不自然的一种解释艺术来理解他的情绪、爱好和行为的风格。他本性中偏执的、病态的东西,以及它们同贫困的精神、糟糕的知识、不良的健康状况和过度兴奋的神经等的结合,是他的目光和他的观察者所看不见的。他不是一个特别好的人,更不是一个特别聪明的人;但是他**意味**着某种超过了人所应有的范围的善与智慧。对他的信仰支持了对神和奇迹、对一切存在的宗教意义、对即将来临的末日审判的信仰。在照耀着基督教各民族的世界末日的傍晚余晖中,圣徒的身影变得巨大无比:竟然到了这样一种高度,以至于甚至在我们这个不信仰上帝的时代,却还有足够的思想家信仰圣徒。

144

不言而喻,这种按照圣徒平均水平进行的描述可以用一些能带来更愉快感觉的描述来形成对照。圣徒一类人中的个别人很出类拔萃,不是因为十分温和博爱就是因为精力过人而显示出魅力,表现很是突出;还有一些人很有吸引力,是因为某种幻觉在他们整个存在的上空光芒四射:例如基督教的著名创建者就是这样情况,他把自己视为上帝天生的儿子,因此感觉自己是无罪的;于是通过一种自负——人们不应该过于苛求这种自负,因为整个古代到处都有上帝的儿子——他达到了同样的目标,就是获得了现在每个人都能通过科学获得的那种完全的无罪感和完全的

---

① 诺瓦里斯(1772—1801):德国浪漫主义诗人。

无责任感。——我同样将印度圣徒排除在外，他们处在基督教圣徒和希腊哲学家之间的中间位置上，因而不代表一种纯粹的类型：知识和科学——如果有这样一种东西存在的话——通过思想的逻辑训练和培养而出类拔萃，这在佛教徒那里被要求作为神圣的标志，同这些东西在基督教世界中遭到拒绝并被诋毁为非神圣的标志在程度上是一样的。

第四章　出自艺术家与作家的心灵

145

141　　完美者不应该已经生成。——我们习惯于在所有完美者那里忽视有关生成的问题，却津津乐道于现在，就好像它是靠魔法一下子从地底下冒出来的。在这个问题上，大概我们仍处于一种原始神话感的影响之下。我们几乎还是有如此的感觉（例如在一个希腊神殿中，就像在帕埃斯图姆①的那种），好像有一天早晨，一位神仙轻松自如地用如此巨大的重荷建成了他自己的居所，在其他时候，又好像一个灵魂十分突然地被施魔法变到一块石头中，现在想要透过石头向外说话。艺术家知道，他的作品只有在激起一种信念，即使人相信即兴创作、相信一种奇迹般的一蹴而就的突然性时，才能发挥充分的作用；所以他就促进这种幻觉，将创作开始时的那些兴奋不安的因素、盲目摸索的混乱因素、专注的梦幻因素统统引入艺术，作为一种欺骗手段，煽起观众或听众心灵中的情绪，使他们相信完美者的突然出现。——不言而喻，艺术科学必须最明确地反对这种幻觉，必须指出理智的错误判断以及它被惯出来的毛病，由于这种错误判断和毛病，理智落入了艺术家的圈套。

146

142　　艺术家的真实感。——在关于真理的知识方面，艺术家比思想家有

---

①　意大利古代城市，以希腊废墟和古典希腊壁画而出名。公元871年遭穆斯林大肆劫掠以后被遗弃。18世纪发现的遗址中有陶器及保存得极好的神庙和墙壁。

着更弱的道德；他不愿意被彻底剥夺那关于生活的金光灿烂而意义深刻的解释，反对冷静而简单的方法和结果。他表面上在为人的更高尊严和更高意义而战，实际上他不想放弃对他的艺术来说**最有效**的前提，即幻想的、神话的、不确定的、极端的东西，如象征感，对个人的过高评价，以及相信天才身上有着某种神奇的东西：于是他认为他那种创作的延续比用科学方法对任何一种真理形式的献身都更重要，好像后者也还是那么简单。

147

作为招魂女巫的艺术。——艺术还有保养的任务，给差不多已经暗淡、苍白的观念恢复一点色彩；当它完成这项任务的时候，它编织起一条带子，缠绕着各个不同的时代，使各时代的幽灵再回来。虽然这里出现的只是虚幻的生活，如出现在坟墓上空的景象或在梦中见到死去的亲人回来，但是，至少有片刻时间旧的感觉又一次活跃起来，心脏按照一种要不然已被遗忘的节奏跳动着。由于艺术的这种普遍功用，如果艺术家没有站在启蒙运动和进步的人类**男性化运动**的最前列，那么人们也就必须听之任之：艺术家一生中始终是一个孩子或一个小伙子，停留在他突然感到有艺术冲动的那个立场上；但是正如已得到承认的那样，最初的生命阶段的感觉更接近于以前时代的感觉，而不是19世纪的感觉。他的任务无意中变成了将人类儿童化；这是他的荣誉，也是他的局限。

148

作为使生活变得轻松的人的诗人。——诗人只要也想让人们的生活变得轻松，他们便要么将目光从艰辛的现在转开去，要么让过去的光芒照射过来而帮助现在获得新的色彩。为了做到这一点，他们必须自己在有些方面成为往后看的生存物，以至于人们可以利用他们作为通向十分遥远的时代和观念、通向正在死亡或已经死亡的宗教与文化的桥梁。他们实际上始终是，也必然是**后继者**。当然，关于他们使生活变得轻松的手段颇有几句微词要说：他们起抚慰作用和治疗作用只是暂时的，只有片刻的工夫；他们甚至通过消除或缓慢地排解促使不满者行动的激情，来阻止人们为了真正改善自己的状况而工作。

149

美的慢矢。——最高贵的那种美不是一下子把人吸引住的那种,不是发起暴风雨般的、令人陶醉的进攻(这样的美很容易引起厌恶),而是慢慢渗透的那种,人们毫不在意地随身携带着它,并在梦中又一次见到它,在它长期谦虚地潜伏在我们内心以后,便完全占有了我们,使我们的眼睛噙满泪水,内心充满渴望。——在见到美的时候,我们渴望的是什么呢?我们渴望自己也变美:我们幻想其乐无穷。——然而这是一个错误。

150

艺术的生机勃发。——在宗教让步的地方,艺术就昂起了它的头。它接过了大量由于宗教而产生的感情和情绪,将它们放在心上,现在它自己变得更深刻、更富有情感,以至于它能流露出兴高采烈和热情奔放的情绪,这是它以前做不到的。发展为洪流的大量宗教感情总是一再爆发出来,想要占领新的领域,然而发展中的启蒙运动动摇了宗教教条,唤起了一种彻底的不信任,于是,那种感情被启蒙运动逐出了宗教领域,转而投入了艺术的怀抱;在个别情况中,也投入到政治生活中,甚至直接投入到科学中。无论在哪里,我们在人类的努力中都会看到一种更高贵、更忧郁的色彩,我们都可以猜到,其中始终包含着对幽灵的恐惧、膜拜时的香烟袅袅以及教会的阴影。

151

韵律何以美化。——韵律给现实遮挡了一层面纱;导致了某种流言飞语式的做作和思想的不纯;通过它投在思想上的阴影,它一会儿遮遮掩掩,一会儿使思想暴露无遗。正如美化必须要有阴影一样,要使事物明了就必须要有"模糊"。——艺术通过将不纯的思想的面纱蒙在生活上而使生活的外观显得可以忍受。

152

丑恶灵魂的艺术。——人们在要求只有有条不紊的、在道德上保持平衡的心灵才可以在艺术中有所表现时,是给艺术强加了太过狭隘的限制。有如在造型艺术中那样，在音乐和诗歌中除了有美好灵魂的艺术之外，也有一种丑恶灵魂的艺术；艺术最强有力的效果，即令人柔肠寸断、打动铁石心肠、使禽兽变得有人性等，也许通常正是这后一种艺术达到了。

153

艺术使思想家心情沉重。——形而上学的需求有多强烈，自然最终如何使同这种需求的告别变得很困难，这我们可以从以下的事实中推测到：当自由思想家摆脱掉所有形而上学的东西时，艺术的最高效果在他身上很容易引起长期的沉默，甚至是扯断的形而上学之弦的共鸣，例如会有这样的事情：他在听一段贝多芬第九交响乐的时候会感到自己飘荡在俯瞰大地的星空中，心中怀着**不朽**的梦想：所有的星星似乎都在他周围闪烁，大地似乎越来越下沉。——如果他意识到这种状况，他便会在心中感到一种深深的刺痛，渴望着有人能将那个失去的爱人领回来给他，无论你把这个爱人称作宗教还是形而上学。在这样的时刻，他的才智得到了考验。

154

游戏人生。——要平息或暂时制止希腊人过于热烈的情绪和过于敏锐的理解力，必须要有荷马那种想像力的轻松和轻佻。如果在希腊人那里是理解力在说话，那么生活就显得多么辛酸和残酷啊！他们不作自我欺骗，但是他们故意拿谎言同生活开玩笑。西摩尼得斯[①]劝他的同胞将生活当成游戏；他们太清楚过于认真便是一种痛苦了（人类的苦难竟是众神如此愿意听人吟唱的内容）；他们知道，惟有通过艺术，才能使苦难也能变成享乐。但是作为对这种洞察的惩罚，他们被乐于虚构故事的乐趣纠缠到如此地步，以至于他们在日常生活中很难避免谎言和欺骗，就像所有的诗人族都有这样一种说谎的乐趣一样，而且他们还在说谎时显得很无辜。无疑，相邻的民族有时会对此感到绝望。

[①] 西摩尼得斯（公元前556？—前468？）：希腊抒情诗人，警句作者。

155

相信灵感。——艺术家有一种兴趣,即相信灵感,相信所谓的神启;好像艺术作品、诗歌、一种哲学的基本思想等的理念如一道神恩之光从天上照耀下来。实际上,好艺术家或好思想家的想像力不断产生着好、中、差的产品,但是他们的**判断力**被磨砺和使用到了最高的程度,它对这些产品加以拒绝、选择和编织;就像我们现在能从贝多芬的笔记本里所看到的,他是逐渐地把最精妙的旋律汇集到一块儿的,在某种程度上是从多种多样的起奏中挑选出来的。谁选得不太严格,沉湎于模仿式的记忆,谁就有可能在某些情况下成为一个伟大的即兴创作者;但是艺术家的即兴创作同严肃认真、十分上乘的艺术思想相比处于低下的地位。所有伟大的艺术家都是伟大的工作者,不仅在创造发明中,而且也在拒绝、筛选、改造和编排中孜孜不倦。

156

再谈灵感。——如果生产力有一段时间被阻挡住,连续的生产之流受到阻碍,那么最终会有一次突然的溢出,好像一个突如其来的灵感没有任何事先的内心努力就产生了,这真是一个奇迹。这构成了人所共知的欺骗,正如已经说过的那样,所有艺术家的兴趣有点太过于依赖这种欺骗的继续存在。资本是一点点**积累**起来的,它绝不是一下子从天上掉下来的。此外在其他领域也有这样一些表面的灵感,例如在善的领域、德行的领域以及罪恶的领域。

157

天才的痛苦及其价值。——艺术天才要制造快乐,但是如果他站在很高的阶梯上,那么他就很容易缺少享受这种快乐的人;他提供食物,但是没有人要这食物。这在某些情况下给予他一种可笑而动人的悲壮;因为从根本上讲,他没有理由强迫人们去享乐。他吹响了他的笛子,但是没有人想要跳舞:这可能是悲剧性的吗?——也许是的。最终作为对这种不足之处的补充,他在创作中比其他人在所有各种其他活动中获得了更多的快乐。人们感觉他的痛苦很夸张,因为他悲叹的声音更响亮,他的嘴更能说会道；而**有时候**，他的痛苦真的很大，但只是因为他的虚荣心和嫉妒心也如此之大。知识型的天才如开普勒①和斯宾诺莎，他们通常不如此贪婪，不对他们实际上更大的痛苦和不足作出如此大惊小怪的表示。他们可以更有把握地寄希望于后世，放弃现在；而一个这样做的艺术家总是在玩着一种绝望的游戏，在游戏中他一定变得很伤心。在十分罕见的情况下——当才能和知识的天才与道德天才融合在同一个人身上时——还要给已经提到的痛苦增加那种被看作是世界上最特殊的、例外的痛苦：针对一个民族、针对人类、针对整个文化、针对一切痛苦的存在的非个人和超个人的感觉；这些感觉是通过与特别困难、特别遥远的知识的联系而获得其价值的（同情本身是没有什么价值的）。——然而用什么标准以及用什么样的精密仪器来测量其纯度呢？难道不是必须对所有那些**谈论**自己拥有这种感觉的人表示不信任吗？

158

伟大之厄运。——每一个伟大的现象之后总是尾随着退化，尤其在艺术领域。伟人的榜样刺激更虚荣的人进行极端的模仿或更胜一筹；为此所有伟大的天才都有其自在的灾难性后果：窒息许多更弱小的力量和萌芽，使自己周围的自然差不多成为一片荒芜之地。在一种艺术的发展中，最幸运的情况是：好几个天才互相制约；在这样的斗争中，通常比较弱小和温和的人也被赐予空气和阳光。

159

危害艺术家的艺术。——当艺术凶猛地抓住一个个人的时候，这个个人被拉回到艺术最繁荣昌盛的那些时代的观念中，艺术发生了一种反向作用。艺术家越来越推崇突然的兴奋，相信众神和群魔，给自然注入灵魂，憎恨科学，情绪变幻无常，像古代人一样推翻一切对艺术不利的状况，而且用孩子般的急躁和不讲道理来做到这一点。艺术家本身已经是一种落后的存在，因为他停留在属于少年儿童的游戏上，此外他还渐渐回溯到其他时代。于是最终在他和他的同时代人之间产生了一种激烈

---

① 开普勒（1571—1630）：德国天文学家。

的对抗和一个悲惨的结局，正如古人的故事所说，荷马和埃斯库罗斯最终生在忧郁中，死在忧郁中。

160

被塑造的人。——当人们说戏剧家（以及一般意义上的艺术家）真正**塑造**了人物的时候，这是一种美好的欺骗和夸张，有这种欺骗和夸张的存在和传播，艺术庆贺着一种它自己不想要的、几乎多余的胜利。事实上，当我们将这样那样的性格归于一个真正活生生的人时，我们对他的理解并不多，所作的概括也非常肤浅：诗人顺应了我们这种**非常不完美**的处世姿态，他对人作了**肤浅**的构思（"塑造"是在这个意义上而言），就像我们对人的知识很肤浅一样。在艺术家塑造的这些人物身上有许多假象；他们绝不是真实的自然产物，而是像画出来的人那样，有一点太单薄，他们经不住近在跟前的察看。如果人们说，通常活人的性格往往自相矛盾，戏剧家塑造的性格则是漂浮在自然眼前的典型，那么这纯属一派胡言。一个真正的人完全是某种**必然**的事物（甚至处于那种所谓的矛盾中时也是如此），但是我们并不是始终认识到这种必然性。虚构的人或幻影也是意味着某种必然的东西的，但只是在以下这样一种人的眼里才是这样：他们甚至对真人的理解也带有一种粗糙的、非自然的简单化倾向，以至于只需要几根粗大的、往往重复的线条——上面有许多明亮的部分，周围又有许多阴影和半暗部分——就足以充分满足他们的要求。因此他们很容易把幻影当作真正的、必然的人来对待，因为他们习惯于在真人那里把一个幻影、一个侧影轮廓、一个任意的缩略当作整体。——如果有人说只有画家和雕塑家表达了人的"理念"，那么这纯粹是不现实的想法，是感官欺骗：如果人们说出了这样的话，那么人们便是受了眼睛的专制统治，因为眼睛在人的身上看到的只是表面的东西，即皮肤；然而人的理念同样也包括了内在的躯体。造型艺术要让性格在表皮上变得看得见；语言艺术用言辞来达到同样的目的，它用声音来塑造性格。艺术始于人类对自己内部情况（在身体和性格方面）的天然**无知状态**：它不是为物理学家和哲学家而存在的。

161

在对艺术家和哲学家的信念中关于自我的过高评价。——我们大家都认为,如果一位艺术家打动了我们,令我们震颤,那么这就证明了一件艺术品、一位艺术家的质量。但是在这里,我们**自己**在判断和感觉方面的**质量**必须首先得到证明:这是不可能的事情。谁在造型艺术的领域里比贝尔尼尼①更加打动人心、更加令人愉悦,谁就比那位引进了亚细亚风格并使之统治了两个世纪之久的后狄摩西尼②修辞家③产生更强有力的效果吗?统治了整整两个世纪之久丝毫不能证明一种风格的质量和持久的有效性;所以人们不应该过分肯定地相信任何一位艺术家:这样的相信甚至不仅是相信我们感觉的真实性,而且也是相信我们判断的万无一失,而判断或感觉或两者的结合本身都有可能太粗或太细、太夸张或太粗略。一种哲学和一种宗教的赐福与欢娱也丝毫证明不了它们的真理:就像疯子从他的固定观念享受到的快乐丝毫证明不了这种观念的合理性一样。

162

出于虚荣的天才崇拜。——我们虽然自以为了不起,但是却根本不会指望我们画出一幅拉斐尔绘画那样的草图,或构思出一个莎士比亚戏剧中那样的场景,所以我们说服自己,认为这样的能力是十分极端的、了不起的,是一个十分罕见的偶然现象,或者如果我们还有宗教感情的话,认为这是上苍的一个恩赐。所以我们的虚荣和我们的自爱促进了天才崇拜:因为只有当天才被认为离我们十分遥远、是一种奇迹的时候,他才不会损害我们(甚至没有妒忌的歌德都称莎士比亚为他最遥远的高度上的星星;在这里,人们也许还记得那句诗行:"星星,你们并非人们所渴求")。但是,除了我们虚荣心的那种暗示之外,天才的活动似乎完全就不是某种根本区别于机器发明家、天文学家或历史学家、战术大师等的活动的东西。如果人们想像有这样一些人:他们的思想朝一个方向活动,他们把一切都用作

---

① 贝尔尼尼(1598—1680):意大利建筑家、画家、雕塑家,巴洛克艺术风格的代表人物。
② 狄摩西尼(公元前384—前322):古雅典雄辩家、民主派政治家。
③ 指的是昔兰尼哲学学派的黑杰西亚斯(为公元前250年左右的人)。

材料，总是充满妒忌地观察他们自己的内心生活和他人的内心生活，到处都发现榜样和刺激，从来都不倦于将他们可以应用的手段结合在一起，那么所有上述那些活动就都可以解释清楚了。天才所做的也不过是学着先垒砖，然后盖房，不过是不断寻找材料，不断在他周围建构。不仅仅是天才的活动，人的每一项活动也都是令人惊奇地复杂，但是没有一项是一个"奇迹"。——那么认为只有在艺术家、演说家和哲学家那里才有天才的信念是从哪里来的呢？认为只有他们才有"直觉"的信念是从哪里来的呢？（靠着直觉他们就有了一种奇迹般的眼镜，他们可以用以直接看透"事物的本质"！）显而易见，人们只是在大智的效果最令人愉快的地方，在他们不想感觉到嫉妒的地方才谈论天才。将某人称为"神圣"的意思是："在这里我们不必竞争。"于是，已经就绪的、完成的一切就受到赞叹，正在生成的一切便遭低估。现在没有人能在艺术家的作品中看到它是如何**生成**的；这是艺术家的长处，因为在任何可以看到生成的地方，人们就会被泼上一瓢凉水。完成的描写艺术拒绝一切关于生成的思想；它作为现在已经完成的东西横行霸道。因此描写艺术家尤其被视为天才，而科学家却没有。实际上，对前者的高度评价和对后者的低估只是理性的一种儿戏。

163

153　　手艺的严肃性。——不要谈论才华，尤其是天生的才华！应该说的是各种各样没有什么才华的伟人。他们通过某些特质而**获得**伟大，变成"天才"（就像人们所说的那样），凡是知道这些特质的人，没有人愿意谈论自己缺乏这些特质：他们都有那种能干的工匠的严肃认真，这种工匠先学如何完美地建造部件，直到敢于建造一个大的整体；他们让自己有时间来做这事，是因为他们对做好次要的小事比对获得令人眼花缭乱的整体效果有更大的乐趣。例如，关于一个人如何能成为一个出色小说家的处方是很容易给出的，但是实行起来却要以这样一些特质为前提，当人们说"我没有足够的才能"时，往往漠视了这些特质。人们只要打100多份小说草稿，任何一份都不超过两页，但是却要有这样一种明晰性，使其中的每一个词都是必不可少的；人们应该每天写下趣闻逸事，直到学会如何给它们以最贴切、最富有效果的形式；人们应该不知疲倦地收集和描绘人的类型和性格；人们尤其应该尽可能经常地讲事情给别人听，也听别人讲事情，以敏锐的耳目注意对其他在场者的效果；人们应该像一个风景画家和服装设计师那样旅行；人们应该从个别科学中摘要出一切在描绘出色时就会产生艺术效果的东西；最后，人们应该反省人类行为的动机，不鄙弃有关教导性的指点，做一个对有关问题的日日夜夜的收集者。在这种多方面的训练中，人们应该经历大约十年的时间；但是，在工作间塑造的东西也应该拿出去让街上的亮光照一照。——大多数人是怎么做的呢？他们不是从部分，而是从整体开始。他们也许做好了一次事情，引起了注意，从此就由于正当的、自然的原因而越做越糟糕。——有时候，要形成一项这样的艺术家式的人生计划往往缺乏理性和性格，这时候命运和需要就取而代之，引导未来的大师一步步完成他的手艺所要求的任何条件。

164

天才崇拜的危险和好处。——相信有伟大的、卓越的和富有成果的才子并不必然却又很经常地同那种完全的宗教迷信或半宗教迷信联系在一起；那种宗教迷信认为，那些才子有超人的起源，拥有某种奇迹般的能力，靠着这种能力，他们以完全不同于其他人类的方式获得他们的知识。人们大概把一种能直接洞察世界本质、几乎像透过现象的外衣上的一个洞来进行观察的那样的洞察力归于他们，并相信，他们不用科学的艰辛与严格，就能够由于这种奇迹般的、先知一样的洞察力而传达出关于人类与世界的最终的决定性的东西。只要知识领域中的奇迹仍然有人相信，人们也许就可以承认，这对相信者本身是有好处的，因为这些人通过无条件地服从伟大的才子，设法为自己的才智适应发展时代谋得了最好的训练和培养。然而有疑问的至少是，对天才及其特权和特殊能力的迷信，如果在天才那里生了根，是否对他本身有好处。如果一个人突然感到对自己的恐惧，不管是那种著名的恺撒式的恐惧①，还是这里所涉及的对自己才能的恐惧；如果理应只给一位神灵献上的献祭品的香火味扑面进入天才的头脑，以至于他开始飘飘然，真以为自己超然人上，那么，这无论如何都是一个危险的标

---

① 指对自己的恐惧。

155 志。天长日久的结果是：没有责任感，只有特殊权利的感觉，相信有他的斡旋就可以逢凶化吉，而一有人试着将他与旁人相比甚至给他较低的评价，并将他工作中的失误暴露在光天化日之下时，他就狂怒不已。由于他停止了作自我批评，最终他的翎羽一根接一根地从他全身的羽毛中脱落下来：那种宗教迷信挖掘掉了他力量的根源，在他的力量离开他以后，也许就完全把他变成了伪君子。对于伟大的才子本身来说，如果他们看清楚自己的力量及其来源，也就是说，如果他们明白哪一些是真正人类的特点汇集在他们身上，哪一些是外加的幸运条件，那么这也许会更有用处：首先是充沛旺盛的精力，坚持具体的目标的坚强意志，巨大的个人勇气，然后是能接受良好教育的好运气，使他们早年就有了最好的教师、最好的榜样以及最好的方法。当然，如果他们的目标是造成尽可能大的**效果**，那么对自己糊里糊涂，再加上一种半癫狂状态，就在其中起了大作用；因为我们在所有时候赞美和嫉妒的正是他们身上的那种力量，凭借那种力量，他们使人类变得意志薄弱，幻想有超自然的领袖引导着他们。是的，相信某人拥有超自然的力量，这使人振奋、令人鼓舞：正是在这个意义上，柏拉图说，疯狂带来了对人类的最大祝福。——在个别罕见的情况下，或许这点疯狂也是这样一种处处都很过分的天性借以被牢牢抓住的手段：甚至在个人生活中，本身是毒药的狂想却也经常有治疗价值；然而最终在每一个相信自己有神性的"天才"那里，随着"天才"的变老，毒药会逐渐显露出来：人们也许还记得拿破仑的天才，他的天才无疑正是由于他相信自己，相信

156 自己是明星，由于出自这种信念而对人类产生的蔑视，从而凝聚成一种强有力的统一体，使他高耸于所有现代人之上，然而到头来，这一信念演变成近乎疯狂的宿命论，使他失去了迅速而敏锐的洞察力，成为他垮台的原因。

165

天才与无能之辈。——正是艺术家中具有原创性的、汲取自我源泉的人，会在某些情况下造成完全的空虚与徒有其表的空壳；而较有依赖性的人，所谓有才华的人，充满对一切美好事物的回忆，即使在弱态下也能产生某种尚过得去的东西。但是如果有原创性的人自暴自弃，那么就连回忆

对他们也无济于事：他们变得很空虚。

166

观众。——大众原本渴望从悲剧中得到的东西，不过是大受感动而痛哭一场；而看新悲剧的艺术家则相反，他们的乐趣在于机智的技术处理上的发明和技巧，在于题材的运用和编排，在于旧主题和旧观念的新运用。他们的态度是对艺术品的审美态度，是创作者的态度；前面一开始描述的那种只注意题材的态度，是大众的态度。至于处于他们之间的人，没有什么好说的，他既非大众，亦非艺术家，也不知道他想要什么，所以他的乐趣也很模糊、很微不足道。

167

观众的艺术教育。——如果同一主题没有受到不同大师们上百次的处理，公众就学不会超越对题材的兴趣；但是如果公众早就从无数改编中了解了主题，从而不再感觉到新颖和紧张的刺激，那么他们就会最终理解并感悟主题处理中的那种细微差别和细腻的新发明。

168

艺术家及其追随者必须并驾齐驱。——从一个阶段的风格到另一个阶段的风格的进步必须如此缓慢，以至于不仅艺术家，而且听众和观众都共同参与了这种进步，都确切知道发生的是什么事情。要不然，在高高在上的遥远地方进行创作的艺术家与不再能达到那个高度而最终灰溜溜地爬下来来到比以前更低处的观众之间就会一下子出现巨大的鸿沟。因为，如果艺术家不再提高他的观众，那么观众就会迅速下跌，而且观众拥有的天才越高，他们跌得就越低下、越危险，就像被老鹰抓到云层中去的乌龟从上面掉下来遭了殃一样。

169

滑稽的起源。——如果人们认识到，人类有几十万年之久都是一种极其容易心生恐惧的动物，一切突如其来的意外事物都使他必须做好战斗甚至是战死的准备，以至于后来在社会关系中，一切安全全都依赖观念行为中意料之中的传统的东西，那么，如果在言行中任何突如其来的意外事物并没有造成危险和伤害,人类便变得放肆起来,走向了恐惧的反面,这也没有什么好大惊小怪的:吓得发抖、缩成一团的家伙一下子蹦起来,纵横驰骋——人类哈哈大笑。这种从持久的恐惧到短暂的放纵的过渡叫做**滑稽**。与之相反,在悲剧现象中,人类迅速从持久的大放纵中过渡到大恐惧中;但是由于在凡人中间持久的大放纵比恐惧的机会少得多,所以在世界上,滑稽因素比悲剧因素多得多,人们笑的时候比人们震惊的时候多得多。

170

艺术家的抱负。——希腊艺术家,例如悲剧诗人,进行创作是为了取胜;他们的整个艺术离开了竞争就无法想像:赫西奥德①美妙的厄里斯②,即抱负,使他们的天才插上了翅膀。而这种抱负尤其要求他们的作品在**他们自己的眼前**保持最高的出类拔萃,也就是说,是**他们**所理解的那种出类拔萃,不考虑一种占主导地位的趣味和关于一部艺术品是否出类拔萃的一般看法;因而埃斯库罗斯和欧里庇得斯很长时间一事无成,直至最终他们**教育**自己成为艺术批评家,按照他们自己规定的标准推崇他们的作品。他们要真正**变得**更加出类拔萃,所以他们争取按照他们自己的评价,在他们自己的法庭面前,赢得对他们的竞争对手的胜利;然后他们由外而内地要求公众赞同这种自我评价,认可他们的判断。争取荣誉在这里的意思是:"使自己取得优胜,并希望在公众面前也以这样的身份出现。"如果没有前者,却仍然渴望得到后者,那么这就是**虚荣**。如果没有后者,又不感到可惜,那么这就是**骄傲**。

171

艺术品中的必然因素。——那些大谈特谈艺术品中的必然因素的人,如果他们是艺术家,那就是为了艺术的更大荣耀(in majorem artis gloriam)而加以夸张,或者如果他们是外行,那就是出于无知。表达一部艺术品的思想内容的形式,也就是说它的言语方式,像所有的说话方式一样,总有某种欠考虑的东西。雕塑家可以添加许多细节或者将其略去,表演者

---

① 赫西奥德:公元前 8 世纪的希腊诗人,他写的《神谱》详细讲述了神的故事。
② 厄里斯:希腊神话中的不和女神。

也是如此，无论他是一个演员，还是在音乐方面的一个演奏名手或指挥。这许多的细节和润饰今天使他快活，明天却不然，它们的存在更多的是为了艺术家而不是为了艺术，因为他尽管有由主要思想内容的描述所要求于他的严格和自我克制，却也偶尔需要甜点和玩具，为的是不至于闷闷不乐。

172

使大师被遗忘。——演奏一位大师的作品的钢琴家，如果让人忘记了大师，好像在讲述一个他自己生活中的故事或现在正经历的某事，那么他的演奏会是最出色的。当然，如果他**本人**无足轻重，那么每一个人都会诅咒他用以给我们讲述他生活中的故事的那种喋喋不休。所以他必须懂得如何激发听众的想像力和获得他们的好感。由此也反过来说明了"名家"的全部弱点和愚昧。

173

改变命运（Corriger la fortune）。——在伟大艺术家的一生中伴随有糟糕的偶然性，例如这种偶然性迫使画家将他最有价值的画只是作为粗略的观念以草图的形式描述出来，或者例如迫使贝多芬在一些伟大的奏鸣曲中（如在伟大的降B大调中）只是给我们留下了由一部交响乐改编的不能令人满意的钢琴曲。在这里，后来的艺术家应该设法追加式地改变大师们的生活：这可以由这样一个人来做——他作为所有管弦乐效果的大师，为我们把那种落入钢琴曲假死状态中的交响乐唤醒过来。

174

缩小。——一些事物、事件和个人经不起缩小处理。人们无法将拉奥孔群像①缩小成小摆设一样的大小；它必须体积庞大。而更加少见得多的情况是，有些天生就小的东西经得起放大；这便是传记家之所以会成功地将大人物从小里来描写，而不能将小人物从大里来描写的原因。

175

当代艺术中的性感。——艺术家们现在经常打错算盘：努力使他们

---

① 希腊化时期的著名雕塑，刻画了特洛伊祭司拉奥孔和他的两个儿子被巨蟒缠死的情景。

的艺术品产生性感效果；因为他们的观众或听众不再有充分的感觉机能，他们完全违背艺术家的本意，在其作品影响下，竟热中于感觉的"神圣性"，这同无聊相差无几。——他们的性感也许正是在艺术家的性感停止的地方开始，因而他们最多只是在一点上互相碰面。

176

作为道德家的莎士比亚。——莎士比亚关于激情的问题考虑过许多，由于他的气质，他一定很能理解许多激情（戏剧家一般来讲都是相当坏的人）。但是他不能像蒙田①那样来谈论它们，而是将关于激情的观察放到了充满激情的剧中人物的口中：这虽然违背自然，却使他的戏剧如此充满丰富的思想内容，以至于使所有其他的戏剧都显得空洞，很容易引起观众对它们的普遍反感。——席勒的格言（它们几乎总是以错误的或者毫无意义的想法为基础）根本就是戏剧性的格言，它们作为这样的格言产生了十分强烈的效果；而莎士比亚的格言则为他的榜样蒙田带来了荣耀，在精练的形式中包含着十分严肃的思想，但是也因此而对剧场观众的眼睛来说太遥远、太细腻，因而就没有效果。

177

让自己被听得真切。——人们必须不仅懂得如何表演得好，而且懂得如何让自己被听得真切。最伟大的大师手中的小提琴在房间太大时也只不过发出一种唧唧声；这时大师和任何笨拙的蠢材就没有什么两样。

178

有效的不完美。——就如浮雕中的形象之所以能对想像产生如此强烈的效果，是因为它们看上去几乎马上就要从墙上走下来但却突然不知怎么的被阻止了，所以有时候关于一种思想或关于一整套哲学思想的浮雕式的不完美描述比详尽的阐述更有效果；人们更多地听任观察者去行事，他激动地继续造就在他面前如此轮廓分明的东西，直到最后都想着它，并克服那种至今阻挡它走出来的障碍。

---

① 蒙田（1533—1592）：法国散文家。

179

反原创性。——如果艺术穿起了用破旧材料做的衣服,那么人们就最容易认出它是艺术。

180

集体精神。——一位好作家不仅有他自己的精神,而且还有他朋友们的精神。

181

双重的错误判断。——才思敏捷的作家的不幸在于人们认为他们很肤浅,因而不花什么力气来读他们的作品;而思路不清晰的作家的运气则在于读者费尽心力读他们的书,并将他自己努力中的乐趣归于他们。

182

同科学的关系。——所有那些对任何一门科学毫无真正兴趣的人只有在他们自己作出了科学发现的时候才会对科学热情起来。

183

钥匙。——一个有价值的人很重视一种观念,却受到没有价值的人的嘲笑和挖苦,这种观念对有价值的人来说是打开隐藏的宝库的钥匙,而对于那些没有价值的人来说,不过是一块破铜烂铁。

184

不可翻译。——书中不可翻译的东西既不是其中最好的东西,也不是其中最差的东西。

185

作者的悖论。——一个读者所厌恶的所谓作者的悖论往往根本不在作者的书中,而在读者的脑子里。

186

诙谐。——最诙谐的作者能唤起几乎最不引人注目的微笑。

187

对偶。——对偶是谬误最喜欢借以悄悄钻入真理的狭小门径。

188

作为文体学家的思想家。——大多数思想家的作品都写得很糟糕，因为他们传达给我们的不仅是他们的思想，而且是思想的思想。

189

诗中的思想。——诗人风风火火地引导他那乘坐韵律之车的思想：通常这是因为这些思想无法步行。

190

同读者精神对立的罪恶。——如果作者否认自己的才华只是为了使自己和读者平等，那么他就是想犯读者绝不会原谅他的惟一的死罪：也就是说，在读者对此有所察觉的情况下。人们原本可以在人背后说他的任何坏话：但是正像人们所说的那样，人们必须懂得重新建立自己的虚荣心。

191

诚实的限度。——即使最诚实的作家，当他想要修饰一个长句时，也会从手中掉下一个多余的词来。

192

最好的作者。——最好的作者将是那些羞于成为作家的人。

193

针对作家的严厉法律。——人们应该将作家视为罪犯，他们只有在最少见的情况下才可以被宣告无罪或得到赦免：这是控制书泛滥的一种手段。

194

现代文化的丑角。——中世纪的宫廷丑角相当于我们现在的文艺专栏作家；这是同样种类的人：半理性、诙谐、夸张、愚蠢，有时候只想通过突然的念头和空谈来缓解激情，通过大呼小叫来盖过伟大事件的过于沉重、过于庄严肃穆的钟声；从前是为王公贵族服务，现在为党派服务（如在党派意识和党派纪律中，现在仍然存在着大量的以前人民同王公打交道时的那种卑躬屈膝）。然而，整个现代文人阶层都十分接近于文艺专栏作家，这是"现代文化的丑角"，当人们没有将他们看作是完全心智健全时，人们对他们的评价是比较温和的。将当作家视为终生职业应该被看作是一种愚蠢。

195

在希腊人之后。——知识现在受到以下事实的阻碍：所有言辞由于几百年感情的夸张而变得雾气腾腾，膨胀起来。置身于知识统治（如果不是专制统治的话）下的更高阶段的文化必须要有一种感觉的大醒悟和所有言辞的一种高度集中；在这个问题上，狄摩西尼时代的希腊人已经走在我们的前面了。现代文字的特征是夸张；甚至在文字写得很简单时，其中的言辞都会让人**感到**过于古怪。严密的思考、简明扼要、冷静、质朴，甚至故意走极端，是一般情况下的感情自我克制和沉默——单单这就会起作用。——此外，这种冷静的写作方式和感受方式作为对立面是非常富有吸引力的，当然，其中有一种新的危险。因为高度的冷静像一种高度的热情一样，也是一种良好的刺激品。

196

出色的叙述者，糟糕的解释者。——出色的叙述者经常有一种值得赞美的心理上的自信心和一贯性，只要这种自信心和一贯性能出现在其人物的行为中，就能和他们自己心理思考的不成熟形成十分可笑的对照：以至于他们的文化修养一会儿显得极高，一会儿显得极低。经常出现这样的情况：他们明显**错误**解释了他们自己的主人公及其行为——这是毫无疑问的，无论事情听起来有多么不可能。也许最了不起的钢琴演奏家很少考虑技术条件和每个手指的具体美德、缺陷、实用性、可培养性等长短短格理论，如果他谈论这样的事情，他就铸下了大错。

197

熟人的著作及其读者。——我们在双重意义上阅读熟人（朋友和敌人）的著作，因为一方面我们的一种知识总是在一旁不断地小声说："这是他写的，是他的内在本质、经历及其才华的一个标志"；另一方面，另一种知识同时也试图确定那种著作本身的收益是什么，且不说它的作者，它本身一般来说应该得到什么样的评价，它如何使知识得到丰富等。不言而喻，这两种阅读和衡量互相干扰。甚至是和一个朋友的一次谈话，也只有当两个人最终想的只是事情，而忘记了他们是朋友的时候，这次谈话才会产生良好的知识成果。

198

节奏方面的牺牲。——好作家改变一些长句的节奏仅仅是因为他们不承认普通读者有能力理解那些长句在其最初文本中所遵循的节奏，因此他们优先考虑较熟悉的节奏，使其更容易理解。——这种关于现在读者在节奏方面无能的考虑已经引出了一些叹息，因为人们已经在节奏方面作出了很多牺牲。——好音乐家是否也会发生类似的情况呢？

199

作为艺术刺激品的不完美。——不完美往往比完美更有效，尤其是在赞词中：为了赞美的目的，人们恰恰需要一种有刺激性的不完美作为一种非理性因素来使听众想像有一片大海，像一片大雾一样遮住了对面的海岸，也就是说遮住了被赞美之物的界限。当人们提到一个人所为人熟知的功绩并讲得很详细很广泛时，总是会引起怀疑，认为这就是他惟一的功绩。完美的赞美者总是凌驾于被赞美者之上，似乎在俯视他。所以完美起着削弱性的效果。

200

写作与教书要当心的事情。——才写了点东西就感觉自己有写作激情的人，在其所从事和经历的一切中几乎只学到了作家可以传达的东西。他不再想到自己，而是想到作家及其读者大众；他想要有洞察力，但是不为他自己所用。当老师的人通常都无法再为了他自己的好处而从事自己的事情，他始终考虑他学生的好处，他所能够教的任何知识都令他感到高兴。他最终把自己看作一条知识的通衢大道，并且一般说来看作手段，以至于他不再对自己很认真。

201

必然有坏作家。——任何时候都必然有坏作家，因为他们要满足发育不充分的、不成熟的年龄段的人的趣味；这些人像比较成熟的人一样，有他们自己的需要。如果人的寿命能长一点的话，那么变得成熟的个人的数量就会超过或至少等于不成熟的个人的数量；然而大多数人死得实在太早太早了，也就是说，始终有许许多多智力发育不充分者有着不好的趣味。而且这些人以年轻人的急躁渴望着他们需要的满足，于是就**迫不及待地要求**有坏作家。

202

太近与太远。——读者和作者往往彼此不能相互理解，因为作者太了解他的主题，几乎认为它很无聊，以至于他省去了他所知道的成千上万的例子；但是读者对事情很陌生，如果不给他举例，他就很容易认为事情没有依据。

203

一种消失的艺术准备。——在文科中学所做的一切中，最有价值的是拉丁文体练习：这才是一种**艺术练习**，而所有其他工作都只是以知识为目的。将德文作文放在优先地位的是野蛮，因为我们没有从公开的能言善辩中演化出来的标准德文文体；但是，如果人们想要通过德文作文促进思维训练，暂时完全不去考虑文体，也就是说，将思维训练和描写训练区分开来，这肯定会更好。后者应该指具有一种既定内容的各种不同版本，而不是指独立创作一种内容。仅仅在既定内容上进行描写是拉丁文体的任务，对于这种文体，古代的教师拥有一种现在早已丧失的敏锐听觉。从前谁学会用一种现代语言很好地写作，谁就将此归功于这方面的训练（现在人们迫不得已把自己打发到年长的法国人那里去上学）；然而更有甚者：他了解到了形式的高贵和困难，于是通过实践而用惟一正确的方法为艺术做好了准备。

204

黑暗与过度的光明并存。——一般来讲不懂得清晰表达思想的作家在个别情况下会特别愿意选择最强烈、最夸张的表达法和措辞：于是便产生了一种光明的效果，就像火炬的光亮照明了错综复杂的林中小道一样。

205

作家方式的作画。——对于一件有意义的事物，如果人们像一个化学家那样，从事物本身中提取绘画用的颜色，然后像一个艺术家那样来使用这些颜色，以便从颜色与颜色的界限和层次中产生出图画，那么，人们是会将此事物描绘得最好的。因此绘画可以从迷人的自然因素中得到某种使事物本身有意义的东西。

206

教人跳舞的书。——有些作家将不可能的事描写成可能，谈论起道德和天才的事来就好像两者只是一种心境、一种爱好，从而唤起一种狂放不羁的自由之感，犹如人们踮起了脚尖，不得不彻底为了内心的欢乐而跳舞。

207

未完成的思想。——就像不仅成年人，而且青少年和儿童都有**自在的**价值，完全不应该仅仅被当作通道和桥梁一样，未完成的思想也有其自己的价值。因此我们绝不可以用难以捉摸的解释来折磨一位诗人，在他的视野的不确定性中找到乐趣，就好像通向若干思想的道路仍然畅通着。人们站在门槛上，人们等待着，有如在发掘财宝的时候那样：就好像会有一项具有深刻意义的幸运发现要来临。诗人在发现一种新思想的时候先得到某种思想家的乐趣，然后使我们渴望得到它，以至于我们捕捉着它；但是它却从我们头顶上飞过，展示出最漂亮的蝴蝶翅膀——然后它从我们身边溜走。

208

几乎变成人的书。——每个作家都会一再对此感到惊讶：一本书一旦脱离了他，它就会继续过起它自己的生活；他感到就好像是昆虫的一个部分从他身上分离出来，继续走它自己的路一样。也许他几乎全然忘记了它，也许他自以为超越了他在其中记录下的观点，也许他甚至不再理解它，失去了他当初构思此书时赖以飞行的翅膀：在那期间，它寻求它的读者，点燃生命，令人快乐，使人害怕，产生新的著作，成为决心和行为的灵魂——一句话：它像一种被赋予了精神和灵魂的生命活着，但却不是人类。——作者成了最幸运的人，他作为老人可以说，他身上所有产生生命、增强力量、提高人、启发人的思想和感觉仍在他的著作中继续生存；他自己只意味着灰色的灰烬，而火种则到处得到抢救，被带往四方。——如果人们现在考虑到，不仅是一本书，而且一个人做出的任何行为，都会以某种方式成为其他行为、决定和思想的原因；所有发生的事情和所有将要发生的事情牢不可分地纠集在一起，那么，人们就会认识到有真正的**不朽**、运动的不朽：曾经运动过的东西都被包容在所有存在物的总汇内而永恒化，就像琥珀中的昆虫一样。

209

年高之乐。——将自己的善的一面转入到著作中去的思想家，同样也有艺术家，当他们看到自己的身体和精神慢慢为时间所消耗和破坏时，会感到一种几乎恶意的快感，就好像他在一个墙角里看到一个小偷正在偷他的钱柜，而他却知道，钱柜是空的，所有财富都已转移到安全的地方去了。

210

宁静的多产。——天生的精神贵族不太勤奋；他们的作品创作出来，在一个宁静的秋夜从树上掉下来，没有被急匆匆地渴求，没有被推进，也没有为新事物所排斥。不懈的创作欲是庸俗的，显示出嫉妒、羡慕和虚荣心。如果你是什么有价值的人，你原本不需要做什么事情——然而你却做了许多许多。在生产性的人之上还有一个更高的人种。

211

阿喀琉斯①与荷马。——事情总是好像介于阿喀琉斯与荷马之间：一个有经验、有感觉，另一个**描述**它们。一个真正的作家只是用言辞来表达别人的情绪和经验，他是艺术家，为的是从他感觉到的少量事情中猜

---

① 也译为"阿基里"。

出许多东西来。艺术家绝不是有巨大激情的人，但是他们经常在下列无意识的感觉中**假装**是这样的人：如果他们自己的生活为他们在这个领域的经验说话，那么人们就会更相信他们描绘出来的激情。人们甚至只需要由着自己的性子，不必控制自己，而是给自己的怒火和自己的欲望以广阔的活动空间，这样全世界马上就会喊道：他多么具有激情！但是要说在内心深处燃烧的、消耗着个体并往往吞噬着个体的激情，它有这样一个问题：经历了这种激情的人肯定不会在戏剧、音乐或小说中描写它。艺术家在不是艺术家的时候是**无拘无束的**个体：不过那是另外一回事。

173

212

关于艺术效果的古老怀疑。——怜悯和恐惧真的像亚里士多德想要的那样为悲剧所宣泄，从而使观众更冷静、更心平气和地回家去吗？鬼故事会使人更少害怕、更少迷信吗？在一些同肉体有关的事情如爱的享用等方面，这是真的：随着一种需求的满足，冲动上的一种缓解和暂时的消解开始出现。但是恐惧和怜悯并不是在这个意义上要求变得轻松的某些器官的需求。在长时间中，甚至任何冲动都会通过演习而在其满足中得到**强化**，尽管有那种周期性的缓解。也可能在一些个别情况下怜悯和恐惧由于悲剧而得到缓解和宣泄；尽管如此，它们作为整体仍然会由于一般的悲剧效果而增大。柏拉图的以下看法是有道理的，他认为，人们由于悲剧而从总体上变得更加害怕、更加感情脆弱。悲剧诗人自己这时候都必然会拥有一种忧郁而充满恐惧的世界观和一个柔弱、敏感、好流泪的灵魂，如果悲剧诗人以及特别为他们感到高兴的整个城邦蜕化到越来越没有节制、越来越放纵不羁的地步，那么这同样也符合柏拉图的看法。——但是，我们的时代究竟有什么权利对柏拉图关于艺术的道德影响的大问题作出一个回答呢？即使我们拥有艺术——我们在哪里拥有艺术的影响或者说艺术的**任何一种**影响呢？

174

213

在无意义中取乐。——人怎么能在无意义中取乐呢？只要世界上有人笑，情况就会这样；人们甚至可以说，几乎在有幸福的任何地方，都会有人在无意义中取乐。经验变成了它的对立面，合目的变成了无目的，必然变成了随意，但是这种转变是这样的：它不造成任何损害，只是被认为是一时出于狂妄。总之，这样的事情令人愉快，因为它瞬息之间将我们从必然性、合目的性、经验性的压力下解放出来，我们通常把这种必然性、合目的性和经验性看作我们的无情主宰；如果意料中的事（它通常令人害怕和紧张）无害地爆发出来，这时候我们便嬉戏与欢笑。这是农神节上奴隶的欢乐。

214

现实的高贵化。——人们在爱欲冲动中看到一种神性，并带着崇敬的感激之情感觉到这种冲动在自己身上发生效应，因此在长时间的过程中这种冲动就充满了一系列更高的观念，并且也因此而在事实上被大大高贵化了。一些民族就这样因为这种理想化的艺术而从病态中创造出巨大的文化辅助力量：例如希腊人，他们在早先的几个世纪里患了很厉害的流行性神经病（以癫痫和舞蹈症的形式），并因此而造就了绝妙的酒神女信徒类型。——因为希腊人完全不拥有一种敦实的健康；他们的秘密是，即使疾病也可以当作神来崇敬，只要它有**威力**。

215

音乐。——音乐本来对我们的内心世界并不那么有意义、那么令人高度兴奋，以至于它可以被当作一种**直接的**感情语言；但是它同诗的原始联系将那么多的象征放入了节奏运动中，放入了音调的强弱中，以至于我们**误以为**它直接同内心世界说话，**误以为**它来自内心世界。戏剧音乐只有在音乐占领了一个巨大的象征手段领域之时，经过歌曲、歌剧和上百次的音诗的尝试，才成为可能。"绝对的音乐"要么是原始音乐状态中的自在形式，在这种状态中，按节拍和不同强度发出的音响通常会令人愉悦；要么是形式的象征，在长期发展中两种艺术结合在一起，最终完全用概念和感情之线织入音乐形式之后，它在没有诗的情况下诉诸理解力。在音乐发展中，滞后的人会在先进者把一切都作为象征主义来理解的地方以纯粹形式主义的方式来感受同样的音乐作品。就音乐本身而言，没有一种音乐是深刻的、富有意义的，它不谈论"意志"和"自在之物"；理智只有在一个占领了整个适合于音乐象征的内心生活领域的时代才能出此误解。是理智本身首先将这种重大意义**置入**音响中的，就像在建筑中，它同样将重大意义置入线条与物质的关系中，而这种意义本身对于机械法则来说则完全是陌生的。

216

176　　**表情和语言。**——表情的模仿比语言更古老，它不由自主地出现，而现在在表情语言受到普遍排挤，已培养起对肌肉的控制的时候，它还是那么强健，以至于我们不可能观看一张运动的脸时而我们自己的脸部却没有运动的感觉（人们可以观察到，如果你假装打一个哈欠，会很自然地在一个看见你打哈欠的人那里引出一个哈欠来）。被模仿的表情引导模仿者回到在被模仿者的脸上或身体上将其表达出来的那种感觉中。人们就是这样学会互相理解的：孩子也是这样学会理解母亲的。一般来说，痛苦的感觉也可能以本身就能引起痛苦的表情表达出来（例如通过扯头发、捶胸以及脸部肌肉的强行扭曲和紧张等）。反之，快乐的表情本身就令人愉快，因此很容易用来表达理解（被挠痒是令人愉快的，笑作为其表示，同时也充当其他令人愉快的感觉的表示）。——人们通过表情刚一相互理解，一种表情的**象征**就会产生：我的意思是说，人们在相互理解时，首先的表示是声音**加**表情（两者是象征性地结合在一起的），只是到后来才只发出声音。——现在在音乐尤其是戏剧音乐的发展中出现在我们眼前和耳边的事情，似乎在从前的时候是经常发生的：一开始的时候，音乐如果没有起阐释作用的舞蹈和哑剧表演（表情语言）便只是虚无缥缈的噪声，由于长期习惯于音乐和动作的那种同时并存，耳朵被训练得能对声音形象立刻作出解释，并最终达到了迅速理解的高度，这时候就
177　　完全不再需要有形的动作，不用这种动作就可以**理解**作曲家。然后人们谈论绝对的音乐，也就是说，谈论一切东西在其中不用进一步的帮助就立即被以象征方式理解的那种音乐。

217

　　更高级艺术的非感性化。——我们的耳朵由于智力在新音乐的艺术发展中的特殊训练而变得越来越理智了。我们现在之所以能够承受更多的声音强度和更多的噪声，是因为我们比我们的祖先受过更加好得多的

训练，能细细倾听**其中含有的理性**。事实上，我们所有的感官现在都由于它们立刻追问理性，也就是说，追问"它意味着……"，而不是追问"它是……"，从而变得有点麻木不仁了：就好比这样一种麻木不仁在各种音调的调律的绝对统治中流露出来一样；因为可以区分得出例如升C调和降D调之间细微差别的耳朵现在属于例外情况。在这方面，我们的耳朵变得粗陋了。于是，世界上丑陋的一面，原本敌视感官的一面，因为音乐而被征服了；音乐尤其在表达崇高、恐惧、神秘等方面的势力范围因此而惊人地扩大了；我们的音乐说出了以前表达不了的事物。一些画家以类似的方法使我们的眼睛变得更加理智了，远远超越了人们以前认为对颜色和形式感到愉悦的东西。也是在这里，世界上原先被视为丑陋的那一面为艺术理性所征服。——所有这一切的结果会是什么呢？眼睛耳朵变得越能思考，就越接近感性的界限：愉悦被错装入大脑，感觉器官本身变得迟钝和衰弱，象征越来越取代存在物的位置——沿着这条道路，于是我们像沿着任何一条其他道路一样确定无疑地通向了野蛮。这暂时还意味着：世界空前丑陋，但是它却**意味**着一个比曾经有过的世界更美好的世界。意义的龙涎香气越四处散布，它越到处挥发，察觉它的人就越少：其余的人最终和丑陋的东西待在一起，试图来享受它，却总是不成功。于是在德国有一股双重的音乐发展潮流：一方面有上万的一伙人，带着越来越高、越来越细腻的要求，越来越专心地倾听"它意味着……"；另一方面则有绝大多数的人，一年年变得越来越不能理解以感觉上丑陋的形式出现的有意义的东西，因此学会以越来越大的心满意足捕捉音乐中本身丑陋和令人厌恶的东西，也就是说，下流性感的东西。

218

石头比以往更加是石头。——一般来说，我们不再理解建筑学，至少很久没有按我们理解音乐的方式来理解。我们已长大而脱离了线条和图像的象征，就像我们断了修辞学的声音效果的奶，而不再从我们生命的最初一刻起就吮吸这种修养的母乳一样。在一座希腊或基督教建筑物上的一切原本都是有某种意义的，而且意味着万物中一种更高的等级：这种与一种取之不尽的意义相关的情调围绕着建筑物，就像一层迷人的面纱。美只是附带着进入到这个系统中,没有在本质上损害有关可怕和崇高的事物,有关由于神的来临和魔法的作用而实现的神圣化的基本感觉;美最多**缓和**了**恐惧**——这种恐惧到处都是作为先决条件出现的。——而今天对于我们来说一座建筑物的美又是什么呢?就像一个没有才气的女子的漂亮脸蛋一样:是某种假面的东西。

179

219

现代音乐的宗教起源。——富有情感的音乐是在特伦托会议①之后复兴的天主教内经帕莱斯特里纳②之手而诞生的,他帮助新唤醒的、内在的、被深深打动的精神发出铿锵之声;后来,新教运动被虔敬教徒③所深化而且脱离了原先教条的基本特征,它又由于巴赫而出现在新教中。这两种发展的前提和必要的预备阶段是对音乐的研究,就如在文艺复兴和前文艺复兴时代的情况那样,尤其是那种有学术水平的音乐活动和那种从根本上讲对带有和声与声部处理的艺术作品的科学性乐趣。另外,也必须先有歌剧:在歌剧中,外行发出了对一种变得过于学术气而叫人莫名其妙的冷漠音乐的抗议,想要重新给波吕许膜尼亚④一个灵魂。——没有那种十分笃信宗教的情绪变化,没有内心激情的渐渐消失,音乐仍将是学术气或歌剧式的;反宗教改革⑤的精神是现代音乐的精神(因为巴赫音乐中的那种虔敬主义也是一种反宗教改革的精神)。我们如此之深地受惠于宗教生活。——音乐是艺术领域里的**反文艺复兴运动**,属于这场运动的有牟利罗⑥晚期的绘画,也许还有巴洛克风格;无论如何它们都比文

---

① 1545—1563 年在意大利城市特伦托召开的与新教相抗衡的天主教会的第 19 次普世会议。
② 帕莱斯特里纳(1523—1594):意大利作曲家,其作品以技巧完美著称,一生创作了大量形式不同、风格多样的宗教与世俗音乐,包括弥撒曲、经文歌、奉献曲及牧歌等。
③ 17 世纪兴起于德国新教信义宗内部注重个人信仰的一场改革运动的参加者。
④ 希腊神话中的 9 位缪斯之一,是主管颂歌的女神。
⑤ 基督教会史名词,指 16 至 17 世纪初天主教会为抵制宗教改革而进行的努力,实际上也是天主教为图生存而进行的一次自我调整。经过整顿,天主教会得以克服新教的威胁而生存下来,重新获得生命力。
⑥ 牟利罗(1618—1682):西班牙巴洛克画家。

艺复兴时期或古代的建筑更属于此列。而现在人们还会问：如果我们的现代音乐可以移动石头，那么它会将它们聚成一座古代建筑吗？我很怀疑。因为在这种音乐中起支配作用的东西——情感、对范围广泛的高涨的情绪的乐趣、要不惜一切代价变得活跃的愿望、感觉的迅速变换、强烈的光影浮雕效果、狂喜与天真的并列——都一度在造型艺术中起支配作用，并创造了新的风格法则：但既不是在古代，也不是在文艺复兴时代。

220

艺术中的彼岸。——一个人会不无伤痛地向自己承认，所有时代的艺术家在他们最高亢的精神振奋中正是将那些我们现在认识到是错误的观念神圣化到了极点，使其带有了天国的色彩：他们是人类宗教谬误与哲学谬误的美化者，而若不是相信这些谬误是绝对真理，他们本不会如此。如果对这样一种真理的信仰普遍衰退，如果人类的知识和臆测最外端上的彩虹变得苍白，那么像《神曲》、拉斐尔的绘画、米开朗琪罗的壁画以及哥特式大教堂那样的不仅以艺术物品的宇宙意义，而且也以它们的形而上意义为前提的艺术便不可能再次繁荣。由此而会产生一个动人的故事：只是曾经有过这样一种艺术和这样一种艺术家的信仰。

221

诗的革命。——法国戏剧家们强加于自己的关于情节一致、地点一致、时间一致，关于文体，关于韵文和句子的结构，关于词语和思想的选择等的严格约束，是一种像现代音乐发展中对位法和赋格曲的教育，或者像希腊雄辩术中的高尔吉亚①修辞格的教育那样的重要教育。这样将自己束缚起来，显得很荒唐；尽管这样，却没有办法摆脱适应新环境的倾向，只好首先最严厉地（也许最专横地）将自己限制起来。这样人们渐渐学会甚至在跨越令人头晕目眩的万丈深渊的小桥上也姿态优美地行走，并将动作上的最高度灵敏作为收获带回家：就像音乐史在现在所有

---

① 高尔吉亚（公元前483？—前376？）：古希腊哲学家、修辞学家，智者派代表人物。

活着的人眼前证实了的那样。在这里人们看到，枷锁如何一步步变得越来越松弛，直到最终似乎完全被挣脱：这种**假象**是艺术中必然发展的最高成果。在现代诗歌艺术中，没有诗人如此幸运地渐渐从自己给自己强加的枷锁中走出来。莱辛使法国形式，也就是说惟一的现代艺术形式，在德国变成了笑料，同时引起人们对莎士比亚的注意，于是人们失去了那种持续的无拘无束，一跃而进入了自然主义——也就是说，回到了艺术的开端。歌德试图通过能一再重新承担各种各样的义务来解救自己，使自己摆脱自然主义；但是，如果发展之线一旦被扯断，那么即使是最有天才的人也只能不断做做实验而已。席勒将他的形式的相应稳定性归功于他尽管不承认但却受到他不自觉的尊敬的法国悲剧的榜样，而且保持了对莱辛的相当程度的独立（众所周知，他拒绝接受莱辛的戏剧尝试）。在伏尔泰之后，法国人本身一下子没有了那种继续引导悲剧发展从束缚中走向自由的伟大才子；后来他们自己也模仿德国人的样子一跃而进入了一种卢梭式的艺术自然状态，并进行了实验。你只要时不时读一读伏尔泰的《穆罕默德》，你的灵魂就会看到，传统的中断使欧洲文化永远失去了什么。伏尔泰是最后一位伟大的戏剧家，他通过希腊人式的适中而制服了他那多种形态的甚至和最伟大的悲剧式暴风雨不相上下的灵魂——他能够做的事，还没有一个德国人能够做到，因为法国人比起德国人来，天性更接近于希腊人——就像他也是在对散文与谈话的处理中有希腊式的耳朵、希腊式的艺术家责任心、希腊式的质朴与优雅的最后一位伟大作家一样；甚至就像他是能够在自身中结合了最高的精神自由和一种完全没有革命性的思想感情而不前后矛盾、不懦弱胆怯的最后一些人之一一样。从此以后，现代精神带着它的不安，带着它对束缚与适中的仇恨，在一切领域登上了统治地位，开始为革命的狂热所解放，然后当突然遭受自我恐惧、自我忧虑之情的袭击时，便又重新给自己加上了束缚——然而是逻辑的束缚，而不再是艺术家的适中。由于那种无拘无束，我们有一段时间确实享受到了所有民族的诗，所有那些在隐蔽处成长起来的东西，所有那些原始的、野花盛开的、奇迹般美丽的、巨大而不规则的东西，从民歌到"大蛮子"莎士比亚；我们享受了欣赏所有爱好艺术的民族的至今都还令人感到陌生的地方色彩和时装的乐趣；我们充分利用了我们时代的"野蛮的长处"，歌德就以此和席勒对着干，以便对他的《浮士德》的形式上的不足加以开脱，使其处于最有利的地位。但是，这能持续多久？所有民族风格各异的诗的滚滚而来的洪流**必然**渐渐将本还有可能在其中静静隐藏着某种生长物的土壤冲刷掉；所有诗人**必然**变成实验中的模仿者和胆大妄为的抄袭者，尽管他们的力量在一开始时还非常之大；最后，那些在描述力的**羁绊**中和在对所有艺术手段的有条不紊的掌握中忘记了如何去辨认艺术行为的公众，**必然**越来越为了力量而珍视力量，为了色彩而珍视色彩，为了思想而珍视思想，甚至为了灵感而珍视灵感，因而他们将完全不享受艺术作品的成分和条件，除非在**孤立**情况下。但他们最终自然提出这样的要求：艺术家也必须孤立地将成分和条件给予艺术作品。人们确实抛弃了法国和希腊艺术的"非理性"枷锁，但是不知不觉中习惯于非理性地找到所有的枷锁和所有的限制；——于是，艺术走向**消解**，同时掠过了——当然，这是十分有启发性的——它的伊始、它的童年、它的不完美状况、它从前的胆大妄为和放浪不羁的各个阶段：在走向毁灭的过程中，它解释了它的诞生以及它的生成。伟大人物——人们无疑可以依靠他们的本能，他们的理论差了30年**以上**的实践——之一的拜伦勋爵有一次说过："一般地就诗而言，我越思考它，就越坚信，我们每个人都走在错误的道路上。我们大家都遵循着一个内在的谬误的革命体系——我们这一代人，或下一代人，都将得出同一个信念。"正是这同一个拜伦还说过："我将莎士比亚视为榜样中最糟糕的一位，尽管也视为诗人中最非同寻常的一位。"而歌德在他后半生所得出的成熟的艺术见解不是在本质上也说出了同样的事情吗？——他以那样的见解不是领先了好几代人，从而人们从整体上可以断言，歌德还完全没有产生效果，他的时代才将要到来吗？正是因为他的天性长时间地使他滞留在诗歌革命的道路上，正是因为他最彻底地享受了由于同传统的决裂而间接地以新发现、新前景和新辅助手段等方式被发现的，而且几乎是从艺术的废墟中被发掘出来的一切，所以他后来的转变和皈依才如此举足轻重：这意味着，他感觉有最深刻的愿望，要重新获得艺术的传统，而如果手臂的力量表明太过于微弱而不能在必须要有如此巨大威力来加以摧毁的地方进行建设，那么至少要以眼睛的想像力将古老的完美性和完整性赋予被遗留下来的神庙废墟和廊柱。于是他生活在艺术中，就像生活在对真正的艺术的回忆中一样：他的创作变成了回忆的辅助手段，变成了对古老的早就消失的艺术时代进行理解的辅助手段。他的要求就新时代的力量而言无疑是无法实现的；他为此而感到的痛苦被一种快乐所抵消，这种快乐的产生是因为他知道这些要求**曾经**被满足过，而且我们现在也仍然能参与使这些要求得到满足。不是个人，而是或多或少理想化了的面具；不是现实，而是一种比喻式的普遍化；时代特性和地方色彩减弱为几乎看不见的东西，化为神话色彩；当前的感觉和当前社会的问题被压缩为最简单的形式并被剥夺了其迷人而令人激动的病理特性，除了从艺术意义上讲以外都成为**无效**；不是新题材新人物，而是早就习惯于连续不断重新焕发精神、连续不断改造的旧题材旧人物：这就是歌德后来所**理解**、希腊人当然还有法国人所**实践**的艺术。

222

185　　**艺术所留下的东西。**——真的，在某些形而上的前提条件里，艺术有着更为了不起的价值，例如，在这样的时候就是这样：这时候人们相信，人物是不可理解的，世界的本质在所有的人物和情节中不断表现出来，艺术家的作品就此变成了**持久不变者**的图像；而就我们的理解而言，艺术家总是只给他的图像一种一时的有效性，因为人从总体上讲是生成的、可变的，甚至个别的人也不是固定不变的。——在另一个形而上的前提条件里情况也是如此：假如我们的有形世界像形而上学家们所认为的那样只是现象，那么艺术就会相当接近于现实世界：因为在现象界和艺术家的幻象世界之间这时会有过多的相似，剩下的差别甚至会使艺术的意义高于自然的意义，因为艺术描绘了自然中的类似物、类型及典型。——然而，那些先决条件是假的：按照这样的认识，人们现在还会为艺术留下怎样的位置呢？尤其是艺术几千年来都教育我们要饶有兴趣和津津乐道地关注任何一种形式的生活，教育我们如此广泛地发展我们的感觉，以至于我们最终喊道："无论怎么样，生活总是好的！"艺术的这种教导教我们要对此在感到快乐，要将人类生活看作自然的一部分，看作合乎规律的发展的对象，不用过于剧烈地随之一起运动——这种教导已经渗透到我们内心，现在作为十分强烈的认识上的需要重新流露出来。人们可以放弃艺术，但是不会因此而丧失从它那里学到的能力：就像人们放弃了宗教，却没有放弃通过它而实现的情绪高涨和升华。由于造型艺术和音乐是衡量通过宗教而真正获得并继续获得的感情财富的标准，因而即使在艺术消失之后，由它栽培的强烈而多种多样的生活乐趣始终还在要求得到满足。科学家是艺术家的继续发展。

186

223

艺术的晚霞。——正如人们在老年时回忆青年时代和庆祝纪念性节日那样，人类不久同艺术的关系也将是一种对青年时代欢乐的动人回忆。现在，死亡的魔力似乎已在艺术的周围发挥作用，也许艺术以前还从没有像现在这样深刻、这样富于情感地被人理解过。人们想到了意大利南部的那个希腊人的城市，他们在一年里的**某一**天还在庆祝他们的希腊节日，他们十分怀旧、十分忧伤地感到，外国的野蛮状态越来越胜过他们所带来的风俗习惯；人们大概从来没有如此享受过希腊文化，在任何地方都没有人像这些垂死的希腊人那样如此欢乐地啜饮这种金色的琼浆玉液。人们不久将把艺术家看作一种壮观的遗迹，将给予他我们轻易不给我们同一类人的那种荣誉，就像给一个了不起的陌生人那样，以前时代的幸运就依赖于他的力量和美。我们身上最好的东西也许是从以前时代的感觉中继承来的，这些感觉我们现在几乎不再能以直接的方法接近；太阳已经落下，但是我们生活的天空仍然因为它而灼热放光，尽管我们不再能看得见它。

第五章　高级文化与低级文化的标志

224

由蜕化而变得高贵。——应该从历史学到的是，如果一个民族的分支其中大多数人由于其习惯的、无可讨论的原则都相同，因而也是由于其共同的信仰而拥有真正的公共意识，那么它也就保持得最好。在这里，优异的好风俗得到加强；在这里，人们学会了服从，将坚定性作为礼品给予性格，事后还进一步加以教诲。这些建立在同类的、各有特色的个人基础上的强大公共团体所面临的危险是由于遗传而渐渐增加的愚昧，这种愚昧现在将像影子一样追随着所有的稳定性。在这些公共团体中，**精神上的进步**所依赖的正是那些比较不受束缚、比较不可靠、道德上比较薄弱的个人：正是这些人尝试着新事物，一般来说，也尝试着许多事物。无数的这一类人由于他们的弱点而没有起到任何明显效果地走向了毁灭；一般来说，尤其是当他们有了子孙后代的时候，他们做事松弛下来，不时使一个公共团体的稳定因素遭受伤害。正是在这个受伤的、变虚弱的地方，似乎有什么新的东西被**接种**到了整个团体中去；但是这个团体的整体力量必须足够强大，以便接受进入它血液中的新东西，并加以吸收。在应该实现进步的任何地方，蜕化的天性都有着最高的意义。在每一次整体的进步之前都必然有一次部分的虚弱。最强有力的天性**保留住**一种类型的人群，较弱的天性则帮助这种类型得到**继续教育**。——

类似的情况发生在个别的人类身上；很罕见的是一种蜕化、一种残废甚至一种罪恶，以及在其他方面也没有任何长处的一般意义上的身体上或道德上的损害。例如，在一个好战的、不安分的部落中，病得比较重的人也许会有更多的理由独处，从而变得更安静、更聪明；独眼者将有一只更敏锐的眼睛；盲人将更深入地看到内心里，而且在任何情况下都会听得更真切。就这方面而言，我觉得似乎那著名的生存竞争论不是一个人、一个种族的进化可以由此而得到解释的惟一观点。更应该说，必须有两件事合到一起：首先是通过精神在信仰和公共感情中的内在联系而实现的稳定力量的增大；然后是通过蜕化的天性以及由此产生的稳定力量的部分衰弱和受到伤害而实现更高目标的可能性；正是作为更温柔、更自由的本性的比较虚弱的天性使所有的进化普遍成为可能。一个在某个方面变得脆弱然而在整体上仍然强健的民族，能够吸收新事物的注入，并合成有利于自己的长处。在个别的人类那里，教育的任务是这样的：使他变得非常坚定可靠，以至于他作为整体完全不可能再偏离他的轨道。但是，然后教育者就不得不给他造成伤害或者利用命运给他造成的伤害，而当痛苦和需求这样产生了的时候，在受伤处可以注入新的高贵的东西。他的总体天性将把它吸收到自身中去，并在以后让人在其果实中感觉到那种高贵。——就国家而言，马基雅弗利①这么说过："政府的形式只有很微不足道的意义，尽管受过半桶子水教育的人有别的想法。国家艺术的伟大目标应该是**持久**，这比所有其他的东西都重要，因为它远比自由更有价值。"只有在有可靠基础、可靠保证的最大持久性的地方，持久发展和令人变得高贵的事物的注入才普遍变得可能。当然，所有持久性的危险伙伴——权威，通常是要反对这种事情的。

225

自由思想家：一个相对的概念。——人们把这样的人称为自由思想家：他在想法上不同于人们根据他的出身、环境、地位、职位或者根据

---

① 马基雅弗利（1469—1527）：意大利政治思想家、历史学家、作家，主张为达到政治目的可以不择手段。

占统治地位的同时代人的观点而对他抱有的期待。他是例外,那些被束缚的人则是法则;他们责备他:他的自由原则要么出于对炫耀的追求,要么完全被推导为自由行为,也就是说,同起约束作用的道德不相容的自由行为。有时人们也说,自由思想家的这些或那些原则是由于头脑的偏执和过于紧张所致,但是只有连自己说的话也不相信、只是想要伤人的恶人才这么说:因为关于自由思想家才智的优越性和敏锐性的证明通常是写在他的脸上的,字迹如此清晰,以至于不自由的思想家完全可以看得明白。自由思想的另两种起源说得也对,事实上,许多自由思想家也是以这一种或那一种方法出现的。但是他们按照这些方法所得出的原则却可能比不自由的思想家的原则更真实可靠。在对真理的认识中,关键是人们**拥有**真理,而不是出于什么样的动机追求真理,或以什么样的方法找到真理。如果自由思想家是正确的,那么不自由的思想家就是不正确的,不管前者是否以不道德的方法获取真理,也不管后者是否出于道德考虑而至今坚持谬误。——此外,自由思想家的本质不在于他有更为正确的观点,而在于他摆脱了传统的东西,也无论其结果是成功还是失败。但是,通常真理是在他的一边,或者至少对真理的探索的精神是在他的一边,他要求有依据,而不自由的思想家则要求信仰。

226

信仰的起源。——不自由的思想家不是有依据地而是出于习惯才占有他的位置的,例如,他是一个基督徒,不是因为他了解各种宗教,在它们中间作出了选择,他是一个英国人,不是因为他选中了英国,而是因为他碰上了基督教和英国国籍,毫无理由地接受了它们,就像某个出生在酒乡的人成了一个酒鬼一样。后来,当他已经是基督徒和英国人的时候,他也许还想出了一些对他的习惯有利的理由,人们可以推翻这些理由,但是不能因此而推翻他的全部立场。例如,你让一个不自由的思想家提出他反对重婚的理由,这时你就会知道,他对一夫一妻制的神圣热情是建立在理性的基础之上的还是建立在习惯的基础之上的。人们称没有依据的精神原则的习惯为信仰。

227

从有依据和无依据的结果中反推导。——所有国家和社会秩序——地位、婚姻、教育、法律，所有这一切单单存在于不自由的思想家们对它们的信仰中，也就是说，在毫无依据之中，至少在不让人对依据加以追问的努力之中就获得了其力量和持久性。这一点，不自由的思想家是不愿意承认的，他们大概感到，这是女人的阴部。在其知识性的观念中很无辜的基督教一点也没有注意到这阴部，它要求的是信仰，除了信仰以外什么也不要，所以满怀激情地拒绝了想要有依据的愿望；它指出了信仰的成就：你们将感觉到信仰的优点，你们应该通过信仰而获得极乐。事实上，国家做着同样的事情，每一个父亲也用同样的方法教育儿子：他说，只有将此看成是真的，你才会感觉到这给你带来了多大的好处。但是，这意味着，一种看法所带来的个人**好处**应该由此能证明它是**真理**，一种学说的好处应该是为知识的可靠性和依据提供保证。这就像是被告在法庭面前说：我的辩护律师说的全部是真理，因为你们只要看一看，他的话会产生什么结果：我将被宣判无罪。——因为不自由的思想家是由于他们的原则有用才遵守原则的，所以他们猜想一个自由思想家坚持自己的观点也是为了追求自己的好处，他也只是把对他有用的东西看成是真的。然而，因为似乎只有与有益于他的同胞和阶级兄弟的东西相对立的事物才对他有用，所以那些不自由的思想家们认为，他的原则对他们是危险的；他们说或感觉到：他不可以是正确的，因为他有害于我们。

191

228

坚强的好人格。——观点的局限性，由于习惯而变成了本能，导致了人们称之为人格力量的东西。如果某个人按照很少的、但总是相同的动机行事，那么他的行动就能获得一种巨大的能量；如果这些行动符合不自由的思想家们的原则，那么它们就会得到承认，此外还会在做出这些行动的人身上产生问心无愧的感觉。很少的动机、精力充沛的行动以及问心无愧，构成了人们称之为人格力量的东西。性格坚强的人不知道有多少行动的可能性和有多少行动的方向，他的智力是不自由的、受束

192

缚的，因为在一种既定的情况中，它也许只给他指示了两种可能性；在这两种可能性中，他现在必然得根据他的全部天性来作出选择，而他做这个轻松快捷，因为他不是必须在 50 种可能性中作选择。教育环境也是要使每一个人都不自由，因为它总是把最小范围的可能性放到他的面前。个人受到他的教育者的待遇就好像他是什么新东西似的，然而他却应该变成一种**重复**。如果人类最初是作为陌生事物、作为从未存在过的东西而出现，那么他应该被变成某种熟悉的、存在过的东西。一个孩子如果由于存在过的人而明显受到束缚，那么人们就称之为有好的人格；小孩子通过将自己置身于不自由的思想家一边而首先宣告其正在觉醒的公共意识；在这公共意识的基础上，他后来变得有益于他的国家或阶级。

229

不自由的思想家衡量事物的标准。——不自由的思想家谈到了四种事物，说它们是合理的。第一，所有有持久性的事物是合理的；第二，所有不使我们感到累赘的事物是合理的；第三，所有给我们带来好处的事物是合理的；第四，所有我们为之献祭的事物是合理的。这最后一点说明了例如为什么一场战争在一旦作了献祭以后，尽管它违背人民的意志，却仍然要被发动，仍然要被狂热地进行下去。——在不自由的思想家的法庭前从事自己事业的自由思想家必须证明始终存在自由思想家，也就是说，证明自由思想有持久性，然后证明它们不要使人感到累赘，最后证明它们给全体不自由的思想家带来了好处；但是，因为他们无法说服不自由的思想家相信这最后一点，所以证明了第一、第二点对他们来说也无济于事。

230

自由思想家（*Esprit fort*）。——与有传统在自己一边、不需要为自己的行动找到任何依据的人相比，自由思想家始终是薄弱的，尤其在行动方面；因为他知道太多的动机和观点，因此他的手是不可靠、不熟练的。那么有什么手段可以使他变得**相当强有力**，以便他可以达到目的而不至于毫无效果地走向毁灭呢？强有力的精神力量（*esprit fort*①）如何产生呢？在个别情况中，这就是天才如何产生的问题。精力、不屈不挠的力量以及个人用以面对传统而致力于获得一种完全个人化的关于世界的认识的耐力都是从哪里来的呢？

231

天才的诞生。——囚犯用以寻求获得自由的才智以及对任何一种最小的有利条件的最冷酷无情和最长时间的利用，可以使我们明白自然有时是利用什么样的手段来造就天才的——天才这个词，我请求你们不要带任何神话或宗教的味道来理解——：它把他抓到监狱里，最极端地刺激起他获取自由的渴望。——或者用另一幅画面：某个在森林中完全迷了路但是却以非同寻常的毅力努力寻找出路的人，有时会发现一条没有人知道的新路：人们私下称赞其为原创性的天才的人就是这样诞生的。——我们已经谈到过，重伤、残废以及器官的重大缺陷经常引起另一个器官非常良好的发展，因为它既要实施它自己的功能，又要实施另一种功能。由此可以猜到一些辉煌的才华是如何产生的。——人们可以将这种关于天才诞生的一般性说明运用到特殊的例子上，如完美的自由思想家的诞生。

232

关于自由思想起源的猜测。——就像如果在赤道地区太阳以比从前更大的热量在海上燃烧，那么冰川就会增加一样，也可能一种非常强有力的、流行的自由思想正是这样一种证明：在某个地方，感觉的热量增加得特别厉害。

233

历史的声音。——一般来说，历史似乎为关于天才的产生提供了下列教诲：虐待、折磨人们——以便他们诉诸嫉妒、仇恨、竞争意识等激情——将他们驱使到极点，使一个人反对另一个人，一个民族反对另一

---

① 在法文中，*esprit* 是精神的意思，*fort* 是强有力的意思，而 *esprit fort* 又有特定的意思，即自由思想家，在这里是一语双关。

个民族，而且连着好几个世纪，然后，似乎从由此而点燃的可怕能量中飞出一个火星，在一旁的天才之光一下子就熊熊燃烧起来；像一匹被骑士马刺刺激起来的骏马一样搞得疯狂的意志这时就爆发出来，跳到了另一个领域。——意识到天才是如何产生的并且也想要在实践中按自然通常的行为方式行事的人，将不得不像自然一样邪恶、一样无情。——不过也许我们听错了历史的声音。

234

中途的价值。——也许天才的产生只是在人类的一段有限的时间中。因为人们不可以同时期待人类的未来将产生这样的事物：它们为自己的产生而要求属于过去某个时代的相当特定的条件；例如，我们不能期待看到惊人的宗教感情所产生的效果，因为这种感情本身的时代已经过去，许多非常好的东西绝不可能再发展，因为它们只能从它们的时代发展出来。所以，绝不会再有生活与文化的宗教视野。也许圣徒的类型只有在才智的某种局限中才成为可能，而这种局限似乎已经一去而不复返了。而高度的才智也许是为人类的某个具体时代所保留的：它变得突出——继续变得突出，这是因为我们还生活在这个时代——这时候，一种非同寻常的、长时间积聚的意志力例外地通过遗传而将自己转到了**精神**目标上。当这样的疯狂和干劲不再得到大力培养的时候，那种高度的才智也将消失。也许人类在其中途和其存在的中期，比在最后阶段更接近其真正的目标。例如，艺术所取决的力量完全是会消失的；对撒谎、模糊、象征以及狂喜所感到的愉悦，都会遭到藐视。是的，如果生活在完美的国家里才是秩序井然的，那么现在就完全不再会有任何作诗的动机，也许只有落伍的人才向往诗一般的虚构。这些人无论如何都会带着渴望回头看，向往不完美的国家与半野蛮的社会的那些时代，向往**我们的**时代。

235

处于矛盾中的天才和理想国家。——社会主义者渴望为尽可能多的人创造一种舒适的生活。如果这种舒适生活的持久家园，即完美的国家，真的要被达到，那么伟大的才智以及一般来讲的强有力个人从中生长出来的土壤将会遭到这种舒适生活的破坏；我指的是那种强大的活力。如果这样的国家得以实现,人类就会变得过于虚弱而不可能产生天才。那么人们不应该因此而希望生活保持它的暴力特征,希望能一再唤起新的疯狂力量和能量吗?现在,热烈而满怀同情的心正是想要消除这种暴力的、疯狂的特征,人们可以想像的最热情的心会最激情洋溢地渴望这一点;然而正是这种激情,从生活的那种暴力的、疯狂的特征中获取它的火焰、它的热量,甚至它的存在;最热情的心于是就要消除它自己的基础,消灭它自己,而这意味着:它要不合逻辑的东西,它是不明智的。最高的理智和最热情的心不可能共同存在于同一个人身上,对生活作出判断的智者也将自己置于善之上,只把善看作在对生活的总体估价中将同其他一切事物一起考虑的东西。智者必须抵御那种没有理智的善的无节制的愿望,因为他关心的是他那种类型的人的继续存在,是最高理智的最终产生;至少他将不再促进"完美国家"的建立,因为只有虚弱的个人才在其中有一席之地。与此相反,我们喜欢想像为最热心之人的基督却促进了人的愚昧,站在精神上的穷人一边,阻挡了最大理智的产生:在这个问题上,他是始终如一的。他的对立面,那完美的智者——这一点人们大概可以预言——将同样必然会阻挡一位基督的产生。——国家是保护相互对立的个人的明智机构:人们夸大了它的高尚性质,所以个人最终将被它削弱,甚至取消——于是国家原先的目的最彻底地落了空。

236

文化带。——人们可以用比喻的说法,说文化的年代同各种气候带相一致,只是文化年代是前后排列的,不像地理带那样是并列的。同我们的任务要过渡进入的那个文化的温带相比,那个过去的文化带从整体上讲给人留下了一个**热带气候**的印象。强烈的反差,白天黑夜的骤然交替,炽热与五彩缤纷,对一切突然、神秘、可怕的东西的尊敬,风暴来临时的迅雷不及掩耳等,到处都洋溢着丰盈的大自然慷慨挥霍的洪流。而与此相反,在我们的文化中,有一个明朗却不放射光芒的天空,一种纯净的差不多总是不变的空气,清澈,有时甚至凛冽;就这样,两个地带泾渭分明。如果我们看到,最狂暴的激情如何被形而上学的观念以可怕的威力压倒并击碎,那么我们的心情就好像亲眼看到热带凶猛的老虎被巨蟒活活缠死；我们的精神气候中缺少这样的事情，我们的想像力是有节制的，甚至在梦中也不会出现以前的各民族清醒时所看到的东西。但是，我们不应该对这种变化感到幸运并甚至承认，艺术家由于热带文化的消失而在根本上受到了影响，并发现我们这些非艺术家有点太过于清醒了吗？在这个意义上讲，艺术家否认有任何"进步"也许是有道理的，因为事实上，在艺术中，过去的三千年是否表明是一个进步的过程，这至少还令人怀疑；而一个叔本华那样的形而上学哲学家如果通观过去四千年的形而上学的哲学与宗教，也将会同样没有任何理由发现有什么进步。——但是文化的温带的**存在**本身，对我们来说就是进步。

237

文艺复兴与宗教改革。——意大利文艺复兴在自身中藏有使现代文化受益的全部积极力量：思想解放、藐视权威、教育对高贵出身的胜利、对科学和人类科学的过去感到的振奋、个人的无拘无束、一种求真的热情和对外表与单纯效果的厌恶等（这种热情在一大帮艺术人物中熊熊燃烧起来，这些人物以最高的道德纯洁要求自己在作品中达到完美，而且仅仅是完美）；是的，文艺复兴拥有在我们**至今**的现代文化中尚没有再次变得如此强大的积极力量。尽管有种种污点和罪恶，它却是这个千年中的黄金时代。与此形成鲜明对照的是德国的宗教改革，它是对依然坚守中世纪的世界观的落后思想家的一种有力抗议。这些思想家不是像应该的那样带着狂喜，而是带着深深的不快，感觉到中世纪瓦解的标志，感觉到宗教生活特别浅薄、肤浅。他们以北方人的力量和顽固使人们重新倒退回去，以戒严状态的暴力方式强行实施反宗教改革，也就是说，推行紧急自卫的天主教会的基督教，这既将科学的完全觉醒和统治推迟了两三百年，又使古代精神和现代精神的充分合一也许永远成为不可能。文艺复兴的伟大任务不可能终结，但在这期间落后的德国人（他们在中世纪有足够的理性为了自己的好处而一而再、再而三地越过阿尔卑斯山）的抗议阻止了它。是特别偶然的政治状况使路德当时得以保存，使那抗议获得了力量：因为皇帝保护他，为的是用他的改革作为压力工具来反对教皇，同样，教皇私下里也特别照顾他，为的是利用新教的帝国诸侯作为抗衡力量反对皇帝。没有这带着种种意图的罕见的联合作用,路德就会像胡斯①那样被烧死——而启蒙运动的曙光也许会以比我们现在所能猜想的更早一点的时间、更美丽的光辉升起在天空。

238

公正对待生成中的上帝。——如果整个文化史作为邪恶与高贵、真实与谬误观念的混杂物出现在眼前,而看着这滚滚的浪涛几乎令人有晕船之感的话,那么人们就会理解在关于一个**生成中的上帝**的观念中有着什么样的一种安慰:这上帝越来越多地出现在人类的变化与命运中,这丝毫也不是一种盲目的机械运动,不是各种力量无意识、无目的的胡乱作用。生成的神化是一种形而上的——几乎是眺望矗立在历史之海上的灯塔的——景象,望着这景象,一代太过于历史化的学者找到了他们的安慰;无论那观念会有多么错误,人们是不可以对此恼怒的。只有像叔本华那样否认发展的人才会对那历史大浪冲击下的不幸无动于衷,并因为对那生成中的上帝以及假定其存在的必要性一无所知、毫无感觉而公正地发出他的嘲笑。

239

过了季节的果实。——人们希望人类拥有的任何更美好的未来,就某方面讲必然也是更糟糕的未来,因为如果相信一个更高的人类新阶段将会融以前各阶段的一切优点于一身,并且还必然产生例如艺术的最高形态,那么这简直是痴心妄想。确切地说,每个季节都有它自己的优点和魅力,并将其他季节的优点和魅力排除在外。来自宗教并在其周围生长的东西,当宗教被摧毁时,就不可能再生长了;最多会有几棵零散的、晚长出来的小芽,给人造成它们还在生长的假象,就好像一时间突然想起了古老的艺术:这是这样一种状态,它大概流露出失落感和贫乏感,但又不是关于一种新艺术可以从中诞生的那种力量的证明。

---

① 胡斯(1372?—1415):捷克爱国者和宗教改革家,布拉格伯利恒教堂教士,反对天主教会的专制压迫,抨击教士的奢侈堕落及教皇兜售"赎罪券"的行为,主张宗教改革,后遭诱捕,被判火刑处死。

240

世界上正在增长的严峻。——一个人的文化越高，留给诙谐和讽刺的余地就越小。伏尔泰因为上苍发明了婚姻和教会而由衷地感谢它：因为这表明它是多么关心我们的快乐啊！但是他和他的时代，以及他之前的 16 世纪，都已经把这些话题嘲笑到了极点；现在一个人再在这个领域里进行任何嘲笑都已经晚了，尤其是实在太廉价了，无法引起购买者的欲望。现在人们都打听原因，这是一个认真的时代。现在谁还看重诙谐地看待现实和令人眼花缭乱的外表之间以及人的现实和他想像的事物之间的差别呢？当人们探究原因的时候，这种反差感的效果立刻就完全不一样了。某人对生活理解得越彻底，他就越少嘲弄，只是他最终也许还要嘲弄"他的理解的彻底性"。

241

文化天才。——如果人们要想像一个文化天才，那么这个人会是什么样的呢？他会如此万无一失地运用谎言、暴力和最无情的利己主义作为他的工具，以至于他只会被叫做一个邪恶的魔鬼；但是他能够透视一切的目标却是伟大的、有益的。他是肯陶洛斯人①，半人半马的怪物，此外，头上还长着天使的翅膀。

242

奇迹教育。——对教育的兴趣只有从人们放弃了对上帝及其关怀的信仰的那一刻起，才会真正变得强烈起来，就像治疗技术只有当对奇迹治疗的信仰消失的时候才会兴盛。然而，至今全世界的人仍然相信奇迹教育，人们甚至看到从最大的混乱、错综复杂的目标以及不利的环境中生长出最富有成果、最强有力的人来：这有什么奇怪的呢？——我们不久还将更密切地注意、更仔细地探讨这些情况：我们在其中绝不会发现任何奇迹。在同样情况下，无数人不断走向毁灭，个别得救的个人通常因此而变得更加强健，因为由于天生的持久力量他承受了这些糟糕的状

---

① 希腊神话中半人半马的怪物，居住在深山里，性格残暴，嗜好酒色，常与人格斗，但肯陶洛斯人中的喀戎却是神和人的好友，教导过许多英雄。

况，并且还锻炼、增加了这种力量：于是奇迹得到了解释。一种不再相信奇迹的教育必须注意三个方面：第一，有多少能量是遗传的？第二，如何才能激发新的能量？第三，个人如何才能适应极其多样化的文化要求而不至于让这些要求打扰了个人，使他的个性被粉碎——简言之，个人如何才能被放入私人文化与公共文化的对位结构中，他如何才能既演奏曲子，同时又作为曲子来伴奏呢？

243

医生的未来。——现在没有一种职业允许像医生的职业那样有如此的拔高；尤其是教会的医生，即所谓的牧师，当他们不再被允许在大庭广众的喝彩之下展示他们的魔术，而有文化修养的人对他们避之惟恐不及之后。现在，即使一个医生了解最新最好的方法，并且会熟练应用，并且还懂得迅速从结果推导出原因——诊断医生因此而出了名，他却还不算是达到了最高的智力培养：他此外还必须拥有适合于每个个人以及使每个个人深受感动的口才，拥有一种令人一看就不再胆怯（所有病人的致命弱点）的阳刚之气，一种周旋于需要快乐来使自己痊愈的病人与出于健康原因能够（而且必须）使人快乐的病人之间的外交家式的灵活性，拥有一个警察特务人员和一个律师那种懂得人的内心秘密而不予以泄露的细心——一句话，一个好医生现在需要所有其他职业人员的技巧和特权：具备了这些条件，他就能通过扩大良好的业绩和扩大精神上的快乐与多产，通过预防邪恶思想、图谋、流氓行为（其令人恶心的源泉经常是下腹部），通过造就一种身心两方面的贵族（作为婚姻的促进者和阻碍者），通过好意地割断一切所谓的心灵折磨和悔恨而成为造福于整个社会的人：只有这样他才会从一个"医学家"变成救世主，不需要做出任何奇迹，也不必要把自己钉在十字架上。

244

接近于疯狂。——感觉、知识、经验的总和，也就是说，整个文化的重负，变得如此之大，以至于神经和思维能力的过于兴奋成为普遍的危险，甚至欧洲各国有教养的阶级都毫无例外地得了神经官能症，几乎每一个较大的家庭都有一些人接近于精神错乱。现在人们确实用一切方法来寻求健康，但主要是必须减少感觉上的紧张，减少沉重的文化负担，尽管这要付出沉重的代价才能得到，但它还是给予我们以余地，使我们怀有一场**新的文艺复兴**将会来临的巨大希望。人们将大量深深激动的感觉归功于基督教、哲学家和音乐家；为了使这些感觉不在我们中间蔓延，我们必须呼唤科学精神，从总体上讲它可以使人多一点冷静、多一点怀疑，尤其可以让对终极真理的信仰热潮降降温；这股热潮主要是由于基督教而变得如此疯狂。

245

文化铸钟。——文化的产生就像一口钟一样，产生在比较粗糙、比较普通的材料的外壳之内：所有个别的自我以及所有个别的民族的谎言、暴力、无限扩张就是这外壳。现在到了除去外壳的时候了吗？液态的东西已经凝固了吗？善良而又有用的冲动以及由更为高贵的情绪形成的习惯，已经变得如此可靠、如此一般，以至于不再需要形而上学与宗教的谬误，不再需要冷酷无情和暴力作为人和人之间、民族和民族之间最强有力的纽带了吗？要回答这个问题，上帝的暗示已不再能对我们有所帮助了：我们自己的洞察力必须在这里作出决定。人类本身必须在总体上把人类对大地的统治权掌握在自己手中，人类的"无所不知"必须以更锐利的目光注视文化进一步的命运。

246

文化的独眼巨人。——谁要是看见那曾经有过冰川的层层叠叠的盆地，谁就会认为，在同一个地点几乎不可能有遍地长满绿草、森林并有小溪流淌其间的时刻的到来。在人类历史上情况也是这样：最野蛮的力量首先破坏性地开辟道路，然而尽管这样，他们的行为是必要的，从而后来会有一种更温和的文明在这里建立其家园。可怕的能量——人们称之为恶的东西——是人性的独眼巨人式的建筑师和开路先锋。

247

人类的循环。——也许整个人类只是存在于时间有限的某一种动物的一个演变阶段，所以人是从猴子变过来的，还将重新变成猴子，但是却没有人对这种令人惊异的滑稽结论有任何兴趣。就像随着罗马文化的衰落及基督教的传播，一种普遍的丑化在罗马帝国内部人中迅速蔓延一样，大地的一般文化的最终衰落也会导致更加大得多的丑化，最终导致人的动物化，直到跟猴子一样。正是因为我们能够看到这个前景，也许我们才能预防未来出现这样的结局。

248

对一种绝望的进步的安慰话。——我们的时代给人留下一个过渡状态的印象：旧的世界观、旧的文化仍然部分留在我们身旁，而新的东西还不可靠，还没有成为习惯，因而没有完整性和一贯性。看上去好像一切都变得很混乱，旧的失去了，新的毫无用处，而且变得越来越虚弱。学习行军的士兵竟然也是这样：有一段时间他们比任何时候都更不可靠、更笨拙，因为肌肉一会儿按照旧规则运动，一会儿按照新规则运动，两者尚难分胜负。我们迟疑不决，但是必须因此而变得不害怕，并且很可能放弃新获得的东西。此外，我们**无法**回到旧事物那里去，我们**已经**烧掉了船只，剩下来要做的事就是必须勇敢，不管因此会发生怎样的事情。——我们只有**大步向前走**，我们只有挪动地方！也许我们的姿势看起来有点像**进步**；但如果不是，那么或许腓特烈大帝的话是冲我们讲的，而且可以让我们得到安慰："啊！我亲爱的苏尔兹，你不够了解我们所属的这个该死的种族。"（*Ah, mon cher Sulzer, vous ne connaissez pas assez cette race maudite, à laquelle nous appartenons*）

249

受苦于文化的过去。——清楚地理解了文化问题的人为一种感情而痛苦，这种感情类似于一个继承了一笔来路不明的财产的人或者一个由于祖先的暴力行为而有权实行统治的领主所感到的痛苦。他伤心地想起他的出身，经常感到羞愧，经常对此很敏感。他所占有的全部力量、生命意志和欢乐经常被一种深深的倦怠所抵消：他不能忘记他的出身。他悲伤地展望未来，他预先知道，他的子孙将像他一样，为过去而痛苦。

250

风度。——好风度随着宫廷影响和已经终结的贵族政治影响的削弱而消失了，如果人们保持对公众行为的观察，便会清楚地看到这种消退在十年十年地进行着：公众行为显然变得越来越粗暴。没有人再懂得用聪慧的方法表示敬重和恭维，由此而产生了可笑的事实：人们在当前**必须**（例如对一位伟大的政治家或艺术家）表示敬重的情况下只好借来那样一种带着最深厚感情的最恳切、最率直的语言——由于不知所措和缺乏智慧与典雅。所以人们在公开场合和节庆时节相遇时显得越来越笨拙，但是却显得越来越充满感情、越来越诚挚，而实际上却并非如此。——但是，风度就这么一直走下坡路吗？在我看来，似乎更应该是这样：风度正经历着向下弯曲的运动，我们现在正接近它最下面的位置。如果社会对自己的意图和原则变得更有把握，以至于它们发挥出规范的作用

208 （现在，以前有规范作用的形式培养出来的风度在遗传和培养上都变得越来越薄弱），那么就必然会有像那些意图和原则那样显得必要和简朴自然的交往风度、交际姿态和交际表达方式。时间和工作上的更好安排、成为了美好休闲时刻之伴侣的体操练习，甚至给肉体以机敏与灵活的越来越多越来越严密的思考，都将与这一切同在。——当然，人们在这里会有点讽刺性地想起我们的学者，那么他们，这些想要当那种新文化先行者的人，究竟事实上有没有因为更好的风度而瞩目于世人呢？情况大概不是这样的，尽管也许这些人的精神很愿意这样，但是他们的肉体很虚弱。过去仍然在他们的肌肉中过于强大：他们还是处于不自由的地位，一半是世俗的教士，一半是显贵人士所依赖的教育者，此外由于学问的迂腐和陈旧的笨拙方法，他们成了残废，变得毫无生气。于是，按照他们的肉体，经常也按照他们3/4的精神，他们无论如何仍始终是一种古老的甚至衰老的文化的朝臣，而作为这样的人，他们自己也变得衰老；偶尔在这古老的外壳里发出嘈杂之声的新精神目前只能用来使他们变得更不安全、更加害怕。在他们身上既出没着过去的幽灵，又出没着未来的幽灵：如果他们在这时候没有装出一副最好的模样，没有摆出一副最讨人喜欢的姿态，那又有什么好奇怪的呢？

251

科学的未来。——科学给予那些在其中工作与探索的人许多欢乐，

而给予那些学习其成果的人的欢乐则很少。但是,由于所有重要的科学真理必然渐渐变得平凡和普通,所以连这一点很少的欢乐也渐渐没有了:就像我们对学习令人赞叹的乘法口诀表早就不再感到高兴了。如果现在科学本身给人提供的快乐越来越少,而对给人以安慰的形而上学、宗教及艺术的怀疑也剥夺了人们越来越多的快乐,那么人类几乎由此而获得其全部人性的那种最伟大的快乐之泉就会枯竭。因此,一种更高的文化必须给人类一种双重的头脑,就好像两个脑袋,一个用来感悟科学,另一个用来感悟非科学:互相挨着,不会混淆,可以分开,也可以互相关闭;这是一种健康的要求。在一个领域里有力量的源泉,在另一个里有调节器:必须以幻觉、片面、激情来加热,必须在具有识别力的科学的帮助下避免过热所造成的危险的恶性后果。——如果更高级文化的这种要求没有得到满足,那么人类发展的进一步过程就几乎是肯定可以预言的:对科学的兴趣由于其提供的快乐越来越少而停止了;幻觉、谬误、想像因为同快乐相联系而逐步获得了它们从前所据有的基础,科学的毁灭、回到野蛮中去,这将是下一步的后果;人类必须像珀涅罗珀[①]那样,在晚上将布料拆掉以后,又重新开始织布。但是谁会向我们保证,人类始终可以找到这样做的力量呢?

252

对知识的乐趣。——为什么知识作为研究者和哲学家的基本特点,是同快乐联系在一起的呢?首先是,而且尤其是,因为人们因此而意识到自己的力量,也就是说,出于体操练习的同样原因:它即使没有旁观者也照样富有乐趣。其次,因为人们在认识过程中超越了以前的观念及其代表者而成为胜利者,或至少相信自己成为了胜利者。最后,因为我们通过如此一点新知识就有超越**一切**之上的感觉,并感到自己是这方面惟一知道正确答案的人。这三个快乐理由是最重要的,尽管按照求知者

[①] 希腊神话传说中的人物,希腊英雄奥德修斯的妻子。在丈夫远征特洛伊及在海上漂流的 20 年间,家里来了许多求婚者,珀涅罗珀被纠缠不休,于是就答应求婚者,等她为老公公织好一件衣服,就作出决定,但是她白天忙于织布,晚上却将其拆掉,第二天白天又织,老也织不完。这样,那些纠缠不休的求婚者就无法逼她做决定了。

的本性还有许多次要的理由。——关于这一切有一个微不足道的目录，出现在一个人们不会在那里查找的地方，即我关于叔本华所写的一篇劝勉文章①中：对于这样一个目录，知识的任何一位有经验的仆人都会感到满意，尽管他会希望去掉那似乎通篇都有的讽刺痕迹。因为，如果要产生学者，"大量非常人性的大小冲动就必须被浇铸到一起"，而学者虽然是一种贵重金属，但却是一种不纯的金属，"是由一大堆纠缠在一起的十分不同的动机和刺激所构成"，如果这一切是真的，那么，同样的情况也适合于艺术家、哲学家以及道德天才——以及那篇文章中所提到的光辉的伟大名字——的产生与存在。**一切**人性的东西在其**起源**上都应该被讽刺地看待：因此世界上的讽刺才如此**多余**。

253

作为可靠性之证明的忠诚。——如果一种理论的创立者有 **40 年**之久没有产生对它的怀疑，那么这就是这种理论的有效性的完美标志；但是我断言，还没有一个哲学家不带着轻蔑——至少带着猜疑——来看待他青年时代发明的哲学的。然而，也许他没有公开谈论这种主意上的改变，出于虚荣心，或者——像在高贵者那里更有可能性的情况那样——出于对他的追随者的体贴的爱护。

254

有趣事物的增加。——对人来说，在更高教育的过程中，一切都变得很有趣，他懂得迅速发现一件事物有教益的一面，并确定在什么地方他思想中的空隙可以用它来填补，或者一种想法可以通过它而得到确认。在这中间，无聊逐渐消失，同样，情绪的过于激动也消失了。他最终像一个自然研究者来到植物中一样来到了人们中间，发现自己只是一种现象，这种现象强烈地激发他自己的求知欲。

255

同时发生的事物中的迷信。——人们认为，同时发生的事物是有关

---

① 见尼采《不合时宜的沉思》的第三部分："作为教育者的叔本华"（1874）。

联的。一个亲戚在远方死了，同时我们就梦见了他；但是，无数亲戚死了，我们并没有梦见他们。这就像那些沉船上发誓的人一样：大家后来并没有在庙宇里看见死去者的还愿牌。——一个人死了，一只猫头鹰在叫，一只钟也停了，一切都发生在某个深夜时刻：难道这些事情之间就没有联系吗？这种感觉所假定的这样一种同自然的亲近迎合了人类。——这种迷信一再出现在历史学家和文化描绘者的精美形式中，他们通常对个人生活和各民族生活中如此丰富的无意义并列有一种恐惧。

256

科学训练的是能力，而不是知识。——有时人们严格地从事一门**严密的科学**，其价值恰恰不是以其成果为依据：因为这些成果同大海一般值得了解的大量事物相比，将只不过是一颗消失中的小水滴。但是它却造成了能量的增长、推断能力的增长以及坚忍不拔的耐力的增长；人们学会了**合目的地**达到目的。在这个意义上，就人们今后从事的一切来说，曾经当过科学家这一点是非常宝贵的。

257

科学的青春魅力。——对真理的探究现在仍然有着这样的魅力：它到处都同变得苍白、无聊的谬误形成强烈对照；而这种魅力正越来越减弱；现在我们虽然还生活在科学的青年时代，常常像追求一个漂亮女孩一样追求科学，但是，如果有一天她变成了一个愁眉苦脸地看着你的老太太，那又该怎么办呢？几乎在所有的科学中，要么早在最年轻的时代就已经有了基本的认识，要么一切还在探索中；这样给人的魅力同一切基本的东西都已发现而只留下一些微不足道的零星东西给研究者时的情况（这样的感觉人们可以在一些历史学科中了解到）有多少不同啊！

258

人性的塑像。——文化天才做事就像切利尼[①]浇铸珀尔修斯像的情况一样：液状物质面临不足的危险，但是已**别无选择**了，所以他把碗和盘

---

① 切利尼（1500—1571）：意大利雕塑家、金匠。

213 子以及手上能抓到的东西都扔了进去。同样，那位天才也把谬误、罪恶、希望、幻象等较劣质和较贵重的金属统统扔了进去，因为人性的塑像必须出现、必须完成；这里或那里用一点较次的材料，又有什么关系呢？

259

一种男人的文化。——古典时期的希腊文化是一种男人的文化。至于女人，伯里克利①在悼词中用这样的话说出了一切：当男人尽可能少谈起她们的时候，她们处于最佳状况。——男人与青少年的色情关系，在一种我们无法理解的程度上是所有男性教育的必要的、惟一的先决条件（有点像在我们这里，妇女所有的高等教育都是通过做爱和婚姻来实现的），希腊人天性中的整个的关于力的理想主义全都投入到那种关系中，大概年轻人受到的待遇不再会如此体贴、如此温柔、如此彻底地只考虑他们的最佳方面（美德），就像在公元五六世纪的时候那样——用荷尔德林②的美妙格言来说，也就是："因为凡人在爱的时候总是付出最好的东西。"这种关系被看得越高，同妇女的交往就被看得越低：着眼点在于生孩子和性快感——在这里再没有别的什么好考虑的了；没有精神上的交往，甚至连一种真正的做爱都谈不上。如果人们进一步考虑到，她们甚至被排除在任何一种竞争和表演之外，那么剩下的就只有宗教迷信是女性惟一较高级的消遣了。——如果说人们仍然在悲剧中演出厄勒克特拉和安提戈涅③的戏，那么人们是在艺术中**忍受**了这一切，尽管人们在现实

214 生活中不需要这些东西：正如我们现在在**生活**中不能忍受一切悲切的东西但是在艺术中却很乐意看到一样。——女性除了把娇俏而强有力的身体打扮得花枝招展，从而抵制一种如此高度发展的文化中迅速蔓延开来的神经过度兴奋以外，再没有进一步的事情好做，而在她们的身体里，父亲的性格尽可能锐气未消地继续活着。这使希腊文化相对来讲如此长时间地保持了青春；因为在希腊母亲们的身上，那些希腊的天才总是一

---

① 伯里克利（约公元前495—前429）：古雅典政治家，民主派领导人。
② 荷尔德林（1770—1843）：德国诗人。
③ 这两个都是希腊神话中的女性，她们的故事被索福克勒斯等悲剧诗人写进了他们的悲剧中。

再地回归自然。

260

有利于伟人的偏见。——人们显然过高估计了一切伟大突出的东西。这是由于一种有意无意的看法：人们认为，如果一个人将所有力量投入**一个**领域，好像将自己变成了**一个**巨大无比的器官，那么这将很有用处。无疑，对于人类自身来说，**匀称**的培养会对其力量更有用、更带来幸运；因为每一个才子都是一只从其余人身上吸取血和力量的蝙蝠，而一件夸张的作品则可以将一个最有才华的人几乎变成疯狂。也是在艺术领域内，极端的性格激起太多的注意；当然也需要一种次得多的文化，以便让自己被那些性格束缚住。人们出于习惯，总是屈服于要拥有强力的一切。

261

精神的暴君。——只有在神话的光芒照到的地方，希腊人的生活才大放光明；要不然就是一片幽暗。而希腊哲学家正是从自己那里剥夺了这种神话；这不就好像他们想要从阳光中走出来，坐到阴影中、坐到黑暗中吗？但是没有一种植物能避开光线；从根本上讲，那些哲学家只是在寻找一个**更明亮**的太阳，神话对他们来说不够纯洁、不够明亮。他们在自己的知识中，在他们每个人称之为"真理"的东西中发现了这种光明。在当时，知识仍然拥有一种更大的光辉；它仍然年轻，还不知道它道路上的一切艰险；当时它还希望，只要跳一下就可来到一切存在的中心，而从那里出发，便可以解开世界之谜。这些哲学家坚定地相信自己，相信他们的"真理"，带着这种信念，他们战胜了他们所有的邻人和前辈；他们每个人都是一个好战而残暴的**暴君**。相信自己拥有真理的那种快乐，也许世上还从未达到过如此大的程度，但是，这样一种信念的坚定、自负、专横以及恶毒也是如此。他们是暴君，也就是每个希腊人想要成为的那种人，是每个人都是的那种人，假如每个人都**能**成为那种人的话。也许只有梭伦[①]是一个例外；他在诗中说他如何蔑视个人的专制统

[①] 梭伦（公元前 638?—前 559?）：古雅典政治家、诗人，当选为雅典执政官。

治。但是他这样做是出于对工作的热爱和对立法的热爱；当立法者是一种理想化形式的专制统治。巴门尼德①也立过法，也许还有毕达哥拉斯和恩培多克勒；阿那克西曼德②还建立了一座城市。柏拉图就活生生地体现着那样一种成为最高的哲学立法者和立国者的愿望；他似乎因为没有实现他的本质而十分痛苦，他在晚年变得满腔都是黑色的怨恨。希腊哲学失去的权力越多，它就越是因为这种怨恨和诽谤而内心痛苦；当各种宗派在街上维护它们自己的真理时，所有这些真理追求者的灵魂就都被嫉妒和恶意堵塞了，专制的成分现在像毒药一样在他们体内蔓延。许多小暴君恨不得互相生吞活剥；他们身上留下的，不再是爱的火花，对他们自己的知识也没有什么乐趣。——总而言之，暴君通常遭谋杀，他们的后代都短命，这已成为一种规律，包括精神领域里的暴君也是如此。他们的历史很短，暴力不断，他们的影响在身后突然终止。几乎所有伟大的希腊人，你都可以说他们似乎是迟到了，埃斯库罗斯、品达、狄摩西尼、修昔底德之类，你都可以这样说；在他们身后只有一代人的影响——然后便完全成为过去。这就是希腊历史上的风风雨雨和难以名状的东西。我们现在倒是推崇乌龟的福音。现在，历史地进行思考就等于是说，任何时候历史都是按照这样的原则造就的："时间越长越好，历史越少越好！"啊哈，希腊历史过得这么快！从此以后生活从未过得如此挥霍无度。我无法让自己相信，希腊人的历史是遵循着**自然**进程的，而希腊历史被人赞赏的就是这种进程。他们具有过多的才能，不可能采用乌龟和阿喀琉斯赛跑的方式一步一步**慢慢**走：人们管那个叫做自然发展。在希腊人那里，一切都迅速向前，但是同样也迅速向后；整部机器的运转加速到如此地步，以至于把一块石头扔到齿轮中间，就会使它粉身碎骨。例如，苏格拉底就是这样一块石头；直至那时还一直惊人地运转有序，只是一夜之间一下子就被过快的哲学学科的发展摧毁了。如果问一下，倘若柏拉图不陶醉于苏格拉底，我们是否会发现一个我们已经永远

---

① 巴门尼德（公元前 515—前 450?）：古希腊哲学家。
② 阿那克西曼德（公元前 610? —前 546?）：古希腊米利都学派哲学家、天文学家。

失去的更高类型的哲人，这将不是一个多余的问题。人们看待他以前的时代和看待这一时代的雕塑家的工作室是一样的。但是，公元六七世纪所预示的，似乎比实际上实现的更多、更高；但只是停留在预示和先兆上。然而比起一种新的、至今未被发现的**哲学生活的最高可能性**的损失来，几乎不可能有更重大的损失。甚至在较古老的哲学类型当中，大多数流传下来的都很糟糕；在我看来，从泰勒斯①到德谟克利特的所有哲学家似乎都特别难以辨认；但是，谁要是成功地仿制出这些人物，谁就会走在最强有力、最纯粹的类型的形象中间。当然，这种能力是很罕见的，甚至后来从事对先前哲学研究的希腊人也没有这种能力；尤其是亚里士多德，每当他面对我们所描述的那些人时，似乎脑袋上没有长眼睛。所以就好像这些显赫的哲学家白活了，或者好像他们的惟一功用就是为一批能言善辩的苏格拉底学派铺平道路的。在这里，正如我所说过的那样，有一个遗漏，一个发展中的断裂；一定发生了某种大不幸，人们可以从中辨认出伟大雕塑见习阶段的意义和目的的那个惟一的塑像已经粉碎或失败；实际上已经发生的事情永远成为工作室的一个秘密。——在希腊人那里发生的事情——每一个伟大的思想家，只要相信自己是绝对真理的拥有者，就都会变成暴君，以至于在希腊人那里，思想史也有了那种暴力的、仓促行事的、危险的特点，正如他们的政治史所表明的那样——并不因此而完结：直到最近还发生着许多同样的事情，尽管它们渐渐少下来，几乎不再会伴随有希腊哲学家那种淳朴天真的良心。因为总的说来，相反的学说和怀疑所发出的声音太有力、太响亮。精神暴君的时代已经过去。在更高文化的领域里，无疑一定总是有一种统治，——这种统治从现在起在**精神寡头**的手中。尽管存在许多那些空间上和政治上的分隔，他们却建立了一个属于同一整体的社会，其成员相互**认识**、相互**承认**，这也是舆论和影响大众的报纸杂志作者的是非判断可能会传播的东西。以前制造分裂和敌意的精神优势，现在倾向于**联合**：个人如果看不见自己的同类在这里或那里生活在同样的条件下，如果不在反对肤浅

---

① 泰勒斯（公元前 624？—前 546？）：古希腊哲学家、数学家、天文学家。

思想、肤浅文化的暴民统治性质的斗争中和反对借助大众效应建立专制统治的偶然尝试的斗争中抓住这些同类的手，怎么能坚持自己的权利，顶着潮流，沿着自己的路线，游过自己的一生呢？寡头政治家们彼此需求，最为情投意合，他们明白相互的识别标志，——然而他们当中每个人都是自由的，每个人都是自己斗争，自己赢得胜利，宁愿毁灭，不愿屈服。

262

荷马。——希腊文化中最伟大的事实仍然是，荷马很早就成了泛希腊的了。希腊人所达到的所有那些精神自由与人性自由都回到这个事实上。但是，这同时也是希腊文化的真正厄运，因为荷马通过集中而变得浅薄，消解了更为认真的独立本能。不时有同荷马相矛盾的东西从希腊文化最深厚的基础上产生出来；但是**他**是常胜的。所有伟大的精神力量除了解放效应以外还行使着一种压制作用；然而，是荷马，还是《圣经》，或是科学压制了人类，这无疑是有区别的。

263

天赋。——像我们这样高度发展的人类当中，每个人都可以具有很多天赋。每个人都有**天生的才华**，但是只有少数人能生就、培养出那种程度的韧劲、耐性和精力，可以真正成为一个天才，**成为**他们现在所**是**的那种人，也就是说：在工作和行为中将天赋释放出来。

264

不是被高估就是被低估的有修养者。——不讲科学但是有天赋的人珍视任何迹象的精神，无论精神处于正确还是错误的道路上；他们尤其想要让那些同他们打交道的人好好用精神来款待他们、鼓舞他们、激发他们，使他们神往到既认真又戏谑的地步，并在任何情况下都作为最有效的护身符防止无聊。讲科学的人则与此相反，他们知道，能想出种种念头的天赋一定会最严格地受到科学精神的约束；不是闪光发亮、令人激动的东西，而是经常不起眼的真理，才是他们希望从知识之树上摇落下来的果实。他们可以像亚里士多德那样，在"无聊"和"有修养"之间不做区别，他们的魔鬼引导他们穿越沙漠，同样也穿越热带丛林，因此他们只喜欢真实的、靠得住的、纯粹的东西。——于是在一些小学者那里，就产生了对有修养者的蔑视和怀疑；另一方面，有修养者又经常厌恶科学：例如，几乎所有艺术家都在此列。

265

学校里的理性。——学校最重要的任务无非是教你严格的思考、谨慎的判断以及前后一致的推断；因此学校必须抛开所有对这种任务无用的东西，例如宗教。它甚至可以指望，人的愚昧、习惯、需求后来会让绷得太紧的思想之弓松弛下来。但是只要在它影响达到的地方，它都会强行实现人身上本质的与众不同的东西——"人的理性和科学，**至高无上的力量**"——至少如歌德判断的那样。——伟大的自然科学家冯·贝尔①发现所有欧洲人同亚洲人相比在入校学习的能力上有优势，他们对他们相信的事物能给出依据，而亚洲人则完全没有这种能力。欧洲已经上过了教它合乎逻辑地、批判地思考的学校，亚洲却还始终不知道区分真实与虚构，不清楚其信念是出自自己的观察和正常的思维，还是出自幻想。——学校中的理性使欧洲成为欧洲：在中世纪，它正在重新成为亚洲的一部分和其附属品，——也就是说正在丧失多亏了希腊人才有的科学理性。

266

文科中学课程被低估了的效果。——我们很少从我们在文科中学里真正学到并牢牢记住的东西中，而是从学校教的学生勉强学会的但是一有可能就尽快丢掉的东西中寻求文科中学的价值。读经典著作，像到处都有的情况那样，就是一个可怕的程序：摆在年轻人面前，但他们根本就没有成熟到接受这个程序的地步，教师却通过每一句话，往往通过他们的表情，毁掉了一位好作者。但是这其中却有着通常认识不清的价值，——这些教师说着**更高文化的抽象语言**，慢条斯理，虽然不好理解，

---

① 冯·贝尔（1792—1876）：爱沙尼亚动物学家，胚胎学奠基人，地理学和人种学的先驱。

但对大脑却是一种很高级的训练；概念、艺术用语、方法、暗示等不断出现在他们的语言中，这是年轻人在同他们亲戚的谈话中以及在街上几乎从来听不到的。即使学生只是**听一听**而已，那么他们的智力也会不自觉地预先为一种科学观察方法的形成做好准备。从这样的培养中，不可能产生出完全不受抽象方法影响的纯粹的自然之子。

267

学习多种语言。——学习多种语言能使记忆中充满词语，而不是充满事实和思想，然而记忆是一种容器，虽然各人情况不同，但也只能装下一定量的有限容量。然后，学习多种语言是有害的，因为它唤起了一种自以为完满的信念，事实上也在交往中给人某种有诱惑力的外表；再然后，它也造成间接伤害，因为它抵制全面知识的获得，抵制用诚实手段赢得人们的注意。最终是用斧子砍到了母语内部更细微的语言感的根子上：使这种语言感无可救药地受到伤害，遭到摧毁。产生了最伟大的文体学家的两个民族，希腊和法国，不学任何外国语。——但是，因为人际交往必然变得越来越带世界性，例如，伦敦一个真正的商人不得不在书面上和口头上，让人通过八种语言来理解他，所以，学习多种语言当然就是一种必要的**弊病**；当然它在最坏的情况下最终也将迫使人类找到一种医治的方法：在遥远将来的某个时候，将会有一种为所有人掌握的新语言，先是作为商业语言，然后作为一般思想交流的语言，这是确定无疑的，就像有一天会有飞船旅行一样。语言学研究语言规律研究了整整100年，目的无非是评价每一种个别语言中必要的、有价值的、成功的东西，此外还会有什么别的目的呢？

268

关于个人的战争史。——我们在经历了几种文化的某个个人的一生中，发现了原本会发生在两代人之间，即父子之间的斗争集中在一起了：关系的接近**加剧**了这种斗争，因为双方毫不留情地将自己十分了解的对方内心卷入了这场斗争；因此这场斗争在各个个人心中将是最为激烈的；在这里，每一个新阶段都会以残酷的不公和对以前阶段所拥有的手段与目标的误解从这个阶段上面跨过去。

269

提前一刻钟。——我们偶尔发现，一个观点高于其时代的人，只不过是预先表达了未来 10 年的平庸观点。他在舆论公开以前掌握了舆论，也就是说，他比别人提前一刻钟掉进了一种理应变得平庸的观点的怀抱。但是他的名声往往比真正伟大、真正具有优势者的名声要大得多。

270

阅读的艺术。——每一种坚定的方向都是片面的；它接近直线的方向，并像这种方向一样，是独来独往的，也就是说，它不涉及许多别的方向，一些软弱的党派和个人在其波浪一般的左右摇摆中就是这么做的：所以我们也必须原谅语文学家的片面。好几个世纪人们在行会中进行文本生产、文本保存及文本解释，最终有了正确的方法；整个中世纪根本无法胜任一个严格的语文学解释，也就是说，对作者言论的简单的理解需求，——发现这些方法很了不起，我们不要不以为然！只有当正确阅读的艺术，即语文学，得到了最新的发展的时候，所有的科学才能赢得连续性和恒久性。

271

推断的艺术。——人类取得的最伟大进步在于他们学会了**正确推断**。这完全不像叔本华说"所有人都能推断，却很少有人能判断"时所认为的那样，是天然的事情，而是后来学会的，而且还没有占据统治地位。进行错误的推断在早先是必然的：各民族的神话、他们的魔术、他们的迷信、他们的宗教狂热以及他们的法律，都是这种原理的发掘不尽的明证。

272

个别文化的年轮。——精神生产力的强弱取决于天生的大量**张力**，而远不是取决于固有的才华。大多数 30 岁左右受过教育的年轻人在其生命的早期顶峰便衰退了，从这时候起对精神上新的转变不感兴趣。这就是为了一种越来越发展的文化，还需要新的一代的原因，然而这新的一代也不会走得很远：因为为了赶上父亲的文化，儿子必须几乎消耗掉父亲在生出儿子时的那个人生阶段所拥有的那种天生的能量；带着所剩无几的能量，儿子继续向前（因为在这里，道路已经是第二次走，所以朝前走就快了一点；儿子不需要花费同样的力气来学习父亲知道的东西）。例如像歌德那样精力充沛的人，其所走过的道路之多，以至于连续四代人几乎都无法与之相比；然而，他们因此而朝前走得太快，以至于别的人只有在下一个世纪才能赶上他们，也许还不能完全赶上。因为文化的完整性和发展的连续性，由于经常被打断而削弱了。——在历史过程中达到的一般的精神文化阶段，人们总是越来越快地赶过去。现在，他们开始作为受宗教感动的孩子进入文化，在10岁的年纪也许达到了这种感觉最活跃的地步，然后在他们接近科学的时候，过渡到了较弱的形式（泛神论）；完全超越了上帝和不朽之类的东西，但是却受到形而上学哲学魔法的制约。最终他们甚至认为这也不可信。而艺术却与此相反，似乎给得越来越多，以至于有很长一段时间，形而上学好不容易才在一种艺术变形中，或者作为艺术美化的情绪留存下来、继续下去。但是，科学意识变得越来越专横独断，把人引导到自然科学和历史上，尤其引导到最严格的获取知识的方法上，而艺术则得到了越来越温和、越来越平庸的意义。所有这一切通常发生在一个人最初的30年内。这只是扼要说明了人类也许为此而辛劳了三万年的一门课程。

273

倒退而不是滞留。——现在仍然从宗教情感出发来提高自己的进化，然后也许较长时间地继续生活在形而上学与艺术中的人，当然已经退回去了好长一截路，是在不利前提下开始同其他现代人赛跑的：他显然失去了空间和时间。但是因为他停留在炽热和能量被释放出来、力量像火山喷发一样不断从永不枯竭的源泉流出的地方，所以他后来一旦及时从那些地方离开，就会格外快速地朝前走，他的脚长上了翅膀，他的胸脯学会了更平静、更长久、更坚忍不拔地呼吸。——他退回去，只是为了有足够的空间来跳跃：所以在这种倒退中也许存在着可怕的、带有威胁性的东西。

274

我们作为艺术对象的一截自我。——有意识地记录下较低级的人类几乎毫无思考地经历过、然后又从他们灵魂的书写板上抹去的某个进化阶段,并勾画出它的忠实的图画,这是高级文化的一种标志:因为这是只有少数人能理解的较高级类型的绘画艺术。因此必须人为地把那些阶段孤立起来。历史研究培养了这种绘画的能力,因为它不断要求我们在面对一段历史、一个民族或者人生时,想像一条完全确定的思想地平线、一种确定的感觉强度,想像有一些人占统治地位而另一些人则退隐。你能在适当的时机迅速重建这样的思想体系和感情体系,就像关于一个神殿的印象出自几根碰巧立在那里的柱子和墙垣一样,历史感就在这个过程中。其下一个结果是,我们把我们的同胞理解为这样一些完全确定的体系和不同文化的代表,也就是说,看作必要的,但是可以改变的。而另一方面,我们可以在我们自己的进化中把一些部分分割出来,让它们独立存在。

275

犬儒学派和伊壁鸠鲁学派。——犬儒学派认识到了修养较高的人的越来越多、越来越强烈的痛苦和大量需求之间的关系;于是他们明白,关于美、合适、恰如其分、愉悦等的大量看法一定是既产生了丰富的享乐之源,又造成了索然无味之泉。按照这样的理解,他们放弃了这大量看法中的许多见解,避开了某些文化要求,从而倒退了回去;他们因此而获得了一种自由感和强健感;渐渐地,当习惯使他们能够忍受他们的生活方式时,他们事实上比有教养的人更少怀有强烈的反感,从而向家畜靠拢。此外,他们感觉一切都有对照的魅力,而且他们同样能随心所欲地骂人,以至于他们因此而重新超越了动物的感觉世界。——伊壁鸠鲁学派像犬儒学派一样,有着同样的观点;在两者之间,通常只有气质的不同。然后伊壁鸠鲁学派利用自己更高的文化,来使自己独立于占统治地位的看法;他们使自己高于这些看法,而犬儒学派只是停留在否定上。他们几乎是走在风平浪静、有安全护卫的幽暗通道上,而在他们头顶上,风在树梢间呼啸,向他们透露,外面的世界如何处于激烈的动荡中。犬儒学派则相反，他们几乎赤裸裸地走在急风暴雨中，磨炼自己到了毫无感觉的地步。

276

文化的微观世界和宏观世界。——关于文化的最佳发现是人在自身中实现的，他在其中发现有两股异质的力量在起作用。假定一个人爱好造型艺术或音乐完全像他对科学精神的神往那样，假定他认为通过摧毁一股力量而激发另一股力量来解决这种矛盾是不可能的，那么，他惟一可做的事情就是把自己变成偌大一座文化大厦，好让两股力量同处一室，尽管是在不同的两端，而在两者中间则有着起调解作用的中间力量，拥有占优势的力量，在必要时调解爆发出来的争执。这样一座在个别人心中的文化大厦将同各个时代的文化结构有最大的相似性，并用类推法提供有关这种文化结构的继续教育。因为在有文化建筑发展的地方，它的任务就是通过不太难以相容的其他力量的强势聚合而迫使相互争夺的力量一致起来，不必压制它们，而是将其置于囹圄之中。

277

幸福与文化。——我们童年所处环境的景象震撼了我们：花园里的小屋、带墓地的教堂、池塘与森林——我们总是作为受苦受难者再见到这些东西。我们的自我怜悯控制了我们，因为自那以后我们忍受的是什么日子啊！在这里，这些东西还是这样安静，这样永久地矗立在那里：只是我们如此不同、如此激动；我们甚至找到几个故人，时间之牙在他们身上磨去的并不比在橡树上磨去的**更多**：这些农夫、渔夫、林中居民——他们还是老样子。——在较低级的文化面前被震撼和自我怜悯，这是更高级文化的标志；于是得出结论：幸福无论如何也不会通过更高级的文化得到增加。谁想要从生活中收获幸福和舒适，谁就只能永远避开更高级的文化。

278

舞的比喻。——现在，如果有人拥有一种力量和柔韧性，在认识活动中一丝不苟，严格从事，而在其他时刻，他又能让诗歌、宗教及形而上学先行一步，几乎领先 100 步远，然后再来分享它们的力和美，那么，这就应该被看作伟大文化的决定性标志。介于如此不同的两种要求之间的这样一种地位是很困难的，因为科学逼迫人绝对掌握它的方法，如果你不对这种逼迫让步，那么就会出现另一种危险，在不同的动机之间会有一种微弱的上下波动。然而，为了至少用一种比喻来看一眼这种困难的解决，人们也许会记得，**跳舞**和无精打采地在不同的动机之间来回转悠不是一回事。高级文化有如一种独特的舞蹈：这就是如已经说过的那样，是其之所以必须有许多力和柔韧性的原因。

279

论减轻生活的痛苦。—— 减轻生活痛苦的主要方法是把生活中的一切事情都理想化；但是你应该从绘画艺术中真正搞清楚，理想化意味着什么。画家要求，观赏者不要太精确、太苛刻地观赏，他迫使观赏者退回到一定的距离上，从那里加以观赏；他必须以观赏者离开他的绘画相当一段距离为前提；他甚至必须假定他的观赏者具有同样程度的苛刻目光；在这样的事情中，他完全不可以摇摆不定。所以，每个要将自己生活理想化的人绝不要太精确地来看待生活，而是应该始终把自己的目光放逐到一定的距离之外。例如歌德就懂得这种技巧。

280

把加重痛苦当作减轻痛苦及相反。——在人类发展的某些阶段上加重生活痛苦的许多东西，在一个更高阶段上却充当了减轻痛苦的东西，因为更高阶段上的人已经认识了生活中更强烈的痛苦。同样也发生了相反的事情：例如宗教，就有双重面孔，取决于一个人仰望它，以便由它来解脱他的重负和困境；还是藐视它，就像藐视他那被戴上的、不让他在空中上升得太高的镣铐一样。

281

更高级的文化必然被误解。——只用两根弦绷在自己乐器上的人，就像除了**知识**冲动以外只还有一种培养出来的**宗教**冲动的学者一样，是不理解能在多根弦上演奏的人的。更高级的、**比较多样化的**文化的本质是，它总是遭到较低级文化的错误解释；例如，艺术被当作宗教的一种乔装打扮的形式，就是这样的情况。是的，只笃信宗教的人甚至把科学也理解为宗教感情的追求，就像聋哑人在看不见动作的情况下，不知道音乐是什么。

282

哀歌。——我们的时代带来了一种倒退和间或对寺院生涯（vita contemplativa）的低估。你必须对自己承认，我们时代缺乏伟大的道德哲学家；帕斯卡①、爱比克泰德②、塞内加③、普卢塔克已经很少有人读了；工作和勤奋——以前是追随健康女神——时而就像疾病一样肆虐。因为没有时间思考，思考起来又没完没了，所以人们不再考虑离经叛道的看法；他们满足于憎恨这些看法。在生活大大加速的时候，思想和目光习惯于片面地、错误地观看和判断，每个人都像是旅行者一样，从火车上来了解一个国家及其人民。对待知识的独立谨慎的态度几乎被人视为一种疯狂，自由思想家被搞得声名狼藉，尤其是被那些因自由思想家对事物的思考技巧而很想拥有自己的彻底性和蚂蚁一般的勤奋、很想要把自由思想家驱赶到个别的科学角落里的学者搞得声名狼藉；而自由思想家则有着完全不同的更高使命，要处于孤独之中而统率科学家与学者组成的千军万马，向他们指示文化的道路与目标。——这样一种哀怨，像刚唱完的这个哀歌，也许快要到头了，在沉思的天才强劲地回来时，它自动就默不作声了。

283

活动家的主要缺陷。——活动家往往没有更高的活动：我指的是个人的活动。他们作为官员、商人、学者，也就是说，作为类的集合概念是活动的，但不是作为完全特定的个别人、独一无二的人；从这方面看，他们是惰性的。活动家的活动几乎总是有点非理性的成分，这是活动家

---

① 帕斯卡（1623—1662）：法国数学家、物理学家、哲学家，概率论创立者之一。
② 爱比克泰德（公元55?—135?）：古罗马晚期斯多葛学派哲学家。
③ 塞内加（公元前4—公元65）：古罗马哲学家、政治家和剧作家。

的不幸。例如，你不可以问敛钱的银行家，他那孜孜不倦的活动目的何在；这活动是非理性的。活动家就像石头滚动一样，是按照机械的愚蠢法则。——所有人都分成奴隶和自由人，任何时候都是这样，现在亦如此；因为谁要是自己 2/3 的日子不归自己所有，那他就是一个奴隶，无论他想要当什么样的人：政治家也好、商人也好、官员也好、学者也好。

284

为闲人说句话。——现在，作为对悠闲生活的评价降低的标志，学者以一种匆忙的享乐方式和活动家竞争，以至于他们对这种享乐方式的评价高于原本适合于他们的、事实上也是有更大得多的乐趣的享乐方式。学者耻于悠闲。但是悠闲和游手好闲中有着一种高贵的东西。——如果游手好闲真的是万恶之**始**，那么它至少也最接近于所有善行；悠闲的人始终是比活动家更好的人。——你们不是要说，我说悠闲和游手好闲是在针对你们吧，你们这些懒虫？——

285

现代的不安。——越往西方去，现代的动乱就越大，以至于在美国人看来，欧洲的居民统统显得是热爱宁静、能享受的人，而事实上他们却像蜜蜂和马蜂一样胡乱飞行。这种动乱变得如此之大，以至于更高级的文化不再能产生它的成果；这就好像一个个季节互相接替得太快了。由于缺少安宁，我们的文明将慢慢在一种新的野蛮中结束。活动家，也就是说不安分的人，任何时候都没有更具有价值过。所以，大量加强沉思成分属于你必须对人性进行的必要修正。然而每一个在心脑中宁静并坚持不懈的个人都有权相信，他不仅拥有好脾气，而且拥有普遍有用的德行，并通过保存这种德行，甚至完成了一个更高的使命。

286

活动家在何种范围内都是懒惰的。——我相信，每一个人对每一件事物肯定都会有一种自己的看法，只要有可能对其形成看法的话。因为他自己也是一件特有的、惟一的事物，他对所有其他事物采取一种从来未采取过的新姿态。但是，活动家灵魂深处的惰性阻碍了人们从自己的井里汲水。——观念的自由就像健康一样：两者都是个别的，从两者出发都不可能建立起普遍有效的概念。对于一个个人来说，他的健康所需要的东西，对于另一个个人来说却是得病的起因；有些达到精神自由的手段和方法对于更高度发展的秉性来说，可以被看成是导致不自由的手段和方法。

287

生活的批评家。——长期以来爱与恨的交替说明了一个想要自由判断生活的人的内心状态；他念念不忘，对事物中的一切善恶都耿耿于怀。最后，当他灵魂的整个书写板上已经写满了经验的时候，他将不会蔑视、憎恨生活，但也不会热爱它，而是一会儿用快乐的眼光，一会儿用伤心的眼光凌驾于它之上，而且，像大自然一样，一会儿带着夏天般的情绪，一会儿带着秋天般的心境。

288

伴随的成果。——真正想变得自由的人将在变化的过程中没有任何压力地同时失去错误和罪恶的倾向；他还将越来越少地受到不快和烦恼的袭击。因为他的意志除了知识以及获取知识的手段以外不会更迫切地想要任何东西，也就是说：想要那种持久的状态，他在其中能最出色地获取知识。

289

病的价值。——卧病在床的人有时候发现，他往往得的是他的职务病、事务病，或者是他的社团病，由此而失去了关于自己的任何谨慎考虑：他从他的疾病迫使他得到的悠闲中领略了这样的智慧。

290

乡村的感觉。——如果你在自己生活的地平线上没有坚实平稳的线条，就像山峦、森林的线条那样，你的内心意志本身就会变得不安、涣散、贪婪起来，就像市民的天性那样：他没有幸福，也不给人幸福。

291

自由思想家的谨慎。——专门致力于知识的、具有自由精神的人，将发现他们的外部生活目标、他们最终的社会地位以及在国家中的地位，很快就得以实现，例如，他们对小职位或刚够生活的财富欣然感到满意；因为他们将这样来安排生活，从而使得外部财富的巨大改变，甚至政治秩序的颠覆，不至于彻底改变他们的生活。他们尽可能少花精力在所有这些事情上，这样他们就可以用足全部积攒的力气，差不多是深深地吸了口气，一下子潜入到知识的海洋中。于是他们可以希望潜得很深，大概还可以见到海底。——对于一件事情，一个这样的人只愿意取其一角，他不爱好事物的纵横曲直：因为他不想让自己纠缠其中。——他也了解工作日的不自由、不独立以及为他人做嫁衣的烦恼。但是时不时必然有一个星期天降临到他头上，要不然他将忍受不了生活。——也许，甚至他对别人的爱也将是小心翼翼的，有点气喘吁吁，因为他只想在对于实现知识目的而必要的范围内与有各种倾向的世界和盲目的世界打交道。他必须相信，如果指责的声音说他缺乏爱，那么正义的天才就将为他的门徒和被保护人说句话。——在他的生活和思想方法中有一种**有教养的英雄主义**，这种英雄主义鄙视自己像他较粗俗的兄弟那样受到广大群众的尊敬，习惯于静静地在世界中走过，静静地走出世界。什么样的迷宫他也走过，什么样的岩石他也艰难地从中流淌过——一旦来到光天化日之下，他就光明地、轻快地、几乎无声无息地走他的路，让阳光一直闪烁到他的心底。

292

前进。——那么就沿着智慧的道路，迈着大步，满怀着信心前进！无论你怎么样，都给你自己充当经验之源吧！丢掉对你自己本质的不快，原谅你自己的自我，因为在任何情况下你都在身边有着一个有 100 根横木的梯子，你可以从梯子上攀登到知识那里去。你遗憾地感觉自己被扔到其中的那个时代因为这种幸运而为你庆幸；它对你大喊，要你分享后来时代的人们也许必然缺乏的经验。不要蔑视曾经有过的宗教倾向；要充分探索你曾经如何打开真正的艺术之门。你不能恰恰依靠这些经验的帮助，更加心领神会地遵循以前人类走过的非凡路段吗？不是恰恰在这有时使你如此不快的土地上，在这不纯粹的思想的土地上，长出了许多较古老文化最美妙的果实吗？人们一定是爱宗教和艺术像爱母亲和奶妈一样，——不然人们就不可能变得聪明起来。但是你的眼光必须超越它们，你必须能够成长到不再需要它们的地步；如果你留在它们魔力的影响下，那么你就理解不了它们。同样，你必须熟悉历史，熟悉小心翼翼的天平秤盘游戏："一方面——另一方面。"走回去吧，踩着人类在过去的沙漠中痛苦地长途跋涉的脚印：于是你得到最确切的教训，告诉你所有以后的人类不能或不可以再往哪里去。而且你竭力想要预见未来之结如何打，这样你自己的生活就获得了一种知识工具和知识手段的价值。你必须有权让你所经历的一切——尝试、迷途、错误、迷惑、痛苦、你的爱和你的希望——毫无保留地融入到你的目标中去。这个目标就是你自己成为一根必然的由文化环节组成的链条，并从这个必然性出发，推断出一般文化过程中的必然性。如果你的视力变得足够强，能看到你的存在和你的知识的幽暗井底的话，那么你也会在井内的倒影中看见未来

237　文化的遥远星座。你认为有这样一种目标的这样一种生活太艰难、太不舒适了吗？所以你还不了解，没有一种蜂蜜能比知识的蜂蜜更甜蜜，笼罩着的伤心之云必然为你充当你将从中挤出令你精神爽快之奶的乳房。只有当你年老的时候，你才真正注意到你如何倾听自然的声音，那种以乐趣来统治整个世界的自然：在老年时达到其顶峰的同一种生活，在智慧中，在那种持久的、令精神快乐的、温和阳光中也达到了其顶峰；老年和智慧，这两者你会在生活的**一个山脊**上遭遇到，自然也会要求这样。然后时辰到了，你没有理由为死亡之雾的接近而恼火。朝着光亮——你的最后一个动作，一声知识的欢呼——你的最后的声音。

第六章　交往中的人

293

善意的掩饰。——在与人们的交往中，善意的掩饰经常是必要的，好像我们并没有看透他们行为的动机。

294

复制品。——人们经常遇到名人的复制品；就像绘画的情况那样，大多数人喜欢复制品甚于原件。

295

演说家。——你可以说得非常恰当，然而却让全世界都大声反对：也就是说，这是在你不向全世界说话的时候。

296

缺乏亲近。——在朋友中缺乏亲近是一个不变得无可救药就不会受到指责的错误。

297

关于送礼的艺术。——仅仅因为送礼的方式方法不对就得拒绝接受一件礼物，这使人对送礼者感到恼火。

298

最危险的党徒。——每一个党内都有一个由于太虔诚地表达党的原则而刺激其他人脱党的人。

299

病人的顾问。——谁给病人一些建议，谁就会得到一种凌驾于病人之上的感觉，无论这些建议被接受还是遭拒绝。因此敏感而高傲的病人讨厌这样的顾问更甚于他们自己的病痛。

300

双重方式的平等。——对平等的热中可以这样来表述：你不是想把所有别的人都往下拉到自己这里（通过贬低、保密、使坏等），就是想让自己和大家一起上升（通过肯定、帮助、为他人的成功而高兴等）。

301

克服窘迫。——帮助非常窘迫的人并安慰他们的最佳办法在于明确地表扬他们。

302

对个别美德的偏爱。——我们对于拥有一种美德不很珍惜，直到我们发现我们对手身上完全没有道德。

303

为什么人们相左。——人们经常与一种看法相左，其实只是因为人们感到陈述这种看法的声调让人不舒服。

304

信任和近乎。——想要刻意向另一个人套近乎的人，通常是对那个人是否拥有对他的信任没有把握。谁能肯定这种信任，谁就不会看重近乎。

305

友谊的平衡。——有时候，在我们同另一个人的关系中，如果我们在我们自己的天平秤盘里放上几克不公平，友谊便恢复了公平的平衡。

306

最危险的医生。——最危险的医生是那些作为天生的演员以完美的欺骗艺术模仿天生的医生的人。

307

悖论何时才合适。——有时你需要有修养的人,以便争取他们赞成一个原理,这个原理只是以一种难以置信的悖论形式出现的。

308

勇敢的人如何被争取过来。——人们是这样来说服勇敢的人参加一项行动的,他们把这项行动描绘得比实际情况更危险。

309

彬彬有礼。——我们把不受人欢迎的人向我们流露的彬彬有礼视为冒犯。

310

让人等待。——肯定会激怒人们、让他们脑袋里生出坏念头的方法就是让他们长时间地等待。这可以造成不道德。

311

反对亲密者。——送给我们完全信任的人认为因此而有权要求我们的信任,这是一个错误的结论;通过赠送是得不到权利的。

312

补偿手段。——如果我们让另一个人遭受了损害,那么给他一个拿我们寻开心的机会,让他个人得到补偿,甚至赢得他对我们的好意,这往往就足够了。

313

舌头的虚荣。——一个人无论是隐藏他的坏品质和恶习,还是公开承认它们,他的虚荣心在这两种情况里都希望得到一种好处:人们只要注意一下他如何细致地区分,在谁面前他要隐藏起那些品质,在谁面前他可以老老实实,襟怀坦白。

314

考虑周到。——不想伤害任何人的感情、不想损害任何人,既可以是一种正义情操,也可以是一种谨小慎微品性的标志。

315

需要进行辩论。——那些不知道让思想冷静一下的人就不应该投身到热烈的争论中去。

316

交往与狂妄。——如果你知道自己是在有价值的人们中间,你就会把狂妄忘记;孤独养成傲慢。年轻人很狂妄是因为他们都和自己的同类人打交道,这些人往往什么也不是,却喜欢显得很重要。

317

攻击的动机。——一个人攻击别人不仅是为了伤害别人、战胜别人,而且也许只是为了意识到自己的力量。

318

恭维。——在我们同其交往中想要用恭维来麻痹我们戒心的人,是在使用一种危险的手段,几乎就像是使用一种安眠药水,这种药水,当它不能使你入睡的时候,只会让你格外清醒。

319

优秀的写信人。——那些不写书,但是有很多思考又生活在不充分的交往中的人,通常会成为一位优秀的写信人。

320

最丑陋的。——一个旅行走天下的人竟会在世界上任何地区发现比人脸更为丑陋的地方,这是值得怀疑的。

321

同情者。——在不幸中总是乐于助人的同情者很少同时也与你同乐:在别人快乐时,他们没有事情好做,是多余的,感觉自己不再拥有优势,因而很容易流露出不快。

322

一个自杀者的亲戚。——一个自杀者的亲戚对他耿耿于怀,是因为他没有为了他们的名声而活下去。

323

可预见的忘恩负义。——送大礼的人得不到感激；因为受礼者由于接受礼物而承受了太多的负担。

324

在没有修养的社会中。——如果一个有修养的人将自己和一个显示修养反倒是不礼貌行为的社会等同起来，那么没有人会认为他彬彬有礼。

325

目击者在场。——如果有不敢跳水的人在场，一个人落水以后，你就会加倍乐意地跟着跳下去。

326

沉默。——在论战中作出回应的最令双方不舒服的方法是动怒和沉默；因为攻击者通常把沉默解释为蔑视的标志。

327

朋友的秘密。——很少有人在缺少谈话资料的时候不泄露出他们朋友较为秘密的事情。

328

人性。——有思想的名人的人性在于同无名者的交往中总是用一种恳切的方式表示自己不一定正确。

329

有心理障碍者。——在社会中感到不安全的人总是利用一切机会在社会面前向不如他们优越的亲近者公开显示这种优越性，例如通过戏弄。

330

感谢。——知道某人必须感谢自己，这使一颗高贵的心灵感到沉重；而知道自己必须感谢某人，这使一颗粗俗的心灵感到沉重。

331

疏远的标志。——两个人观点疏远的最确定的标志是，两个人互相说一些讽刺的话，但是谁也没有从中感觉出讽刺的意味。

332

有功者的狂妄。——有功者的狂妄比无功者的狂妄更伤人：因为功业本身就伤人。

333

声音中的危险。——有时在谈话中，我们自己声音的声调会使我们感到不知所措，会误导我们作出和我们自己意思完全不相符的断言。

334

在谈话中。——在谈话中，一个人是否特别同意别人的看法完全是一个习惯问题：两种情况都有意义。

335

害怕邻人。——我们害怕邻人的敌对情绪，因为我们怕他由于这种情绪而刺探我们的秘密。

336

用责备来使我们出色。——非常受人尊敬的人甚至责备我们也是为了要因此而使我们出色。这是要使我们注意，看他们多么热切地关心我们。如果我们客观地接受他们的责备，为自己辩护，我们就完全误解了他们；我们这样会使他们恼火，使他们疏远我们。

337

对别人的好意感到烦恼。——我们误会了我们自己被人憎恨、被人害怕的程度：因为我们自己虽然很了解我们与一个人、一个方向以及一个党派不相一致的程度，但是其他那些人对我们的了解却很肤浅，因此也只是表面憎恨我们。我们经常碰到我们无法解释的好意；但是如果我们理解了这好意，它也就伤害了我们，因为它表明，别人没有把我们当回事，也没有对我们有足够的重视。

338

相互的虚荣心。——两个虚荣心同样大的人相遇以后，互相留下一个坏印象，因为每一个人都如此忙于要在另一个人那里留下印象，以至于另一个人倒没在他那里留下什么印象；最终两人都注意到，他们的努力失败了，于是就把责任推到另一个人身上。

339

作为好标志的坏习惯。——有优越感的人在雄心勃勃的年轻人对他的不礼貌、狂妄，甚至敌意当中得到他的愉悦；烈马的坏习惯就是这样，它们还没有让骑手骑过，但在不久以后让骑手来骑时它们会感到很骄傲。

340

何时有不是是可取的。——接受别人作出的指责，甚至在冤枉我们时也不反驳，这就对了，如果我们万一反对他、反驳他，他就会在我们这边看到更大的不是。当然一个人可以用这种方法总是有不是、又总是有道理，最终作为世上最问心无愧的人成为暴君和惹人讨厌的人；在个别人那里适用的东西，也会发生在社会的所有阶级中。

341

太不尊敬。——那些人们对其显示出的重视不如他们自己期待的那么多的非常自负的人，竭力长时间地在这个问题上误导他们自己和其他人，成了吹毛求疵的心理学家，为的是要搞清楚别人是否对他们有足够的尊敬；如果他们达不到目的，如果欺骗的面纱撕破，他们就会格外大发雷霆。

342

谈话中回响的原始状态。——在人们眼下交往时提出看法的方式中，人们经常能认出他们懂得使用武器甚于任何其他事物的那个时代的回声：他们运用他们的看法一会儿像瞄准的射手一样运用他们的武器，一会儿又相信听见了刀刃呼啸和铿锵的声音；在有些人那里，一种看法掷地有声，就像一根粗大的棍棒打下来。——妇女则不一样，她们说话就像那些上千年坐在纺车旁，或者穿针引线或者稚气地同孩子们玩耍的人一样。

343

叙事者。——叙述事情的人很容易让人看出他叙述是因为事实让他感兴趣还是他想要通过叙述来让人感兴趣。在后一种情况里他会夸大其词，使用最高级形容词，以及做诸如此类的事情。那时候他通常叙述得更糟糕，因为他与其说是在考虑事情，不如说是在考虑自己。

344

朗读者。——谁朗读戏剧诗，谁就会对自己的性格有所发现：他发现他的声音对于某些情绪和场面比对于其他情绪和场面更自然，例如，对于一切充满激情的东西，或者对于滑稽可笑的东西，而他也许在日常生活中只是没有机会显示激情和滑稽。

345

在生活中出现的一个喜剧场面。——有人对于一个主题想出了机智的观点，为的是要在一些伙伴们中间宣讲。现在我们将在喜剧中全神贯注地听下去、看下去，看他如何全力以赴地来到他可以发表意见的节骨眼上，并设法让伙伴们和他同舟共济，一起来到那里；他如何持续地把谈话推向**一个**目标，偶尔迷失方向，又重新找回来，最终达到那个节骨眼上；他几乎连气都喘不上来——这时候，伙伴们中间的一个人把话从他嘴里夺走。他将怎么办？反对他自己的观点吗？

346

非出自本意的不礼貌。——如果某人非出自本意地对另一个人不礼貌，例如因为没有认出来而不打招呼，那他就会很生气，尽管他对自己的态度并没有什么可指责的地方；他在另一个人那里引起的恶劣看法使他感到委屈，或者他害怕随之而来的不和谐，或者他很痛心，因为他伤害了另一个人——于是就引起了虚荣、恐惧和怜悯，也许是三者同时发作。

347

叛徒的杰作。——对同谋说出侮辱性的猜疑，逼迫他说你会不会被他出卖，而恰恰在这一刻是你自己在从事出卖活动，这是毒辣心肠的杰作，因为这使另一个人专注于自己，并迫使他很长一段时间在行为举止上竭力避嫌、竭力公开，这就给真正的叛徒放手去干的机会。

348

伤害和被伤害。——伤害别人，然后请求原谅，远比被人伤害，然后原谅别人舒服得多。前者先是显示了强大，然后又显示了性格的善良；后者如果他不想被认为不人道，就**必须**原谅，由于这种不得已，后者在屈辱中享受的乐趣就很少。

349

在争论中。——如果一个人反驳另一个人的观点，同时又阐明自己的观点，那他对另一种观点的不断考虑通常就会使自己观点的自然立场有所偏离：它会显得更是故意的、更尖刻，也许还有点夸张。

350

诀窍。——那些想要求另一个人做棘手之事的人必须根本不把这件事看作问题，而是干脆就摆出他的计划，好像这计划就是惟一的可能；他必须懂得，在对方眼里一闪出异议和反对目光的时候，就马上收场，不给他留下任何时间。

351

社交后的内疚。——为什么我们会在通常的社交以后感到内疚呢？因为我们小看了重要的事情，因为我们在谈论别人的时候缺乏足够的诚意，或者因为我们在应该说话的地方沉默寡言，因为我们没有偶尔跳起来跑掉，一句话，因为我们在社交中表现得好像我们是他们中间的一员。

352

受到错误评判。——老在留意听别人如何评判自己的人总是很生气。因为我们已经受到那些离我们最近（最了解我们）的人的错误评判。甚至好朋友有时也在猜忌的话里流露出不快；如果他们真正了解我们，还会做我们的朋友吗？——与你不关痛痒的人的评判是让人痛苦的，因为它听起来没有什么偏见，几乎是实事求是的。但是如果我们注意到，某个和我们敌对的人对我们一些保密的问题了解得那么清楚，就像我们自己了解我们自己似的，那我们的烦恼会有多大啊！

353

画像的暴政。——艺术家和政治家都会很快把个别特征组合成一个人或一件事的完整图像，他们通常是不公正的，因为他们事后要求，这个人或这件事必须真的和他们描绘的一样；他们简直是要求一个人像活在他们的想像中那样有才华，那样诡计多端，那样不公正。

354

作为最要好朋友的亲戚。——希腊人是如此清楚地了解一个朋友是什么——所有民族中只有他们对友谊有一种深入的、多方面的哲学探讨——以至于自始至终在他们看来，朋友都是值得解决的问题——这同样的希腊人用一个词语来表示**亲戚**，这个词语就是"朋友"一词的最高级。我始终无法解释这一点。

355

被错误认识的诚实。——如果某人在谈话中引用自己的话（"当时我说过"，"我常说"），这就留下了狂妄的印象，而这经常恰恰是由于相反的缘故，至少是出自诚实，诚实是不会用属于以前时刻的思想来装饰打扮现在这一刻的。

356

寄生虫。——如果某人宁愿在依赖中生活，靠着别人活下去，只是为了不必工作，往往还偷偷带着对他们依赖的那些人的怨恨，这表明其完全缺乏高尚的思想意识。——这样一种思想意识在女人中间比在男人中间更加常见得多，也更加可以谅解得多（出于历史的原因）。

357

在和解的祭坛上。——有这样的情况，也就是说，你只有伤害一个人，与他结仇，才能从他那里得到一样东西：这种树敌的感觉如此折磨了他，以至于他很愿意利用刚一露头的相对温和的情绪来实现和解，把那样东西献祭到这一和解的祭坛上，而这样东西以前对他来说是那么重要，无论给他什么代价他都不会放弃的。

358

要求怜悯是狂妄的标志。——有些人在生气和伤害别人的时候，首先要求你对他们所做的任何事情都不要生气，其次要求你怜悯他们，因为他们经受了这么强烈的发作。人的狂妄就会到那种地步。

359

诱饵。——"每个人都有他自己的价码"——这是不真实的。但是对于每一个人来说,都有一个他必然会咬上去的诱饵。所以你就需要把有些人争取过来做一件事,给这件事情涂上博爱、高贵、乐善好施、献身等的光泽——可有什么东西你不可以给它涂上光泽的呢?——这就是**他们**灵魂的甜品和甜食;别的灵魂有别的东西。

360

被人称赞时的态度。——如果好朋友们称赞有才华的人,他出于礼貌和好意经常会显示出很高兴的样子,但是实际上他是无所谓的。他的本性就对此十分迟钝,他躺在阳光里或者阴影里,就是翻个身挪出阳光或阴影都不愿意。但是人们想要用称赞来取悦于你,如果你对他们的称赞不高兴,你就会让他们伤心的。

361

苏格拉底的经验。——要是你在一件事情上成为大师,那么你通常在其他大多数事情上始终还是一个完全的外行;但是你的判断却正相反,就像苏格拉底已经经历的那样。这是一种弊病,它让人在同大师打交道时感觉不舒服。

362

野蛮化的手段。——在同愚昧的斗争中,就是最公平、最温和的人最终也变得野蛮起来。也许他们因此而走上了正确的防卫之路;因为作为按道理讲的论据,对付榆木脑袋只有用捏紧的拳头。但是,正如说过的那样,因为他们的性格是温和公平的,所以他们使用这种正当防卫手段而受的痛苦大于他们造成的痛苦。

363

好奇心。——如果没有好奇心,就没什么好事可为邻人去做。但是好奇心以义务或同情的名义悄悄溜进了不幸者和贫困者的家。——也许甚至在备受赞扬的母爱中也有不少好奇心。

364

社交中的失算。——第一个人希望用他的判断,第二个人希望用他的好感和反感,第三个人希望通过他的熟人,第四个人希望通过他的孤独来引起别人的兴趣——他们全都失算了。因为那个看演戏的人认为自己就是惟一在考虑范围之内的一场戏。

365

决斗。——可以替有关荣誉的纠纷事件与决斗说句话的是,如果一个人有如此容易激动的感觉,居然不想活了,如果某某人这样或那样说他或想他,那么他有权让一个人或另一个人去死。他如此容易激动,这是无可争议的,因为这,我们才是往昔的继承者,才是往昔的伟大以及往昔的过分行为的继承者,没有这种过分行为便绝不会有伟大。现在如果存在一种荣誉法典,让血来取代死亡,以至于在一场按规矩进行的决斗之后心情轻松起来,那么这就是行了大善,因为不然的话,会有许多性命不保。——而且,这样一种机制教育人们说话要小心谨慎,并使别人同自己的交往成为可能。

366

高贵与感激。——一颗高贵的灵魂会很乐于感觉自己负有感恩图报的义务,会不那么谨小慎微地避开使自己负有义务的机会,同样它在此之后会坦然地表达感激;而卑下的灵魂则全然拒绝使自己负有义务,或者在此之后夸张地、过于急切地表达感激。此外,后者也出现在出身低下或地位受压抑的人那里:一个向**他们**表示的好意对他们似乎就是恩赐的奇迹。

367

雄辩的时刻。——一个人为了把话说好,需要有某个明确地公认比他高明的人,而另一个人却只有在不如他高明的人面前才能找到充分的话语自由和幸运的雄辩措辞:两种情况,理由却一样。他们各自只有在无拘束的情况下才能说好,一个人因为在更高明的人面前感觉不到竞争拼搏的动力,另一个人因为在不如他高明的人面前也是同样情况。——

现在有完全另外一种人,他们只有在竞争中怀着必胜的企图才能说得好。这两种人当中哪一种更有雄心呢?是出于强烈的求名欲而说得好的人呢,还是出于同样的动机而说得不好或根本不说的人呢?

368

交友的天赋。——在有特别的交友天赋的人中间,有两种人比较突出:一种是在不断的上升中,为自己发展的每一个阶段都能找到一个完全相适应的朋友的人。他以这种方法得到的朋友系列很少相互联系,有时还不和谐,有矛盾:完全符合这样的情况,即他发展中的后面阶段会抵消或损害前面阶段。这样一种人可以戏谑地称为**梯子**。——另一种人的代表是,靠非常不一样的性格和天赋来发出魅力,从而赢得整整一圈子朋友;而且这些朋友因此也在相互之间建立起朋友关系,尽管有各种各样的不同。这样一种人我们称为**圈子**:因为在他身上一定以某种方式预先形成了如此各不相同的气质和天性之间的密切关系。——此外,拥有好朋友的天赋在某些人身上要比当好朋友的天赋大得多。

369

谈话的策略。——在同某人的一次谈话中如果你有机会在他面前充分显示你的才智以及你的和蔼可亲,那么谈话之后,你应该最喜欢这个谈话的伙伴。那些想要赢得别人对自己好感的聪明人就利用这一点,他们在谈话中把表现巧妙机智之类的机会留给他。可以想像一下,两个非常聪明的人之间进行着一场有趣的谈话,两人都想使相互之间有好意,因此就把谈话中的好机会推来推去,谁也不接受:以至于谈话总的说来在枯燥无味中冷淡地进行,因为每个人都把表现才智与和蔼可亲的机会给了另一个人。

370

发泄恶气。——在某事上失败的人更愿意把失败归咎于另一个人的恶意,而不是归咎于偶然事件。他被激怒的情绪由于把一个人而不是一件事想像成他失败的原因而平息下来;因为对人你可以报复,而对偶然事件引起的不快,你只能往肚里咽。因此,如果王公有什么事失败了,周围的人就往往在他面前把个别人说成是所谓的原因，牺牲个别人来保护所有朝臣的利益；因为要不然王公的不快就会发泄在他们所有人头上，当然，对于命运女神本身，他就无法报复了。

371

接受环境的颜色。——为什么人的好恶如此有传染性，以至于我们不像容器一样盛满一个感情强烈的人对利弊的权衡，就几乎无法在他周围生活？首先，完全放弃判断是很难的，有时对我们的虚荣心来说简直是无法忍受的；它和思想感情的贫乏，或者和恐惧、男子气概的缺乏有着同样的颜色：于是我们至少被吸引到某一边，也许和我们的环境方向相反，如果这种姿态更能振奋起我们的自豪感的话。然而，通常——这是第二点——我们根本不是在有意识的情况下从冷漠过渡到好感或恶感，而是渐渐适应了我们环境的感觉方式，因为投合和相互理解这么令人愉快，我们很快就带有了这种环境的所有标志和派别颜色。

372

讽刺。——讽刺只有作为老师同各种学生打交道时使用的一种教育手段才是合适的：它的目的是羞辱你，使你感到羞愧，不过是那种造成有益效果的羞辱，它唤起你的好意，让你像对医生那样对那些如此对待我们的人表示尊敬和感激。讽刺者假装不知道，而且装得那么好，让和他谈话的学生都受了骗，变得大胆起来，完全相信他们自己懂得更多，把各种弱点都暴露出来；他们失去了拘谨，露出了实际的模样，——直至有一刻他们举到老师脸跟前的火炬让它的光芒羞辱性地返照到他们自己身上。——在没有这样一种师生关系的地方，讽刺就是一种坏习惯、一种卑鄙的情绪。所有讽刺作家都指望那样一种愚蠢可笑的人，他们很想要同作者一起感觉自己比所有其他人都高明，把那些作为作者的讽刺作家视为表达他们狂妄的代言人。——此外，习惯于讽刺完全就像习惯于挖苦一样，对个性有害，它给你一种幸灾乐祸地高高在上的特点：你最终就像一只咬人的狗一样，这种狗除了咬人以外，还学会了笑。

373

狂妄。——你应该充分注意到那种叫做狂妄的野草的生长，它毁坏我们的每一次好收成：因为在热心肠中，在尊敬的姿态中，在好意的亲昵中，在爱抚中，在友好的劝告中，在对错误的承认中，在对他人的同情中，狂妄无处不在——而所有这些美好的东西在野草生长到它们中间时，就会引起剧变。狂妄者，也就是说，那种想要比自己的实际情况**或被认为的情况**更重要的人，总是失算。当然，他享受自己短暂的成功，但是这种享受局限在他的狂妄的见证人出于恐惧或利益考虑，看他要求多少面子就给他多少面子的范围内。然而他们为此而进行恶意的报复，恰恰从他们通常对他的价值考虑中减去了他所要求的过多的面子方面的价值。人们让你为任何东西付出的代价都不如为耻辱付出的代价昂贵。一个狂妄的人会使他真正的伟大成果在别人眼里变得如此可疑和渺小，以至于别人会用泥脚踩到它的上面。——一个人甚至不应该允许自己有骄傲的态度，除非他能相当有把握，认为自己不会被误解，不会被看成很狂妄，例如对朋友或妻子。因为在人际交往中，愚蠢莫过于给自己带来一个狂妄的名声；这甚至比学会有礼貌地撒谎更糟糕。

374

对话。——对话是完美的谈话，因为一个人说的一切获得了它特定的色彩和声音，获得了**严格考虑到**作为谈话对象的另一方而伴随的姿势；这就像写信一样，同一个人显示了 10 种表达自己内心思想的方法，这取决于他写信给这个人还是那个人。在一场对话中，只有一种单一的思想折射：这是由谈话伙伴产生的，我们要在其中看见我们思想的那面镜子尽可能美丽地作出折射。但是和两个、三个或者更多的伙伴谈话会怎样呢？这时谈话必然失去某些个性化的细腻；各种考虑互相冲突、互相抵消；取悦一个人的措辞，却和另一个人的个性不相符。于是，和好几个人交流的那个人被迫退回到自己那里，把事实说成实际上的那个样子，但是却剥夺了题材中的那种闪光的人性氛围，这种人性氛围能使一场谈话成为世上最舒适的事情之一。你就听一听人们同一大群打算说话的人交流时用的声调吧，就好像所有发言的基调为："那就是**我**；那就是**我说的**；现在随你怎么想！"这就是有修养的女人之所以通常会在一个她们社交中认识的男人那里留下陌生、尴尬、吓人印象的原因：这是因为同许多人说话、在许多人面前说话剥夺了她们所有的富有文化教养的和蔼可亲，只在耀眼的光芒中显示了她们有意识的对自己的依靠、她们的策略以及公开取胜的意图；而同样的女人在对话中又重新变成了女性，人们重新发现她们的心灵美。

375

身后的名声。——只有在你假定人类将基本上保持不变，假定所有的伟大都能被感觉到不是只在一个时代，而是在所有时代的时候，希望承认有一个遥远的未来才是有意义的。然而，这是一个错误；在关于美和善的东西的所有感觉和判断中，人类发生了巨大变化；相信自己比别人先走了一里路，相信全体人类都在走**我们的**路，这是不现实的想法。此外，一个被人低估的学者现在肯定可以指望，别人也会像他一样作出同样的发现；在最好的情况下，他以后某一天会得到一位历史学家的承认，承认他已经知道这件或那件事情，但是却没能让人相信他的事情。得不到承认总是被后代解释为缺乏力量。——总之，你不应该这么轻易地为清高孤傲辩护。此外也有例外情况，但多半是我们的缺点、弱点和愚蠢阻碍了我们了不起的特点得到承认。

376

关于朋友。——你自己考虑一下，感觉是多么五花八门；即使在最亲近的熟人中间也是多么各执己见；就是同样的看法在你朋友的脑袋里也多么完全不同于它在你自己脑袋里的地位和强烈程度；造成误会和造成敌对分裂的原因又是多么成百上千。在所有这一切之后，你会对自己说：我们所有的联盟和友谊所依赖的基础是多么不可靠，冷冰冰的倾盆大雨或恶劣天气是多么近在咫尺，每一个人是多么孤独！如果一个人看清所有这一切，而且也明白他同胞的所有看法及其方式和强烈程度像他们的行为一样是必然的、不负责任的；如果他从性格、职业、才华、环境等因素的紧密交织中获得对各种看法的这种内在必然性的识别力——那么他也许将摆脱聪明人大喊"朋友啊，没有朋友！"时所怀有的那种尖酸情感的苦涩。更确切地说，他将对自己承认：当然有朋友，然而却是错误，是关于你自己的错觉把他们带到你面前；他们一定学会了沉默，

以便继续当你的朋友；因为这样的人际关系的依据几乎始终是这样的：某一些事情是绝不会有人说的，甚至绝不会有人提到它们；但是一旦这些事情开始发生，友谊也就跟在后面粉身碎骨。如果人们知道他们最可靠的朋友实际上对他们有了什么样的了解，难道有人会不受到致命的伤害？——通过认识我们自己，并把我们的存在本身看作一个变化着的观点和情绪的领域，从而学会一点藐视，这样我们就重新使自己取得了同其他人的平衡。我们真的完全有理由藐视我们的每一个熟人，不管他是不是最伟大的人；但是我们同样有理由把这种感情转过来对待我们自己。——所以我们要互相忍受，因为我们事实上忍受了我们自己；也许更快乐的时刻有一天会来到每个人的面前，这时候：

"朋友啊，没有朋友！"垂死的聪明人这样喊道；

"敌人啊，没有敌人！"我这个活着的傻瓜这样喊。

第七章　妇女与儿童

377

完美的女性。——完美的女性是比完美的男人更高级的一种人，也更加罕见得多。——关于动物的自然科学提供了使这个命题成为可能的手段。

378

友谊和婚姻。——能做最好的朋友的人也许将得到最好的妻子，因为金玉良缘取决于交友的天赋。

379

父母的继续存在。——父母的个性和思想意识关系中未消除的不和谐音继续回响在孩子的天性中，构成了他内在的痛苦史。

380

来自母亲。——每个人在自己心里都有一幅来自母亲的女性图像：由此决定了他一般来说总是尊重女性、轻视女性还是大体上对她们漠不关心。

381

纠正天性。——如果你没有一位好父亲，那就应该给自己找一位。

382

父与子。——父亲因为有儿子而有许多事情要做，以便作出弥补。

383

贵妇人的错误。——贵妇人认为,如果一件事情不能在社交场合谈论,它就根本不存在。

384

一种男人的疾病。——对于自卑这种男人的疾病,最有效的治疗方法是为一个聪明女人所爱。

385

一种嫉妒。——母亲很容易嫉妒她儿子的朋友,如果她儿子的朋友特别有成就的话。一位母亲通常爱她**自己**在儿子身上的身影,甚于爱儿子本身。

386

理性的非理性。——当生命和智力进入成熟阶段以后,这样一种感觉会侵袭到人的心头:他的父亲不该让他生下来。

387

母亲的善意。——有的母亲需要幸运的、受人尊敬的孩子,有的需要不幸的孩子:要不然她们作为母亲的善意就无法表达。

388

不同的叹息。——有些男人因为老婆被人诱拐而叹息,但是大多数男人是因为没有人想要诱拐他们的老婆而叹息。

389

恋爱婚姻。——由爱缔结的婚姻(所谓的恋爱婚姻)是由错误充当父亲、由困顿(需要)充当母亲的。

390

女人的友谊。——女人完全可以和一个男人建立起友谊,但是要维持友谊就必须要有一种小小的肉体上的反感来协助才行。

391

无聊。——许多人,尤其是女人,感觉不到无聊,因为他们从来没有学会像样地工作。

392

爱的一个因素。——在每一种女性之爱中,总是会出现某种属于母爱的东西。

393

地点一致与戏剧效果。——如果夫妻不在一起生活,金玉良缘就会更常见。

394

婚姻的通常后果。——任何一种交往,它不提升,就往下拽,要不就相反;所以男人娶了老婆以后通常就沉下去一点,而老婆则被提升了一点。太有教养的人很需要婚姻,同时又像对待一帖苦药一样抵制它。

395

教一教发号施令。——你应该通过教育多教一教来自谦恭家庭的孩子学会发号施令,就像教其他孩子学会服从一样。

396

想要被爱上。——因中意而来到一起并订了婚的人往往努力**被**对方爱上,以避免被指责为怀有冷漠的、自私自利的功利目的。同样,那些由于自己的利益而转向基督教的人也努力真正变得很虔诚;因为这样对他们来说,宗教的表情变化才变得更容易。

397

爱无止境。——**喜爱**慢节奏的音乐家将把同一首乐曲变得越来越慢。所以爱无止境。

398

谦虚。——一般来说,女人的谦虚随着她们的美的增长而增长。

399

持久的婚姻。——各自想要通过对方达到个人目的的婚姻结合得很牢靠,例如,妻子想要通过丈夫成名,丈夫想要通过妻子变得讨人喜欢。

400

变化无常的天性。——女人出于爱而完全变成了生活在爱她们的那些男人的想像中的东西。

401

爱与占有。——女人通常如此爱一个重要的男人,以至于想要单独拥有他。要不是她们的虚荣心表示反对,表示愿意让他在别人面前也显得重要,她们会很乐意将他锁起来。

402

金玉良缘的检验。——金玉良缘经得起这样的考验:它甚至经受得了"特殊情况"。

403

让所有人做所有事的手段。——你能够通过不安、恐惧、工作和思想的堆压使每一个人疲惫不堪、羸弱不堪,以至于他不再抵制一件表面复杂的事情,而是向它让步,——外交家和女人都知道这一点。

404

正经与诚实。——那些仅靠自己的年轻貌美就想终生衣食无忧的女孩子,加上世故的母亲给她们提醒的狡黠,她们想要的东西完全和交际花想要的东西一样,只是她们比交际花更聪明、更不诚实。

405

面具。——有这样的女人,她们没有内心生活,无论你到哪里去找,除了面具你是什么也找不着的。让自己落在这样可怕的、必然不知餍足的东西手里的那种男人应该得到怜悯;然而正是这些女人能最强烈地刺激男人的欲望:他搜寻她们的灵魂——搜了又搜。

406

作为一次长谈的婚姻。——结婚以后,大家应该问这样的问题:你认为你能和这个女人好好交谈、白头偕老吗?婚姻中一切别的东西都是短暂的,而相互关系中的大部分时间都用在了交谈中。

407

女孩子的梦。——没有经验的女孩子自以为有本事让一个男人高兴,后来她们才知道,假定一个男人只需要一个女孩子来使他高兴,这等于是藐视他。——女人的虚荣心要求一个男人不仅仅是一个快乐的丈夫。

408

消失中的浮士德和玛甘泪。——一位学者非常深刻地说,当前德国受过教育的男人像是靡菲斯特和瓦格纳的结合,但肯定不是浮士德:他们的祖父(至少在年轻时代)曾感觉到这个浮士德在自己内心里闹腾。所以(继续说这个想法),**玛甘泪们**由于两个原因不适合于他们。因为不再被人向往,浮士德和玛甘泪似乎是在消失之中。

409

作为文科中学学生的女孩们。——看在老天的分上,不要把我们的文科中学教育也用到女孩子头上!因为它经常把风趣、好钻研、热情奔放的年轻人变成他们的教师的复制品。

410

没有竞争对手。——女人容易注意到一个男人的灵魂是否已经被占有;她们要求没有竞争对手的爱,她们怨恨他的抱负、他的政治责任和他的科学艺术所设定的目标,如果他热心于这些事情的话。除非他因为这些事情而显赫——然后她们就希望同他结成的爱情纽带将使这些事情更显赫,如果是这样的情况,她们就鼓励他们的情人。

411

女人的悟性。——女人的悟性表现为完美的控制、镇定自若和利用一切优势。她们将此作为她们的基本性格遗传给她们的孩子,父亲则装备比较隐秘的意志背景。他的影响决定节奏与和声,也就是说,新生命这出戏要这样演下去,但是它的旋律却来自女人。——要对那些知道如何来解释一件事情的人说:女人有灵性,男人有勇气和激情。这和以下事实并不矛盾:男人实际上在灵性方面走得远得多,他们有更深、更强有力的冲动;这些冲动带动着他们的灵性前进,而灵性本身就是某种有激情的东西。女人经常私下里对男人十分看重勇气的做法感到惊讶。当你看到男人选择配偶时专门寻找一种深刻的、热心肠的人，而女人则寻找一种聪明、机灵、才华横溢的人时，你可以非常清楚地明白，一个男人如何寻找一个理想化的男人，一个女人如何寻找一个理想化的女人——也就是说，他们不是为求补充不足，而是为求他们自己的功德圆满。

412

赫希奥德的一个判断得到确认。——女性聪慧的一个标志是，几乎在任何地方，她们都懂得让别人供养自己，就像蜂窝里的雄蜂。但是你考虑一下，这原本意味着什么，为什么男人不让女人供养自己？无疑是由于男性的虚荣心和敬畏感大于女性的聪慧；因为女人懂得利用顺从确保自己获得压倒性的优势，甚至统治地位。就连对孩子的照料原本也会被女性的聪颖用作尽可能逃避工作的借口。即使现在她们真的工作的话，例如当女管家，那她们也懂得对此大肆吹嘘，搞得你糊里糊涂，以至于男人往往10倍地过高估计了她们工作的业绩。

413

近视眼含情脉脉。——有时候，一副较深度的眼镜就足以让热恋中的人清醒过来；如果谁有想像力想像一张脸、一个身影比实际情况老20岁，谁也许就一生都过得风平浪静。

414

仇恨中的女人。——在仇恨状态中，女人比男人更危险。首先因为她们不考虑公平合理，一旦被激起敌对的感情就一发不可收拾，让她们的仇恨不受阻挡地增长，直到最终的结果；其次因为她们能熟练地找到（每个人、每个党派都有的）痛处，并且触动你的痛处：她们锐利的智慧能出色地为她们效力，帮助她们达到目的（而男人一见到伤口就罢休了，往往怀有慷慨与和解的心情）。

415

爱。——从根本上讲，女人用爱激发的偶像崇拜原本就是智慧的发明，因为她们通过所有那些爱的理想化提高了她们的权力，在男人眼里显得越来越值得追求。但是由于几百年来习惯于这种对爱的夸大评价，她们钻进了她们自己的网里，忘记了起因。她们现在比男人更是受骗者，因此也更多地遭受失望的痛苦，这几乎必然发生在每个女人的生活中——只要她有足以使她受骗和失望的想像力和理解力的话。

416

为了妇女的解放。——如果妇女如此习惯于爱、习惯于马上就有好感或反感，那她们还能公正吗？因此她们较多对个人有兴趣，较少对事业有兴趣。但是如果是对事业有兴趣的话，她们就马上变成了这些事业的朋党，从而损害这些事业纯正的、无辜的效应。于是，当你把政治和个别科学领域（例如历史）托付给她们的时候，就会产生不小的危险。究竟还有什么比一个真正知道科学是什么的女人更少见的呢？甚至最出色的女人心中也对科学怀有一种隐蔽的蔑视，好像她们无论如何都比科学高明。也许这一切会是另外的样子，但现在只能暂时如此。

417

妇女判断中的灵感。——妇女通常作出的那种关于好与恶的突然决定，她们突然流露的好恶而使个人关系得到的闪电般迅速的曝光，一句话，女性不公正的证据，都被爱慕的男人以光环围绕，好像女人即使没有特尔斐的大锅和月桂饰带也会有智慧的灵感：她们的名言在很久以后都会像神秘的神谕一样被人解说与揣摩。如果你考虑到，可以对任何人任何事说些肯定的话，也同样可以对任何人任何事说些否定的话，所有事物都不是双面的，而是三面、四面的，那么几乎就很难说这样的突然决定完全不着边际；你甚至可以说：事物的本性决定了女人的估计总是正确的。

418

让自己被人爱。——因为恋爱的两个人当中一个通常是爱者，另一个通常是被爱者，于是就有人相信，在每一笔爱情交易中，爱的量是恒定的：一个人占为己有的爱越多，给另一个人剩下的爱就越少。出现的

例外情况是，虚荣心使两个人中的每一个都相信，他或她是必须被爱的那一个，所以两个人都要让自己被人爱：由此而尤其在婚姻中产生了各种各样半令人发笑半让人感到荒唐的场面。

419

女性头脑中的矛盾。——因为女性太过于个性化而不实事求是，所以她们思想领域里的逻辑上互相矛盾的倾向可以和平共处：她们往往会一个又一个地倾心于某种倾向的代表人物，囫囵吞枣地接受他们的方式方法；然而这样的话，以后只要在一个新人物占据上风的地方，那里就会出现空白点。也许会发生这样的事情：一个老太太脑袋里的全部哲学纯粹是由这样的空白点构成的。

420

谁更痛苦。——在一个女人和一个男人之间的一场个人纠纷和争吵之后，一方通常因想像伤害了另一方而感到很痛苦；而另一方则因为想像没有足够伤害对方而感到很痛苦，为此他或她努力用眼泪、抽噎以及惘然若失的神色使对方因此心情沉重。

421

女性慷慨的机会。——一旦你在思想中不理会习俗的要求，你大概就能思考天性和理性是否规定男人应该前后结多次婚，差不多是以这样的形式：他首先在22岁的时候娶一个年纪较大的女孩，其在精神上和道德上都比他强，能成为引导他穿越20几岁人面临的危险（抱负、仇恨、自暴自弃、各种各样的痛苦）的引路人。她的爱后来会被完全转变成母爱来看待，而且当丈夫在30来岁时同一个十分年轻的、他自己掌管其教育的女孩发生关系时，她不仅对此容忍，而且还以最有帮助的方式加以促进。——婚姻对于20来岁的人来说是一个必要的学校；对于30来岁的人来说是一个有用的、然而并非必要的学校；对于再往后的生活来说，它往往变得有害，促成男人的精神退化。

422

童年的悲剧。——这样的事情也许并不少见：高尚而雄心勃勃的人在童年时不得不经受住他们最艰巨的斗争考验：他们要实现自己的信念大概就得顶住一个思想卑劣、沉湎于假象与谎言的父亲，或者像拜伦爵士那样，不断生活在同一个幼稚可笑、暴戾恣睢的母亲的斗争中。如果你经历了这样的事情，你就一生都不得不为知道谁原来是你最大最危险的敌人而感到痛苦。

423

父母的愚蠢。——在对一个人的评价中，最大的错误是由这个人的父母犯下的：这是一个事实，但是你如何来作出解释呢？父母拥有太多的儿童体验，他们不再能将其整合成一个统一体吗？我们注意到，在外国旅行的旅行者刚到一个国家就能正确抓住该国人特殊的总体特征；他们对该国人了解得越多，就越看不到他们身上典型的、特殊的东西。一旦变得近视，他们的眼睛就不再能远视。难道父母因为从来没有站在离孩子足够的距离之外，就应该对孩子作出错误的评价吗？——以下也许是一个完全不同的解释：人们习惯于不再仔细考虑自己周围最接近于自己的东西，而只是接受它。也许父母在需要对他们的孩子作出评价时，因为他们已习惯于不仔细考虑而作出了那么不着边际的评价。

424

出自婚姻的未来。——那些给自己规定了教育女性、振奋女性精神的任务的高贵而有自由意识的女人不应该忽视**一种**观察角度：站在更高的角度来理解的婚姻，作为不同性别的两个人之间的心灵友谊，也就是说，如未来对它所期待的那样，是要实现产生和教育新一代的目的，——这样一种把感官满足几乎只是用作实现一个更伟大目的的一种难得使用的附带手段的婚姻，大概像人们不得不操心的那样，需要一种天然的帮助，即**非婚同居**。然而如果由于丈夫健康的原因妻子还应该为性需求的惟一满足服务，那么在挑选妻子时，一种和已经提到的目的相反的错误观点就将是有决定性的了：生儿育女成了带偶然性的事情，良好教育很少有可能性。一个好妻子同时又应该是女友、帮手、产妇、母亲、家长、管家，也许甚至还得主管独立于她丈夫的她自己的商务与公务，——这样的妻子不可能同时又当小妾：这通常意味着对她要求太过分了。因此，将来可能出现和伯里克利时代发生在雅典的事情相反的情况：当时只是把他们的妻子当作小妾看待的男人还转向了阿斯帕齐娅①们，因为他们向往一种使人精神上、感情上获得解放的交往所给予的魅力，这样一种交往只有女人的妩媚和内在柔顺才能办到。所有的人间机制，如婚姻，只允许一种适中程度的实用性美化，在相反情况下，就有必要马上采取重大补救措施。

425

女人的狂飙突进时代。——你可以在欧洲三四个文明国家用几百年的教育使妇女成为你想要她们成为的一切，甚至是男人，当然不是性别意义上而是所有其他意义上的男人。她们在这样一种影响下有一天会接受所有的男性道德和男性力量，当然同时也不得不容忍他们的弱点和恶习；正如已经说过的那样，你可以用强迫来实现那么多事情。但是我们将如何经受住由此而造成的中间状态呢？这种中间状态本身也许就会持续几百年，在这几百年期间，女性的愚蠢和不公正，这原始时代给她们留下的遗产，还会声称对一切额外获得的、被教会的一切拥有优势。这将是一个由火气构成真正男性情绪的时代，火气是因为这样一个事实：所有艺术和科学都被一种闻所未闻的浅薄风气所淹没和堵塞，哲学被令人神魂颠倒的闲聊聊死，政治将比任何时候都更加虚幻、更加结党营私，社会因为旧习俗的女性守护者自身而变得很可笑，在一切方面都力争立足于习俗之外而完全分崩离析。因为如果妇女在习俗中拥有最大的权力，那么在她们放弃习俗以后，她们得抓住什么东西来争取回同样充分的权力呢？

426

自由精灵和婚姻。——自由精灵是否将和女人生活在一起呢？一般来说，我认为，像古代的占卜鸟一样，它们作为现代的真理思考者和真理言说者必然宁愿**单独飞行**。

---

① 阿斯帕齐娅（公元前470—前410）：古希腊雅典的高级妓女，政治家伯里克利的情妇。

427

婚姻幸福。——一切成为习惯的东西在我们周围拉紧了一张越来越紧固的蜘蛛网；随即我们注意到，细丝变成了粗绳，我们自己作为被困在这里不得不靠自己的血维持生命的蜘蛛，坐在网的中间。因此自由精灵讨厌所有的习惯和规则，憎恶一切持久和确定的东西，因此它一再撕碎困住自己的网：尽管它将因此而遭受大大小小的伤痛——因为它必须**从它自己**那里、从它自己身上、从它自己的灵魂上把那种网丝扯去。它必须在它至今一直恨的地方学会爱，在它至今一直爱的地方学会恨。对它来说，甚至在它以前让大量仁慈喷涌而出的同一块土地上播下龙牙也不是不可能的事情。——你不必去考虑它是否天生该有婚姻幸福。

428

太亲近。——如果我们太亲近地同一个人生活在一起，那就好像我们一再用手指直接触摸一幅精美的铜版画：终有一天我们手里就只剩下又脏又破的纸，不再有什么别的东西。一个人的心灵同样最终会被不断的触摸磨损；至少它最终对我们**显得**如此——我们再也看不见它原先的斑纹和美。——你总是在同女人和朋友过分亲密的交往中失去美；有时你会在此过程中失去你生命的明珠。

429

金摇篮。——自由精灵在最终决定摆脱它周围的女人用以统治它的那种母亲般的关怀和呵护时，总是会松一口气。她们如此担忧地为它挡掉的一阵比较阴冷的穿堂风究竟对它有什么损害呢？同金摇篮和孔雀羽毛扇所带来的不自由相比，同它因为像吃奶婴儿一样受到照料和溺爱而必须感恩戴德的那种受压抑的感觉相比，它生活中大体上会出现的一个真正的短处、损失、意外、病痛、债务、诱惑又算得了什么呢？所以，它周围的女人的母亲意识递过来的奶，在它那里会很容易地变成苦汁。

430

自愿的牺牲品。——优秀的妇女如果她们的丈夫很有名、很了不起，那么她们差不多只有变成容纳其他人的普遍恶意和时常的坏脾气的容器，才能使她们丈夫的生活变得很轻松。同时代人往往原谅她们了不起的丈夫的错误做法、愚蠢，甚至很不公正的行为，只要他们能找到某个他们能作为使他们的情绪变轻松的牺牲品加以糟蹋和宰割的人就行。并不少见的是，一个女人会发现自己有抱负自愿充当这样的牺牲品，然后丈夫当然非常满意，——也就是说，万一他是一个自我中心主义者，足以对自己周围有这样一个自动的避雷针和疏导狂风暴雨的装置感到称心如意。

431

可爱的敌手。——女人对安静的、有规律的、快乐和谐的生活和交往的天然爱好，她们在生活的海洋上所起的那种芳香油一般的缓和性的作用，不自觉地反对着自由精灵那种比较英勇的内心追求。妇女自己没有注意到，她们的行为就好像为漫游的矿物学家从路上把石头拿开，免得他的脚碰到石头上——而他外出恰恰是**要去**碰那些石头的。

432

两个协和音的不和谐。——妇女想要服务，并乐在其中；自由精灵不想被服务，也乐在其中。

433

悍妇。——苏格拉底找到了一个他所需要的那种女人——但是，如果他充分认识她，那么他就连找都不会找她：这个自由精灵的英雄主义也就不会走到那种地步。事实上，悍妇把他的家和住房变得家不是家，住房不是住房，从而越来越驱使他进入他的独特的职业中：她教他在小巷里、在任何能闲聊能无所事事的地方生活，从而把他培养成了雅典最伟大的小巷辩证论者：这位辩证论者最终不得不自己把自己比作一只纠缠不休的马蝇，是一个神将它放在美丽的雅典马的脖子上，为的是不让马休息。

434

近视眼。——正如母亲只能从肉眼和感官上理解她们的孩子的痛苦，

283　雄心勃勃的男人的妻子也只能受到自己的局限不能看到自己的丈夫在受苦，在忍饥挨饿，在受到蔑视——而也许这一切，不仅是她们对生活的一种正确选择的标志，而且也是她们的远大目标将来有一天**必然**会实现的保证。女人总是密谋反对她们丈夫更高尚的心灵；她们为了有一个没有痛苦的舒服的现在，就想欺骗这心灵，使它失去未来。

435

权力和自由。——女人高度尊重她们的丈夫，然而更尊重为社会所承认的权力和想法：上千年来她们习惯于双手合拢在胸前，向所有占统治地位的东西点头哈腰地一路走来，拒绝对公共权力的一切反抗。因此她们甚至并非有意，而是更好像出自本能地作为制动器干预自由精灵的独立奋斗的车轮，尤其是在她们的丈夫仍然相信归根结底是爱驱使太太们这样做的时候，她们很可能会使她们的丈夫变得极其没有耐心。拒绝女人的手段但慷慨地尊重这种手段的动机——这是男人的方式，往往也是男人的绝望。

436

顺便说一下，我有这样的看法（*Ceterum censeo*）。①——如果一个由一无所有者组成的社会宣布废除继承权，这是可笑的；如果没有孩子的人从事一个国家实际的立法工作，这同样是可笑的——他们在自己的船上甚至没有足够的压舱物，使船能安全驶向未来的海洋。但是，如果一个选择获得最一般的知识和选择评价全部生活作为自己任务的人因为对家庭、生活、安全、照顾妇女儿童等的个人考虑而给自己背负了沉重的负担，并在自己的望远镜上蒙上了那种来自遥远天体世界的几道光芒都无法穿透的不透明的面纱，这同样显得很荒唐。于是我也得出了这样的定律：在最具有哲学特点的事务中，所有结过婚的人都靠不住。

---

① 这是罗马政治家、作家大加图（公元前234—前149）结束他的发言时爱用的一句话中的一部分，这句话是这样说的："顺便说一下，我有这样的看法：迦太基必然被摧毁。"（*Ceterum censeo*，*Carthaginem esse delendam*）

437

最终。——有各种各样的毒芹汁，命运通常找到一个机会把一杯这样的毒汁放到自由精灵的嘴边——要"惩罚"它，这时候所有人都这么说。那么它周围的女人们做什么呢？她们将大喊大叫，悲叹呜咽，也许还将扰乱思想家在落日时分的宁静：就如同她们在雅典监狱里做的那样。"哦，克里托①，叫人来把这些女人弄走！"苏格拉底最终说。

---

① 《柏拉图对话录》中苏格拉底的对话者之一。

第八章　国家之一瞥

438

285　　请求说话。——现在所有的政党都有一些共同的特点：蛊惑人心和有意影响大众。它们全都不得不因为上述的有意而把它们的原则变成了赤裸裸的大蠢事，并照此样子把它们画到墙上去。在这事情上已经没有什么好改变的了，甚至对此竖起一根手指头都是多余；因为在这个问题上，伏尔泰说的话是适用的：当群氓参与理性思考时，就一切都完了。(*Quand la populace se mêle de raisonner，tout est perdu*) 自从这发生以后，人们必须适应新的条件，就像人们适应地震移动了大地外形的界线和轮廓，改变了财产的价值以后的情况一样。此外：如果所有政治的目的都是为了使生活对于尽可能多的人来说可以忍受，那么这尽可能多的人至少也能决定，他们是如何理解可以忍受的生活的；他们如果信赖自己的理智来找到实现这一目标的正确方法，那么对此怀疑又有什么帮助呢？他们干脆**想要**为自己锻造出自己的幸运和不幸[①]；如果这种自决的感觉，这种对他们的脑袋瓜里所蕴藏的并发掘出来的五六个概念所感到的骄傲，事实上使生活对他们来说变得如此舒服，以至于他们很愿意忍受

[①] 此话出自一句德国格言："每个人都锻造了他自己的幸运。"(*Jeder ist seines Glückes Schmiede*)

他们的有限性的致命后果的话，那么就没有什么可以反对的了，前提是这种有限性没有到要求**一切**都应该在这种意义上变成政治、**每一个人**都应该按照这样的尺度来生活和工作的地步。因为首先，比任何时候都更多的一些人必然可以放弃政治，到一边去待一阵：对自决的兴趣也驱使他们这样去做；而且如果有太多的人，或者干脆说，有许多人说话，那么保持沉默也许还可以说得上是一种小小的自豪。其次，如果这些少数人不把许多人（应该理解为各民族和各人口阶层）的幸福看得很重要，不时对一种讽刺态度感到负疚，那么你就必须忽视少数人的这个问题；因为他们的认真在别处，他们的幸福是另一种概念，他们的目标是不会被任何一只只有五个手指的笨拙的手紧紧抓住的。最后——这肯定是最难于向他们承认的，但同样也是必须承认的——时不时有这样一个时刻，他们从沉默的孤独中走出来，再一次试一下他们的肺活量：因为他们然后就像森林里的迷路者一样互相喊叫，以便让相互之间觉察到对方，让相互之间得到鼓励；当然，在他们这样做的时候，有些声音变得很响，听起来很刺耳，但是这并非出自本意。——紧接着，森林里又恢复了宁静，静得你又可以清楚地听见生活在森林里上下各处的昆虫的嗡嗡声、嘤嘤声和翅膀拍击的声音。——

439

文化与等级。——一种比较高级的文化只有在有两种不同社会等级的地方才会产生：劳动等级和能真正有闲暇的有闲等级，或者用更激烈的说法：被迫劳动的等级和自由劳动的等级。如果是涉及一种更高级文化的产生的问题，那么有关幸福的分配的观点就并不重要；但是，在任何情况下，有闲等级都是更能够感受痛苦、更遭受痛苦的等级，他们的生活舒适感更少，他们的责任更大。现在，两个等级之间如果发生交换，以至于来自较高等级的比较迟钝、比较没有文化修养的家庭和个人被降到较低级的等级，反之，来自较低等级的比较自由的人被允许进入较高级的等级；于是就达到了一种状态，超越这状态，你就只看到大海一般开放的不确定的愿望。——来自古代的正在渐渐消失的声音这样对我们说；但是哪里还有耳朵来听这声音呢？

440

有身份。——使有身份的男女超过其他人的东西以及使他们不容置疑的权利可以获得更高评价的东西,是两种通过遗传而不断增强的艺术:能发号施令的艺术和骄傲地服从的艺术。——在发号施令属于日常事务的地方(如在工商业大世界里那样),到处都出现了同那种"有身份"的家族相似的东西,但是却没有那种高贵的服从的姿态,这种姿态在前者那里是封建状态的一种遗产,它不愿意再生长在我们的文化气候中。

441

服从。——在军国主义国家和官僚主义国家受到如此高度评价的服从,对于我们来说,不久将变得难以置信,就像耶稣会自成一体的策略已经变成的情况那样;而如果这种服从不再可能,那么也就不再能达到大量最惊人的效果了,世界将更贫困。它必须消失,因为它的基础正在消失:对绝对权威和终极真理的相信;甚至在军国主义国家里,肉体上的强迫也不足以造成服从,而只能靠先天的对王公贵族的崇拜,就像崇拜超人一样。——在**比较自由**的情况下,人们只服从根据相互条件订立的条约,所以是有各种各样自我利益的保留条件的。

442

全民部队。——现在人们大加赞赏的全民部队的最大弱点在于对具有最高文明的人的浪费;只是由于各方面情况的许可这种部队才得以存在——人们该是多么有节制、多么战战兢兢地同他们打交道啊!因为需要巨大的时间跨度才能创造出产生结构如此精巧的大脑的偶然条件。正如希腊人在希腊人的血泊中肆虐,现在欧洲人同样在欧洲人的血泊中肆虐。而且相对来说,最多的情况始终是最有文化教养的人成了牺牲品,正是他们可以确保富裕而优秀的后代。因为这样的人作为指挥者总是站在战斗的前列,此外由于他们更高的抱负,他们总是使自己遭受最大的危险。——现在,当完全不同于、完全高于祖国(*patria*)和荣誉(*honor*)的使命被提出来的时候,那种粗鲁的罗马爱国主义不是某种不诚实的东西,就是一种智力迟钝的标志。

443

希望与狂妄。——我们的社会秩序将慢慢融化,就像所有早先的秩序那样,当新观点的太阳带着新的炽热照耀到人类身上时,它们就融化了。你只有通过希望,才能对这种融化有**愿望**;而你只有当相信自己和自己的同类在精神和感情上比现存秩序的代表具有更大的力量时,你才可以合理地希望。那么,通常这种希望就将是一种**狂妄**,一种**过高估价**。

444

战争。——你可以反对战争说:它使胜利者愚蠢,使战败者恶毒。你可以赞成战争说:它在刚才说过的两种结果中野蛮化了人,并因此也使人更自然;战争对于文化来说是睡眠时间或冬天,人们从战争中走出来时将更加强健有力地向善或向恶。

445

为王公服务。——一个政治家为了做事无所顾忌,最好不为自己,而是为一位王公做事。观察者会被这种全面的大公无私的光辉照花了眼,以至于看不见与政治家工作相伴随的那种狡诈与严酷。

446

一个权力的而不是权利的问题。——对于在每一件事情上总是考虑更高用途的人来说,社会主义如果真是千年受压迫、受压制者对压迫者的造反,那么在它那里就没有**权利**的问题(你问的是这样一个可笑的、女性式的问题:"我**应该**在多大程度上对它的要求让步?"),而只有一个**权力**的问题("你**可以**在多大程度上利用它的要求");所以像自然力的情况那样,如蒸汽,它不是被作为机器之神的人强行用来为自己服务,就是由于机器的错误,也就是说由于制造机器时人的计算错误,而将机器和人一起摧毁。为了解决那个权力问题,我们必须知道,社会主义有多强大,经过怎样一种修正它仍然可以在现在的政治力量游戏范围内被用作有力的杠杆;很可能我们甚至不得不尽一切努力来强化它。人类在每一股强大的力量——也可能是最危险的力量——那里都必须考虑将它变成实现自己意图的工具。——只有在新旧两股力量的代表之间似乎已经开战，但是然后尽可能使双方力量得到保存的利益的明智期望又产生对契约的要求时，社会主义才能为自己赢得一种权利。没有契约就没有权利。然而直至现在，在所说的领域里仍然既没有战争，也没有契约，所以也没有权利，没有"应该"。

447

对最小的一点不诚实的利用。——新闻的权力在于，每一个为它服务的个人只感到负有极少的义务，受到极小的束缚。他通常说**他**的看法，但是有一天他也**不**说了，为的是要讨好他的党或者他国家的政策，或者最终是讨好他自己。犯这样小小的不诚实的过失，或者也许只是一种不诚实的沉默，这对个人来说是不难承受的，然而结果却非同寻常，因为许多人同时都犯了这些小过失。这些人当中的每一个都对自己说："靠这么一点点服务我就改善了生活，就能找到我的生活费；如果没有这些小小的考虑，我会多没面子。"因为也许多写连签名都没有的一行字或者不写，似乎从道义上讲是无所谓的，所以一个有钱有势的人可以把任何一种看法变成舆论。谁知道大多数人不大在乎小事情并想要通过他们来达到自己的目的，谁就始终是一个危险的人。

448

大声疾呼。——十分夸张地描绘一个危急状态（例如管理上的缺陷、政治或学术机构中的贿赂与偏袒），会在明智的人那里失去这种描绘的效果，但是却会在不明智的人（他们会对小心谨慎、适可而止的表述不当回事）那里产生格外强烈的影响。由于这种人人数众多，他们心中怀有更加强大的意志力和更加强烈的兴趣要做出行动来，所以那种夸张就会引起调查、惩办、许诺和重组。——在这样一种情况下，夸张地描绘危急状态是有用的。

449

表面上的政治天气的制造者。——正如人们遇到熟悉天气并能提前一天预言天气的人时会私下里认为他制造了天气一样，甚至有修养、有学问的人也依据迷信把伟大的政治家们统治期间发生的重要变化和景气作为这些政治家们自己的作品加在他们头上,只要可以很明显地看到,这些政治家们对其中一些事情比别人知道得早,并相应地作出打算就行:于是他们也被看作天气制造者——这种迷信一点也不是他们权力的工具。

450

新旧概念的政府。——把政府和人民区分开来,在这里好像是两个分开的势力范围,一个更高更强,一个更弱更低,两者在进行磋商与协调,这是一种先天的政治情感,它在**大多数**国家里现在仍然完全符合历史上对权力关系的定论。例如,如果俾斯麦把宪法形式看作政府和人民之间的妥协,那么他就是按照一种在历史上是理性的原则(正因为如此,它当然也是非理性的同位语,没有这非理性,任何人性的东西都不可能存在)在说话。与此相反,你现在应该知道——按照一个完全是从**脑袋**里迸出来、应该来**制造**历史的原则——政府不过是一个人民的机构,不是一个有预见性的、备受尊敬的"上级",相应地还有一个习惯于谦虚的"下级"。在你接受这种非历史地、任意地尽管也是逻辑地确立的政府概念以前,你也许应该考虑一下后果:因为人民和政府之间的关系是最强有力的典范关系,按照这种关系模式,师生之间、主仆之间、父亲和家庭之间、将领和士兵之间、师傅和学徒之间的关系就自动形成了。所有这些关系现在在现行立宪政府形式的影响下发生了一些改变:它们**正变成妥协**。但是,如果那种全新概念到处侵袭头脑的话,这些关系得如何颠倒和更换啊,包括名与实的改变!——大约还需要100年时间来实现。在这方面可以希望的只有小心谨慎和缓慢的发展。

451

作为党派叫春手段的正义。——统治阶级的高贵(尽管不十分明智)代表大概可以自我吹嘘:我们要平等待人,承认他们的平等权利。就这方面而言,一种立足于**正义**的社会主义思想方法是可能的;但是正如已经说过的那样,只是在统治阶级的范围内,统治阶级在这种情况下是以牺牲品和否认来**行使**正义的。另一方面,如属于被统治阶级的社会主义者所做的那样**要求**平等权利,这绝对不是正义的结果,而是贪婪的结果。——如果你领野兽看一看附近的血腥肉片,然后把它牵走,直到最后它大吼起来：难道你们的意思是，这种大吼就意味着正义吗？

452

财产和正义。——如果社会主义者证明，现在人类的财产分配是无数不公正和暴行的结果，并且强烈拒绝对如此不公正地建立起来的东西负有义务，那么他们只是看到了一些个别的情况。古老文化的全部过去是建立在暴力、奴役、欺骗和谬误的基础上的；但是我们自己作为整个这种状况的继承者，无法宣告自己脱离全部过去的会合点，就是想要抽出一点点身来都不行。不公正的思想意识也隐藏在无产者的心灵中，他们并不比有产者更好，他们没有道德优先权，因为不知什么时候他们的祖先就曾经是有产者。我们需要的是循序渐进的意识改造，而不是强制性的新的财产分配。正义必须在所有人身上变大，而暴力本能应该变弱。

453

激情的舵手。——政治家们制造出公众的激情，为的是受益于由此而唤起的反激情。举一个例子：一个德国的政治家大概知道，天主教会从来不会和俄国有同样的打算，甚至宁愿和土耳其人联盟也不和它联盟；他同样也知道，德国受到法国与俄国联盟的巨大威胁。如果他现在能成功地让法国成为天主教会的舒适家园，那么他就可以在很长时间内排除这种威胁。他因此就有兴趣展示对天主教徒的仇恨，并通过各种各样的敌对行为把教皇权威的拥护者变成一种与德国政治相敌对而必定自然而然地和作为德国对手的法国相融合的充满激情的政治力量；他的目标必然是法国的天主教化，就像米拉波伯爵①必然在非天主教化中谋求他祖国获得拯救一样。——于是，一个国家想要蒙蔽另一个国家的上百万人，以便从这种蒙蔽中得到好处。正是这同一种思想意识，支持了邻国的共和政权形式，如梅里美所说："有组织的混乱。"(*le désordre organisé*)——这种支持的惟一原因是：这种思想意识认为，这种政权形式会使人民更弱更散，更不适合于战争。

---

① 米拉波伯爵（1749—1791）：法国大革命时期君主立宪派领袖之一。

454

颠覆分子中的危险分子。——你可以把被怀疑要颠覆社会的人划分成想要为自己牟利和想要为儿孙牟利的两类人。后一种人更危险，因为他们有信仰和大公无私的良心。前一种人你可以应付：主流社会总还是足够富裕、足够明智的，完全可以做到这一点。一旦目标非个人化了以后，危险就开始了；出于非个人利益的革命者可以把所有现存秩序的捍卫者看作是受个人利益驱动，因而觉得自己凌驾于他们之上。

455

父亲身份的政治价值。——如果一个人没有儿子，他就没有充分的权利和别人一起谈论哪一种国家行为更需要。他得拿他最宝贵的东西去和别人一起冒风险，这就是和国家牢牢捆绑在一起；他必须考虑他后代的幸福，所以，首先是要有后代，以便正当地、自然地参与所有机构及其变更。更高的道德发展取决于一个人有儿子；这使他变得无私，或者说得更确切些：使他从时间角度来扩展他的利己主义，让他认真地追求超越他个人寿命的目标。

456

为祖先感到骄傲。——你有资格对直到你父亲为止的一连串不间断的**优秀**祖先感到自豪——但不是对这一连串感到自豪；因为每个人都有祖先。来自优秀祖先的出身构成了真正的世袭贵族。那个链条中惟一的一次中断，出了一个坏祖先，世袭贵族就完了。你应该问一问每一个谈论自己贵族身份的人：你祖先中有没有残暴的、贪婪的、放纵的、恶毒的、冷酷的人？如果他按良知和良心回答"没有"，那你就可以寻求他的友谊。

457

奴隶和工人。——我们更看重虚荣心的满足，而不是所有其他的好处（安全、职位、各种各样的快乐），这种情况的表现已经到了一种可笑的程度：每个人（不算政治原因）都希望废除奴隶制，最憎恶把人变成这种样子，而每个人又不得不承认，奴隶在各个方面都比现代的工人生活得更安全、更幸福；奴隶劳动同"工人"劳动相比，是微不足道的劳动。你也会以"人类尊严"的名义提出抗议，但是，说得更简单些，正是那种宝贝虚荣心，把"没有同等权利"、"公开受蔑视"感觉为最艰难的命运。——犬儒主义者对此的考虑不一样，因为他们蔑视荣誉——所以狄奥琴涅斯①当了一段时期的奴隶和家庭教师。

458

领导者和他们的工具。——我们看到，伟大的政治家们以及一般说来所有那些必须利用许多人来贯彻他们计划的人，一会儿这样做事，一会儿那样做事：他们不是非常细致小心地挑选适合他们计划的人，然后给予他们比较大的自由，因为他们知道，这些被挑选出来的人的本性正驱使着这些人到他们想要这些人去的地方去；很拙劣地进行挑选的领导者，甚至碰到什么就要什么，就是泥巴，也要让每一块成为适合于他们目的的东西。这最后一种人更为残暴，他们还要求更为驯服的工具；他们对人的知识通常知道得很少，他们对人的蔑视却比首先说到的那些人对人的蔑视更大，但是他们制造的机器通常比那些人工作室里制造出来的机器工作得更好。

459

必须有专制的法律。——法学家们争论的问题是：究竟是经过最彻底的考虑出台的法律，还是在一个民族中最容易被理解的法律应该占上风。前一种的最高典范是罗马法，它在外行们看来难于理解，因而不被看作他们的法律意识的表达。而民法，如日耳曼法，又很粗陋，有迷信倾向，不合乎逻辑，有些部分还很愚蠢荒谬，但是它们完全符合某些流传下来的地方风俗和情感。——但是，像我们这里这样，到了法律不再是传统的时候，它就会只是**被命令**、被强制；我们大家都不再有传统的法律感，因此我们就得容忍**专制法**，这表达了**必须**要有一个法律的必要性。然后，最合乎逻辑的法律无论如何都是最容易接受的法律，因为它是**最公正**的；甚至承认，不管情况怎么样，有关罪与罚的最小衡量尺度

---

① 狄奥琴涅斯（公元前 415—前 323）：希腊犬儒派哲学家。

都是专制地确定下来的。

460

伟大的大众人物。——要说出大众是按什么样的方法把一个人称为伟人的，这很容易。你无论如何要帮他们搞到使他们很舒服的东西，或者首先给他们脑袋里灌输这个或那个会很舒服的思想，然后就把这东西给他们。但是千万不要马上给，而是让他们以最大的努力争取到，或者好像是争取到的。大众必须有这样的印象：有一个强大的甚至不可战胜的意志力在那里；至少是这个力好像是在那里。每个人都赞美强大的意志，因为没有人拥有它；每个人都对自己说，如果自己拥有了它，那么他和他的利己主义就将不再会有极限。现在如果出现这样的情况：一个这样的强大意志产生了使大众感到十分舒服的东西，而不是随心所欲，于是大家就再次赞美，并自我祝福。此外，他会具有大众的所有特点：他们在他面前越不自惭形秽，他就越受大众欢迎。于是：他就会是残暴的、嫉妒的、剥削人的、阴险的、谄媚的、卑躬屈膝的、趾高气扬的，一切都视情况而定。

461

王公与上帝。——人们往往用对待自己上帝的方法来同他们的王公打交道，不过倒也是，王公往往也是上帝的代表，至少是他的大祭司。这种尊敬、恐惧、耻辱混合在一起的几乎令人毛骨悚然的情绪曾经是很微弱的，现在更变得更微弱了，但是有时会突然熊熊燃烧起来，并且一般总会紧紧跟随着强有力的人。天才崇拜是这种神灵崇拜和王公崇拜的余音。在人们努力将个人抬高到超人地位的地方，到处都会出现这样的倾向：把各阶层的人民想像得比他们的实际情况更粗野、更卑劣。

462

我的乌托邦。——在一个更好的社会秩序中，艰难的工作和生活的困苦将要分配给在其中拥有最少痛苦的人，也就是说，最麻木不仁的人，然后一步步往上走，直到对各种最高尚的痛苦最为敏感的人，这种人就是在生活已最大程度地变得轻松时仍然很痛苦。

463

颠覆学说中的妄想。——有一些政治幻想者和社会幻想者，他们热烈地、雄辩地要求颠覆所有秩序，坚信最美好的人类的最自豪的殿堂然后会几乎自动矗立起来。在这些危险的梦中，仍然回响着卢梭的迷信，这迷信所相信的是人性中的一种原始的、奇迹般的然而似乎**被埋没的**善，并把那种埋没的责任归于社会、国家、教育体制中的各种文化机构。可惜我们从历史经验知道，每一个这样的颠覆总是让最疯狂的能量作为早就被埋没的远古时代的可怕和无度重新复活过来，因而一场颠覆大概可以是一种变衰弱的人类中的力量源泉，但绝不是一个秩序维护者、一个建筑师、一个艺术家、一个人性的完成者。——不是**伏尔泰**那种适度的倾向于整理、清除和改建的天性，而是**卢梭**那种狂热的愚蠢行为和半真的谎言唤醒了革命的乐观主义精神，对此我大喝一声："捣毁无耻的东西！"（*Écrasez l'infâme*）正是由于它，**启蒙精神和继续发展的精神**长时间地被吓跑了，让我们看好了——每个人都自己看好了——是否有可能把这些精神召回来。

464

适度。——思想中和探索中的彻底果断，也就是说，变成了性格特征的自由思想，使人行为适度：因为它削弱了贪欲，把可以汲取到的能量汲取到自己身上，以开发精神目标，并指出所有突然变化中不太有用的危险的东西。

465

精神的复活。——在政治病榻上，一个民族通常自动年轻化，重新找到它的精神，这是它在对权力的追求和维护中渐渐失去的。文化的最高成就应归功于政治上衰弱的时代。

466

旧瓶装新酒。——体制的颠覆并不是马上紧随观念的颠覆而来的，更应该说，新观念由于住房紧张而长时间地居住在它前辈的已变得荒芜和阴森森的房子里，并自己把它保存下来。

467

教育体制。——大国的教育体制总是最平庸的,就像大厨房里最多也只能做出平庸的饭菜,道理是一样的。

468

无辜的腐败。——在所有公众批评的刺骨寒风没有吹入的机构里,长出了一种无辜的腐败,就像蘑菇一样(例如在学术机构和参议院中)。

469

作为政治家的学者。——成为政治家的学者通常被分派充当可笑的角色,就是得充当一种政策的良心。

470

藏在羊背后的狼。——在某些情况下,几乎每一个政治家都会在某一天十分需要一个诚实的人,以至于他像一只食欲大振的狼冲进了羊圈,但不是为了在那时候吃掉抓住的公羊,而是为了藏在它毛茸茸的背后。

471

幸福时代。——一个幸福时代之所以完全不可能,是因为人们只想向往它,却不想拥有它;每一位个人,当他有了好日子的时候,就迂腐地学着为不安和苦难祈祷。人的命运是建立在**幸福时刻**的基础上的——每个人的生活都有这样的时刻——而不是建立在幸福时代的基础上的。尽管如此,作为过去时代的遗产,这种时代还是在人们的幻想中作为"山岭的另一边"而存在;因为人们自从远古时代以来大概就从这样一种状况中推出了幸福时代的概念:在狩猎和战争的巨大劳累之后,人安静下来,伸开四肢,听到睡眠之神的翅膀在自己周围沙沙作响。如果人按照那种古老的习惯想像在**整个困顿和劳累时期之后**,他现在也可以享受**相应强烈程度和时间长度的**幸福状态,那么这是得出了一个错误的结论。

472

宗教和政府。——只要国家,或者说得更明确一点,只要政府知道它是一大批未成年人的监护者,为了他们的缘故而考虑宗教应该保存还是废除的问题,那么很可能它总是会决定保存宗教。因为宗教在失落、匮乏、恐怖、怀疑的时代，也就是说，在政府感觉自己没有能力直接做减轻私人灵魂痛苦之事的时候，能满足个人的情绪；甚至在面临普遍的、不可避免的、暂时难以制止的灾祸（饥荒、金融危机、战争）时，宗教给大众以平静、从容、信任的姿态。凡是明智者可以觉察到中央政府的必然或偶然缺陷，或者觉察到由于王朝利益的危险后果从而产生反抗情绪的地方；不明智者将认为看见了上帝的手指，而耐心地听命于来自上面（在这个概念中，神的统治方法和人的统治方法通常是混合在一起的）的安排，于是市民的内心平静和发展的连续性就得到了维护。存在于大众情感的统一之中和大家的共同观点和目标之中的权力，受到宗教的保护和保证，下列罕见的情况除外：教士和国家权力无法在代价问题上取得一致，随之就开战。通常情况下，国家是懂得争取教士的，因为它需要他们最私密的心灵教育，懂得重视外表上代表完全不同利益的仆人。没有教士的帮助，即使现在也没有一种权力会变得"合法"：拿破仑是这样理解的。——于是，绝对监护型的政府和对宗教的小心翼翼的保存必然走到一起。在这里应该假定，统治者和统治阶级是明白宗教给予他们的好处的，于是在某种程度上感觉自己比它优越，就此而言，他们需要它来作为工具；由此可见，这里就有自由思想的起源。——但是如果像在**民主**国家所教育的那样，那种对政府概念完全不同的见解开始传播开来又会怎么样呢？如果你在其中只看到人民意志的工具，没有相对于下级的上级，而只有一种惟一君主即人民的功能，又会怎么样呢？在这里，只有人民对宗教怀有的态度才能为政府所采纳；启蒙运动的每一次传播将必然把声音传入到它的代表者那里，使用和利用宗教的推动力及宗教的安慰来达到国家的目的将不那么容易（除非强有力的政党领袖有时行使一种看上去和启蒙专制主义的影响很相似的影响）。但是如果国家不可以再从宗教本身得到好处，或者人民关于宗教的想法太各式各样，不允许政府在宗教措施上采取同样的、一致的行动，那么就必然出现这样的解决方法：将宗教作为私人问题来处理，将其托付给每一位个人的良心和习惯。结果首先是这样的：宗教感似乎加强了，在这方面，国家有意无意窒息的那种隐藏的、受压制的感情冲动现在爆发出来，并走向极端；

后来证实，宗教内部宗派蔓生；就在宗教成为私人问题的那一刻，大量的龙牙就已经被播种下去。争论的光景以及对所有宗教知识弱点的含敌意的揭露，最终不允许再有别的出路，只能是每个更优秀、更有天赋的人把非宗教性变成自己的私人问题；那时候这种思想意识也会在统治者的精神中蔓延开来，几乎违背他们的意志，给予他们的措施一种敌视宗教的特点。一旦这样的事情发生，那些仍然为宗教所打动的人的情绪就改变了，他们从前把国家当作比较神圣或完全神圣的东西来崇拜，现在他们的情绪变成了坚决**与国家为敌**的情绪了；他们埋伏着等候政府的措施，试图尽可能加以阻挠、否定和扰乱，并由此驱使持相反立场的一方，即非宗教的那一方，在他们一片狂热的反对声中进入对国家的近乎疯狂的热情中去；同时悄悄发生效应的是：后一种人自从和宗教分手以后，便感到一种空虚，试图通过献身于国家使自己暂时得到一种替代物、一种完成。在这种也许持续很长时间的过渡性斗争之后，最终是否可以决定，是宗教一方仍然足够强大，可以恢复旧的状态，使车轮倒转，从而不可避免地使国家落入启蒙专制主义（也许不如以前开明，不如以前那样谨小慎微）之手呢，——还是非宗教的一方获得成功，在几代人之后，大概用学校和教育的方法，来削弱敌对态度的蔓延，并最终使之成为不可能？然而那时候在后者那里，对国家的任何热情也减弱了：越来越清楚的是，甚至同国家的那种充满敬畏的虔诚的关系也和那国家对其来说是一种神秘事物、一种超世俗机构的宗教崇拜一起动摇了。从此以后，个人总是只看到国家可能会对他们变得有利或有害的方面，竭力用一切手段来影响国家。但是，不久这种竞争就太大了，人和政党变换太快，在几乎还没有到达山顶的时候，就过于疯狂地相互之间把对方推下山去。没有任何可以由政府来贯彻的措施，这本是政府得以持久的保证；人们在默默发展了几十年、几百年以获得成熟果实的事业面前畏缩了。没有人感觉到对法律的义务，除非是暂时屈服于提出一项法律的权力，但是人们马上就开始通过一种新的权力，一种将要形成的新的多数来破坏法律。最后——你可以有自信地说出来——对所有占统治地位的事物的怀疑、对这种艰巨斗争的无用性和消耗性的洞察迫使人们作出全新的决定：

废除国家概念，取消"公私"对立。私人公司正一步步把国家事务纳入自己的业务范围，甚至从旧的政府工作剩余下来的最旷日持久的部分（例如保障私人不受其他私人侵犯的工作）最后有一天也会由私人企业家来操办。对国家的蔑视、国家的衰落和**国家的死亡**、私人（我避免说个人）的发动，是民主国家概念的结果；这就是它的使命。如果它完成了它的使命——这使命像所有人的东西一样孕育着许多理性和非理性，如果旧病的任何复发都被克服，那么人类寓言故事集中新的一页就会被翻开，在上面你将读到稀奇百怪的故事，也许还有几样好东西。——把说

306 过的话再简要说一遍：由于监护型政府的利益和宗教的利益相勾结，以至于如果后者开始消亡，那么国家的基础也会动摇。相信政治事务的神圣秩序，相信国家存在中的神秘性，这都是有宗教根源的：如果宗教消失，那么国家就将不可避免地失去它古老的伊希斯①面纱，不再唤起任何敬畏之情。从近处看，人民的主权有助于驱除这些感情领域里的最后的魔法和迷信；现代民主是**国家衰落**的历史形式。——然而，这种确定的衰落造成的前景从任何方面看都不是一个多灾多难的前景：人的聪明和自私是人所有特点中发展得最好的；如果国家不再符合这些力量的要求，那么将要到来的绝不是混乱，而是比国家原来的情况更相宜的一种发现将取得对国家的胜利。人类已经看到多少有组织的权力走向消亡——例如种姓部落的权力，它上千年之久都比家庭的权力大得多，甚至在家庭出现以前早就实行统治和管理。我们亲眼看到了重要的家庭法律思想和家庭权力思想变得越来越苍白、越来越软弱无力，而这些思想曾经统治着罗马帝业所达到的那么广阔的领域。所以后来的一代也将看到国家在大地上的一些地方变得毫无意义——变成一种观念，现在许多人要是不带着恐惧和厌恶，就想不起它来。当然，**致力于**这种观念的传播和实现，

307 这是另外一回事：人们必然非常狂妄地看待他们的理性，并对历史一知半解，马上就要动手犁地，然而却仍然没有人能拿出事后要撒到撕开的大地上去的谷种给你看。所以让我们信赖"人的聪明和自私"吧，让国

---

① 伊希斯是古代埃及神话中司生育和繁殖的女神。

家仍然存在些时日，让过分热心鲁莽的浅薄之人的破坏性尝试遭到拒绝！

473

就手段而言的社会主义。——社会主义是差不多已老朽的专制主义的绝妙的小兄弟，社会主义想要当它的继承者；所以其努力从最深刻的意义上看是反动的。因为它渴望大量的国家权力，就像惟有专制主义曾经拥有的那样；它甚至超过了过去的一切，因为它力求真正消灭个人：个人在它看来就像是自然的不合理的奢侈，应该被它改善为一种合目的的**集体机构**。由于其亲缘关系，它总是出现在所有邻近有过多权力显示的地方，如典型的老社会主义者柏拉图出现在西西里僭主的宫廷里；它向往（有时是促进）19世纪的帝权国家，因为如已经说过的那样，它想成为这种国家的继承者。然而，甚至这种继承对于它的目标来说也是不够的，它需要所有国民极其卑躬屈膝地拜倒在绝对的国家面前，完全是史无前例地；而且由于它甚至不再能指望对国家的古老宗教虔诚，反而不得不不自觉地不断致力于消除这种虔诚——也就是说，由于它致力于消除所有现存的**国家**所以它只能希望用最极端的恐怖主义手段短时间地在这里或那里存在一下。所以它悄悄地准备进行恐怖统治，像钉钉子一样，给浅薄的大众脑袋里钉进去"正义"一词，以便彻底剥夺他们的理解力（在这种理解力已经大大遭受浅薄文化之苦以后），使他们对要玩的邪恶游戏问心无愧。——社会主义可以有助于用十分残暴和彻底的方式证明整个国家权力积聚中存在的危险，就此而言，它引起了对国家本身的怀疑。当它嘶哑的声音搀和到战场呐喊"**国家越多越好**"中时，这呐喊首先就因此而变得空前嘈杂起来，但是很快格外强有力的反对呼声就扑面而来："**国家越少越好**"。

474

为国家所惧怕的精神发展。——希腊城邦像任何有组织的政治权力一样，对文化发展采取排斥和怀疑的态度；它的强大的本能几乎仅仅表现为使文化瘫痪，使文化受到阻碍。它不想让历史和发展在文化中发挥作用；在国家法律中规定的教育是要使千秋万代承担义务，维持在一个水平上。后来柏拉图也不想要这种情况在他的理想国中有什么不一样。

但是**尽管**城邦是这样的，文化还是有发展：当然，城邦间接地、并非本意地从中帮了忙，因为城邦中的个人的求名欲被最高限度地刺激起来，以至于个人一旦上了精神发展的轨道，就会沿着轨道一直走到头。对此，你不应该引用伯里克利的颂文：因为它只是关于城邦和雅典文化之间所谓必然关系的一种伟大的乐观主义幻觉；修昔底德让它在夜幕降临雅典前夕（瘟疫和传统的终止）再一次像一道美丽的晚霞放射光芒，这时候，人们可以忘记晚霞前刚刚过去的不愉快的白天。

475

欧洲人和民族的消灭。——商业和工业、图书流通和书信往来、所有较高级文化的共同性、家园和场地的迅速变换、所有非土地拥有者现在的流浪生活——这些状况必然带来各民族至少是欧洲各民族的削弱和最终的消灭：以至于由于不断的杂交，必然从所有这些民族中产生出一个欧洲人的混合种族。这个目标现在有意无意地受到**民族**仇视所造成的民族隔离的抵制，但是那种混合的进程仍在慢慢向前发展，尽管有那些短暂的相反潮流。顺便说一下，这种人为的民族主义像人为的天主教曾经有过的情形一样危险，因为它本质上是一种暴力的危急状态和戒严状态，这样的状态是由少数人对多数人实施的，需要狡诈、谎言和暴力来维持自己的威望。并非如人们会说的那样，是多数人（各民族）的利益，而是某些王朝的利益，然后某些商业等级和社会阶级的利益发酵成这种民族主义；如果人们一旦认识到这一点，人们只要大胆地冒充**好欧洲人**就行了，并通过这个行为致力于各民族的融合：在这件事情上，德国人久经考验地担当**各民族翻译和调停人**的古老特点能给予帮助。——顺便提一下：整个**犹太人**的问题只存在于民族国家的范围内，就这方面而言，他们的精力充沛和更高的智慧，他们在长期的痛苦教训中一代又一代积累起来的、到了唤起嫉妒和仇恨程度的精神—意志资本，必然在这里到处都失去平衡，以至于在几乎所有现在的民族中文学风气激增——而且越增加，所有民族就越会重新表现出民族主义倾向——把犹太人作为一切有可能的公开弊病与内在弊病的替罪羊领到屠宰场上去。一旦涉及的不再是民族的保存，而是一种最强有力的欧洲混合种族的产生，那么犹太人就是和任何一个其他民族同样有用、同样受欢迎的一个成分。每个民族、每个人，都有令人不快的甚至危险的秉性：要求犹太人成为例外，这是残酷的。那些秉性也许甚至在他们那里也特别危险、特别吓人；或许年轻的交易所里的犹太人是整个人类最令人作呕的发明。尽管如此，我想知道，我们算总账时必须在多大程度上原谅一个民族，这个民族有过所有民族中最痛苦的历史，我们在各方面并不是没有过失的，而且正因为他们，我们才有了世界上最高尚的人（耶稣）、最纯粹的智者（斯宾诺莎）、最有影响的书和最有效的道德准则。此外，在最黑暗的中世纪时代，当亚洲的云层沉重地笼罩在欧洲上空时，是犹太民族的自由思想家、学者、医生在个人承受着最艰巨压力的情况下牢牢举着启蒙和精神独立的旗帜，保卫欧洲不受亚洲侵犯；尤其是由于他们的努力，对世界的更自然、更合乎理性、无论如何都不神秘的解释最终能重新获得胜利，而现在用古希腊罗马时代的启蒙思想将我们连在一起的文化圈也能保持坚不可摧。如果基督教已经做了一切要使西方东方化的事情，那么犹太教本质上有助于使西方越来越西方化：这在某种意义上可以说是把欧洲的使命和历史变成了**希腊使命和历史的一种继续**。

476

　　中世纪的表面优势。——中世纪在教会身上展示出一个面向普天下，目标在于包容全人类而且——被信以为真地——符合全人类最高利益的机制；相比之下，较新的历史展示的国家与民族的目标却给人以压抑的印象，它显得狭隘、卑劣、追求实利、空间上很有限。但是，在想像上留下的这种不同印象不应该决定我们的判断，因为那种普天下的机制符合假装的、以虚构为依据的需要，在那种需要不存在的地方，这种机制就得首先把它制造出来（对拯救的需要）；新机制可以补救真正的危难状态；服务于全人类共同的真实需要、使天主教会这幻觉中的典范消失并被人忘却的机制产生的时代正在到来。

477

　　战争必不可少。——如果人类不再懂得要进行战争了，那么仍然对人类有很多（甚至非常多）的期待就是纯粹的幻想和一相情愿了。暂时

312　我们不知道还有别的办法，可以像每一场伟大的战争所做的那样，把那种野营中的生龙活虎、那种非个人的深仇大恨、那种杀人者毫无愧疚之心的冷酷无情、那种消灭敌人时的共同的井然有序的狂热、那种对巨大的损失以及对自己和亲朋好友的生存采取的高傲漠然态度、那种深沉的地震般的心灵震颤，同样强烈、同样准确无误地给予变衰弱的民族：从这里涌出的溪流，当然，携带着各种石头和垃圾滚滚而来，毁掉娇嫩的文化草地，然后在有利的情况下，将以新的力量转动精神工场里的机械装置。文化不能完全没有激情、恶习和狠毒。——当进入帝国时代的罗马人有点厌倦了战争的时候，他们试图从捕猎动物、格斗和追捕基督徒中获得新的力量。现在的英国人总的来说似乎也抛弃了战争，但是他们采取了另一种方法要使那些消失的力量获得新生：从事那些危险的探险旅行、航海、登山等，据说是为了科学目的，但实际上是要把各种各样的在冒险和危险中剩余下来的力量带回家。人们还将发现各种各样的这类战争替代物，但是也许通过它们越来越看清楚，像现在的欧洲人这样的一个高度文明，必然衰弱的人类不仅需要战争，而且需要最大最可怕的战争——也就是说暂时倒退回野蛮当中去——以便不要借助于文化手段而失去他们的文化和他们的生存。

478

313　南方与北方的勤勉。——勤勉的出现有两种完全不同的方式。南方的手工艺人变得勤勉，不是出于获利本能，而是出于别人的不断需求。因为总是有人来钉个马掌啦，修个车啦，于是铁匠就很卖力气。如果没有人来，他就逛起市场来了。这样在一个丰裕的国家里糊糊口是没有什么问题的，他只要有很少量的工作就行了，无论如何也不需要卖力气；最后他会去乞讨，但很心满意足。——与此相反，英国工人的勤勉背后是有获利意识的：他意识到他自己和他的目标，他要用他的财产来获得权力，用权力来获得最大可能的自由和个人的高贵。

479

作为世袭贵族起源的财富。——财富必然产生种族贵族，因为它允许挑选最美的女人，聘用最好的教师，它给人以整洁和体育锻炼的时间，尤其让人避开使人麻木的体力劳动。总的看来，它提供了一切条件，可以在几代人中间让人高尚美好地行动，甚至表现为：情感上的较大自由，没有卑鄙渺小，没有在顾主面前的卑躬屈膝，没有锱铢必较。——对于一个年轻人来说，恰恰这些不好的特性是幸运的最豪华的赠品。一个十分贫困的人往往因为思想高尚而断送了自己，他寸步难行，一无所获，他那类人是无法生活的。——但是，与此同时应该想一想，如果一个人可以每年消费 300 个银币或者 30 000 个银币，财富产生的作用几乎是相同的：这种有利状况在事后不再有实质性的推进。但是，拥有较少的东西，当小叫花子，卑躬屈膝，这是可怕的：尽管对于那些在宫廷的光辉中和在对有权有势者的臣服中寻求自己幸福的人或者想当教会头目的人来说，这也许是合适的起点。（——它教人低头哈腰地钻进有利可图的地洞里。）

480

不同方向的嫉妒和懒惰。——两个对立的党派，社会主义政党和有民族意识的政党——或者像欧洲各国有自己名称的那些——是一丘之貉：嫉妒和懒惰是两者身上的动力。在前一个阵营里，人们想要尽可能少地进行体力劳动；在后一个阵营里，人们想要尽可能少地进行脑力劳动。社会主义者憎恨和嫉妒那些自己发展起来却不乐意被放入参与实现大众效果目的之行列的杰出个人；民主主义者憎恨和嫉妒那个外表上处于更有利地位的更优秀的社会等级，这等级原本的使命是要产生最高的文化财富，但是却使生活内在地格外困难和痛苦。当然，如果成功地将那种大众效果的精神变成更高社会阶级的精神，那么社会主义的那伙人试图在外表上把自己和更高社会阶级扯平就完全有道理，因为他们在思想感情上早已内在地相互扯平了。——你们要作为更高级的人生活，不断做更高级文化的事情——那么活着的一切就会承认你们的权利，以你们为首的社会秩序就不受任何恶意窥视和恶意插手的伤害。

481

伟大的政治及其损失。——一个民族不是由于战争费用、商业的停滞和交通的阻塞而遭受战争和战备带来的最大损失，也不是由于维持一支常备部队而遭受损失——尽管现在这种损失如此之大，八个欧洲国家每年要在这部队上花费二三十亿的总额；而是由于年年都有最有才干、最强壮、最勤劳的男子以非同寻常的数量被人从他们原来的工作和职业中抽走去当兵。同样，一个准备从事伟大政治、在强国中确保自己发出决定性声音的民族同样不是以通常的方式遭受它最大的损失。确实，从这时候起，它不断让一批杰出人才在"祖国的祭坛"上或者为民族的荣誉作出牺牲，而现在政治吞噬的这些人才以前是有不同的活动范围的。但是，在这些公开的大献祭旁边，实际上比这献祭还要可怕得多的，是一场不断以成千上万幕戏同时进行着的演出：这样一个渴望政治荣誉桂冠的民族中，每一个能干、勤劳、智慧、有追求的人都被这种渴望所支配，不再完全像以前那样属于他自己的事业：每天关于公众福利的新问题和新想法耗尽了每个公民精神资本和感情资本中的付出。个人精力和劳动的所有这些牺牲和损失的总额如此巨大，以至于一个民族的政治繁荣几乎必然引起一种精神贫困和精神衰弱，造成一种较低的工作效率，人们做着高度集中和片面性所要求的工作。最后，你可以问一问：如果至今在自己土地上如此丰富地生长着的所有更高贵、更娇嫩、更精神化的植物和生长物不得不为了民族的这种五光十色的粗俗之花而被牺牲掉，那么整体的所有这些繁荣和富丽堂皇（它们毕竟只是从其他国家对那个新的庞然大物的恐惧中，作为从外国夺取的给民族商业、交通、福利事业的特权而出现的）究竟是否**值得**呢？

482

再说一说。——公众舆论——私人怠惰。

第九章　自我独处的人

483

真理的敌人。——对真理来说，信念是比谎言更危险的敌人。

484

颠倒的世界。——如果一个思想家提出了让我们不舒服的命题，我们就会更加尖锐地批评他；而如果他的命题让我们感到舒服，那么我们批评他就会更合理了。

485

富有个性。——一个人更经常是因为始终依着自己的性子，而不是因为始终遵循自己的原则而显得富有个性。

486

一件必要的东西。——一个人必须拥有一件东西：不是一种生性轻松的感觉就是一种通过艺术和知识而变轻松的感觉。

487

对事物的激情。——将激情指向事物（科学、公共福利、文化兴趣、艺术）的人，会从他对个人的激情中取走许多烈火（甚至当他们是那些事物的代表者的时候，如政治家、哲学家、艺术家都是其作品的代表者）。

488

行动中的平静。——正如瀑布在下落中会变慢变飘洒一样,行动中的大人物往往带着更多的平静去行动,这和行动前他的暴风雨般的渴望所引起的期待正好相反。

489

不要太深。——从一件事物的全部深度上来理解它的人很少始终对这事物保持忠诚。因为他们把深度带到了光天化日之下:在那里总是能看见许多不好的东西。

490

理想主义者的妄想。——所有理想主义者都想像,他们服务的事业本质上比世界上的其他事业都更好,他们不愿意相信,如果他们的事业特别兴旺发达,那么它恰恰需要所有其他人类活动所必需的发着恶臭的肥料。

491

自我观察。——人往往把自己很好地保护起来,提防自己,提防刺探和围困,他往往除了他的外围工事以外不再能觉察到自己。真正的要塞他是进不去的,甚至连看都看不见,除非朋友和敌人都变成了叛徒,领他从秘密通道进去。

492

正当职业。——人们很少忍受一个他不相信或者不能说服自己相信其归根结底比所有其他职业都重要的职业。女人同她们的情人的情况亦如此。

493

思想高尚。——在很大程度上,要有好心肠而没有不信任,才能做到思想高尚,所以思想高尚恰恰包含贪得无厌的成功人士如此喜欢以优越感和嘲讽来对待的东西。

494

目标和方法。——许多人对一旦采用的方法很是坚持不懈,但是很少有人对目标也这样。

495

个人生活方式上令人气愤的事情。——所有非常个别的生活准则都会使人们对采用这种准则的人很气愤；他们感到自己作为平常人被那人受到的非常待遇降低了身份。

496

伟人的特权。——以小恩小惠来给人以大欢喜，这是伟人的特权。

497

不自觉的高尚。——如果一个人习惯于不想从别人那里得到，却始终给予，那么他的行为就是不自觉的高尚。

498

当英雄的条件。——如果一个人要成为英雄，那么蛇就要事先变成龙，不然他就没有真正的敌手。

499

朋友。——同甘，而不是共苦，造就朋友。

500

利用退潮和涨潮。——为了知识的目的，你必须懂得利用把我们拽向一项事业的那种内心潮流，反之，必须懂得利用在一段时间以后把我们从那项事业拽开的那种内心潮流。

501

喜欢自己。——"喜欢做事"，人们这么说，但是事实上这是通过一件事来喜欢自己。

502

谦虚者。——对个人谦虚的人格外强烈地显示出他对事（城市、国家、社会、时代、人类）的狂妄。这是他的报复。

503

羡慕和嫉妒。——羡慕和嫉妒是人类心灵的阴部。这种比喻也许可以继续使用。

504

最正派的伪君子。——完全不谈论自己,这是一种非常正派的伪善。

505

烦恼。——烦恼是一种身体疾病,绝不是消除了烦恼的起因就可以解除烦恼的。

506

真理的代表。——不是在说出真理是很危险的时候,而是在这样做很无聊的时候,才很难找到真理的代表。

507

比敌人还要麻烦。——有些人对人表示同情的态度并不十分让我们相信,在某个理由(例如感激)使我们不得不从我们这方面诚实地接受无条件同情的外表时,他们对我们的想像力的折磨远甚于我们的敌人。

508

开放的自然。——我们非常喜欢在开放的自然中,因为它对我们是没有意见的。

509

每个人都在一事上有优势。——在文明的境遇中,每个人都感到至少在一件事情上比任何别人有优势:一般的好意均以此为基础,在这方面,每个人都是一个有时能帮助人的人,因此也是可以问心无愧地让人帮助自己的人。

510

安慰的理由。——在办丧事时,我们多半需要安慰的理由,与其说是为了减弱痛苦的强度,不如说是为了给我们这么容易感到安慰作辩解。

511

忠实于信念的人。——有许多事情要做的人几乎不变地保持他的一般观点和立场。服务于一种思想的人也一样：他将不再检验这个思想，他没有更多时间这样做；甚至把它看成是可以讨论的这一点都违背他的兴趣。

512

道德与数量。——一个人的道德相比之下高于另一个人的道德，往往高就高在从数量上看目标更伟大。在狭小的圈子里忙于小事，这就使后者低下。

513

作为生活收益的生活。——人可以尽可能地用知识来扩张自己，尽可能地使自己显得很客观：最终他除了自己的传记，什么也得不到。

514

铁的必然性。——铁的必然性是一样东西，这样东西人们在历史过程中看得清楚，它既不是铁的，也不是必然的。

515

出自经验。——一件事物的非理性绝不是反对这件事物存在的理由，相反，是这事物存在的条件。

516

真理。——现在没有人死于致命的真理：有太多的解毒药可以救命。

517

基本的洞察。——在对真理的支持和人类的幸福之间，没有预定的和谐。

518

人的命运。——谁更深入地思考，谁就会知道，他可以随心所欲地做事和判断，但他总是错的。

519

作为西尔斯的真理。——错误把动物变成了人，真理应该能够把人重新变回到动物去吧？

520

我们文化的危险。——我们属于一个时代,这个时代的文化处于被以文化手段毁掉的危险之中。

521

伟大意味着指出方向。——没有一条河流是由于自身而伟大丰富的,而是由于它接受了许多支流,继续前进,这使它伟大而丰富。所有精神上的伟大也是这样。只是这取决于一个人得指出那么多支流必须遵循的方向;不取决于他是否从一开始就很有天赋。

522

问心有愧。——谈论自己对于人类的重要性的人在信守条约、诺言等普通的资产阶级的诚信问题上是问心有愧的。

523

要求被爱。——被爱的要求是最大的狂妄。

524

对人的蔑视。——对人蔑视的最不模棱两可的标志是你承认每个人都是**你**实现目的的手段,或者根本不承认。

525

对立出知己。——谁让人对自己发火,谁也始终有人站在自己一边。

526

忘却经验。——谁思考很多,而且实事求是地思考,谁就很容易忘记他自己的经验,但是不会忘记由经验唤起的思想。

527

坚持一种主张。——一个人坚持自己的主张是因为他很自负地认为是他自己形成了这个主张;另一个人坚持自己的主张是因为他努力了解了这个主张,为领会了它而感到骄傲:也就是说,两者都是出于虚荣。

528

见不得阳光。——好事像坏事一样害怕见阳光:后者害怕曝光以后痛苦（如惩罚）会随之而来，前者怕曝光以后会兴趣阙如（也就是那种纯粹的自我兴趣，一旦虚荣心得到了满足，它就马上停止了）。

529

一天的长度。——如果你有许多东西要塞到一天里去，那么它就有 100 个口袋让你去塞。

530

暴君天才。——如果灵魂中一种不可遏制的欲望非常活跃地想要达到专制统治的目的，并让欲火不断燃烧，那么甚至（政治家、艺术家中）稍有天赋的人也会渐渐变成一种几乎不可抗拒的自然威力。

531

敌人的生存。——靠和敌人斗争而生活的人有兴趣让敌人生存下去。

532

更重要。——未经解释的不清晰的事情被人认为比得到解释的清晰的事情更重要。

533

关于所效之劳的评价。——我们关于某人为我们所效之劳的评价是按照那人自己规定的价值，而不是根据这种所效之劳本身对我们有什么价值来进行的。

534

不幸。——不幸中所包含的褒扬之意（好像感觉幸福就是浅薄、平庸、粗俗的标志似的）如此之大，以至于有人对一个人说"你多幸福啊！"的时候——那人通常会抗议。

535

恐惧的幻觉。——恐惧的幻觉是那种顽皮的猴子一般的小精灵，正当人背负着最沉重的东西时，它跳到了那人的背上。

536

无聊对手的价值。——人们有时只是因为一项事业的反对者总是很无聊才保持对这项事业的忠诚的。

537

一种职业的价值。——一种职业让我们没有思想；其中有它最大的祝福。因为它是一种防御工事，当普遍的顾虑和担忧袭击一个人的时候，他可以被允许退到它的后面去。

538

才干。——有些人的才干似乎小于它实际上的情况，因为他们总是给自己规定了太大的任务。

539

青年时代。——青年时代是令人不快的；因为在青年时代，任何意义上的创造性都是不可能的，或者不合理性的。

540

太伟大的目标。——有些人公开给自己规定了伟大的目标，然后又私下里明白，自己对此是力不从心的，但是他们通常也没有足够的力量来公开收回那些目标，于是就不可避免地变成了伪君子。

541

洪流中。——强大的水流卷走了许多岩石和树木，强大的智者卷走了许多愚昧糊涂的头脑。

542

思想解放的危险。——一个人认真地打算解放思想的时候，甚至他的激情和欲望也默默地希望从中看到它们的好处。

543

精神的体现。——如果一个人有很多聪明的思考，那么不仅他的面孔，而且他的身体也会获得一个聪明的外观。

544

失明失聪。——视力差的人越来越看不见；听力差的人总是听到一些话外的东西。

545

虚荣中的自我享受。——虚荣的人与其说是想要突出，不如说是想要自我感觉突出；因此他不拒绝自我欺骗和智胜自己的手段。他关心的不是别人的看法，而是他对别人看法的看法。

546

格外虚荣。——通常自我满足的人在身体有病的时候格外虚荣，爱好荣誉和恭维。他越丧失自我，就必然越寻求从外部用陌生观点来赢回自我。

547

"有才智的人"。——追求才智的人没有才智。

548

给党魁的暗示。——如果说我们可以迫使人们公开表示赞同某事，那么我们通常就已经让他们内在地对此表示赞同了；因为他们想要今后被看成是始终不渝的。

549

蔑视。——更使人敏感的是被别人蔑视而不是被自己蔑视。

330

550

感激的绳索。——有些奴隶的灵魂对别人的善举感激到如此地步，以致用感激的绳索勒死了自己。

551

预言家的窍门。——为了预先猜出常人的行为方式，你必须假定他们总是以最少量的精神开支来使自己摆脱令人不快的形势。

552

惟一的人权。——偏离传统的人是非常事物的牺牲品；保持传统的人是传统的奴隶。两种情况下你都得完蛋。

553

比动物还动物。——如果人笑到了狂笑的地步，那么他就以他的卑劣超过了所有动物。

554

一知半解。——说不了多少外语的人比外语说得好的人更乐意说外语。一知半解者总是很有兴致。

555

危险的助人为乐。——有些人要给人生活上造成困难，其理由只是要在今后把他们自己减轻生活痛苦的处方开给他们，例如他们的基督教。

556

勤奋和认真。——勤奋和认真经常是对手，因为勤奋要从树上摘取酸果子，而认真却让它们过久地悬挂在树上，直到它们掉下来，砸个稀巴烂。

557

怀疑。——人们对于不喜欢的人，会试图去怀疑他们。

558

没有条件。——许多人等了一辈子以**自己**的方式积德的机会。

559

没有朋友。——可以把没有朋友归因于嫉妒和傲慢。有些人只是把他之所以有朋友的原因说成是因为他具备幸运的条件，即他没有嫉妒的理由。

560

多的危险。——你多一样才干往往倒不如少一样才干保险：就像桌子有三条腿比有四条腿站得更稳当。

561

给别人当表率。——想要树立好榜样的人必须给他的德行加上一点点愚蠢；那时候人们就模仿起来，同时超过了被模仿的人——这是人们所喜爱的。

562

当靶子。——别人关于我们的坏话实际上往往不是针对我们的,而是出自完全不同理由的对一种不快、一种恼火的表达。

563

容易听天由命。——如果你训练你的想像力来把过去看作很可恨,那你就很少为愿望遭到拒绝而痛苦。

564

在危险中。——当我们避开一辆车的时候,最有可能遭受被轧着的危险。

565

与声音相配的角色。——那些被迫比他们平时(例如在半聋的人面前或者大庭广众面前)更大声说话的人通常夸大他要告知的事情。——有些人就因为他们的声音最多只适合于说悄悄话而变成了阴谋家、恶毒的诽谤者和诡计多端的人。

566

爱与恨。——爱与恨都不是盲目的,但是被它们自己携带的火搞得眼花缭乱。

567

唤起敌意的好处。——不能向世界完全说清楚自己功绩的人就试图给自己唤起强烈的敌意。然后他很感安慰地认为,是这敌意介于他的功绩和对功绩的承认之间——其他一些人设想了同样的事情:这是给他们的影响带来好处的东西。

568

忏悔。——我们向另一个人忏悔以后就忘记了自己的过失,但是通常另一个人是不会忘记它的。

569

自我满足。——自我满足的金羊毛保护你不受棍棒之苦,但是对于

570

火焰中的阴影。——火焰本身不如被它照耀的东西那么明亮：智者也是这样。

571

自己的想法。——当我们突然被问到一件事的时候，我们想到的第一个想法通常不是我们自己的，而是同我们的等级、地位、出身有关的众所周知的想法；自己的想法很少浮到最上面来。

572

勇气的起源。——普通人在看不见危险、不注意危险的时候，像英雄一样是勇敢的、不可伤害的。相反，英雄在后背上，也就是说，在他没有眼睛的地方，有他惟一可受伤害的地方。

573

医生身上的危险。——人们必然为他们的医生而生，要不然，人们就毁于他们的医生之手。

574

奇迹般的虚荣。——三次大胆地预言天气并成功的人在灵魂深处有一点相信他自己的预言天赋。我们在奇迹般的东西和非理性的东西恭维我们的自我评价时，我们就承认它们。

575

职业。——一个职业是生命的支柱。

576

个人影响的危险。——感觉自己对另一个人有很大内在影响的人必须完全放开对他的约束，欣然看到偶尔的抵制，甚至造成偶尔的抵制：不然他将不可避免地给自己造就一个敌人。

577

承认继承人。——以无私态度建立了伟大业绩的人总是为教育继承

人操心。把他的作品的所有可能的继承人看作他的对手，并生活在针对
这对手的防卫状态中，这是专制者、不高尚者的标志。

578

一知半解。——一知半解比全知全能更是常胜的：它了解的事物比
实际情况简单，因而使它的主张更可理解、更有说服力。

579

不适合做党徒。——思考很多的人不适合做党徒：他太快就把党的
问题想了个遍。

580

糟糕的记忆力。——糟糕的记忆力的好处在于你可以多次**第一次**享
受同一件好事。

581

造成自己的痛苦。——思想的毫无顾忌经常是一种渴望麻木的不安
内心意识的标志。

582

烈士。——一个烈士的门徒比烈士遭受更多的痛苦。

583

落后于时代的虚荣心。——有些不必虚荣的人的虚荣心是这样一个
时代遗留下来并大大发展起来的习惯：在这个时代里，他们还没有权利
相信自己，他们是从别人那里一分钱或两分钱地把这种自信乞讨来的。

584

激情的关键。——刚要发火或陷入强烈爱情的人达到了灵魂像容器
一样快要漫溢的地步，但是必须再加一滴水，即对激情的好意（人们通
常也把这好意称作恶意）。只需要这一小滴，然后容器就漫溢了。

585

不快的念头。——人就像树林里的炭窑。只有在年轻人停止燃烧、
炭化了、像炭一样的时候，他们才变得**有用**。只要他们还在冒着热气、

冒着烟雾，他们也许就更有意思，然而却是无用的，而且简直太叫人难堪了。——人类不加爱护地把每一个个人用作加热他们那架大机器的材料，但是如果所有的人（也就是说人类）都只是用来维护机器，那么机器有什么用呢？机器本身就是目的——这不是人间喜剧（*umana commedia*）吗？

586

关于生命的时针。——生命是由最有意义的罕见而个别的时刻和数不胜数的间歇所构成的，在这些间歇中，充其量也只是那些时刻的侧影在我们周围浮荡。爱情、春天、一切美好的旋律、山峦、月亮、大海——一切都只有一次由衷地充分发言的机会：如果事实上真有充分发言机会的话。因为许多人根本就没有那样的时刻，自己就是现实生活交响乐中的间歇和休止。

587

攻击与干预。——我们经常犯这样的错误：激烈地攻击一种倾向、一个政党或一个时代，因为我们碰巧只可以看到它们肤浅的一面，看到它们失去活力，或者看到它们必然会有的"道德错误"——也许因为我们自己在很大程度上参与其中。然后我们背过身去，寻求相反的方向；但是最好还是寻求强的方面、好的方面，或者在自己身上去培养这些方面。当然，促进生成中的不完美的东西比看透其不完美性并加以拒绝，需要有更锐利的目光和更好的意愿。

588

谦虚。——有真正的谦虚（也就是说，认识到我们不是我们自己的作品）；它很适合伟大的心灵，因为正是伟大的心灵能理解（甚至对它实现的善）完全不负责任的思想。人们不是因为伟人感觉到自己的力量而憎恨伟人的不谦虚，而是因为他要通过伤害他人、粗暴地对待他人、坐观他人能忍受到什么程度，才体验到自己的力量。通常，这甚至证明了他缺乏可靠的力度感，从而使人怀疑他的伟大。就此而言，若是聪明地看问题，就应该竭力劝阻他的不谦虚。

589

一天中思考的第一件事情。——每天开门红的最佳方法是：一醒过来就考虑是否能在这一天至少让一个人开心。如果这可以被当作对祈祷这一宗教习惯的替代，那么同胞们就在这一改变中得到了好处。

590

作为最后安慰手段的狂妄。——如果一个人这样来解释一件不幸，解释他的智力缺陷，解释他的疾病，认为他在其中看到了他自己被预先规定的命运、他的磨难或者对他以前所作所为的神秘惩罚，那么他就因此而使自己的本质变得很有意思，并在想像中凌驾于他的同胞之上。骄傲的罪人是所有教派中的知名人物。

591

幸福的生长。——紧挨着世界的不幸，而且往往在其火山形成的大地上，人类建造了自己的幸福小花园。你是用只向生存要求知识的人的眼光，还是用自生自灭者的眼光，抑或用因克服了困难而感觉喜悦的人的眼光来观察——在各个地方你都将在不幸的旁边发现有一点幸福生长出来——而且大地越是同火山作用有关，幸福就越多——只是如果说因为有了这种幸福，痛苦本身也就成了完全合理的了，那就很可笑。

592

祖先的街。——如果有人在自己身上继续培养他的父亲或祖父努力发挥的**才干**，而不彻底另起炉灶，这是合理的；要不然，他就使自己失去了在某一个行业中成就完满的可能性。所以俗话说："你该走哪条街？——你祖先的街。"

593

作为教育者的虚荣和抱负。——只要一个人还没有成为使人类普遍受益的工具，抱负就会折磨他；但是如果那个目标达到了，如果他必然像一架机器一样为使大家受益而工作，那么也许然后虚荣就要来了；一旦抱负在他身上完成了粗重的工作（使他变得有用），虚荣就将使他在小事上人性化，使他变得更合群、更让人接受、更宽厚。

594

哲学新手。——如果我们分享了哲学家的智慧，那我们走在街上就会感觉到好像被改造了一样，成了一个伟大的人；因为我们尽碰到不懂得这种智慧的人，于是对一切都不得不拿出一个新的不熟悉的裁决；因为我们赞赏一本法律书，所以我们就以为自己也必须像法官那样行事。

595

通过引起反感来让人喜欢。——更喜欢惹人注目从而令人不快的人，像那些不想惹人注目而想让人喜欢的人一样，渴望着同样的东西，只是在程度上要高得多，并且间接地，通过一个表面上远离其目标的阶段。他们想要有影响和权力，因此就显示他们的优势甚至到了这样的地步，以至于这种优势让人感觉不舒服；因为他们知道，最终取得权力的人，他所说所做的一切几乎都让人喜欢；甚至在他引起反感的地方，他似乎也还是讨人喜欢。——甚至自由思想家和信仰者也一样，他们要有权力，以便有朝一日通过权力来让人喜欢；如果他们因为自己的信条而受到厄运、追捕、监禁和处决的威胁，他们会很高兴地想到，他们的信条以这样的方式铭刻到人类身上，给人类打上了烙印；尽管生效慢，他们却将此作为一种痛苦然而有力的手段来获取最终的权力。

596

交战的理由之类。——如果一个王公已经作出了要同邻国作战的决定，他就要找出一个交战的理由。他很像把一个今后应该被接受为母亲的女人强加给自己孩子的父亲。有关我们行为的所有公开宣称的动机不几乎都是这种强加于人的母亲吗？

597

激情与权利。——没有人比心底里怀疑自己权利的人更充满激情地谈论自己权利的了。通过把激情拉到他的一边，他要使理智及其对事物的怀疑变得麻木不仁：这样他就问心无愧，因而也在别人那里获得了成功。

598

清高者的奥秘。——以天主教神甫的方式抗议婚姻的人将试图从最低最平庸的意义上来理解婚姻。同样，拒绝同时代人的尊敬的人将把尊敬这个概念看得很低；因此他消除了想受到尊敬又竭力抗拒而引起的烦恼。此外，在总体上放弃很多的人将在小事上很容易放纵自己。超越于同时代人喝彩之上的人很可能会放弃不了小小虚荣心的满足。

599

狂妄的年龄。——在 26 岁和 30 岁之间，对于才华横溢的人来说是真正的狂妄期；这是最初的成熟期，还留有一点强烈的酸味。在人们内心感觉到的东西的基础上，人们要求根本没有看到或很少看到这种东西的人表示尊敬和谦恭，并且因为这种尊敬和谦恭一开始没有发生，就用敏锐的耳朵和眼睛在那个年龄的所有产品诸如诗歌、哲学或者绘画、音乐等中都可以重新辨认出来的那样一种眼神、那样一种狂妄表情、那样一种声调来进行报复。年龄较大而且有经验的男人对此微微一笑，他们很感动地回想起这美好年华，在这样的年华中你会对命运让你实际上**是**那么多却**显得**那么少的做法感到生气。后来你真的**显得**更多——但是你却失去了对你**是**很多的坚定信念：你一生都会是一个供虚荣取乐的不可救药的小丑。

600

虚假然而靠得住。——你在一个深渊边上经过或者在一根方木上越过一条深深的溪流时需要栏杆，不是为了可以扶一下——因为它会倒塌，和你一起掉下去——而是为了唤起你眼睛的安全想像；同样，作为年轻人，我们需要这样一种在不知不觉中向我们表明了那种栏杆作用的人。确实，如果我们真的在巨大危险中想要依靠他们的时候，他们不会对我们有任何帮助，但是他们给你在附近就可以得到保护的慰藉感（例如父亲、老师、朋友这三种人通常就起这样的作用）。

601

学会爱。——我们必须学会爱，学会与人为善，而且从年轻时候做起；如果教育和机遇不给我们机会来训练这种情感，那么我们的灵魂就会变得干枯，甚至不适合理解充满爱的人们的那种柔情脉脉的虚构。同样，如果一个人要想成为一个不打折扣的仇恨者，那他就必须学会恨，培养恨；要不然仇恨的苗子就会渐渐枯萎。

602

作为装饰的废墟。——经历许多精神变化的人保留了以前状态的一些观点和习惯，然后这些观点和习惯就像一点点无法解释的古代遗迹和灰色的墙体凸现在他们新的思想行为中：经常是为了装饰整个地区。

603

爱与尊敬。——爱是渴望，畏惧是回避。这就是你之所以不可能同时或至少在同一时间范围内受到同一个人的爱和尊敬的原因。因为尊敬者承认权力，也就是说，他畏惧它：他的状态是敬畏。可是爱不承认权力，不承认任何有区别、有高低、有上下之分的东西。因为爱不尊敬，所以沽名钓誉的人就明里赞成暗里反对被人爱。

604

有利于冷漠者的偏见。——迅速热起来的人会很快冷下来，因此总体上来讲是靠不住的。所以，对于所有那些始终冷漠或者采取这种态度的人就有一种有利的偏见，认为这些人是些特别值得信赖的可靠人士：人们把他们同那些热得慢、保持得长久的人搞混了。

605

自由观点中的危险倾向。——偶尔热中于自由观点，这会给你一种刺激，就像一种皮肤瘙痒；如果你更多地屈服于它，那你就开始在那个地方抓痒，直到最后，出现了一个被挠破的疼痛的伤口，也就是说：直到自由观点开始在社会地位和人际关系上扰乱和折磨我们。

606

对深沉痛苦的渴望。——当激情过去时，它在身后留下了一种对自己的深沉渴望。还在消失过程中，它就向我们投来诱惑的目光。被它的鞭子抽打一定还有一种快乐哩！相比之下，比较适度的感觉显得很乏味；

同平淡的快乐相比，人们越来越愿意要更为强烈的不快。

607

对他人和世界感到恼火。——当我们那么经常地将自己的恼火发在他人身上而同时又感觉这恼火原本是冲着自己时，我们实际上是在寻求蒙蔽和欺骗自己的判断：我们想要通过别人的过失和缺陷来推导性地说明这种恼火的理由，从而对自己视而不见。——在宗教上很严格的人对待自己就是一位无情的法官，同时他们在背后说人类坏话一般也最多：从来没有一位把罪保留给自己、把德保留给他人的圣人活在世上过：这和那种按照菩萨的准则在人们面前掩藏起自己的善、只让人们看见他的恶的人同样少见。

608

因果混淆。——我们在不知不觉中寻找着符合我们气质的准则和学术观点，以至于最终显得好像这些准则和学术观点创造了我们的性格，赋予它坚定性和可靠性，然而恰恰相反。似乎我们的思想和判断应该在事后被变成我们的本质之因，可事实上，**我们的**本质是我们之所以如此这般思考和判断的因。那么是什么决定了我们要有这场几乎无意识的喜剧呢？是惰性和懒散，尤其是那种虚荣的愿望，它们想要被彻头彻尾地虚构为坚定地在本质上和思想上是同质的：因为这为我们赢得了尊敬，给予我们信任和权力。

609

年龄和真实。——年轻人喜爱最有趣的奇特的东西，是真是假倒无所谓。比较成熟的人喜爱真实的东西，真实、有趣、奇特的东西。完全成熟的人最终喜爱甚至表面上朴实无华、简单淳朴让普通人感到枯燥无味的真实，因为他们注意到，真实倾向于以淳朴的面孔说出它最高的精神财富。

610

作为拙劣诗人的人。——就像拙劣的诗人在诗行的第二部分以思想来就韵律一样，人通常在后半生变得更加谨小慎微，他们在寻找着同他们早先生活中的行为、态度、关系相适合的行为、态度、关系，以至于外表上一切都很和谐。然而他们的生活不再由一种强有力的思想所支配，不再总是受到新的影响，而是有一种意图取代了思想，要寻找一种韵律。

611

枯燥与游戏。——需要迫使我们工作，工作的收获使需要得到了满足；需要的一再重新唤醒，使我们习惯于工作。但是，在需要得到满足处于近乎休眠状态的间歇，我们突然感到很无聊。怎么回事？这完全是工作习惯使然，现在它自己成了新的额外需要；某人越习惯于工作，也许某人越因需要而遭受痛苦，那么这工作习惯就越坚定不移。为了避免枯燥无味，人类要么超强工作，超过他们通常需要所要求的范围；要么发明游戏，也就是说，工作除了满足那种总体工作需要以外，不满足任何别的需要。谁要是厌倦了游戏，没有理由为了新的需要而工作，谁有时就会突然感到有那种想达到第三种状态的要求，这种状态同游戏的关系就像飘逸同跳舞的关系以及跳舞同行走的关系一样——追求一种极乐的宁静的动态：这是艺术家和哲学家关于快乐的幻想。

612

图片教育。——如果我们注视自己从儿童时代后期到成年时期的一系列图片，我们会惊喜地发现，成年人和儿童更相像，和青少年倒不那么相像。也就是说，也许按照这样的事情过程，其间出现了一种对基本性格的暂时疏离，而成年人集结的力量又重新战胜了这种疏离。这种洞察和另外一种洞察是一致的。另外一种洞察认识到，在青年时期把我们东拉西拽的激情、教师、政治事件等的所有那些强烈影响似乎后来又回复到一个固定的范围内；无疑，它们继续活在我们身上，并继续产生影响，但是基本感受和基本观点占据了上风，利用它们作为力量的源泉，而不再像我们20多岁时的情况那样，作为调节器。于是成年人的思想和感受似乎重又和儿童的年龄相一致——而这种内在的事实又在上面提到的外在事实中表现出来。

613

年龄的声调。——年轻人用来说话、赞扬、责备、创作的口气使年长者不快,因为声音太响亮,而同时又很沉闷、很不清楚,就像穹隆底下的声音,在空旷中获得了一种这样的声音强度;因为年轻人思考的大多数东西不是从他们自己天性的充裕中流溢出来的,而是对他们周围被思考、被谈论、被赞扬、被责备的东西的附和与回响。但是,因为(爱好与厌恶的)感觉在他们身上回响的程度要比这些感觉的理由强烈得多,于是当他们重又大声说出他们的感觉时,那种沉闷而有回声的声音就出现了,它表明理由的缺失或不足。比较成熟的年龄的声音是很严厉的、断断续续的、响亮程度适中的,像所有清楚表达的声音一样,传播得很远。最后,老年经常给声音带来某一种温和与宽容,几乎像给它撒上了糖一样;当然,在有些情况下,这种温和与宽容也使声音变得酸溜溜的。

614

滞后的人与未雨绸缪的人。——那些令人不快的人,他们充满着不信任,带着妒忌来感受竞争者和邻人的一切幸运成就,对不同意见粗暴无理、暴跳如雷,这种性格表明,他们属于文化的一个早期阶段,也就是说,是一种残余:因为他们用以同人交往的方式对于一个有动武权的时代的状况是非常恰当和合适的;这是一种**滞后的**人。另一种人大量分享别人的快乐,到处都赢得朋友,充满爱心地感受一切成长与生成中的东西,共同享有他人的荣誉和成就,不要求拥有单独认识真理的特权,而是满怀着一种谦虚的猜疑——这是一种未雨绸缪的人,正迎向一种更高的人类文化。那种令人不快的人出自人类交往的原始基础仍有待于建立的时代,另一种人则生活于其最高层,尽可能远离被关在文化基础之下的地窖里的狂躁地嗥叫的野兽。

615

癔病患者的安慰。——如果一位伟大的思想家暂时在癔病中受到自我折磨,那么他会安慰自己说:"这寄生虫正是靠着你自己伟大力量的喂养成长起来；如果力量小一点，那你就会少受点苦。"政治家如果有嫉妒和复仇感，一句话，有那种他作为国家代表必然有这方面天赋的"所有人反对所有人的战争"（bellum omnium contra omnes）① 的情绪偶尔侵入到他的个人关系中，使他的生活变得沉重，那么他也会说同样的话。

616

疏离现在。——一下子比较遥远地疏离自己的时代，有如脱离这时代之岸被驱赶回从前的世界观的大洋中，这是有好处的。从那里朝海岸看，我们第一次眺望其全貌；如果我们再靠近它，就有优势比那些从来没有离开过海岸的人更好地全面了解它。

617

在个人的缺点上播种和收获。——卢梭那样的人懂得如何利用自己的弱点、缺陷和恶习，差不多把它们当作自己才华的肥料。如果他哀叹社会的腐化堕落是文化的可恶结果，那么这是立足于一种个人经验；经验的苦涩使他的总体谴责变得很尖锐，并给他射出的箭头上涂上了毒药；他首先减轻自己作为个人的负担，想要寻找一种药物，可以直接造福于社会，然而也间接地通过社会造福于他自己。

618

有哲学头脑。——通常我们力争对所有的生活处境和事件抱有**一种感情姿态、一种观点**——我们尤其将此称为有哲学头脑。但是为了丰富知识，也许不是以这种方式使自己千篇一律，而是聆听从包含着各自观点的不同生活处境发出的轻微声音，会有更高的价值。于是，由于我们不把自己看作一个僵化的固定不变的个人，我们就对许多人的生活和本质有了认识的兴趣。

619

在轻蔑之火中。——如果我们首先敢于表达这样的观点，这种观点被认为对怀有这种观点的人是可耻的，那么这是迈向独立自主的新的一

---

① 这是英国政治学家霍布斯（1588—1679）的名言。

步；这时候，甚至连朋友和熟人通常也会变得担心起来。甚至才华横溢的人也必须经历这场火；在此之后，他才更加真正属于他自己。

620

牺牲。——要是有选择，我们宁愿要一个大的牺牲，而不要小的牺牲：因为我们通过自我赞赏而对大的牺牲作出了自我补偿，而在小的牺牲中，我们就不可能对自己做到这一点。

621

作为手段的爱。——谁想要真正认识新事物（无论是一个人、一件事、一本书），谁就得尽可能带着所有的爱来对待这新事物，让眼睛迅速避开所有他感觉在这问题上有敌对倾向、虚假倾向和失体统的东西，甚至忘记这一切，以至于我们，比方说，给予一本书的作者领先的地位，就像在赛跑中一样，简直是心脏怦怦地跳动着期待他达到终点。因为这样做，我们能一直深入到新事物的核心，深入到它的运转中心：这才叫认识它。如果我们走到了那么远的地步，理智接下来就要作出它的限制；那种过高的评价和那种批评钟摆的暂时悬挂，只不过是将一件事物的灵魂引诱出来的手段。

622

把世界想得太好或太坏。——无论我们把事情想得太好或太坏，我们总是有这样的优势，可以收获更高的乐趣：因为如果事先想得太好，那么我们通常是在事物（经验）中放入了比事物中的实际含量更多的甜蜜。而一个事先想得太坏的想法，则引起一种令人愉快的失望：那种本身就存在于事物中的愉悦通过惊喜的愉悦而获得一种增长。——顺便说一句，一种阴暗的秉性将在这两种情况下都形成一种相反的经验。

623

深藏的人。——有些人的力量体现在印象的加深当中——我们通常把他们称作深藏的人——在所有突发事件的情况下他们都相当冷静坚定：第一印象还很平平，然后它才变得深刻。但是，早就预见到的期待中的事或人最令这样的人激动不已，使他们在这种事或人最终到来的时候几乎心不在焉。

624

与更高的自我交往。——每个人在找到了他更高的自我时，会整天兴高采烈；真正的人性要求我们只是按照这种状态，而不是按照不自由的受奴役的工作日来评价某个人。例如，我们应该根据一个画家能够看到和描绘的最精彩的幻象来评价和推崇他。但是，人们同自己这种更高的自我打交道的方式非常不同，经常就是他们自己这些角色的演员，因为他们在某些时刻是什么身份，他们在后来就一再加以模仿。有些人生活在羞怯中，在他们的理想面前抬不起头来，但是又想加以否认：他们害怕他们更高的自我，因为它一说起话来就非常苛求。此外，它有一种来去无常的幽灵般的自由；因此它经常被称为诸神的赠品，而实际上，所有其他东西都是（或然性之）诸神的赠品：但这一个却是人自己。

625

孤独的人。——有些人如此习惯于自我独处，以至于他们完全不和他人相协调，而是在一种安静平和的情绪中，同自己谈得很投机，甚至笑呵呵地继续编织着自己独白式的生活。但是如果你要让他们同别人相协调，他们就倾向于冥思苦想地低估自己，以至于他们不得不被迫首先重新向别人**学习**一种对自己的良好公正的看法，甚至从这种学来的看法出发，他们也总是一再地想要减去些什么，压低点什么。——所以你得允许某些人独处，不要像经常发生的情况那样，可笑到因此而同情他们的地步。

626

没有旋律。——有这样一些人，他们总是立足于自己的内心，总是和谐地安排好自己所有的能力，以至于任何定下目标的活动都和他们相抵触。他们就好像一曲音乐，完全由拖长的和谐的和弦所构成，哪怕连一个有一定结构的活跃的旋律的起奏都没有出现。所有来自外部的运动都只是在于让小船马上在和谐的悦耳音调之海上重新获得平衡。现代人通常在碰到这样的人时将极不耐烦，你不可以说他们**是**无，他们是在**生**

成无。但是在个别情绪中，他们的样子引发了这样一个不寻常的问题：究竟为什么要有旋律？当生活平静地反映在一个深深的海洋中时，我们为什么不满足？——中世纪比我们的时代更富于这样的人。我们现在要碰到一个能这样真正平静愉快地在窘困中继续自我独处的人是多么难得啊！这个人会像歌德一样对自己说："最好的东西是深深的寂静，我在其中面对世界生活、成长，并赢得他们用火与剑无法从我这里拿走的东西。"

627

生活与经验。——如果我们注意到有些个人知道如何同他们的经验——他们平淡无奇的日常经验——打交道，以至于他们变成了一块一年有三次收成的可耕地；而另一些人——不知有多少——则被驱赶着经历最激动人心的命运波涛，经历最形形色色的时代潮流和民族潮流的浪潮，却始终像软木塞一样轻飘飘地待在最上面。于是人们就很容易把人类分成少数（最少数）和多数，少数的是那些懂得少中求多的人，多数的是那些懂得多中求少的人；真的，人们会碰到那种相反的巫师，他们不是从无中创造出世界，而是从世界中创造出无。

628

游戏中的认真。——在热那亚的黄昏时分，我听到从一座钟楼上传来一阵长长的组钟乐声：它就是不停下来，像对自己不满足一样，发着清脆的声音，盖过了街上的嘈杂声，升入夜空和海风中，如此恐怖，同时又如此稚气，如此忧郁。这时我想起柏拉图的话，并一下子在心中感受到这些话：**一切人性的东西全都不值得十分认真地对待；然而……**

629

关于信念与正义。——人类带着激情所说、所许诺和所决定的事情，事后要冷静而实事求是地加以维护——这个要求属于压迫人类的最沉重的负担。不得不承认发怒的结果，承认烈火般复仇的结果，承认热情地献身于全部未来的结果——这会激起一种对这些情感的怨恨，正是这些情感到处成了偶像崇拜的对象，尤其是艺术家在促进着这种偶像崇拜，而对这些情感的偶像崇拜越强烈，对这些情感的怨恨也就越大。艺术家大力培育**对激情的估价**，而且总是这样做的；当然，他们也赞美一个人自己保存起来的激情的可怕满足；赞美那种造成死亡、肢解、自愿流放等后果的复仇冲动；赞美那种伤心的听天由命。总之，他们念念不忘对激情的好奇，好像他们要说："没有激情，你们根本什么也没有经历到。"——因为我们发誓要忠诚，也许是忠诚于神这样一种虚构的存在，

355 因为我们在让我们着迷并让那种存在显得值得拥有任何一种崇拜和任何一种牺牲的盲目的疯狂状态中，将我们的心献给一位王公、一个党、一个女子、一个修士会、一位艺术家、一位思想家——难道我们就无法解脱地牢牢捆绑在一起了吗？我们这时候真的没有欺骗自己？这难道不是一种有条件的许诺？其前提条件当然是不言而喻的：我们使其神圣化的那些存在实际上就是那些出现在我们想像中的存在。此外，我们必须忠诚于我们的错误，甚至当我们洞见到这样的忠诚有害于我们更高的自我时也这样吗？——不，没有这样一种法律，没有这样一种义务；我们**必须**成为叛徒，**必须**不忠诚，**必须**一再放弃我们的理想。不造成这种变节的痛苦，甚至不再遭受这种痛苦，我们都不会从一个生活时期跨入另一个生活时期。我们有必要避免这些痛苦，防备我们的感情冲动吗？那么世界不会变得对我们来说太荒凉、太阴森恐怖吧？我们更愿意问我们自己，在信念转折点上的这些痛苦是否**必要**，或者它们是否取决于一种**错误的**主张和评价。——为什么我们崇拜忠诚于自己信念的人，而藐视改变自己信念的人？恐怕答案必然是：因为每个人都假定，只有比较平平的好处和个人恐惧形成的动机才会引起这样一种改变。也就是说，我们基本上相信，没有人会改变他的主张，只要这些主张对他有好处，或者至少只要它们不给他带来损害。但是，即使情况如此，其中也包含着一种对所有信念的**理智方面**意义的不利证明。让我们测试一下，信念是如何产生的，看一看它们是否被大大地过高估计了：由此我们可以看出，甚至信念的**改变**在所有情况下也都是按照错误的尺度来衡量的，我们至今为止往往为这种改变遭受了太多的损害。

630

356 信念就是相信在某一个知识点上占有绝对真理。相信这一点，其前

提就是：绝对真理是存在的；同样，达到绝对真理的完美方法已经找到；最后，有信念的每一个人都在利用那些完美的方法。列举的所有这三种前提马上证明，有信念的人不是有科学思维的人；他站在我们面前，理论上还处于天真无邪的年代，不管他在其他方面会有多么成熟，终究是个孩子。但是几千年生活在那种稚气的假设中，从中流溢出最强大的人类力量源泉。无数为信念而牺牲的人认为他们是为绝对真理而作出牺牲的。他们全都错了：也许还从来没有一个人为真理牺牲过；至少他的信仰的教条主义表达会是不科学或半科学的。不过，实际上人们想要有理是因为他们认为**不得不**有理。让人夺走自己的信仰，这也许意味着对他的永恒的幸福产生怀疑。在这样一件有着极端重要性的事情中，"意志"可是太可以听得到的理智的提示者。任何方面的任何一位信仰者的假设是**不可能**受到反驳的；即使反对的理由表明为非常强烈，他们一般地诋毁理性，也许甚至将"因为它荒谬，所以我相信它"（*credo quia absurdum est*）树立为极端狂热信仰的旗帜。这不是使历史如此充满暴力的观念之争，而是对观念的信仰之争，也就是说，信念之争。要是所有那些如此看重自己信念，为信念作出各种牺牲，毫不吝惜荣誉、肉体和生命来为信念服务的人只把他们一半的力量奉献于调查他们凭什么要执著于这个或那个信念，他们是从什么途径达到这样的信念的，那么人类历史看上去就会有多么温和！还会有多少东西要被认识！对异教徒的各种迫害中所有那些残酷的场面，在我们看来是可以避免的，有两个理由：其一是因为宗教裁判所的审讯官们首先会在审讯官中间进行审讯，会超越那种要捍卫绝对真理的狂妄；其二是因为异教徒们自己在调查之后，不会再给予所有宗教教派和"正教"的信条之类如此毫无根据的那一套以进一步的关注。

357

631

从人们习惯于相信自己拥有绝对真理的时代产生出一种对在任何知识问题上的所有怀疑主义和相对主义立场深深感到**不舒服的感觉**；人们通常选择无条件地献身于权威人士（父亲、朋友、教师、王公）所拥有的一种信念，如果人们不这样做，就会有一种良心的谴责。这样的倾向是完全可以理解的,其结果并不给你强烈谴责人类理性发展的权利。但是,人类的科学精神必然渐渐地产生那种**谨慎**克制的德行,那种明智的适可而止,这在实际生活领域比在理论生活领域更有名,例如,歌德在安东尼奥①身上就描写过这种情况,作为所有的塔索们,也就是说,那些不科学的同时不务实的人们的怨恨对象。有信念的人内心中有一种不理解那种谨慎思维者和那种理论的安东尼奥的权利;相反,科学的人没有权利因此而责备有信念的人:他对有信念的人视而不见,此外他知道,在某些情况下,有信念的人还将紧抱住他,就像塔索最终对安东尼奥所做的那样。

632

那种没有体验一下各种各样的信念,只是停留在一开始就被缠在其网中的那种信仰中的人,就因为这种不可变性而在任何情况下都是**落后**文化的代表;与这种缺乏教养(教养总是以可教性为前提的)相一致,他是强硬的、无理性的、不可教的、不宽厚的,是一个永久的怀疑者、一个毫不迟疑地抓住任何手段贯彻自己主张的人,因为他根本无法理解竟然还有别的主张;在这一方面,他也许就是力量的源泉,在变得太无拘无束、太松弛的文化中甚至还有疗效,不过是因为他强烈地激起别人的反对:因为那样,不得不和他斗争的新文化的比较娇嫩的机体本身也会变得强壮起来。

633

我们本质上还是和宗教改革时期的人一样的人类,怎么就该不一样呢?只是我们不再允许自己使用某些手段,靠它们来帮助我们的见解获胜,这使我们在那个时代显得很突出,并且证明,我们属于一种更高的文化。那种现在仍然以宗教改革时代的人的方式怀疑地、怒不可遏地反对和镇压各种主张的人清楚地表明,如果他生活在别的时代,他就会烧死他的对手;如果他是宗教改革的对头,他会最终乞灵于宗教裁判所的一切手段。当时这种宗教裁判所是理性的,因为它只是意味着不得不对

---

① 安东尼奥和下文的塔索都是歌德诗剧《塔索》中的人物。

整个教会领域实施的一般性戒严状态,也就是说,像任何一种戒严状态一样,在教会的人**拥有**真理、为了拯救人类**不得不**以任何代价和任何牺牲来捍卫真理的前提(我们现在不再和那种人共同拥有这一前提)下,它有可能使用最极端的手段。但是,我们现在不再会这么轻易地承认任何人拥有真理:严格的研究方法传播了足够的不信任和谨慎,以至于每一个以粗暴言行鼓吹各种主张的人会被感觉是我们现在文化的敌人,至少是一个落伍者。事实上,认为自己**拥有**真理的那种激情,同不知疲倦地改变思想方法、开始新的磨炼、当然也比较温和比较无声响地追求真理的激情相比,现在已经没有什么价值了。

634

顺便说一下,按一定方法对真理的追求,其本身就是信念与信念之间互相有争论的那些时代的产物。如果个人不关心**他的**"真理",也就是说,不关心他是否始终正确,那就根本不会有研究方法;在各种个人要求拥有绝对真理的永恒斗争中,人们一步一步走得更远,为的是要找到不可辩驳的原则,按照这些原则,可以使他们那些要求的合理性得到检验,使争论得到调解。首先人们根据权威来做决定,后来人们互相批评用以发现所谓真理的方法和手段;在这中间有一个人们因为对手的信条而承担后果的时期,人们也许把这些后果虚构为有害的、让人颓丧的,然后每个人经过判断都会得出这样的结论,对手的信念中包含着一个错误。最后,**思想家的个人斗争**如此加强了方法,以至于真理真的可以被发现以及先前方法的迷途被暴露在每个人的眼前。

635

总的来说,科学方法至少是和任何一种其他结果同样重要的研究成果:因为科学精神是建立在对方法的认识上的,科学的所有结果在那些方法不存在时都不能阻止迷信和胡说八道的重新得手。也许有修养的人会尽可能多地**了解**科学的成果,但人们总是从他们的谈话中,尤其从谈话中的假设里注意到他们缺乏科学精神:他们没有那种对错误思维方式的本能怀疑,这种怀疑作为长期实践的结果,在每一个有科学态度的人心灵中扎下了根。对于他们来说,发现关于某一事物的任何一种假设就足够了，然后他们就对这假设风风火火，认为事情就此做完了。在他们那里，拥有一种主张就意味着：对它疯狂，并从此以后将它作为信念留在心上，念念不忘。遇到一件未得到解释的事情时，总是头脑里刚一出现一个看上去像是对这一事情的解释的念头，他们就激动起来：由此而不断产生最糟糕的后果，尤其在政治领域。——因此，现在每个人至少

361 应该从基础开始了解一门科学，然后他才会知道方法是什么意思，以及最极端的审慎是多么必要。尤其应该将这个忠告给予妇女，她们现在不可救药地是所有假设的牺牲品，尤其是当这些假设给人留下有修养、吸引人、令人振奋、令人有力度感的印象时。事实上，更仔细地观看时，人们会注意到，所有受过教育的绝大多数人现在仍然渴望从一个思想家那里得到信念，只有信念；只有极少数人想要有**确定性**。前者想要变得十分神往，以便因此而使自己实现一种力量的增长；作为后者的这极少数人有着无视个人优势，甚至无视上述力量增长的事实兴趣。有一种地方，思想家在那里表现得像是天才，也自称为天才，也就是说，像一个应该有权威的更高存在物洞察秋毫一样。就在这种地方，到处都指望着那个极其占优势的阶级。因为那种天才维持对信念的热烈感情，唤醒对小心谨慎而又谦虚的科学意识的怀疑，所以他是真理的敌人，无论他多么相信自己是真理的追求者。

636

当然，也有完全不同的另一种天才，即正义的天才；我完全无法作出决定，认为这种天才低于任何一种哲学的、政治的、艺术的天才。它的方式就是以发自内心的恶感避免所有迷惑和混淆我们对事物的判断的东西；它因此就是**信念的敌人**，因为它要给每一件事物自己真正的属性，无论它是活着的还是死去的，真实的还是想像的——要这样做，它必须真正认识这事物；所以它让每一事物尽量显示其最大的优点，然后以细

362 心的眼光来回检查。最终它甚至将给予它的敌人，即盲目的或短视的"信念"（男人这样称呼它——在女人那里它叫做"信仰"）以信念的真正属性——为了真理的缘故。

637

从**激情**中产生主张；**精神的惰性**让这些主张僵化成了**信念**。——然而谁要是感觉自己有**自由的**、永远生气勃勃的精神，谁就可以通过不断的改变阻止这种僵化；如果他从整体上讲是一个会思考的雪球，那么他在头脑里将根本不会有主张，而只有确定性和精确权衡过的可能性。——但是我们这些有着混合本质的，一会儿被火烧得通红，一会儿被理智彻底冷却的人想要跪倒在正义面前，她是我们承认的惟一高于我们的女神。我们身上的火通常使我们不公正，从那位女神的意义上讲，是使我们不纯洁；我们绝没有权利在这样的状态下握住她的手，她的满心欢喜的庄重微笑也绝不会落到我们身上。我们把她作为我们生活的蒙着面纱的伊希斯来崇拜；当火要燃烧并耗尽我们的时候，我们羞愧地将我们的痛苦作为赎罪品和牺牲品献祭给她。是**精神**拯救了我们，使我们不至于完全燃尽，变成焦炭；它不时将我们从正义的祭坛上拽开，或者将我们裹在石棉织物中。从火中被拯救出来以后，我们然后就被精神驱使着，从主张走向主张，经历党派的更迭，作为可以**被背叛的**一切事物的高贵的背叛者——然而没有负罪感。

638

漫游者。——只是部分达到理性自由的人在大地上除了感觉自己是一个漫游者以外，不会有别的感觉——不是作为一个**走向**最终目标的旅行者：因为不存在最终目标。但是，他确实想要睁大眼睛看一看世界上实际发生的一切；因此他没有权利将他的心太实在地拴在所有个别事物上；在他自己的内心中一定有喜欢变化和暂时性的漫游着的东西。当然，不祥的夜晚会来到这样一个人面前，当他很疲倦的时候，却发现本来应该为他提供歇脚处的城市的大门紧锁着；此外还可能：沙漠像在东方一样，一直伸展到大门前，食肉动物时远时近地嗥叫着，狂风刮起，盗贼牵走了他的役畜。这时候对他来说，可怕的夜幕就像又一个沙漠一样降临在沙漠上，他的心厌倦了漫游。然后早晨的太阳在他面前升起，红彤彤地像一位愤怒之神。城门打开，他在这里的居民的脸上也许比在城门前看到了更多的沙漠、污秽、欺骗和靠不住——白天几乎比夜晚更糟糕。

这大概就是漫游者曾经遭遇的事情；但是作为补偿，然后又有了其他地区和其他日子的充满欢乐的早晨。在晨曦中，他已经看见山区的云雾中成群结队的缪斯们在离他身边很近的地方翩跹而去；接下来，当他在上午心态的安宁中文静地走到树下时，在树梢和树叶遮蔽的藏身处有纯粹的好东西和光闪闪的东西朝他扔过来，这是在山中、森林中以及孤独中的自由自在的所有那些自由精灵的礼物，它们像他一样，以它们一会儿欢乐一会儿沉思的方式，既是漫游者，又是哲学家。诞生于清晨的神秘中，它们正思考着在钟敲第十下和第十二下之间，白天怎么才能有一张如此纯粹的、容光焕发的、姣好开朗的面孔——它们寻求着**上午的哲学**。

在朋友们中间

尾　声

1

默默相对，真美，
互相笑对，更美，——
在丝一般的天幕下
朝青苔和书本靠去
和朋友们大声欢笑
露出洁白的牙齿。

如果我做得好，我们要沉默
如果我做得糟——，我们要笑
做得越来越糟，越来
越糟，笑得越来越糟，
直到我们跨进坟墓。

朋友们！嗨！这不该发生吗？
阿门！那么再见吧！

2

没有抱歉！没有原谅！
你们这些无忧乐天派
对于这本非理性的书
请听一听，留点心，收留它！
相信我，朋友，我的非理性
不会受诅咒！

我所发现，**我**所追求——，
都存在于一本书中？
关注我心中的一伙傻子！
从这本傻子的书中了解，
理性如何来到——"走向理性！"

那么，朋友，这不该发生吗？
阿门！那么再见吧！

第二卷

序

1

　　一个人只应该在他不可以保持沉默的地方说话；只应该谈论他已经**克服**的事情——谈论所有其他的事情都是废话，是"文学"，是缺乏教养。我的著作**只**谈论我克服的东西：在其中，"我"和曾与我敌对的一切就是我真正的自我（ego ipsissimus），如果允许有一个更自豪的表达法的话，那么甚至就是我最内心的自我（ego ipsissimum）。人们会猜想：我已经有了许多——**在我手下**……但是，要等到我有兴趣在事后为了认知的缘故而对已经经历过的事情、已经经历过而且从中幸存下来的事情、某个自己的事实或命运进行剥皮、发掘、揭露和"描绘"（或者随你怎么叫它）的时候，首先总是需要有时间，需要经过康复，需要站得远一点，需要有距离。在这个意义上讲，我所有的著作，除了惟一的但是公认是实质性的一个例外以外，都应该**属于过去**——它们总是谈论对于我已成为过去的事情——有一些著作，如那前三个"不合时宜的观察"，甚至早于一本早先出版的书（指的是《悲剧的诞生》，这在比较细腻的观察者和比较者那里是瞒不过去的）的面世或其经历最初反响的时期。对已老的大卫·施特劳斯①的那种德意志狂、那种慢条斯理、那种语言上的不修边

---

① 大卫·施特劳斯（1800—1874）：德国神学家。对这位神学家的攻击构成了尼采《不合时宜的观察》第一章的内容。

370 幅爆发的愤怒以及第一个"不合时宜的观察"的内容，发泄了我很久以前，当我还是一个学生，坐在德意志文化和文化庸人中间时就有的那种情绪（我要求成为现在被大量使用和误用的"文化庸人"一词之父——）；也说出了我反对"历史病"时所说过的话，这是我作为一个缓慢而艰难地学着从这种病中痊愈过来，完全不准备因为曾经深受其苦就要在今后放弃"历史"的人而说出来的。然后当我在第三个"不合时宜的观察"中对我的第一位也是惟一的一位教育者——**伟大的阿尔图尔·叔本华**表示我的敬畏时——我现在会表达得强烈得多，也更有个性得多——就我自己个人而言，我已深深陷入了道德主义怀疑和怀疑的后果中，**也就是说，既强烈地进行批判，又强烈地加深了至今所有过的所有悲观主义**——已经像人们所说的那样"不再相信任何事情"，甚至也不相信叔本华：正是在那个时候，《论超道德意义的真理和谎言》一文写成了，但是没有公开发表。我在 1876 年拜洛伊特胜利庆祝活动之际——拜洛伊特意味着一个艺术家所取得的最伟大的胜利——为向理查德·瓦格纳表示敬意而作的庆祝胜利的那个发言，一部本身带有最强烈的现实性**外表**的著作，从背景上看，是对我自己的一段过去以及我航行中所遇到的最美也是最危险的风平浪静所表示的一种敬意和感激……而事实上，也是一种解脱，一种告别。（也许理查德·瓦格纳自己搞错了？我不相信。只要你还有爱心，你就肯定不会描绘出这样的形象来；你还不是在"观察"，不是站到远处，像观察者不得不做的那样。"观察中就包含着一种秘密的**敌意**，一种相对而视的敌意"——第四个"不合时宜的观察"的第 7 节本身就这么说，用的是一种泄露真情的忧郁的措辞，也许只是说给很少人听的）为

371 了**能谈论**其间很长一段岁月中内心深处的孤独和匮乏而需要的那种镇静，是伴随着《人性的，太人性的》一书而到来的，在此我将为其说话的第二个序奉献给它。作为一本"献给自由精灵的书"，其中有心理学家的某种几乎快活的、好奇的冷漠，这种心理学家事后还对他所**超越**和**经历**的大量痛苦事物进行确认，好像是用某一种针尖**穿透**它们：如果在做这样一种尖利而棘手的工作时偶尔流了一点血，如果心理学家在做这工作时在手指上——只不过不是老这样——有了一点血，这又有什么好奇怪的

呢？……

2

"见解与箴言杂录"完全像"漫游者和他的影子"一样，开始是作为"一本献给自由精灵的书"的继续和附录**单独**出版的；同时作为一种精神治疗，即**反浪漫主义**自我治疗的继续和增强，我那仍然保持健康状态的本能就是这样针对最危险形式的浪漫主义的暂时发作为我自己发明、开出了这样的治疗处方。但愿人们现在在痊愈了六年之后，会容忍合成《人性的，太人性的》第二卷的这些同样的著作：也许它们**放在一起**来看，会更有力、更清晰地传授它们的学说——一种**健康学说**，可以作为自愿的修炼（disciplina voluntatis）推荐给刚成长起来的一代中比较有教养的人。他们当中有一个悲观主义者在说话，他经常变得很不耐烦，但又总是重新变得耐烦起来，也就是说，是一个有着良好的悲观主义意志的悲观主义者——所以无论如何不再是一个浪漫主义者：怎么啦？难道一个精通这种**变色龙**智慧的人不可以给今天仍然全部处于浪漫主义危险中的悲观主义者上一课吗？至少让他们看一看，这是怎么——**做**的？……

3

——事实上当时正是**说再见**的最佳时刻：我随即就得到了证实。理查德·瓦格纳表面上是一个大获全胜者，实际上却是一个变得腐朽的、绝望的浪漫主义者，突然束手无策地彻底瘫倒在基督的十字架前[①]……难道对于这样糟糕透顶的演出，当时德国人就没有一个脑袋上长眼睛的？他们的良知中就没有同情心吗？我是惟一的一个——受害者吗？够了，这意外的事件像一道闪电为我自己照亮了我已经离开的地方——它也使我产生了每一个无意识地经历了巨大危险的人都会感觉到的那种后怕。当我继续前行的时候，我颤抖了；之后不久，我病了；更有甚者，出于对尚存的让我们现代人兴奋的一切和对到处被**滥用**的人力、劳力、希望、青春以及爱而感到的连续不断的失望，我累了；出于对这种浪漫主义的

[①] 暗示1882年在拜洛伊特上演的瓦格纳的最后一部作品《帕西法尔》中的倾向。

女性化的热烈而放纵的厌恶，出于对在这里又一次对最勇敢的人之一取得了胜利的全部理想化谎言和惯坏了的良心的厌恶，我累了；最后但不是最不重要的是，出于一种无情猜疑的悲哀，我累了——以至于我，在这样的失望之后，比以前任何时候都更深地怀疑，更深地蔑视，更深地独处。我的**使命**——它到哪里去了？怎么回事？现在难道不是看上去好像我的使命从我这里撤了回去，好像我很长时间内不再有权去完成它了吗？怎么样才能忍受**这**最大的匮乏呢？——我开始彻底地、有原则地对我自己**禁止**所有的浪漫主义音乐，这种模棱两可、大言不惭、淫荡污秽的艺术，它扼杀了精神的严肃性和诙谐有趣，让每一种含糊的渴望和膨胀的欲念蔓延滋长。"提防音乐"（Cave musicam）甚至在今天仍然是我对所有那些有胆略在精神事物中注重洁净者的劝告；这样的音乐使神经麻木，使人软弱，使人变得娘娘腔，它的"永久女性化"把**我们**——往下拽！……当时我首先怀疑的，接下来提防的**就是**这浪漫主义音乐；如果说我还对这音乐抱有任何希望的话，那么就是期待一位音乐家的到来，他大胆、细腻、尖刻、南方化、超健康，足以用一种不朽的方式对那种音乐**进行报复**。——

4

从此孤独而痛苦地怀疑自己，我不是没有愤怒地就这样采取了**反对**我自己的立场，而赞成所有那些恰恰使**我**痛苦和艰难的东西——于是我重新找回到那种英勇的悲观主义那里去，它是所有浪漫主义谎言的对立面；而且我今天似乎觉得，我也是重新找回到"我"自己那里去，找回到**我**的使命那里去。那种躲藏起来的专横的东西，长期以来我们没有一个名字来称呼它，直到最后它证明自己是我们的**使命**——我们心中的这位暴君对我们所做的躲避它、远离它的任何尝试，对任何过早的决定，对同我们不属于的那种东西的任何一种相提并论，对把我们从最重要的事情引开去但仍然值得重视的任何活动，甚至对想要保护我们免受最严格的责任磨难的任何美德本身，都采取可怕的报复。当我们想要怀疑我们对**自己**使命的权利时，当我们开始使它在某一方面对我们来说变得更容易时，每一次我们都必然会得病。真是既古怪又可怕！正是我们的**轻**

松，使我们不得不为它受到最严厉的惩罚！如果我们事后想要恢复健康，那么我们没有选择：我们不得不给自己背负比以前**更沉重的**负担……

5

——只是在那时候我才学了那种遁世的说话方式，只有最沉默寡言、最痛苦的人才精通这种说话方式：我说话没有旁人在场，或者更应该说，对于有没有旁人在场无所谓，为了不遭受沉默之苦，我只谈论与我无关但是又好像与我有点关系的事情。当时我学会了**显得**快活、客观、好奇，尤其是显得健康和恶毒的艺术——我似乎觉得，在一个病人那里，这不就是他的"好品味"吗？尽管如此，比较敏锐的目光和精细的同情不会看不出也许构成这种文字的魅力的东西——这里有一个痛苦者和匮乏者在说话，可听起来好像他不是一个痛苦者和匮乏者。在这里**应该**保持平衡、镇静，甚至对生命的感激，在这里有一种严格的、骄傲的、不断保持警觉的、持续敏感的意志，它给自己规定了使命，要捍卫生命，抵制痛苦，制止往往像毒菌一样从痛苦、绝望、厌恶、孤独以及其他沼泽地里生长出来的结论。这也许恰恰给予我们的悲观主义者以指示，要他们去做自己的测试？——因为正是在当时，我为自己找到了这样一条原则："一个痛苦者尚无悲观主义的**权利**！"当时我正同自己进行着一场旷日持久的耐心的战役，反对任何浪漫悲观主义不科学的基本倾向，这种倾向把个别的个人体验夸大和解释为普遍看法，甚至是世界谴责……总之，就在那时候，我把眼光转了个个儿。走向乐观主义，是为了复元的目的，为了有一天**可以**重新成为悲观主义者——你们明白那一点吗？就像一位医生将他的病人置于一个完全陌生的环境中，从而使他摆脱他的整个"过去"，摆脱他的忧虑、朋友、书信、义务、蠢事及记忆的折磨，学会朝新的养分、新的太阳、新的未来伸出双手和感官一样，我作为兼医生和病人于一身者，强迫自己走向一种相反的、未经试验确定的**心灵气候**，尤其是走向一种消失在陌生人中、消失在陌生**本身**之中的漫游，走向一种对各种陌生的好奇……由此而来的是一种长期的漫游、探索和变动，是一种对一切坚定不移、任何愚钝的肯定和否定的厌恶；同样还有一种营养学和规矩，想要使精神尽可能容易地跑得很远，飞得很高，尤其是一再地飞开去。事实上，这是一种生命的**最低值**，一种摆脱所有粗俗欲望的解放，一种在各种外部不利当中的独立，加上**为能**在这种不利之下生活而感到的骄傲；也许有某种犬儒主义、某种"桶"①，但是同样肯定的是，有许多变化无常的幸福和变化无常的快乐，有许多宁静、光、比较细微的愚蠢和隐藏的向往——所有这一切最终产生了一种伟大的精神强化以及一种增长的快乐和充分的健康。生命本身为我们顽强的生命意志，为我当时同自己进行的那一场反对厌倦生命的悲观主义的长期战争，甚至为我们感激地对生命最小、最柔弱、最短暂的礼物投去的任何关注的一瞥而**奖赏**我们。我们最终为此获得了它的大礼，甚至也许是它能给予的最大的礼物——我们又重新得到了**我们的使命**。——

6

376　——我的经验——生了一场病并获得痊愈的历史，因为结果是要痊愈的——应该只是我个人的经验吗？难道只有**我的**《人性的，太人性的》吗？我今天想要相信相反的东西；我一而再、再而三地相信，我的漫游之书并不像有时看上去的样子那样，仅仅是为我自己写下来的——。现在，在六年增长的信心之后，我可不可以重新作为一种尝试，把它们送出去旅行呢？我可不可以尤其请那些患有某种"过去"之疾，还剩有足够的精神仍然遭受他们过去的**精神**之苦的人留心一下这些漫游之书，听一听它们的声音呢？尤其是**你们**这些最艰难度日的人，这些罕见的、最受危害的、最有思想的、最勇敢的、不得不成为现代灵魂的**良心**的人，作为将只有今天才能有的疾病、毒品、危险之类的东西集于一身的人，你们不得不拥有**知识**——你们的命运必然是要比任何别的个人病得更厉害，因为你们不"**只是个人**"……你们的安慰是知道通向一种**新的**健康的道路。哇！走向一种明天的、后天的健康，你们这些命中注定的人，这些常胜的人，这些时代的征服者，这些最健康的人，这些最强壮的人，这些**优秀的欧洲人**！——

---

　　① 这里指的是犬儒学派生活方式的创造者第欧根尼（约公元前400—约前325）的生活，据说他住在一只桶里。

7

——最终我把我同**浪漫悲观主义**的对立,也就是说,同匮乏者、不幸者、被征服者的悲观主义的对立,用一个公式来表示:有一种悲剧的、悲观主义的意志,它既是理智(趣味、感情、良心)一丝不苟的标志,又是其力度的标志。胸中怀着这样的意志,人们就不害怕所有生存固有的那种可怕的成问题的东西;人们甚至搜寻这种东西。在这样一种意志背后,矗立着勇气、骄傲和对**了不起的**敌手的向往。——这就是**我**从一开始就有的悲观主义观点——一种新的观点,不是吗?一种在今天仍然新颖与陌生的观点,不是吗?直到当下这一刻,我都牢牢地坚持这观点,而如果人们想要相信我,那么这既是**为了**我的缘故,偶尔也是为了反对我的缘故……你们想要我来证明给你们看吗?可是这篇长长的序此外还会——证明什么呢?

1886 年 9 月于欧勃兰加丁的西尔斯-玛利亚

第一部分　见解与箴言杂录

1

381　致哲学的绝望者。——如果你们至今为止相信生命的最高价值,现在又感觉自己很绝望,那么你们就得马上以最低价把它抛售掉吗?

2

变娇弱。——你会在理解力的敏锐程度上变娇弱:同不明朗的人、朦朦胧胧的人、努力谋取的人以及预感预知的人打交道将是多么令人恶心!你们永远在拍击翅膀,永远在做捉人游戏,却飞不了、捉不住,结果多么可笑,但是并不可乐!

3

现实的追求者。——最终发觉自己非常长久、非常大地遭受了愚弄的人,由于气不过,甚至会拥抱最丑陋的现实:以至于如果从整体上来看待世界进程的话,最丑陋的现实在任何时候拥有的都是最最好的追求者——因为最好的人总是最长久、最彻底地受到欺骗。

4

382　自由精灵的进步。——你不可能比回想起那样一句话的时候更好地把以前的自由精灵和现在的自由精灵之间的区别说清楚。而要承认和说出这句话来却需要上一世纪的全部无畏,尽管如此,用现在的眼光来衡量,这句话还是降格为一种无意的天真——我指的是伏尔泰的那句话:

"相信我，朋友，错误也有错误的功劳。"（croyez moi, mon ami, l'erreur aussi a son mérite）

5

哲学家的一种原罪。——哲学家任何时候总是通过把人类检验者（道德家）的主张看作是无条件的，通过把那些道德家认为只是将就一下的指点或干脆就是受时间地点限制的真理证明为具有必然性的东西，从而将道德家的主张窃为己有及加以败坏——他们正是想要通过这样的做法来使自己高于道德家。于是人们将发现道德家提出的通俗格言是叔本华关于意志优先于理智、性格的不可改变性以及快乐（按照他的理解，所有的快乐都是错误）的否定性的著名学说的基础。"意志"一词被叔本华改造成许多人类状况的共同标志，并插入到语言缝隙中去，只要他是道德家，它就对他自己大有好处——因为他现在可以自由地谈论"意志"，就像帕斯卡曾经谈论它那样——叔本华的"意志"在其倡议者手下，被哲学家一般化概括的狂热锻造成了科学的灾难：因为如果断言说自然中的所有事物都有意志，那么这种意志就被变成了一种诗的隐喻；最终，为了在各种神秘的胡闹中达到应用的目的，它被滥用成一种错误的具体化——所有时髦的哲学家都模仿着说，好像一清二楚地知道：所有事物都有**一个**意志，所有事物甚至就是这**一个**意志（根据人们关于这种"全一意志"所做的描绘，这种意志包含着这么多的意思，好像人们想要把这**愚蠢的魔鬼**彻底变成上帝）。

6

反对幻想家。——幻想家在自己面前否认实情，说谎者只在他人面前否认实情。

7

与光为敌。——如果你让某人明白，严格地来理解，他从来无法谈论真理，而始终只是在谈论可能性及其程度，那么你通常就会从被如此告知的人那种毫不掩饰的喜悦中发现，人们多么偏爱精神地平线的不确定性；在他们灵魂深处，他们由于真理的确定性而多么**憎恨**真理。——这是由于他们自己全都在暗地里害怕真理之光有一天会太明亮地照射到他们头上吗？他们想要是某种东西，难道你就可以因此不确切知道他们**是**什么东西吗？或者这只是在太明亮的光面前的一种怯懦，对于这种光，昏昏沉沉的很容易被搞得眼花缭乱的蝙蝠般的心灵是不习惯的，所以它们才不得不恨这种光吗？

8

基督徒的怀疑。——曾经问了"真理是什么"这一问题的彼拉多①，现在人们很乐意把他说成是基督的辩护者，以便将已认识和可认识的一切怀疑为假象，并在可怕的"不可知"的背景上竖起十字架。

9

"自然法则"：一个迷信之词。——当你们如此心醉神迷地谈论自然中的规律性时，你们必定要么认为自然界万物都会自由而服服帖帖地遵循它们的规律——在这种情况下，于是你们就赞美自然的道德；要么着迷于一位有创造性的机械师的想像，他制作了有高度艺术性的钟表，上面有活的生命作为装饰。——自然的必然性由于"规律性"的说法而变得更有人性，成了神话梦想的最后一个避难所。

10

沉溺于历史。——面纱哲学家和世界遮蔽者，也就是说，所有粗细质地的形而上学家，当他们开始怀疑"整个哲学从现在起沉溺于历史"这一命题的正确性时，都患上了眼痛、耳痛和牙痛病。由于他们的**疼痛**，对于他们朝这样说话的人扔石头和垃圾的行为，是应该可以原谅的，但是这命题本身会因此而有一阵子变得肮脏而不堪入目，并失去效应。

11

理智的悲观主义者。——真正的精神上的自由人也将自由思考精神本身，将不会对自己隐瞒有关精神起源和倾向方面的一些可怕事情。因此，也许别人将把他称作自由精灵最讨厌的对手，并辱骂他，耸人听闻

---

① 彼拉多（？—？），罗马犹太巡抚，主持对耶稣的审判并下令把耶稣钉死在十字架上。

地称他为"理智的悲观主义者":他们不习惯于根据某人突出的长处和德行来称呼他,而是根据他身上他们最感陌生的东西来称呼他。

12

形而上学家的行囊。——对于所有那些如此自吹自擂地谈论他们的形而上学的科学性的人,我们应该根本不予理睬;扯一扯他们有点儿害羞地藏在背后的那捆东西就足够了;如果你成功地掀开那捆东西,那种科学性的结果就暴露无遗了,他们也不得不脸红起来:一个小可爱的上帝,一种迷人的不朽,也许还有一点点招魂术,总之是一堆纠缠不清的穷人和罪人的不幸以及法利赛人的自大。

13

知识偶尔也有害。——对真的无条件探索所带来的有用性,不断在上百个方面得到新的证实,以至于人们必须无条件地忍受个人为了有用的缘故而不得不遭受的那种比较微妙、比较罕见的损害。我们无法阻止化学家在试验中偶尔中毒或烧伤。——适用于化学家的东西也同样适用于我们的整个文化:顺便说一下,由此清楚地产生了这样的问题,即文化得花多大的力气,在烧伤时设法搞到药膏,还要常备解毒药。

14

腓力斯人的必需品。——腓力斯人认为最需要有一块形而上学的紫色布片或头巾,根本不让它拿掉;而没有这样的装饰品,他还显得少可笑一点。

15

狂热者。——狂热者以他们为其福音或其主人所说的一切好话来为他们自己辩护,他们也俨然表现得像一个法官(而不像一个被告),因为他们不由自主地几乎每时每刻都被提醒说,他们是例外,他们不得不宣布自己的身份为合法。

16

好东西引诱你的生活。——所有好东西都是生命的强有力的兴奋剂,甚至每一本因反对生活而写的好书亦如此。

17

历史学家的幸运。——"当我们听到钻牛角尖的形而上学家和隐秘世界的人说话的时候,我们其他人当然感觉到,我们是'精神上的穷人',但是我们也感觉到,我们的世界是有春夏秋冬之变的天国,而他们的世界则是隐秘世界——有着灰色的、寒冷的、无尽的云雾和阴影。"——一个走在早晨阳光中的人这样对自己说。这是一个历史在其身上不仅一再改变了其精神,也一再改变了其感情的人,他同形而上学家形成对照,很幸运地在心中不是怀着"一颗不朽的灵魂",而是怀着**许多会死的灵魂**。

18

三种思想家。——有涌流的、流淌的、滴落的矿泉;相应地也有三种思想家。外行根据水流量来估量它们,行家按照水的成分,也就是说,恰恰是按照它们当中**不是**水的东西来估量它们。

19

生活画像。——为生活画像的任务,无论诗人还是哲学家都会经常地提出来,但总归是无意义的:即使在最伟大的画家—思想家手下,也始终只有**出自一种**生活,也就是说出自他们生活的画像和小画像出现——任何别的东西都是完全不可能的。一种生成物不可能作为不变的、持久的事物,不可能作为一种"这一个"反映在生成过程中。

20

真理不要神在自己周围。——相信真理是从怀疑所有那些至今被相信的真理开始的。

21

在要求沉默的地方。——当人们谈论自由精灵的事情像谈论在冰川和冰海上进行高度危险的漫游一样时,那些不想这样做的人就会受到冒犯,好像人们在责备他们怯懦和优柔寡断。我们觉得不能胜任的难事,甚至不应该当着我们的面说出来。

22

坚果中的故事（Historia in nuce）。——我听说过的最严肃的讽刺模仿是这样的："太初无道，无道与上帝同在！无道就是上帝（神圣的）。"①

23

不可救药。——一个理想主义者是不可救药的：如果他被逐出天堂，他就从地狱中找出自己的理想。让他幻灭吧！瞧吧！——他将以不久以前拥抱他的希望时所用的同样热情来拥抱这种幻灭。因为他的倾向属于伟大的不可救药的人性倾向，所以他能够导致悲剧命运，然后成为悲剧题材：因为悲剧恰恰同人的命运与性格中不可救药的、必然发生的、不可逃避的东西有关。

24

作为戏剧演出之继续的喝彩本身。——容光焕发的眼睛和慈祥的微笑是给予这整出伟大的世界与生存喜剧的那种喝彩——可同时又是目的在于诱惑其他观众喊一声"喝彩啊，朋友们！"（plaudite amici!）的喜剧中的喜剧。

25

勇于让人感到枯燥无味。——谁缺乏勇气让人认为自己和自己的工作很枯燥无味，谁就肯定无论在艺术还是在科学中都不是第一流的人物。——可是一个思想家的嘲弄者在看了一眼世界和历史以后加上了一句："上帝就缺乏这种勇气；他想要并且已经把所有事物都变得太有趣了。"

26

来自思想家最内心深处的经验。——对人类来说，没有比非人地理解一件事更困难的了：我的意思是说把它看作一件事物，**不是看作一个人**。当然，有人会问他究竟是否可能暂时，哪怕就一会儿工夫，让他那建构人格和虚构人格的冲动松开发条，停一下。他甚至同**思想**交往，尽

---

① 见《圣经·约翰福音》第一章开头："太初有道，道与上帝同在，道就是上帝。"

管思想会是最抽象的东西，可是在他那里，思想就好像你不得不与之斗争、与之结盟的个人，你得照料它、保护它、哺育它。我们只需要在我们听到或发现一个我们感觉新颖的命题的那一刻窥视和窃听我们自己就行了。也许它如此别扭、如此独断，因而让我们很不高兴；我们无意识地问自己，我们是否可以将一个反命题作为它的对立面放到它的一边去，我们是否可以附加上"也许""有时"；甚至"或许"这样一个小词也让我们感到满意，因为它打碎了让个人感到讨厌的绝对的专制统治。如果与此相反，那个新命题以温和的形式出现，非常宽容、谦恭，几乎落入了矛盾的怀抱，那我们就会试着使用对我们专横独断的另一种检验方法：难道我们不能来帮助这弱小的生命，抚摸它、哺育它，给予它力量和丰盈，当然还有真理，甚至绝对？我们有没有可能做得像父母一样，或者像骑士一样，或者对这小生命富有同情心？——这时候，我们再次在这里或那里看到不同的判断，这些判断互相疏远，互相不闻不问，老死不相往来：我们忍不住产生在这里是否该撮合一门婚事，即得出一个**结论**的想法，同时预感到，假如从这结论中产生出一个结果的话，那么不仅联姻的两种判断，而且婚事的撮合者，都会由此而受到尊敬。但是，如果人们既不能以抗拒和心存恶意的方式，又不能以心存好意的方式，对那种想法有什么损害（如果人们把那种想法当成**真的**——），那么人们就会屈服，并把它当作领袖和王公一样来敬重，给它一个荣誉职务，并不无辉煌和骄傲地谈起它；因为在**它**的光辉中，人们也一起放射光芒。让想要遮蔽这种光辉的人倒霉去吧；除非有一天他自己对我们来说变得可疑起来——到那时候，我们这些思想史上不倦地"拥立国王的人"（*king-makers*）把他从王位上赶下来，迅速把他的对手扶上台。你好好考虑一下这一点，并且想得再远一点：那时候肯定不会再有人谈论一种"自在和自为的知识冲动"了！——那么为什么人类在这场同思想个人的**秘密**斗争中，在这最保持隐蔽的为思想做媒、思想建国、思想的儿童教育、思想的贫病照料中宁愿要真实而不要不真实呢？是出于他之所以在同现实个人的交往中行使正义的同样原因：**现在**是出于习惯、遗传和教育，**原先**是由于真实——就像公平和正义——比不真实**更**有用、**更**能**带来荣**

誉。因为在思想王国中，**权力**和**名声**如果建立在谬误和谎言的基础上是很难维持的；认为这样一种建筑物任何时候都会倒塌的感觉对于其建筑师的自信是有**羞辱性的**；他为他的材料的脆弱感到羞耻，而且因为他把**自己**看得比世界上一切其他事物都**重要**，所以他就不想做不能比世界上一切其他事物**更长久的**任何事情。因为要求真实，他就怀有这样的信念，相信个人的不朽，也就是说，现存的最目空一切、最固执的想法，真正同"只要我安全，让世界灭亡吧！"（*pereat mundus, dum ego salvus sim*）这一私下念头紧密结合起来。他的作品对他来说，变成了他的**自我**，他把自己变成了永恒，变成了对一切的抗拒。正是他的无法估量的骄傲要求用最好最硬的石头来做他的作品，也就是说，用真理或者他认为是真理的东西。人们在任何时候都有理由把**傲慢**称作"认知者的恶习"——然而，没有这种具有推动力的恶习，真理及其在世上的价值就会很惨。我们**害怕**我们自己的思想、概念、言辞，但是我们也在其中**感受到尊敬**，不自觉地把能够教导我们、蔑视我们、赞扬我们、责备我们的力量归于它们，于是我们同它们就像同有自由思想的人、同独立的力量作为同类而交往——我称之为"知识分子良心"的那种罕见的现象正是扎根在这样一些方面。——也正是在这里，最高等级的道德事物从黑色的根上绽放出鲜花。

27

蒙昧主义者。——蒙昧主义妖术的基本问题不是它要蒙蔽我们的头脑，而是它要往世界的图像上抹黑，要**蒙蔽**我们**关于生存的想像**。阻挠思想澄明的那种手段虽然经常有助于蒙昧主义达到这样的目的，可有时候，它恰恰使用相反的手段，并试图通过使理智获得最高修养来造成对理智果实的**餍足**。准备好怀疑，并通过过分的机敏引发对机敏之怀疑的钻牛角尖的形而上学家们是一种比较有修养的蒙昧主义的出色工具。——是否有可能把康德也列入其中呢？是否有可能甚至他——根据他自己声名狼藉的说明——至少暂时也**曾向往过**那种东西：通过指出知识的局限性而给**信仰**铺平道路？当然，这是他没有做成功的事情，他和他那些在这有最高修养的、危险的甚至最危险的蒙昧主义所选取的只有狼与狐狸才走的道路上的追随者同样都不成功:妖术在这里出现在光的面纱中。

28

艺术由于何种哲学而堕落。——当一种形而上学—神秘哲学的迷雾成功地使所有审美现象都变得**不透明**的时候,随之而来的是,它们相互之间也变得**无法评价**了,因为每一个个体都成了令人费解的了。但是,如果它们不再被拿来为了评价的目的而相互加以比较,那么最终会出现一种完全的**无批判**,一种盲目的放任自便;另一方面,由此也产生了艺术**享受**的不断下降(这种享受通过最挑剔的品尝和区分而同对一种需要的粗略抑制相区别)。不过,这种享受越下降,艺术需求就越变回到粗俗的饥渴中去,这时候艺术家则试图以越来越大的代价满足这种饥渴。

29

在客西马尼①。——思想家能对艺术家说的最痛苦的话是:"你们究竟能不能**和我一起守护**一个小时?"

30

在织机旁。——针对少数乐于解开万物之结、拆开织物的人,有许多人(例如所有的艺术家和女人)会和他们对着干,他们把结重新打起来,使之纠缠在一起,于是把理解的变成了不理解的,若可能的话,甚至变成不可理解的。此外在这中间还可能发生事情——织好的织物和打好的结,一定会看上去总是有点不干净,因为太多的手在它们上面干活,把它们拽来拽去。

31

在科学的沙漠中。——从事科学的人进行简朴而艰难的漫游,这种漫游往往是沙漠之旅。在他面前出现了人们称之为"哲学体系"的那种光芒四射的海市蜃楼:它以魔术般的假象效应指出了所有谜的谜底,以及附近一口最清凉的真正的生命之水;他的心陶醉了,这个疲惫不堪的

---

① 客西马尼是耶路撒冷附近的一个花园,是耶稣蒙难的地方。

人几乎已经用嘴唇接触到所有科学上的坚持不懈和困苦所追求的目标，以至于他都像是不自觉地扑上前去。可是其他人却站住了，像是被美丽的假象搞得不知所措了：沙漠吞噬了他们，对于科学来说，他们已经死亡。还有另外一些人，他们更经常地经历那种主观的安慰。他们也许会情绪坏到了极点，咽下那种幻象在嘴里留下的咸盐滋味，由此而产生了强烈的干渴——可并不是你只要走一步就可以接近某一个甘泉的。

32

所谓"真正的现实"。——当诗人描绘各种职业，例如统帅、丝织工人、水手的职业时，他做出的那副样子好像他彻底了解这些职业，是个**知情者**；甚至在对人类行为和命运作出解释的时候，他表现得好像在整个世界之网的编织过程中他也在场；在这方面，他是个骗子。而且他是当着纯粹的**无知者**的面欺骗——所以他获得了成功：无知者们向他表示了对他真正的深邃的知识的赞美，最终诱使他幻想自己真正像各位认识者和制造者，甚至像伟大的世界之网的编织者本人一样清楚地了解事物。于是，骗子最终变得诚实起来，并相信了自己的诚实。那些仅凭感觉的人甚至当面对他说，他拥有**较高的**真理和诚实——因为他们暂时厌倦了现实，把诗人的梦当成了头脑和心脏舒适休息的夜晚。这场梦向他们显示的东西，现在似乎对他们更**有价值**，因为如已经说过的那样，他们感觉它很舒适，而人们总是认为，显得更有价值的东西是比较真实、比较现实的东西。意识到这种权力的诗人**故意**诋毁通常被称为现实的东西，将其变成不确定的，表面的，虚假的，充满罪恶、痛苦与欺骗的东西；他们利用所有关于知识极限的怀疑，利用所有肆无忌惮的怀疑态度，把皱巴巴的不确定性的面纱蒙到了万物之上，从而在这样的遮蔽之后让他们的巫术和心灵魔法毫不迟疑地被理解为通向"真正的真理"和"真正的现实"的道路。

394

33

想要公正和想要当法官。——叔本华对人性的与太人性的事物的专长，他的地道的事实意识，都很受他那张形而上学彩色豹皮的遮挡（人们不得不把豹皮从他身上取下来，以便发现豹皮底下真正的道德天

395

才）——叔本华作了一种出色的区分，有了这种区分，他比他实际上能向自己承认的要有道理得多："对严格的人类行为必然性的洞察是区分**哲学**头脑和**其他**头脑的分界线。"他时不时听任其发挥的那种有威力的洞察，他在自己内心里是抵制的，通过他和仍然有道德的人（**不是**和道学家）共有的偏见来加以抵制，对这种偏见他善意地、深信不疑地表达为："关于整个万物内在本质的真正的最终解释必然和关于人类行为的伦理意义的解释紧密关联"——这根本不是"必然"的，而是相反，遭到那个关于严格的人类行为必然性（即绝对的意志—无自由和意志—无责任心）命题的否定。哲学头脑通过不相信道德的形而上学意义而同其他头脑相区别：这就在他们之间形成了一道鸿沟，关于这鸿沟的深度和不可逾越性，用现在存在的被如此哀叹的"有教养者"和"无教养者"之间的鸿沟来说明，恐怕还是无法让你理解。当然，像叔本华本人那样的"哲学头脑"还是给自己留了一些后门，但是必须看清楚，这些后门是无用的：**没有一扇门**通到屋子外面去，通到自由意志的空气中；你至今钻过去的**每一扇门**都显示在它后面还有一堵金属般闪光的命运之墙：我们**是**在监狱里，只能自由地**梦想**，却不能让自己自由。这种认识遭到抵制的时间不会再很长了，那些朝它扑过去、还在同它继续进行搏斗的人的绝望而难以置信的姿势和扭曲的样子表明了这一点。——他们现在问题是："那么没有人负责吗？一切都充满罪和罪感吗？但是总得有个人当罪人：如果不可能也不再允许指控和判决个人——生成的必然的波浪起伏中的那个可怜的波浪，好吧，那就让波浪起伏本身、让生成当罪人；这里是自由意志，在这里你可以指控、判决、忏悔和赎罪；那就让**上帝当罪人，让人当他的拯救者**；那就让世界史成为罪孽、自我谴责、自杀的过程；那就让作恶者成为他自己的法官，让法官成为他自己的刽子手。"——这种**乱七八糟的基督教**——除此之外它究竟还能是什么呢？——是关于绝对道德的学说同关于绝对不自由的学说的斗争中的**最后的**出击——如果这不**仅仅**是一种**逻辑的鬼脸**，不仅仅是失败的思想的丑陋嘴脸，那么这就是一件可怕的事情——也许是绝望的、渴望拯救的心在死亡前的抽搐，这时疯狂小声对这颗心说："瞧啊，你是承担上帝之罪的羔羊。"——谬误不仅藏在"我负责"这样的感觉中，而且也同样藏在其对立面"我不负责，但是某人必须负责"中。——这恰恰是不正确的：于是哲学家不得不像耶稣那样说："你们不要判决！"而哲学脑袋和其他脑袋的最终区别是前者想要**公正**，其他人想要**当法官**。

34

献身。——你们认为，道德行为的标志是献身吗？——但是好好想一下，任何深思熟虑做出的行为中都有牺牲，无论是在最坏的行为中，还是在最好的行为中。

35

驳美德的肾脏器官检查者。——要判断一个人道德天性的过去和现在的强度，你就得了解他在想像和具体实施中所能做到的最好与最坏的事情。但是要知道那些是不可能的。

36

蛇牙。——在有人把脚后跟踩到我们身上以前，你是不知道你是否有一颗蛇牙来咬人的。一个女人或母亲会说：直到有人把脚后跟踩到我们的小宝宝、我们的孩子身上。——我们的性格更多的是由于缺乏某种经历而不是由我们经历过的事情来决定的。

37

爱中的欺骗。——我们忘记了我们过去的某些东西，故意把它们从意识中逐出：也就是说，我们想要让从过去的角度带给我们光彩的自我形象来欺骗我们，迎合我们的自负——我们不断从事着这种自我欺骗。——而现在你们认为，这是本质上不一样的东西吗，你们这些如此之多地谈论和颂扬"爱中的自我忘却"、"自我融合到另一个人当中"的人？于是我们打碎了镜子，把自己虚构到另一个我们钦佩的人身上，然后享受我们自我的新形象，尽管我们已经用另一个人的名字来命名它——而这整个过程却**不应该**是自我欺骗，**不应该**是利己主义，你们这些奇人！我认为，**在自己面前隐瞒自己的某些事情的人和在自己面前隐瞒整个自我的人**在这方面是一样的：他们在知识的宝库里从事一件**偷窃**

行为。由此可以看到,"认识你自己"这一命题是在警告你不要做出什么样的违法行为。

38

致否认自己虚荣心的人。——否认自己有虚荣心的人通常以如此毫无顾忌的形式怀有虚荣心,以至于他在虚荣心面前本能地闭上眼睛,以避免不得不受到的蔑视。

39

为什么蠢人如此经常怀有恶意。——对于我们的脑袋感觉自己太无力对付的对手的异议,我们的心通过怀疑其异议的动机而作出了回答。

40

关于道德例外的艺术。——对于一种展示并赞美道德的例外情况的艺术——在那里好的变成了坏的,非正义变成了正义——只可以很难得地听一听而已:就像我们不时从吉卜赛人那里买点东西,但买的时候总是畏畏缩缩,不想让他们在买卖中窃取太多的不义之财。

41

享受和不享受毒鸩。——在任何时候阻止人们饮毒鸩的惟一的决定性理由,不是它会毒死人,而是它的味道太难以下咽。

42

没有罪感的世界。——如果只做不引起内疚的事情,人类世界仍会显得足够糟糕和充满流氓气;但是不会像现在这样病态和可悲。——任何时候都有足够多的**没有**良心的恶魔生活着:许多好人和老实人都缺乏问心无愧的快感。

43

有良心的人。——听从自己的良心比听从自己的理智更舒服;因为在每次失败的时候,它都有自己的借口,都可以使自己高兴起来——因此总还有那么多有良心的人和那么少有理智的人相对照。

44

完全不同的预防痛苦的方法。——用言辞来发泄自己的恼怒,对于一种脾气来说是有用的：在谈话中气消了。而另一种脾气只是通过表达才实现全面痛苦的：对于这种脾气，最好还是吞下点什么东西为妙，这样的人在敌人或上司面前加给自己的强制改善了他们的性格，防止性格变得太尖酸刻薄。

45

不要太认真。——生褥疮是很不舒服的，但却并不证明规定你躺在床上的治疗方法有什么不好。——长期在生活中控制不住自己并最终转向富于哲理性的内心生活的人知道，性情和精神也会生褥疮。这不是反对所选择的整个生活方式的理由，只是使几个小小的例外和表面的旧病复发成为必要。

46

人的"自在之物"。——最容易受伤害但又最不可战胜的事物是人的虚荣心：是的，通过受伤害，它的力量增长起来，最终可能会变得巨大无比。

47

许多勤劳者的闹剧。——他们通过过量的努力，为自己争取到了自由的时间，然后除了一小时一小时地数时间，却不知道拿它干什么好，直到时间全部流逝掉为止。

48

常乐者。——常乐者必然是一个好人，可他也许不是最聪明者，尽管他恰恰实现了最聪明者用全部聪明所追求的目标。

49

在自然的镜子中。——如果你听说，一个人喜欢在高高的黄色玉米地里行走；他在一切事物中更喜欢红彤彤的、金灿灿的秋天里的树林和鲜花的色彩，因为它们显出了比自然美更大的美；他在树叶肥厚的硕大坚果树下感觉就像在亲人们中间一样十分自由自在；在山里，他的最大的欢乐就是面对那些偏僻的小湖泊，从湖泊中，孤独本身似乎正用它的眼睛注视着他；他爱好雾气朦胧中的那种灰色的宁静，这种宁静在秋天和初冬的夜晚爬上窗户，就像用丝绒窗帘阻挡住一切没有灵魂的噪声；他感觉没有凿过的岩石是远古时代留下的渴望说话的见证人，从孩提时代起就敬仰它们；最后，对他来说，有着蛇皮一般涟漪和食肉动物之美的大海是陌生的，而且始终是陌生的——如果你听说了这一切，是不是这个人就已经相当精确地被描绘出来了呢？——是的，这个人的**某些东西**因此而得到了描绘，但是自然的镜子却没有说起这同一个人在他全部的田园式感伤主义中（甚至都不说"尽管有这种感伤主义"）可能会相当缺乏爱、相当小气、相当自负。长于此道的贺拉斯将对乡间生活的最柔情脉脉的感情放在了罗马的一个**高利贷者**的口上和灵魂中，放在了那句著名的话中："远离生意操劳的人是幸福的。"（beatus ille qui procul negotiis）

50

没有胜利的权力。——最强大的知识（关于人类意志完全不自由的知识）却最少成功：因为它总是有最强大的对手——人类的虚荣心。

51

快乐与谬误。——一个人无意地通过他的天性慈祥地感染他的朋友，另一个人则专断地通过个别的行为影响他的朋友。尽管前者**被看作**是更高尚者，可后者却也与问心无愧和欢乐相关联——也就是说，行动至上的欢乐，它立足于这样的信念，即相信我们善行与恶行的任意性，也就是说，立足于一种谬误。

52

做事不公正是很愚蠢的。——我们自己加于别人的不公正比别人加于我们的不公正更加难以承受得多（应该强调的是，不完全是出于道德原因——）；行为者**如果**不是容易感到内疚，就是能够看到他以他的行为武装了社会来反对自己，并且孤立了自己，那么他就始终是实际上的受难者。所以，纯粹为了我们内心快乐的缘故，也就是说，为了不失去我们的舒适愉快，即使完全不去理会宗教和道德所要求的一切，我们也应该更加小心提防不公正行为，而不是提防不公正体验：因为后者有问心无愧的安慰和充满希望的安慰——希望复仇，希望得到正义者甚至整个社会（这个社会不希望有作恶者）的同情与喝彩。——不少人精通不干不净的自我欺骗方法，把每一桩他们自己的不公正行为说成是别人强加于他们的不公正行为，对于他们自己做的事情，他们保留了自我辩解的特殊权利：用这样的方法来大大减轻他们自己的负担。

53

张扬或沉默的妒忌。——一般的妒忌往往在被妒忌的母鸡刚下了一个蛋时就格格地叫唤起来，妒忌就此减弱，变得更加温和起来。但是有一种更深的妒忌：它在这样的情况下变得死一般沉寂，希望每一张嘴现在都被封起来，可是这却没有发生，所以它变得越来越恼火。沉默的妒忌在沉默中增长。

54

作为间谍的愤怒。——愤怒能汲空灵魂，甚至把它的沉渣暴露在光天化日之下。因此，如果我们不懂得把事情搞清楚的其他方法，我们就得懂得把我们周围的人、我们的追随者和对手搞得愤怒起来，以便了解归根结底针对我们发生的一切和针对我们考虑到的一切。

55

从道德上讲，捍卫比攻击更困难。——好人真正的英雄行为和杰作不在于他攻击事但继续爱人，而在于更加难得多的事情，即**捍卫他自己的事但又不让也不愿意让攻击者受到强烈的痛苦**。攻击之剑是诚实的、宽大的，捍卫之剑的剑头有如针一般尖。

56

诚实地对待诚实。——公开地诚实对待自己的人，最终因这种诚实而有点自大：因为他太明白自己为什么诚实了——和另一个人偏爱外表和伪装出自同一个理由。

57

以德报怨。——对别人以德报怨往往遭到误解和失败，因为别人同样自以为正确，也认为自己是有德的。

58

危险的书。——一个人说:"我凭自己的识别能力认为:这本书是有害的。"但是他等着瞧吧,也许有一天他会对自己承认,这同一本书证明对他非常有用,因为它让他隐藏的心脏病暴露出来,变得明朗化了。——改变的看法不改变一个人的性格(或者改变得很少很少);但是改变的看法确实照亮了天体即他的个性的个别方面,这些方面至今在另一个有各种看法的星座那里仍然是模糊的、不可认识的。

59

假装的同情。——当我们想要**表明**自己超越了敌对感情的时候,我们就假装同情,但往往是徒劳的。那种敌对感情不猛烈增长,我们是不会注意到这一点的。

60

公开的矛盾往往是和解的开始。——在一个人公开表示与一个著名的党派领袖或导师有不同的思想观点的那一刻,全世界都相信他一定怨恨那个人。可有时他正是在那一刻起停止怨恨他:他敢于站到他旁边,摆脱了未说出口的嫉妒的折磨。

61

见其光亮。——在阴郁的哀伤、疾病和负债状态中,我们会很喜欢看到我们还能照亮别人,别人能在我们身上发觉明亮的月轮。用这样一种间接的方法,我们参与到我们自己的照明能力中。

62

同乐。——蛇咬我们是要伤害我们,并以此为乐;这种最低级的动物可以想像别人的**痛苦**。但是,想像别人的快乐并以此为乐,是最高级的动物的最高级特权,而且,只有精选的标本才可以放到它们中间去——也就是说,一种罕见的人类品质(*humanum*):以至于有哲学家否认有同乐的存在。

63

生育后的妊娠。——那些着手工作和做事的人往往事后更加拼命地去酝酿它们：为了事后证明这是他们的孩子，而不是意外生下的孩子。

64

出自虚荣的铁石心肠。——正如正义往往是软弱的借口，所以有时有公平思想但是软弱的人会出于虚荣心而采取伪装，明显地表现得很不公正、很冷酷，以便留下坚强的印象。

65

耻辱。——如果某人在人家送给他的一袋子好处中即使只发现一粒羞辱，那他对好事也会吹毛求疵的。

66

极端的赫洛斯特拉特①主义。——很可能有这样一些赫洛斯特拉特们，他们点着了自己的神殿，其中有他们自己的像被人崇拜。

67

缩微世界。——一切弱小而需要帮助的事物都在对心说话，伴随这一状况的是这样的习惯：我们用小词②和弱化词来说明对我们的心说话的一切，也就是说，**使**它们对于我们的感觉来说是弱小而需要帮助的。

68

同情的坏品质。——同情有一种它自己作为女伴的厚颜无耻：由于它绝对想要帮助别人，所以它既不会对治疗方法也不会对病的类型和起因感到不知所措，而是大胆地着手对其病人的健康和名声施行江湖郎中的那一套。

69

胡搅蛮缠。——对著作也有一种胡搅蛮缠的态度，自己作为小青年，却装模作样地把自己同所有时代最显赫的著作紧密联系起来，这证明了完全的寡廉鲜耻。——另一些人只是出于无知才胡搅蛮缠：他们不知道

---

① 赫洛斯特拉特是古希腊人，因图名心切，烧毁了神殿，以求扬名。
② 小词是德语中名词的一种构词形式，即在名词后加上-chen 或-ling 等的后缀，以表示亲昵或轻蔑。

在同谁打交道——新老语文学家同希腊人著作的关系往往就是这样的。

70

意志为理智感到羞愧。——我们十分冷漠地制定反对我们感情的理性计划：可这时候我们却对这些计划犯了最严重的错误，因为我们经常在决心应该得到实施的时候，为我们用以下决心的那种冷漠和深思熟虑而感到羞愧。于是我们这时候恰恰出于伴随任何一种感情的那种固执的慷慨而做了非理性的事情。

71

为什么怀疑论者引起道学的反感。——把自己的道德看得很高很重的人，对道德领域的怀疑论者很是生气；因为在他使用了全部力气的地方，我们应该**惊讶**，而不是探讨和怀疑。——然后有这样的人：他们最终剩下的道德仅仅是对道德的信念；他们同样表现出对怀疑论者的反对，也许还带有更加强烈的激情。

72

羞怯。——所有道学家都是羞怯的，因为他们知道，只要人们一注意到他们的倾向，他们就会被当成间谍和叛徒。然后他们尤其意识到自己在行动上是无力的；因为在工作中间，他们的行为动机将他们的注意力从工作中转移开去。

73

一般道德的一种危险。——既高贵又诚实的人正完成着将他们真诚想出来的任何凶恶念头神圣化，并使道德判断的天平停止一段时间工作的事业。

74

最苦涩的错误。——当我们发现，我们在我们确信被人爱的地方只是作为家用器具和房间装饰被人观赏，房屋主人可以在客人面前将自己的虚荣发泄在这些东西上，这时我们真是受到了无法弥补的侮辱。

75

爱与两重性。——除了理解另一个人是用不同于我们或对立于我们的方式生活、工作、感觉,并对此感到愉悦以外,爱还能是什么呢?爱若要通过愉悦而沟通这些对立面,它就不可以取消对立面、否认对立面。——甚至连自爱在一个人身上作为前提都含有不可混杂的两重性(或多重性)。

76

梦的启示。——我们有时在醒着的时候不确切知道或感觉到的东西——我们是否对一个人感到问心无愧或内疚——梦会毫不含糊地告诉我们。

77

放纵。——放纵之母不是快乐,而是不快。

78

赏罚。——没有人进行指控而不想私下里进行惩罚和复仇的——甚至当我们指控自己的命运和指控自己的时候。——所有的抱怨都是指控,所有的愉悦都是赞美:我们可以做这做那,但总得有个人来负责任。

79

加倍不公正。——有时我们通过加倍的不公正来促进真实,这时候也就是这样一种时候:我们不能同时看到一个事物的两面,只能一面一面地看,并如此描绘它们,以至于我们每次都会判断错误,或者在妄想中认为我们看到的东西是全部的真实。

80

不信任。——对自己不信任并不总是显得不确定和羞怯,而是有时像得了狂犬病一般:它陶醉了,为的是不颤抖。

81

暴发户的哲学。——如果你想要有一天成为一个人物,那你也得尊敬你的影子。

82

懂得如何把自己洗干净。——你得学会出污泥而不染,甚至更干净,急需的话，还要用脏水来洗自己。

83

任性。——一个人越是任性，别人就越是不放任他。

84

无辜的流氓。——有一条一步一步慢慢走向罪恶和流氓习气的道路。在道路的尽头，像昆虫群一般啃咬的负疚完全离开了走这条道的人，他尽管十分可耻，却在无辜中漫步。

85

做计划。——伴随着做计划和拿主意有许多好的感觉；有本事终其一生只当计划制定者的人会是一个非常幸福的人，但是他偶尔也会不得不通过执行一项计划而停歇一下这种制定计划的活动——这时就有了烦恼和醒悟。

86

我们用以看到理想的东西。——每个有本事的人都迷上了自己的本事，并且不能从这本事中自由地往外看。如果他别无很多其他的不完美，那么他可能为了他的美德而无法实现他的精神道德自由。我们的缺陷是我们用以看到理想的眼睛。

87

不诚实的赞美。——不诚实的赞扬在事后比不诚实的责备更能造成大得多的内疚，这大概是因为我们通过太强烈的赞扬比通过太强烈的甚至不公正的责备更强烈得多地让我们的判断能力丢了丑。

88

人怎么死法是无关紧要的。——一个人在他生命的全盛时期，在他精力旺盛的时候考虑死亡的整个方式，对于我们称之为其性格的东西，当然是很有说服力的，也是很说明问题的；但是临终时刻本身以及他在临终床上的姿态，对此却几乎是无关紧要的。正在终止的生命已经精疲力竭，尤其是当老年人死亡的时候，在临终时刻大脑不规则、不充分的营养补给，偶尔非常强烈的疼痛发作，整个状况中未经检验确定的新情况，以及迷信的印象和迷信引起的惊恐太经常地出现与发作，好像死亡是一件非常重要的事情，在这里一种最可怕的桥梁要被跨越。——这一切不**允许**我们利用死亡来作为活人的见证。而且说将死的人一般来说比活着的人**更诚实**也是不对的：应该说，几乎每一个人都受到周围人庄严姿态的诱惑，对一会儿有意识一会儿无意识的名利喜剧强忍住或流下眼泪的溪流和感情的溪流。每一个将死的人被用来对待的那种认真态度对有些受人鄙视的可怜家伙来说，无疑是他整个一生中最美好的享受，是对许多不足的一种补偿和部分抵消。

89

风俗和它的牺牲品。——风俗的起源可以追溯到两种观念："集体比个人更有价值"和"持久的利益比短暂的利益更可取"；于是就产生了这样的结论：持久的集体利益绝对应该优先于个人利益，尤其是个人的短暂幸福，此外还有个人的持久利益，甚至个人的继续生存。无论是个人由于一种有益于整体的习惯而受损害，还是个人因它而失去生活乐趣、因它而毁灭——都必须保持风俗，都需要有牺牲品。但是，这样一种思想态度只**出现**在**不**是牺牲品的那些人那里——因为那些人要求在他们的情况中，个别人可以比许多人更有价值，同样，现在的享受以及天堂中的瞬间，也许应该比痛苦状态或富有状态的疲惫不堪的延续得到更高的评价。然而，牺牲品的哲学总是流露得太晚：于是风俗和**道德**就保持下来：所谓道德，不过是对人们在其影响下生活和受教育——而且不是作为个人，而是作为整体的成员，作为一种多数中的一个数字受教育——的整个风俗的情感。——于是不断出现这样的情况：个人以他自己的美德使自己**以多数票获胜**。

90

善与问心无愧。——你们认为，所有的好东西在任何时候都是问心无愧的吗？——科学，也就是说，毫无疑问非常好的好东西，它来到世上，却没有这样一种激情，而且毫无激情，更应该说是偷偷摸摸地、拐弯抹角地、蒙着脑袋或戴着假面具走来，就像一个女罪犯，或至少始终带着一个黑市女贩子的**感觉**。问心无愧总是有问心有愧作为预备阶段——而不是作为对立面：因为一切善的东西一旦是新的，因而也就是不熟悉的、违背风俗的、**不道德的**，像一条虫子一般啃咬着出色的发明者的心。

91

成功使目的神圣化。——我们不害怕走一条道德之路，甚至当我们清楚地看到，驱使我们那样做的动机不过是利己主义——为了收益、个人的舒适、畏惧，以及出于健康、名声、声誉等的考虑。我们称这些动机为不高尚的、自私自利的，可是当它们促进我们的一项美德，例如自我克制、忠于职守、有条不紊、节俭、适度、中庸的时候，我们就服从它们，不管它们的修饰语会是什么！因为如果我们达到了它们召唤我们去争取的目标，那么**已经实现的**美德由于它让我们呼吸的纯净空气，由于它传达的心灵的舒适感而不断**使**我们不太高尚的行为动机**变得高尚**，我们以后再做同样的行为时就不是出于以前导致我们做这些行为的那些粗俗动机了。——因此，教育应该尽可能根据学生的天性**强行实现**美德：美德本身作为心灵的太阳和心灵的夏天空气，也许会对心灵发挥它自己的效应，使它变得成熟和甜蜜。

92

假装是而不是基督徒。——瞧啊，这就是你们的基督教！——为了**激怒**人，你们赞美"上帝和他的圣徒"；另一方面，你们想要**赞美**人，却走得太远，以至于上帝和他的圣徒也不得不发怒了。——我希望你们至少学会使用基督教的方式，因为你们缺乏基督徒之心的教养。

93

虔诚者和不虔诚者的天然印象。——一个十分**虔诚**的人对我们来说必然是一个受尊敬的对象，但是同样也是一个十足的、地地道道的、彻头彻尾的不虔诚的人。在不虔诚者那里，我们就像被崇山峻岭所围绕，最凶猛的大河在这里有它们的源头；在虔诚者那里，就像在充满活力的、有大片树荫的、宁静的树底下。

94

误判死刑。——直截了当地说，世界史上两件最大的误判死刑案是被掩盖的和被很好地掩盖起来的自杀。两件案子中，都是当事人**想要死**；两件案子中，都是当事人通过人的不公正之手把剑插进了自己的胸膛。

95

"爱"。——基督教胜过其他宗教的绝妙诀窍是一句话：它谈论**爱**。于是它变成了**抒情的**宗教（同时，闪族文化的另两个创造物又赋予世界以英雄史诗的宗教）。在爱这个词中，有着如此多义、如此刺激、如此引发回忆和希望的东西，以至于甚至最低下的智慧和最冷漠的心也能感觉到这个词中的一点点光芒。最聪明的女人和最平庸的男人这时候都会想到他们整个人生中相对来说最不自私自利的时刻，尽管小爱神厄洛斯在他们那里只是做了一次低低的飞行；**念念不忘**爱的无数父母、孩子或情人，尤其是升华了性关系的人，在基督教中有了他们的发现。

96

被实行的基督教。——在基督教内也有一种伊壁鸠鲁式的观念，它出自这样一种思想，即上帝所能要求于人，要求于他的创造物和肖像的，只是在后者那里必定有**可能**实行的东西；基督教的美德和完美是可以实现的，而且经常被实现。现在，例如**爱自己的敌人**这样一种**信念**——甚至当这只不过是信念、幻觉而完全不是心理现实（也就是说不是爱）的时候——只要它真正被人相信，就绝对会让人**快乐**（为什么？关于这个问题，心理学家和基督徒的想法当然是不一样的）。于是，**世俗生活**想要通过这样的信念，我的意思是说通过这样的幻觉，即它不仅符合爱敌人的要求，而且符合基督教的所有其他要求，而且还按照"你们要像你们的天父一样完美"的要求真正学会并获得了神圣的完美，从而事实上成为一种**天堂的**生活。也就是说，谬误可以使基督的**预言**得以实现。

97

关于基督教的未来。——关于基督教的消失以及在哪些地区它将消失得最慢的问题，如果我们考虑一下新教出于**哪些原因、在什么地方**猛烈传播开来的话，那我们就可以允许自己作出一种猜测。众所周知，它许诺要远为廉价地完成旧教会所成就的一切,也就是说,没有为灵魂所做的费用巨大的弥撒,没有朝圣,没有神甫们的奢华与淫乐。它尤其在北方民族中传播,这些民族不像南方民族那样深深地扎根于旧教会的信条神学和对形式的兴趣:在南方民族那里,甚至在基督教中也有强大得多的异教信仰继续生存;而在北方,基督教就意味着古老的本地宗教的对立面,意味着同这种宗教的决裂,因此从一开始就是更加诉诸思想而不是诉诸感官的,但是正因为此,所以在危险时刻也更加狂热和固执。如果成功地使基督教失去根基是从**思想**开始的,那么它也将在那里开始消失,也就是说,正是在它竭尽全力捍卫自己的地方开始消失。在别的地方,它将弯曲,但不会折断;会掉树叶,但又会重新长出树叶来——因为在那里,是**感官**而不是思想站在了它的一边。然而正是感官维护了这样的信念,即尽管教会有所有那些开支,但是同严格的劳动工资的关系相比,始终还是更加便宜、更加舒适;因为如果我们习惯了悠闲(或半懒惰),我们还会认为有什么代价不值得拿去换悠闲呢!感官将会对非基督教世界提出异议,认为在非基督教世界里人们不得不过多地工作,获得的悠闲却太少;感官站到了魔法的一边,也就是说——感官更喜欢让上帝为它们工作(让我们祈祷吧,让上帝劳作![*oremus nos*,*deus laboret*])。

98

417　　无信仰者的做戏与诚实。——没有一本书像那本谈论基督的书那样丰富地含有偶尔有利于每一个人的东西——在关于**它的**"真实性"的信念和体验中的狂热的、准备作出牺牲的以及准备去死的快感与真挚,那样坦诚地作出表达——一个聪明人可以从中学到能使一本书变成世界之书、变成人人之友的全部方法,尤其是那种大师的方法,它将一切视为已被发现的,对它来说,没有任何东西是正来临的、不确定的。所有富有影响的书都试图留下相似的印象,好像这里规定了最广阔的精神视野与灵魂视野,每一颗现在的和未来可见的天体都得围绕这个在这里发光的太阳旋转。——那么每一本**纯科学的**书肯定不会出于使上述的书有影响的同样理由而影响寥寥吗?它不会被判处在低下者中低下地生活,以便最终被钉在十字架上,永远不能复活吗?同宗教人士关于他们的"知识"、他们的"神圣"精神所宣告的东西相比,正派的科学人士不是很"精神贫乏"吗?任何一种宗教都能比科学更多地要求断念,更无情地把自私自利的东西从自己身上排除出去吗?——所以,当我们不得不在信仰者面前为自己辩护的时候,**我们**同样地,而且在任何情况下,都有点做戏似的想要说话;因为要进行辩护,不做一点戏是不可能的。然而在我们中间,语言不得不更加诚实;在这里我们利用了一种为了语言自身的利益甚至可以不理解语言的自由。那么,让修士风帽里装着的断念见鬼去吧!让谦恭的表情见鬼去吧!更加重要得多、好得多的是我们的真理听起来就是这样的!如果科学不与认识的**喜悦**及被认识之物带来的**好处**相联系,那我们同科学又有什么关系呢?如果没有一点点信念、爱、希望将我们的灵魂引导到知识那里去,那么还有什么别的东西会把我们引向科学吗?即使在科学中"我"没有任何意义,可是有独创性的、幸运的"我",甚至正派的、勤奋的"我",在科学人士的共和国中却意味着很多很多。我们表示尊敬者的尊敬,祝福或尊敬的人的快乐,有时候个人的荣誉和一般性不朽,是那种非个人化能够实现的奖赏,在这里且不说比较不起眼的前景和报酬,尽管正是因为它的缘故,大多数人往往已经发誓遵守,并不断发誓遵守那个共和国的法律,尤其遵循科学规律。如果我们在某种程度上仍然是**不科学的**人,那么科学能对我们有什么意义呢?总而言之,差不多全面地来说:**对于一个真正的认识者而言,知识是无所谓的。**——将我们区别于笃信者和信仰者的不是信仰和笃信的质,而是信仰和笃信的量;我们满足于较少的东西。但是如果笃信者和信仰者朝我们大声吆喝——那么你们就满足去吧,装着满足的样子!——我们可以轻轻地回答说:"事实上,我们不属于最不满足的人。可是你们,但愿你们的信仰让你们有福,并显现为有福!你们的脸始终比我们的理由对你们的信仰更有害!如果你们的《圣经》的那种快乐信息写到了你们的脸上,你们就没有必要如此顽固地要求相信这本书的权威:你们的工作以及你们的行为,会不断使《圣经》成为多余,通过你们会不断有一本新的《圣经》诞生!然而你们为基督教进行的所有辩解,其根源都在你们的非基督教观念中;你们用你们的辩护,写下了你

418

419

们自己的起诉书。但是，如果你们想要摆脱你们在基督教问题上的这种不足，那你们就要好好考虑一下两千年的经验：用简单的问题形式表达出来就是：'如果基督真的有意要拯救世界，那么不应该说他已经失败了吗？'"

99

作为未来指路者的诗人。——在当今的人中间，存在着这么多剩余的富有诗意的力量，这些力量在塑造生活时未被耗尽；有这么多的力量毫无折扣地献身于一个目标，绝不是要临摹现在，复活和浓缩过去，而是要为未来指路——这不应该被理解成似乎诗人就像一个难以置信的国民经济学家那样会首先认识到比较有利的民族状况与社会状况，并形象地看到其实现的可能性。更应该说，他将要像以前的艺术家们在神像的基础上继续创作那样，在美丽的人像基础上**继续**创作，并预感到下列情况：在我们的现代世界和现实**当中**，没有任何一种对这世界和现实的人为抵制和制止，美好而伟大的心灵现在尚能达到和谐匀称的状态，并通过这种状态获得可见性、持久性以及典范性，也就是说，通过激发模仿和嫉妒以帮助实现未来的地方仍然是有可能存在的。这种诗人的创作会因为看起来隔绝并回避开了**激情**的气息和灼热而出类拔萃：无法纠正的错误做法、整个人类弦乐演奏的被捣毁、恶意讥笑和咬牙切齿以及古老习惯意义上的一切悲剧和喜剧的东西，都会在这种新艺术的附近被感受为对人像的令人讨厌的、仿古式的粗糙化。人物及其行为中的力量、善、宽厚、纯粹以及无意识的天生的节制；一块平整过的可以让脚得到休息和快感的地面；反映在脸上和事件上的光照万物的天空；融合为新的一体的知识和艺术；没有狂妄和妒忌，和自己的姐妹即灵魂住在一起，并从对立面中诱发出优雅的认真态度而不是内心冲突的不耐烦的精神——这一切便是包罗万象的、普遍的构成金色背景的东西，而在其之上，现在已被体现的理想的微妙**差别**才构成真正的**绘画**——关于越来越增长的人类尊严的绘画。——从**歌德**开始，有好些道路通向这未来的创作，但是需要有优秀的开拓者，尤其是需要一种力量，这力量比现在的诗人，即关于半动物、关于同力量和本性相混淆的不开化和无节制的毫无疑虑的描写者，所拥有的力量大得多。

100

作为彭忒西勒亚①的缪斯。——"宁愿死掉烂掉也不当一个没有**魅力**的女人。"一旦缪斯这样想的时候，她的艺术也就快要到头了。但可以是一个悲剧的结局，也可以是一个喜剧的结局。

101

迂回求美之路是怎么回事。——如果美等于使人愉悦——缪斯们曾经这样唱道，那么有用就往往是必要的**迂回求美之路**，它可以完全正当地驳斥那些不愿意等待，想要不通过迂回之路就实现一切好事的"瞬间之人"的短视谴责。

102

为一些过失开脱。——艺术家不间断的创造欲和向外窥视阻碍他作为个人变得更美更好，也就是说，创造**自我**——除非他有足够的敬畏迫使他在同别人一起的生活中显示出他自己的成长始终符合他的作品越来越增长的美和伟大。总而言之，他只有某种程度的力量：其中他应用于**自己**的那一部分——这怎么还能对他的**作品**有好处呢？——也许情况相反。

103

满足最佳者。——如果一个人以他的艺术"满足了他时代的最佳者"，那么这也是一个征兆，说明他**将不会**以他的艺术**满足**下一个时代的最佳者。可是"一个人是为所有时代活着的"——最佳者的喝彩确保了他的声望。

104

出自同一块料。——如果我们和一本书或一件艺术品出自**同一块料**，我们在内心深处就会认为这必定很出色；如果别人认为这很丑陋，认为我们是加了过多的作料，或者是自吹自擂，我们就受到了侮辱。

---

① 彭忒西勒亚：希腊神话中的亚马孙人女王，在特洛伊战争中被阿喀琉斯所杀。

105

语言和感情。——我们被赋予语言不是为了传达**感情**,这一结论的得出是由于所有普通人都羞于寻找言辞来表达他们内心深处的激动:这种激动的传达只是在行动中流露出来,而甚至在这里,当别人似乎猜到他们的动机时,他们还会对此感到脸红。在一般来说神灵不给他们以这种羞耻感的诗人中间,比较高贵的人倒是在使用感情语言时比较少言寡语,让人注意到很勉强,而实际生活中的真正感情诗人则通常是厚颜无耻的。

106

关于匮乏的谬误。——谁没有长时间地完全戒除一种艺术,而是始终在这艺术中感到很自在,谁就不能从远处来理解,如果一个人脱离这种艺术而生活,那他是**无论如何也不会**匮乏的。

107

3/4 的力量。——一部可能留下健康印象的作品,最高可以以其创作者的 3/4 的力量创作出来。如果他相反走到了极限,于是这作品就会使观赏者激动起来,并通过他的内心紧张而使他害怕。一切好事都包含有一些懒散的东西,就像奶牛躺在草地上一样。

108

拒绝饥饿者的来访。——因为对于饥饿者来说,较精美的食品和最粗糙的食品是一样的,前者一点也不比后者更好,所以比较讲究的艺术家是不会想到邀请饥饿者来吃他的饭的。

109

脱离艺术和美酒而生活。——同艺术品打交道就像喝酒一样:如果你两者都不需要,坚持喝水,并且自己通过灵魂的内在之火和内在的甜蜜一再把水变成美酒,这样就更好了。

110

掠夺天才。——如果某人从年轻时开始就毫不迟疑地把不是作为某一个人的财产而完全受法律保护的一切好东西看作免费的猎物,那么艺术中甚至懂得欺骗聪明人的掠夺天才就产生了。现在，过去时代和过去的大师们的一切好东西随处可见，被少数识货者的敬畏圈闭起来、保护起来；掠夺天才由于寡廉鲜耻而对抗这少数识货者，并为自己积累起一笔财富，这笔财富本身会重新引起人们的尊敬和畏惧。

111

致大城市的诗人。——对于当今的诗歌园林，人们注意到，它们离大城市的阴沟太近了：花香中混杂着令人恶心的腐烂的气息。我痛心地问道：你们这些诗人，如果某一种无辜的、美好的感觉接受你们的洗礼，你们还有必要总是请诙谐和污秽当教父吗？你们绝对必须把一顶丑八怪的魔鬼帽戴到你们高贵的女神头上去吗？哪来的这种必要、这种必须？——恰恰是因为你们住得离阴沟太近了。

112

关于谈话中的盐。——尚无人解释，为什么希腊作家如此过于节省地使用空前的丰富性和力量来作为他们的表达方法，以至于每一本希腊之后的书相比之下都显得刺眼、花哨、夸张。——人们听说，在北极冰冻地区和最炎热的国家，盐的使用都同样是比较少的，相反，日照温度比较适中的平原和沿海地区居民却最大量地使用盐。难道希腊人出于双重的理由而不像我们一样需要盐和调料吗？难道这双重的理由就是不仅他们的理智比我们冷静清醒，而且他们的激情本性也比我们的热烈得多吗？

113

最自由的作家。——在一本给自由精灵读的书中，怎么可以不提被歌德尊崇为他那世纪最自由的精灵的劳伦斯·斯特恩①呢！且让他得到这样的荣誉：被称为所有时代最自由的作家。同他相比，所有其他作家都显得僵化、古板、不宽容、乡下人一般直白。他应该得到赞扬的，不是封闭、清晰的旋律，而是"无尽的旋律"：如果这种说法可以用来称呼这

---

① 劳伦斯·斯特恩（1713—1768）：英国作家，《商第传》的作者。

样一种艺术风格的话。这种艺术风格不断把确定的形式断续拖沓地还原成不确定的形式，以至于让它既有这个意思，又有那个意思。斯特恩是伟大的**歧义**——这个词合理地看要比人们通常想到性关系时的意味有着更加广泛得多的含义——大师。那些任何时候都想要确切地知道斯特恩关于一件事情实际上怎么想、在这件事情中他是摆出一副严肃的面孔还是拿出一张笑脸的读者肯定要失望：因为他擅长于在他脸上的一个细微表情中将两者都包含其中；他同样懂得，如何同时既正确又错误地将深沉与闹剧缠绕在一起。他的离题同时又是故事的进一步描述和继续发展；他的警句同时包含着对所有含有警句意味的东西的讽刺，他对严肃认真的厌恶是同一种不能肤浅地、表面地看待一件事情的倾向联系在一起的。于是他在真正的读者那里关于人们究竟是在行走，还是站立着，或是躺着的问题唤起一种不确定的感觉：一种最密切地同飘忽不定的感觉相联系的感觉。他，这位最随机应变的作者，也将这种随机应变的东西传达给他的读者。斯特恩甚至突然变换角色，几乎同时既是作者，又是读者；他的书像是一部戏中戏，像是剧场里处于另一部分观众面前的一部分观众。人们不得不无条件地服从于斯特恩的变化无常——此外还可以期待这种变化无常对他们很宽容，而且始终很宽容。——像狄德罗这样一位伟大的作家对斯特恩这种无处不在的歧义所采取的态度是很罕见、很有启发意义的：也就是说，同样是歧义的——这就是真正的斯特恩式的超幽默。狄德罗在他那本《宿命论者雅克》中赞赏、嘲笑、讽刺性地模仿了斯特恩吗？——人们无法完全搞清楚——也许这正是其作者所希望的。而正是这种疑问使法国人对他们的一流大师之一（他不必在任何古往今来的人面前感到羞愧）的作品很不公正。法国人真是对幽默——尤其是对这种幽默地接受幽默的方法——太过于认真了。——有没有必要补充一句说，斯特恩在所有伟大作家中是最糟糕的样本，是根本不应该当典范的作者，甚至狄德罗也不得不为他的冒险行为而付出代价呢？优秀的法国散文作家以及他们之前的个别希腊罗马散文作家想要做和能够做的事情与斯特恩想要做和能够做的事情正好相反：斯特恩作为大师式的例外，使自己凌驾于所有书写艺术家所要求于他们自己的东西之上：规规矩矩、完整性、个性、意图的连续性、一目了然、朴实无华、不露声色。——可惜斯特恩其人和作家斯特恩之间的关系似乎太紧密了：他那颗松鼠般的心灵急不可待地从一根树枝蹦到另一根树枝；他很熟悉从崇高到卑劣之间的一切；他曾始终带着无耻的明亮如水的眼睛和感伤的表情变化坐在任何一个地方。如果语言不想在这样一种组合面前打退堂鼓的话，那么他就是有一种无动于衷的好脾气，在享受一种巴洛克式的甚至道德败坏的想像力时几乎流露出那种清白无邪的怯生生的妩媚。他所具有的这样一些品质、这样一种灵与肉的歧义、这样一种渗透到身体的每一根纤维和肌肉中的自由精神，也许没有别的人会拥有。

114

经过挑选的现实。——正如优秀的散文作家只用属于口语的词句，但远不是用所有的口语词句——由此就产生了精练的风格——一样，未来的优秀诗人将**只描写现实的东西**，完全不去考虑以前的诗人用来大显身手的任何幻想的、迷信的、不太可靠的、渐渐消逝的题材。只有现实，但远不是所有的现实！——而是一种经过挑选的现实！

115

艺术的变种。——在纯粹的艺术种类，即大静与大动的艺术边上，有一些变种——一心追求静的自命不凡的艺术和激动的艺术：两者都希望人们把它们的弱点当作优点，把它们同纯粹的艺术种类相混淆。

116

颜色无法描绘英雄。——真正属于现在的诗人和艺术家爱好把他们描绘的东西抹到一种闪烁着红色、绿色、灰色以及金色光亮的背景上，**放到神经过敏的感官性**的背景上：19世纪的孩子们确实很擅长于此。这是有缺点的——也就是说，当人们**不用19世纪的眼光来看这些描绘的时候**，这缺点就是，他们描绘的最伟大人物似乎身上有一些闪闪发光的、颤巍巍的、旋转飘忽的东西，以至于人们根本不相信他们会做出英雄事迹来，而认为这些英雄事迹最多只是自吹自擂的英雄化了的恶行。

117

超负荷的风格。——艺术中的超负荷的风格是面对手头过于丰富的手段和意图而缺乏组织能力的结果。——在艺术的初始，往往只有恰恰相反的东西存在。

118

美是为少数人的（Pulchrum est paucorum hominum）。——历史和经验告诉我们，暗中唤起想像并带着幻想超越现实和日常生活的奇异怪丑比艺术中的美和对美的崇拜更**古老**，也有着更丰富的发展——当美感变得暗淡的时候，它立刻重新蔓延开来。对于大多数人来说，同美相比，这似乎是一种更高的需求：无疑是因为它含有更强烈的麻醉剂。

119

艺术品的审美之源。——如果我们考虑艺术感的最初萌芽，自问例如在野人那里，最初的艺术品唤起了哪些不同种类的愉悦，那么我们会首先发现那种**懂得**另一个人**有**什么**用意**时的愉悦；艺术在这里是一种猜谜，它让猜中者为自己的机敏和聪明而获得快感。然后，人们在最粗糙的艺术品那里回忆起经验中**曾**使他们感到愉快的东西，例如，当艺术家暗示狩猎、凯旋、婚礼的时候，人们相应地感到愉悦。——另一方面，人们会在遇到例如对复仇和危险的赞美时感到自己被那种描述所激发、所感动、所点燃。这里的乐趣在于激动本身，在于对无聊的胜利。——甚至对不愉快事情的回忆，只要这问题已经解决，或者只要它让我们自己作为艺术的对象在观众面前显得有意思（例如当一位歌手描述一个冒失的航海家的事故的时候），就能产生巨大的愉悦，这时候人们将这种愉悦归于艺术。——更精致的类型是那种在一看到点、线、节奏中的所有那些有规则的对称的东西时产生的愉悦；因为某一种相似性唤醒了对生活中一切有秩序有规则的东西的感觉。就是这些东西，我们得将一切幸福归功于它们：在对对称事物的崇拜中，人们于是无意识地将规则和匀称尊崇为他们至今的幸福之源；愉悦是一种感激的祈祷。只有在某种程度上较多地享受了最后提到的那种愉悦时，才会产生更细腻的感觉，感到乐趣甚至有可能存在于对匀称与规则的破坏之中，例如，当在表面的非理性当中寻求理性这样一种做法很有诱惑力的时候；这种感觉在这时候就会因此而作为一种有审美功用的猜谜，像是最初提到的那种艺术愉悦上升到更高的一种类型那样出现。——继续沉湎于这种思考的人将会知道，为了说明审美现象，这里原则上放弃了**哪一种假设**。

120

不要太近。——如果好的想法一个个太迅速地连续而来，这是一种缺点；它们互相遮挡了视线。——所以最伟大的艺术家和作家大量利用平常的东西。

121

野蛮和虚弱。——所有时代的艺术家都作出了这样的发现：在**野蛮**中有某种力量；恐怕并不是每个想要野蛮的人都能野蛮的。他们同样发现，有些种类的**虚弱**却对感情产生了强烈的作用。由此产生出不少就连最伟大、最有良心的艺术家也难以完全放弃的艺术手段替代物。

122

好记性。——有些人只是因为记性太好而成不了艺术家。

430

123

造成饥饿而不是消除饥饿。——伟大的艺术家误以为，他们通过自己的艺术已经完全占有并填满了一颗灵魂；事实上，往往使他们备感失望的是，那颗灵魂却因此而变得格外肥大、格外难以填满，以至于现在10位比较伟大的艺术家能闯入灵魂深处，却不能填饱它的肚子。

124

艺术家的恐惧。——艺术家对于人们会不相信他们的人物形象是**活着**的人物的恐惧，可能会误导审美能力下降的艺术家以这样一种方式塑造形象，好像他们的举止行为都疯了一样：正如另一种情况下的希腊最早兴起的艺术家，他们出于同样的恐惧，给死者和严重受伤者安上那种他们知道是关于生命的生动标志的微笑——不关心在这样一种奄奄一息、几乎已经不行的情况下的人会是什么样子。

125

圆应该是圆的。——致力于哲学或艺术方法直至其尽头并围着尽头转的人，出于一种内在的经验，明白为什么后来的大师和教师们往往带着轻蔑的表情背离这种哲学或艺术方法,转向一条新的道路。然而,圆得画圆了——可是个人,甚至最伟大的个人,却牢牢坐在圆周的一点上不动,带着一副毫不留情的固执面孔,好像圆可以永远不封口。

126

以前的艺术和现在的灵魂。——因为每种艺术都越来越能够表达灵魂状态,表达比较激动、温柔、强烈、狂热的状态,所以被这种表达方式惯坏了的后来的大师们都在以前时代的艺术品中感觉到一种不舒服,好像古人只是缺乏让他们的灵魂清楚表白的手段,也许干脆就是缺乏一些技术上的先决条件;他们认为自己不得不在这里帮点忙——因为他们相信相似性,甚至所有灵魂的一致性。可事实上,那些大师们本身的灵魂是另外一种,也许**更伟大**,但是更冷漠,他们对那些迷人的活泼的东西很是厌恶:适中、对称、对欢快迷人之物的蔑视、一种无意识的酸涩和清晨的寒意、一种对激情的回避(好像艺术将毁在它的手里)——这一切构成了从前所有大师的思想意识和道德,他们不是偶然而是必然以同样的道德,选择并注入气息于他们的表达方式中。——可是,这样的认识难道就意味着要拒绝后来者按照自己的灵魂来赋予以前的作品以灵魂的权利吗?不,因为只有通过把我们的灵魂给予它们,它们才能继续活下来:只有**我们的**血液才能使它们同**我们**说话。真正的"历史"演说可以幽灵般地同幽灵去说。——人们不是通过让每一个词、每一个注解待在原地不动的那种无益的畏缩不前,而是通过帮助它们不断重新活过来的积极尝试来尊敬过去的伟大艺术家的。——当然,如果我们设想贝多芬突然回来,在他面前响起了他的一部按照有助于我们的演唱大师获得荣誉、最现代的煽情和感觉细腻的方式加以处理的作品,他也许会长时间哑口无言,不知道是否应该举起手来表示诅咒还是祝福,但最终也许会说:"嘿!嘿!这既非我,亦非非我,而是某种第三者——在我看来,即使它不完全**合适**,也在某种程度上是合适的。可是,你们最好注意你们是怎么来进行的,因为无论如何是你们得听它——活生生的总是合适的,我们的席勒如是说。那么**就**合适好了,让我下去吧。"

127

简洁非难者的非难。——简洁地叙说某事可以是许多长期思考的成果和收获,但是读者如果是这个领域里的新手,根本还没有深思熟虑一下,那他就会在所有简洁说出的事物中看到某种不成熟的东西,不无非难地暗示作者是拿了这样一些尚未长好的不成熟的东西放到桌上给他吃。

128

反对短视者。——难道你们认为,因为人家给你们(而且不得不给你们)片段,所以这就必然是不完整的作品了?

129

警句读者。——当人们努力从一般回过头去猜想警句所源于的特殊的时候,就连最糟糕的警句读者也是警句创作者的朋友:因为通过这种刨根问底,他们使作者的全部努力破灭,以至于他们现在应得的不是一种哲学情调和教导,在最好或最坏的情况下也不过是平庸好奇心的满足,除此之外什么也得不到。

130

读者的恶习。——读者针对作者的双重恶习在于以牺牲作者的第一本书为代价,来称赞作者的第二本书(或相反),同时要求作者对他表示感激。

131

艺术史上令人激动的事。——如果我们密切注意一门艺术的历史,例如希腊雄辩艺术的历史,我们就会从一位大师走向另一位大师,看到这种对于服从全部古老的规则、新添加的规则以及自我限制的倾向的越来越高度的关注,最终陷于痛苦的紧张之中:我们明白,弓拉得太紧就得折断;我们也明白,所谓的无机结构在最奇异的表达方式的遮掩或掩饰下——在那种亚洲式的巴洛克风格的情况下——曾经是一种必然,而且几乎是一件**好事**。

132

致艺术伟人。——你这个伟人带入世界的对一项事业的热忱让许多人的理智**畸形**生长。知道这一点会使人感到受了侮辱。但是热忱者骄傲而快乐地扛着驼峰：因为你认为是通过你使世界的快乐**增加**了，所以你感到安慰。

133

无审美良心的人。——一个艺术派别的真正的狂热信仰者是那些完全非艺术的人，他们甚至没有探究过艺术学说和艺术才能的基本原理，但是却最强烈地被一门艺术的所有**基本**效果所打动。对他们来说没有任何审美良心——因此也没有任何东西阻止他们变得狂热起来。

134

灵魂该如何按照较新的音乐运动。——较新的音乐在被非常强烈地但是模糊不清地称作"无尽的旋律"的东西中所追寻的艺术家的意图，我们可以通过以下方式来阐明：一个人走到海里去，渐渐地在海底站不住了，于是最终无条件地把自己交付给汹涌澎湃的自然力：一个人应该**游泳**。在至今较古老的音乐中，人们不得不在优美的或节日般的或火一般的来回旋转中，有快有慢地**跳舞**；在跳舞当中，必要的适度以及倾听者的灵魂对某种平衡的时间与力量强度的遵循，强行造成一种不断的谨慎；那种音乐的魔力就在于这种谨慎所产生的阵阵清凉之风与音乐热忱的暖烘烘的气息的相互作用。——理查德·瓦格纳想要另一种**灵魂运动**，如已经说过的那样，这种运动同游泳和飘逸有关。也许这是他的革新中最本质的东西。源于这种意愿并与之相适应的他的著名艺术手段——那种"无尽的旋律"——努力打破甚至有时嘲讽所有数学方式的时间匀称和力量匀称；他大量发明这样的效果，这对于较古老的耳朵来说，听起来就像是有节奏的自相矛盾和渎神言论。他害怕音乐的石化、晶化，害怕音乐过渡为建筑学——于是他以一种三拍的节奏来反抗二拍节奏，引入五拍或七拍的情况也不少见，很快重复这同样的乐句，但是带着一种延长，让它有两三倍的时间长度。对这种艺术的舒舒服服的模仿会产生对音乐的巨大危险：在过于成熟的节奏感旁边总是埋伏着节奏的粗野化和节奏的衰退。当这样一种音乐越来越紧密地靠到一种完全自然主义的、未受较高级的雕塑艺术培养和统治的表演艺术和手势语言上去时，这种危险尤其将变得很大。这种表演艺术和手势语言本身不具有任何尺度,因此也不能向紧贴着它们的各种成分以及**太女性化**的音乐性传达任何尺度。

135

诗人与现实。——**不热爱**现实的诗人的缪斯将根本不是现实,她将为他生下眼窝深陷的、患有过于严重的软骨病的孩子。

136

手段和目的。——在艺术中目的不为手段辩护,但是神圣的手段在这里可以为目的辩护。

137

最糟糕的读者。——最糟糕的读者是那些举止像掳掠抢劫的兵匪一样的人:他们滥用一些他们可能需要的东西,把剩余的东西搞得又脏又乱,还对整体加以诽谤。

138

优秀作家的标志。——优秀作家有两点是一样的:他们宁愿被理解,而不是被赞叹;他们不是为尖刻的、过于敏锐的读者写作的。

139

混合类型。——艺术中的混合类型可以为创作者对他们自己能力感觉到的不信任作证;他们寻求帮手、辩护人、藏身处——于是有呼唤哲学帮助的诗人,有呼唤戏剧帮助的音乐家,有呼唤修辞学帮助的思想家。

140

把嘴闭上。——如果作者的著作把嘴打开了,他就得把嘴闭上。

141

级的标志。——所有热爱最高级的诗人和作家想要的比他们能做到的要多。

142

冷漠的书。——优秀思想家指望读者感觉到存在于好思想中的快乐:

以至于一本看起来冷静清醒的书，若以合适的眼光来看，似乎有精神喜悦的阳光所围绕，是一种真正的心灵安慰。

143

慢条斯理者的诀窍。——慢条斯理的思想家通常选择喋喋不休或庄严隆重作为盟友：通过前者，他打算将机灵和潺潺流动占为己有；通过后者，他唤起一种假象，好像他的品质是自由意志的结果，是艺术意图的结果，是为了达到动作缓慢所要求的尊严的目的。

144

关于巴洛克风格。——懂得自己作为思想家和作家不是为了观念的辩证法和观念的分析而出生或受教育的人，将不自觉地求助于**修辞**和**戏剧**的东西；因为最终要看他是否能让自己变得**被人理解**，从而赢得权力，不管他是通过在一条平坦的小路上把感情引向自己，还是通过突然袭击——作为牧羊人，或者作为盗匪。这既适用于造型艺术，也适用于诗歌艺术；在这些艺术中，辩证法不足的感觉，语言和叙述方式匮乏的感觉，再加上一种过于丰富的咄咄逼人的形式冲动，产生出人们称之为**巴洛克风格**的那种风格。——只是顺便说一下，受过糟糕教育的人和狂妄不自量的人一听到这个词将马上会有一种轻蔑的感觉。巴洛克风格总是出现在任何一种伟大艺术凋谢的时候，出现在古典表现艺术的要求变得太高的时候，这是一个自然事件，人们大概将带着忧郁——因为是在夜晚到来之前——注视它，同时又带着对它固有的表现艺术和叙述艺术的替代品的赞美。属于这种替代艺术的是具有最高度的戏剧性紧张气氛的素材和题材的作品，遇到这样的素材和题材，即使没有艺术，心也会颤抖，因为感觉中的天堂和地狱太接近了；然后是强烈的感情和表情的雄辩、丑陋和崇高的雄辩以及大众的雄辩，尤其是量本身的雄辩——正如在意大利巴洛克艺术家之父或祖父米开朗琪罗那里已预示出其来临一般；投在如此坚固构造的形式之上的朦胧之光、神化之光、欲火之光；此外还不断有手段和意图上新的大胆行动，这是艺术家为艺术家们竭力强调的，而外行必然误以为看到了一种极为丰富的原始自然艺术的持久而无意的漫溢；这种风格借以拥有其伟大地位的所有这些品性在一种艺术门类较早的前古典的和古典的时代，都是不可能的，也是不允许的：这样的精致美味长期作为禁果悬挂在树上。正是在现在，当音乐转入这最后的时代时，人们能够在一种特别的壮观景象中认识巴洛克风格现象，并通过比较大量了解以前的时代：因为自希腊时代起，在诗歌、修辞、散文、雕塑中，以及众所周知的在建筑中，巴洛克风格已经较为常见——虽然这种风格同样缺乏最高的高贵，缺乏一种无辜的、无意识的、有必胜信念的完美的高贵，但是它也使它那时代的许多最佳者和最认真的人受了益——所以如说过的那样，不加考虑地对它加以轻蔑评价是狂妄不自量的；可谁的感觉要是不被它搞得对更纯粹、更伟大的风格没有接受能力，谁就该大大地庆幸自己了。

145

诚实之书的价值。——诚实之书使读者诚实，至少在它们引出他的仇恨和厌恶的时候；要不然，就是最顽皮的机智都懂得，即使在最佳情况下，也该把这些东西隐藏起来。因为，当我们对于人尚能很自我克制的时候，对于一本书，我们就放任自己了。

146

艺术如何形成派别。——个别美好的段落，一个令人激动的总体进程，结尾时吸引人的令人震颤的情绪——一部艺术品中的**这么些**东西连外行也会明白：在一个人们把大量外行**拉到**艺术家一边的时代，也就是说，为了保存艺术本身而要形成一个派别的艺术时代，创作者不必给予**更多**，就会做得很好，从而他在没有人懂得要来感谢他的地方不会浪费他的本事。因为在那种情况下，做多余的事情——模仿自然的**有机**形象和**有机**发展变化——叫做竹篮打水一场空。

147

违背历史地变得伟大起来。——每一个后来的大师，当他把艺术欣赏者的趣味引上**他自己**的道路时，都会不自觉地挑选出以前的大师及其作品加以重新评价：他们当中同**他**相一致、相联系的东西，以及他们当中特别符合**他**的趣味并预示**他**到来的东西，从现在起，被当作他们身上及其作品中原本就**有价值的**东西——一个里面通常隐藏着一条大虫子的果子，这条大虫子就是一个大**谬误**。

148

如何把一个时代引入艺术的圈套。——我们借助于艺术家和思想家的全部魔法教会人们在自己的匮乏面前、精神贫乏面前以及荒唐的盲目行为和激情面前，感受到敬意——这是有可能的；我们关于罪恶和疯狂只展示崇高的方面，关于意志薄弱者和盲目顺从者的弱点只展示这样一种状态中动人的触及内心的东西——这种情况也经常发生：我们这就是运用了给一个甚至全然非艺术、非哲学的时代注入对艺术和哲学（尤其是对作为个人的艺术家和哲学家）的**热爱**的手段，在糟糕的情况下，这也许是维护这样一种娇嫩的受到威胁的产物之存在的惟一手段。

149

批评与快乐。——无论是片面的不公正的批评，还是理智的批评，都使批评者得到那么大的乐趣，以至于世人应该感谢促使许许多多人来进行批评的每一部作品、每一个行为：因为在它后面总是拖着一条闪闪发光的尾巴，其中包含着快乐、风趣、自我赞美、骄傲、劝导、进取心。——快乐之神出自创造好东西的同样理由而创造出坏东西和不好不坏的东西。

150

越界。——当一个艺术家不仅仅想要当一名艺术家，而且还想要唤醒民族道德的时候，他会受到惩罚，最终迷上了纯粹由道德材料构成的狂热——而缪斯女神则笑对这种做法：因为这位如此好心的女神也会出于妒忌而变得怀有恶意。于是我们想起了弥尔顿和克罗普斯托克①。

151

玻璃眼睛。——着眼于**道德**题材、人物、主题以及着眼于艺术品的美好灵魂的天赋倾向，有时只是**缺乏**美好灵魂的艺术家给自己安上的玻璃眼睛：其结果是这眼睛很难成为活生生的真眼睛，最多也只能是看上

---

① 弗里特利希·哥特利普·克罗普斯托克（1724—1803）：德国诗人，生前常被人称为"德国的弥尔顿"。

去缺了点活力的真眼睛，——而通常的结果是，在只有冷冰冰的玻璃的地方，所有人都以为看到了真眼睛。

152

写作和胜利的愿望。——写作应该总是显示一种对自己的胜利，而且是对**他自己**的一种征服，这种征服必须传达出去，以便对别人有好处；但是有一些消化不良的作者，他们只是在他们不能消化某些东西，甚至这些东西还留在牙齿缝里的时候才写东西：他们不自觉地试图以他们的不快来使读者也感到烦恼，从而对读者施行暴力，也就是说，他们也想要胜利，不过是对别人的胜利。

153

"好书多磨"。——每一本好书出现时总是带着苦涩味：它有过失，因为它是新的。此外，如果它在世的作者很有名，关于他的一些情况透露出来，也会损害到这本书：因为所有人都习惯于将作者和作品混为一谈。作品中属于精神方面的东西、甜蜜的东西、金光灿灿的东西，得经过多年的时间，在发展中的、然后是老成的、最终是一代代流传的敬仰之心的照料下，才能发育成熟。必须花一些时间在上面，有些蜘蛛已经在上面织起了它们的网。好读者使一本书越来越好，好对手把它搞得明明白白。

154

作为艺术手段的过度。——艺术家大概明白这是什么意思：利用过度作为艺术手段来唤起具有丰富感的印象。这属于诱拐灵魂的欺诈手段，然而这种手段是清白无辜的，艺术家必须精通：因为在他们那个意在表面的世界里，连造就表面的手段也不必是真的。

155

隐藏的手摇风琴。——天才比才子更懂得借助于衣服上更丰富的褶子隐藏起手摇风琴；但是归根结底，他们也只不过能一再重复地演奏他们的七个老曲子。

156

扉页上的名字。——书上有作者的名字，现在已成为习俗，甚至已

443 成为义务了；然而这是一个使书生效甚少的主要原因。因为如果书好，那么作为个人精髓的书就比个人更有价值；但是作者借标题一作自我介绍，其精髓就被读者以个人的甚至最个人的东西重新稀释了，从而妨碍了书的目的的实现。理智的雄心在于显得不再是个人的东西。

157

最尖锐的批评。——当我们描绘出一个人、一本书的理想时，我们就是对他们作了最尖锐的批评。

158

很少爱和没有爱。——每一本好书都是为某一位读者及其同类人而写的，恰恰因为这个原因，占大多数的所有其他读者对它作出很不利的评价：因此它的名声立足于狭隘的基础，只能慢慢建立起来。——平庸的书和坏书之所以平庸、之所以坏，正是因为它们试图讨好许多人，也确实讨好了许多人。

159

音乐和疾病。——现代音乐的危险在于，它把盛满欢乐辉煌之浆的酒杯如此富有魅力地举到我们的嘴边，如此带有一种道德狂喜的外表，以至于平常人和高贵者都总是从中多喝了几滴。但是，这种不断重复的最小限度的放纵，最终给精神健康造成的深度震动和破坏，比任何一种
444 严重过度可能做到的情况都要更加严重；以至于除了有一天逃离仙女的洞穴①，经历惊涛骇浪与千难万险，奔向伊塞卡的炊烟，奔向更朴实更人性的妻子的怀抱以外，再没有剩下任何东西。

160

裨益于对手。——一本富于思想的书也会将其中的思想传达给它的对手。

161

青年与批评。——批评一本书——只是针对青年人而言——是不让

---

① 希腊古代传说中的英雄奥德修斯在特洛伊战争结束后回国，途中在海上被羁留在仙女卡吕普索的洞穴中。

书中独一无二的有创造性的思想靠近,是奋力自卫。小青年生活在防卫状态中,反对所有他不能整个儿去爱的新事物,他尽可能经常性地在每次这样做的时候都犯一个多余的罪行。

162

量的效果。——诗歌艺术史中最大的悖论在于,在老诗人们借以维持其伟大的一切事物中,一个人可以是一个野蛮人,也就是说,从头到脚都不完善,都是畸形的,然而这仍不妨碍一个诗人成为最伟大的诗人。莎士比亚就是这样的情况,同索福克勒斯相比较,他就像一座满是金子、铅、卵石的矿山,而索福克勒斯则不仅是金子,而且是具有最高贵形态的金子,其作为金属的价值几乎已被遗忘。而量被提升到最高阶段,便作为质而**生效**。这就对莎士比亚有好处。

163

万事开头险。——诗人有这样的选择:要么一步步提升感觉,最终将它提升到非常高的高度;要么以一种袭击的方式来尝试感觉,从一开始就以全力猛拽钟绳。两种选择都有其危险:第一种情况他的听众也许因为无聊而离开他;第二种情况他的听众则因受了惊吓而离开他。

164

为批评家辩解。——昆虫叮人不是出于恶意,而是因为它们也要活;我们的批评家也一样:他们要我们的血,而不是要我们痛。

165

格言的结果。——当一句格言以其朴实无华的真理立即使没有经验的人们开了窍的时候,没有经验的人们总是认为这句格言是古老而闻名的,因此便斜眼看其作者,好像他窃取了大家的共同财富;而他们则津津乐道于添油加醋以后的半真半假的东西,并让作者知道这情况。作者懂得赏识这样的提示,也很容易猜出,他在哪里是成功的,在哪里是不成功的。

166

胜利意愿。——一名在自己从事的所有事情中都力所不能及的艺家，最终却吸引大众和自己一起经历了他提供的强有力的格斗场面：因为成功并不总是只在胜利那里，有时是在胜利意愿那里。

167

为自己而写（Sibi scribere）。——明智的作者只为他自己的后代写作，也就是说，为他的晚年写作，为的是那时候还可以自得其乐。

168

格言赞。——一句好格言对于时间之牙来说太坚硬了，所有的千年都消耗不了它，尽管它有助于哺育每一个时代，因此它是文学中的伟大悖论，是变异中的永恒，是像盐一样始终受到珍视的食物，而且绝不会像盐那样变得令人不快。

169

二流的艺术需求。——大众无疑拥有某些你可以称之为艺术需求的东西，但是这种需求很少，满足起来很容易。实际上，就此背离艺术已经足够了：我们应该老老实实地对自己承认这一点。我们只要想一想，例如，现在我们人口中最强健、最正派、最真诚的阶层真正喜欢什么样的旋律和什么样的歌曲，我们如果生活在牧民、山民、农民、猎人、士兵、水手中间，就能给自己找到答案。在小城里，正是在从古代继承下来的市民道德之家的房子里，那些尤其是现在产生的最糟糕的音乐不是受到爱好甚至偏爱吗？**像真的似的**谈论较为深刻的需求，谈论大众方面未满足的艺术渴望，谁就是在胡说八道或是撒谎。你们诚实一点吧！现在，只有**特殊的人**那里才有一种**高格调**的艺术需求——因为艺术从根本上讲又一次处于衰败之中，人的力量和希望有一段时间专注于别的东西。——此外，也就是说，在大众以外，在较高或最高的社会阶层中，确实还存在着一种较广泛的、较大范围的艺术需求，不过是**二流的艺术需求**：在这里，某种类似于真正意义上的艺术团体的东西是可能的。但是我们来看一看各种构成因素吧！一般来说，这是一些在自己身上得不到真正乐趣的较敏锐的不满者；是尚未变得足够自由而能放弃宗教安慰，但是认为他们的圣油还不够芬芳的有教养者；是太懦弱而不能通过英勇的悔改或节制来战胜自己生活中的一个基本错误或自己性格中的有害倾向的半贵族；是认为自己太了不起而不能通过简朴的活动来让人受益，同时又太懒散而不能认认真真从事自我牺牲工作的天资丰盈者；是不懂得为自己建立起足够的义务范围的女孩；是通过一场轻率的或罪恶的婚姻承担起义务，但是知道还没有被束缚得足够严实的女人；是学者、医生、商人、官员，他们过早地以各自的身份出现，从来没有让他的整个本性充分展现过，为此他们耿耿于怀，但是毕竟还是努力做好工作；最后是所有那些不齐全的艺术家——这些便是现在仍有真正艺术需求的人！那么他们真正渴望于艺术的是什么呢？它应该在好几个小时、好些片刻中，为他们驱除不适、驱除无聊、驱除稍稍的愧疚，也许，要将他们生活和性格中的错误夸大地解释为世界命运的错误——十分不同于希腊人，希腊人在自己的艺术中感觉到他们自己健康安好的流泻和漫溢，爱好**再一次**在自身之外看到自身的完美——是自我欣赏将他们引导到艺术那里，而我们这些同时代的人，是自我厌恶把我们引向艺术。

170

剧院中的德国人。——德国人中真正的戏剧才子是科策布；他和他那些德国人，那些上流社会和中产阶级社会的德国人，必然属于同类，他的同时代人会非常认真地谈起他："他就是我们的生活、我们的活动、我们的存在。"在这里，没有勉强的东西，没有夸张的东西，没有部分和完全享受的东西；他想要的东西和能做的事情，都被理解了，甚至直到今天，德国舞台上**诚实可靠的**戏剧成就还是为科策布方法与效果的羞答答的或毫不害羞的继承者所拥有，尤其是在喜剧仍然有某种程度繁荣的地方；由此而产生这样的情况：那个时代的许多德意志民族特性，尤其是在远离大城市的地方，仍然生生不息。快快活活，沉湎于小乐趣，渴望流泪，希望至少在剧院中可以丢开天生的严格遵守义务的清醒头脑，笑眯眯地甚至笑嘻嘻地表示宽容，将善和同情混为一谈——因为这就是德国式多愁善感的根本内容，遇到慷慨的好事就极端快活，此外，对上级卑躬屈膝，相互妒忌而在内心里则自我满足——这就是他们，这就是

449 他。第二位戏剧才子是席勒：他发现了一类直至那时一直未在考虑之列的听众；他发现他们处于不成熟的年龄，在德国的女孩和小伙子中间。他以他的创作来迎合他们较为高大、高贵、狂热以及较模糊的冲动，迎合他们对道德词句的铿锵声的乐趣（这种乐趣通常在 30 岁以后消失），并且由于那个年龄段人的狂热和结党结派的嗜好而取得一个成就，这成就渐渐也会对较成熟年龄段的人产生有利影响：席勒一般来说是使德国人**年轻化**了。——歌德曾经在任何方面都高居于德国人之上，现在仍然如此：他将永远不属于他们。一个民族怎么可以在**善和善意**方面和歌德的**修养**相比呢！正如贝多芬创作了德国人无法明白的乐曲，叔本华探讨了德国人不懂的哲学那样，歌德写出了德国人不理解的塔索和伊菲革尼。追随他的是**很小的**一群有最高教养的人，他们受过古代文化、生活、旅行的教育，超越德国人的本性成长起来——歌德本人无非就希望这样。当浪漫主义者然后建立起他们有意识的歌德迷信的时候；当他们惊人的艺术趣味然后传到了黑格尔的学生——19 世纪德国人的真正教育者手中的时候；当觉醒的民族雄心也有利于德国诗人的名声，当一个民族是否**能诚实地喜欢**某种东西的真正的民族标准无情地服从个人判断力和那种民族雄心的时候——也就是说，当人们开始**不得不**喜欢的时候，德国文化中的那种欺骗性和虚假性就此产生，它为科策布感到羞愧，把索福克勒斯、卡尔德隆甚至歌德的浮士德续篇搬上舞台，并且由于生了舌苔的舌头和鼓胀的胃而最终不再知道什么对它是有滋味的，什么对它是无聊的。——那些有品味，即使只是一种拙劣品味的人，有福了！——而且不仅仅有福，只要有这种素质，还可以变得智慧：因此在这类事情中非常精细的希腊人用一个词来表示智者，这个词的意思是**有品味的人**，并且干脆把艺术的以及知识的智慧叫做"品味"（*sophia*）。

171

450 作为每一种文化晚期产物的音乐。——通常总是在特定社会政治条件下的特定文化土壤中成长起来的所有艺术中，音乐作为所有植物中的**最后一株**，在属于它的文化的秋天和万物凋零中破土而出：在这期间，一个新的春天的最初征兆和标志通常已经可以注意得到；甚至有时候音乐像是一个湮没了的时代的语言传到了一个惊讶的新世界，它来得太晚。只是在尼德兰音乐家的艺术中，基督教中世纪的灵魂才发出了它洪亮的声音：其乐音建筑艺术是哥特式艺术的小妹妹，但却是真正的可以相匹配的妹妹。只是在亨德尔的音乐中，才响起了路德及其同类人最美好的心灵之声，那种推动整个宗教改革运动的犹太英雄式的伟力。只有莫扎特才以**铿锵的**金子般的声音对路易十四时代和拉辛、克劳德·洛兰的艺术作出了回应。只有在贝多芬和罗西尼的音乐中，18世纪才唱出了自己，这个幻想的、理想破碎的、快乐转瞬即逝的世纪。于是一位爱作感伤比喻的朋友会说，任何真正有意义的音乐都是天鹅之哀鸣①。因此音乐并**不像**人们为了赞美它而说的那样，是一种普遍的、超时代的语言，而是精确符合一种感觉的热情程度的时代的尺度，这种尺度带有一种完全特定的、个别的、时间地点上相联系的文化作为内在法则：帕莱斯特里纳的音乐对于希腊人来说会是完全接受不了的，而另一方面，帕莱斯特里纳听到罗西尼的音乐会听出什么来呢？——也许，连我们最新的德国音乐，尽管这么流行，而且乐于流行，在很短时间内，也不会再被理解：因为它出自一种处于迅速败落中的文化；它的土壤是那个反动复辟时代，在这个时代里，某种**感觉上的天主教倾向**和对所有**国内的、民族的本质和原始本质**的爱好一起开出花来，在欧洲上空散发出一种混合的芬芳：感觉的这两个方向，按最强烈的程度来理解，并推进到最远的极限，最终奏响在瓦格纳的艺术中。瓦格纳对古老德国萨迦的挪用；他在萨迦中的如此陌生的神和英雄当中进行的美化处理——这些神和英雄实际上是十足的食肉动物，只是心血来潮地作出沉思、慷慨、厌世的姿态，瓦格纳给这些形象增加了基督教中世纪对陶醉的感官享受和禁欲主义的渴望；这些形象被重新赋予的生气——在题材、情感、形象、言辞方面的这整个瓦格纳式的取舍，清楚地道出了**他的音乐精神**，如果他的音乐像所有其他音乐一样，能完全没有歧义地谈论自己的话：这种精神向从18世纪传入19世纪的启蒙精神，同样也向体现为法国的彻底变革狂热和英美对

---

① 德文原文为"Schwanengesang"，指天鹅临死前发出的十分动人的哀鸣，同时也指作曲家、诗人的最后作品。

国家、社会的冷静改组的超民族思想发起了**最后的**征战和反击。——可是，在这里——在瓦格纳自己和他的追随者那里——似乎被遏制的思想感情领域已经早就重新占了上风，而且对这种迟到的音乐的抗议大多传到了宁愿听其他反其道而行之的音调的耳朵里，这不是很明显了吗？以至于有一天这种了不起的高级艺术会十分突然地变得不可理解，上面结满了蜘蛛网，从人们的记忆中消失。——关于这样的实际情况，你不要让自己受到那种作为反动中的反动，作为整体运动中的波峰暂时下落的短暂波动的误导；所以，这10年的民族战争、10年的教皇至上主义者的殉道、10年的社会主义恐慌，也许会在其比较细微的后续效果中促使上述艺术突然辉煌起来——但是并不因此而保证它一定可以"有前途"，或者干脆说它拥有**未来**。——音乐的特点在于，它的文化丰收年的果实比造型艺术的果实或者干脆在知识之树上长出的果实要更早变得没有味道，腐烂得更快：因为在人类艺术感的所有产物中，**思想**是最持久、最牢靠的。

172

不再是教师的诗人。——也许下面的情况会使我们的时代感到有点陌生：曾经有这样的一些诗人和艺术家，他们的灵魂超越了激情和激情造成的痉挛与狂喜，因此他们喜欢比较纯粹的题材、比较有价值的人、比较细巧的结和解。现在的伟大艺术家通常都是意志的释放者，因此而在有些情况下又是生命的解放者，今天的艺术家的名声也许在于放纵、解放、摧毁；而以前的艺术家则是意志驯服者、动物转化者、人类创造者，尤其是教育者，是生命的改造者和深造者——以前的希腊人要求诗人应该当成年人的教师，但是如果现在来要求诗人做到这一点的话，他会感到多么羞愧——他自己不是好教师，所以他自己也不会成为一首好诗、一个好形象，在有利的情况下，最多就像是一座神庙的羞涩而富有吸引力的废墟，但同时又是一个欲壑，乱七八糟地蔓生着鲜花、大蓟、毒草，是虫、蛇、蜘蛛以及鸟类居住和光顾的地方——一种引起哀思的东西，思考为什么现在最高尚、最珍贵的东西很快就不得不作为废墟生长起来，没有完美的过去和未来。

173

瞻前顾后。——一种艺术，就像从荷马、索福克勒斯、忒奥克里托斯、卡尔德隆、拉辛、歌德那里**流出**的那种，通常作为一种明智而和谐的生活方式的**盈余**——那是一种当我们自己变得更聪明、更和谐时最终学着掌握的权利：不是出自一个控制不住的混乱灵魂的形形色色激情的野蛮然而令人陶醉的迸发，我们以前作为小伙子时把这种迸发理解为艺术。然而，不言而喻，对于一生的某些时期来说，一种过度紧张的、有刺激的以及对有规则、单调、简单、合逻辑的事物感到厌恶的艺术是一种艺术家**不得不**适应的要求，从而使这些时期的灵魂不至于由于各种胡闹和顽皮而投入到别的方向上去。所以小伙子们就像他们通常的情况那样，精神饱满，内心涌动，只为无聊而痛苦，他们需要——缺少一种使灵魂充实的好工作的妇女也需要——那种令人陶醉的混乱的艺术。他们对一种无变动之满足的渴望，对一种无麻木与陶醉之快乐的渴望，格外强烈地迸发出来。

174

反对艺术作品的艺术。——艺术应该而且尤其应该首先**美化**生活，从而使**我们**自己可以被别人忍受，有可能的话，变得让别人感到舒适：有这样一项任务在眼跟前，我们受到它的控制和支配，它创造了交往的形式，使没有教养的人从属于礼仪的法则、整洁的法则、礼貌的法则、在适当时候说话和保持沉默的法则。然后，艺术应该**藏匿**或**重新解释**一切丑的东西，尽管有各种努力，那些痛苦的、可怕的、令人厌恶的东西由于人性的缘故还总是一再冒出来：艺术尤其应该在激情、心灵痛苦、心灵恐惧方面如此行事，在不可避免或不可克服的丑陋事物中让有**意义的东西**透过去。在艺术的这种伟大的甚至过于伟大的任务之后，所谓真正的艺术，即**艺术作品的艺术**，只是**一种附属物**。一个在自身中感受到这样一种进行美化、藏匿、重新解释的力量之盈余的人，最终将仍然试图把盈余发泄到艺术作品中；同样，在特殊情况下，全体人民也会这样。——然而，我们现在通常是在终结处开始艺术的，依恋着它的尾巴，并认为艺术作品的艺术是真正的艺术，从它出发，生活应该得到改善和改变——我们这些傻瓜！如果我们以饭后甜食来开始我们的膳食，品尝一道又一道的甜品，那么要是我们被艺术家邀请我们受用的营养丰富、滋味可口的美味佳肴弄坏了肠胃或者胃口，就没有什么可奇怪的了！

175

艺术的继续存在。——一种艺术作品的艺术现在究竟何以继续存在？是由于大多数有空闲时间的人——而且只是因为有了这种人才有这样的艺术。他们相信不听音乐、不上剧院和画廊、不读小说诗歌就无法打发他们的时间。假定你可以**不让**他们得到这样的满足，那他们要么就会不那么迫切地争取空闲，看见有钱人就引起嫉妒的情况会变得**更罕见**——大为有益于社会的持续稳定；要么他们拥有空闲，但是学会了**考虑**——这是你可以学会也可以荒废的事情——例如考虑他们的工作、他们的关系，考虑他们可以表示的快乐；所有人，除了艺术家，都会从这两种情况中获得好处。——肯定有一些强健而明智的读者，他们在这里懂得提出一个有益的异议。不过，为了那些笨拙之人和有恶意之人的缘故，应该说一下，在这里也像本书中经常有的情况那样，作者很重视这种异议，读者应该在书中读出一些恰恰没有写在其中的东西。

176

神的喉舌。——诗人说出大众拥有的较高的普遍看法，他是他们的吹嘴和笛子——但是，由于韵律和所有其他的艺术手段，他表达这些看法的方法使大众像接受某种全新的奇异之物一样接受它们，并且很认真地认为，诗人就是神的喉舌。甚至在创作的云山雾水中，诗人自己也忘记了他所有的那些心灵智慧是从哪里来的——从父母那里、从教师和各种书本那里、从街上，尤其是从教士那里；他自己的艺术欺骗了他，并且在天真的年代里他真的相信，有**一位神**在通过他而说话，他在一种宗教的恍然大悟的状态中创作——而他实际上只是说了他学到的东西，即混杂在一起的大众智慧和大众愚昧。也就是说：只要诗人真的是大众的声音（*vox populi*），他就**被看作**神的声音（*vox dei*）。

177

所有艺术想要做而做不到的事情。——艺术家最难也是最终的任务是描述那些保持不变的东西，自我静止的东西，以及高尚的、简单的、远远撇开个体魅力的东西；因此道德完美的最高形态甚至会被较弱的艺术家作为没有艺术性的题材而拒之门外，因为对于他们的抱负来说，看到这样的果实实在是太痛苦了：它们从艺术最靠外的枝丫上冲着他们放射异彩，但是他们没有梯子，没有勇气，也没有可攀缘的条件，无法斗胆爬上去。本来，一个**作为诗人**的菲迪亚斯①是完全可能的，但是，考虑到现代效应，这几乎只是从以下说法的意义上来讲的：在上帝那里，没有一件事是不可能的。想要有一个诗人的克劳德·洛兰，这种愿望即使在现在也是一种过分的苛求，尽管心向往之。——关于**最终**之人的描绘，**也就是说，关于最简单同时也是最完全的**人的描绘，至今为止，没有艺术家能够胜任；但是也许希腊人，按照**雅典娜的理想**，在至今所有人类中是将目光投得最远的。

178

艺术与复辟。——历史上的反向运动和所谓的复辟时代，试图重新给予最终存在状态**之前**的一种精神与社会状态以生命，而且似乎真的成功地实现了一种短暂的起死回生，这样的运动或时代有着感情丰富的回忆所能给予人的魅力，有着对几乎已失去之物的渴望，让人匆匆拥抱昙花一现的幸福。由于这种不寻常的情绪深化，正是在这样一些暂时的、几乎梦幻一般的时代里，艺术和诗歌找到了一种自然的土壤：有如在陡峭的山坡上长出了最娇嫩、最罕见的植物。——因此，有些优秀的艺术家无意中被推向一种关于政治与社会的复辟思想，为此他自己收拾好一个安静的角落和小花园，然后在那里，他在自己周围聚集起那个使他感到亲切的历史时代的遗老遗少，纯粹在死人、半死人和累得要死的人面前响起他的弦乐演奏，也许会有前面提到的那种短暂的起死回生效果。

179

时代的幸运。——有两个方面我们时代可以被誉为幸运的。就**过去**而言，我们享受了所有的文化及其作品，它们以所有时代最高贵的气质

---

① 菲迪亚斯（活动时期为公元前 490—前 430）：雅典雕塑家。

滋养我们；我们还足够靠近所有文化及其作品赖以产生的力的魔术，这样我们就能高高兴兴而又战战兢兢地暂时屈从于它们；然而以前的各种文化只能自我享受，眼光不能超越自我，更确切地说，就像被罩在一个较宽或较窄的大钟形罩子里，虽然从罩子上有光线洒到它们身上，但是它们的目光却不能穿透罩子看到外面。就**未来**而言，历史第一次向我们展现了包括整个地球村的人间尘世目标的惊人前景；同时，我们感觉自己意识到了自己可以毫不狂妄地将这项新任务掌握在手而不需要超自然力援助的那种力量；是的，但愿我们的事业会如愿以偿，尽管我们会高估了自己的力量，但是无论如何也没有一个人，我们应该对他负有解释的责任，除了对我们自己：从今以后，人类完全可以从自己做起，为所欲为。——当然，也有人像古怪的蜜蜂，他们只懂得从一切事物的花萼中吮吸最苦、最讨厌的东西——事实上，所有事物都在自身中含有一点这种不是蜂蜜的东西。但愿这些人会以自己的方式感受已描述过的我们时代的那种幸运，继续营造他们那不舒服的蜂窝。

180

一个幻影。——成年人、成熟者以及最成熟者的学习与思考；每个人每天都不受强制然而按照道德律令花时间去进行的学习与思考；作为学习与思考最有价值、最充满回忆的场所的教堂；几乎每天都有的、对已达到和可达到的人类理性尊严的节日般的庆祝；教师理想的一种更新、更完全的兴衰——教士、艺术家、医生、知识人和智者都融合于这种理想中，就像他们各自的美德必然作为整体美德出现在学说本身当中、出现在他们的演讲和他们的方法中那样——这是一个我挥之不去的幻影，我坚信它揭起了未来面纱的一角。

181

对教育的曲解。——由于所有的教学制度都特别不可靠，所以现在每个成年人都有这样的感觉，认为自己的惟一教育者是偶然性——教育方法和教育意图的风向标指向可以从下面的事实中得到解释：现在，**最古老**和**最新的**文化势力像在一个疯狂的群众集会上一样，更愿意被人听见，而不是被人理解，它们想要不惜一切代价地通过它们的声音、它们的喊叫，来证明它们**依然存在**，或者**已经存在**。可怜的教师和教育者在这种丧失理智的噪声中先是晕头转向，然后变得宁静，最终变得麻木不仁，他们忍受一切，现在又让学生也忍受一切。他们自己没有受过教育：他们该如何教育呢？他们自己不是挺拔成长、强健而又枝叶茂盛的树干：谁想要依附于他们，谁就得曲曲弯弯，显得扭曲、畸形。

182

时代的哲学家与艺术家。——放荡与冷漠、欲望的燃烧、心灰意冷——这种矛盾的并置出现在当今欧洲上流社会中。如果艺术家通过他的艺术，在欲望燃烧的同时也点燃起心灵之火，他就相信自己已成就了许多；如果哲学家和他的时代一起感到心灰意冷，同时也能通过自己否定世界的判断使自己和社会的欲火冷却下来，那么他也同样可以相信自己成就了许多。

183

非必要莫当文化斗士。——我们终于知道，无知会在一个人年轻时造成这么多的损害：我们首先得**做**最出色的事情，其次得**找出**最出色的事情，无论该在哪里、该以什么名义找到它；而我们碰到糟糕的、平庸的事情，则**不做任何斗争**，就立刻退避三舍；对一件事物性能的怀疑——这种怀疑在比较训练有素的鉴别力那里会迅速产生——可以被我们看作反对这件事物的论据，看作完全避开它的理由：虽然冒着在这当中犯几次错误、将较难达到的好处同坏的东西和不完美的东西相混淆的危险。只有那些不能做更好事情的人才应该作为文化斗士来攻击世界的丑行。但是如果这种文化的教师和哺育者想要全副武装地出现，由于采取各种预防措施，由于守夜和噩梦而将职业和家中的安宁变成了极大的不安，那么他们就是毁灭自己。

184

自然史该如何叙述。——自然史像道德—精神力量对抗恐惧、想像、惰性、迷信、愚蠢的战争史和胜利史一样，应该这样来叙述，使每一个听到讲述的人不断被吸引着去争取精神和肉体两方面的健康与兴旺，被唤起当人性的继承人与延续者的快感和一种越来越高尚的事业需求。至今自然史还没有找到自己合适的语言，因为发明语言的雄辩的艺术家——因为在这方面需要他们——摆脱不了一种针对语言的固执的怀疑，尤其根本不愿意向语言学习。然而，不得不承认的是，英国人在他们给下层人民读的自然科学教科书中朝这种理想迈出了令人赞叹的步子：为了做到这一点，这些书是由他们最杰出的学者——完整的、丰富的、正在充实的人——写的，不像在我们这里，是由从事研究的平庸之才写的。

185

人类的天赋。——如果按照叔本华的观察，天赋在于同自我经验有关的生动回忆，那么在争取获得关于整个历史变迁知识的努力中——这种努力越来越强有力地将新时代同所有其他时代区分开来——第一次在自然和精神之间、人类和动物之间、道德和物理学之间，摧毁了古老的城墙，一种争取人类天赋的努力应该可以从总体上辨认出来。思考得很完美的历史应该是宇宙的自我意识。

186

文化崇拜。——伟大人物附加上他们本性中吓人的太人性的方面，他们的盲目、扭曲、过度的方面，就使他们巨大的、往往容易变得太巨大的影响不断由于那些特性引起的不信任而受到限制。因为人类为了自己的继续存在而必须拥有的所有那些成体系的东西是如此包罗万象，需要有如此种类繁多、数目巨大的合力作用，以至于整个人类不得不为任何**片面的**偏爱而受到严厉的处罚，无论这偏爱是对科学的偏爱、对国家的偏爱、对艺术的偏爱，还是对商业的偏爱。当人们受到朝拜的时候，这始终是文化最大的厄运：在这个意义上，人们甚至可以感觉与摩西律法上禁止有上帝以外的神的戒律相一致。在天才崇拜和权力崇拜的旁边，作为补充和相应的措施，人们总是要放上文化崇拜：它确实懂得给予物质的、卑微的、低贱的、被误解的、羸弱的、不完美的、不完整的、不真实的、表面的，甚至邪恶的、可怕的东西一种充满谅解的评价，并承认**这一切都是必要的**；因为一切人性的东西通过惊人的劳动和幸运而达到的持久和谐之音，以及无论是出自独眼巨人和蚂蚁的，还是出自天才的作品，是不应该重新丢失的：那么我们如何能够抛开共同的、深沉的、往往令人毛骨悚然的固定低音而不会使旋律不成其为旋律呢？

187

古代世界与快乐。——古代世界的人更懂得**自娱**，我们则懂得**更少悲伤**；前者不断以他们全部丰富的洞察力和深思熟虑找到自我感觉良好和庆祝节日的机会，而我们则把心思放在解除痛苦、消除不快之源的工作上。在痛苦的存在问题上，古代人试图遗忘或用某种方法使感觉拐向愉快的事情中：以至于他们在这方面求助于镇痛药的帮助，而我们则追究痛苦的原因，在总体上更喜欢进行预防。——也许我们只是奠定了后人在上面重新建起快乐殿堂的基础。

188

作为谎言家的缪斯。——"我们善于说许多谎言"——有一次缪斯们向赫希奥德吐露心事的时候这样说道。一旦我们把艺术家理解为骗子，我们就会有重要的发现。

189

荷马能有多荒谬。——有什么能比荷马作品中的那种想法更放肆、更恐怖、更难以置信地像冬天的太阳一样照耀着人类的命运呢？

> 诸神作出决定，就此给人造成
> 毁灭，却为后人留下一曲颂歌

所以：我们痛苦，我们毁灭，好让诗人不缺乏**题材**——荷马的诸神正是这样命令的，他们似乎非常关心未来子孙后代的娱乐，而不关心我们这些现在的人。——一个希腊人的头脑里怎么竟会有这样的想法！

190

对于存在的事后辩解。——有些思想是作为谬误和幻想进入世界的，然而它们却成了真理，因为人们事后给了它们一个真正的基础。

191

需要有赞成者和反对者。——每一个伟大的人不仅必须得到支持，而且为了共同的利益，也必须遭到**反对**，谁要是不明白这一点，谁就肯定还只是一个大孩子——或者本身就是一个伟大的人。

192

天才的不公正。——天才最不公正地对待他同时代的天才:他首先认为他不需要他们,因此就认为他们完全是多余的——因为没有他们,他也是天才,然后是他们的影响和**他的**电流效应发生冲突,所以他甚至把他们称为**有害的**。

193

一个预言家最糟糕的命运。——他做了20年工作来说服他的同龄人相信自己——他最终成功了;然而同时他的对手们也成功了:他不再相信自己。

194

三个思想家等于一只蜘蛛。——每一个哲学流派中都有三个思想家以以下方式互相追随:第一个从自身中产生出精子和体液;第二个将体液抽成丝,编织起一个人工之网;第三个埋伏在这张网里等待落入网中的牺牲品——其试图靠哲学而生活。

195

感发于同作者的交往。——如果你轻侮作者,就像你硬挑他的毛病一样,这同样是同作者交往中的一种不好的方式——因为每一个作者都有他的回击手段。

196

双套车。——思想含混和感情上的如醉如痴经常同独占鳌头、不择手段达到目的的无情意志相联系,就像由衷的帮助、祝福和好意同要求思想敏锐和明晰、要求感情上冷静和克制的冲动相联系一样。

197

联络者与分裂者。——联络人们的东西——对共同利益和不利情况的理解——不是在头脑里,而分裂人们的东西——在爱与恨中的盲目选择与摸索,以所有人为代价而求助于一个人以及由此产生的对共同利益的蔑视——不是在心中吗?

198

射手与思想家。——有一些好奇的射手,他们虽然没有射中目标,但是却暗自骄傲地离开打靶场,因为他们认为无论如何他们的子弹飞得很远(虽然从靶上飞了过去),或者认为他们虽然没有击中目标,但是却击中了别的东西。也有一些这样的思想家。

199

来自两个方面。——我们如果比一种思想倾向和运动更有优势,不赞成其目标;或者如果其目标太高,使我们的俗眼无法辨认,也就是说,它比我们更有优势,我们就敌视它。所以,反对一个党派,可以从两个方面来进行;而抨击者出于共同的仇恨,结成比他们所憎恨的一切更可憎的联盟,这样的事情并不少见。

200

原创性。——并不是一个人第一次发现某样新东西,而是一个人把古老的、熟悉的、每个人都看见但是又忽视了的东西**看作新的**,才是凸显一个真正原创性头脑的标志。第一发现者通常是那位平庸而无心的幻想家——偶然性。

201

哲学家的错误。——哲学家相信,他的哲学价值在于整体中、在于建筑物中;后人在他用于建筑,而且此后仍然经常地、更好地被用于建筑的石块当中发现了这种价值——也就是说,这种价值在于那个建筑物可以被摧毁,**但是仍然**可以作为材料而拥有价值。

202

诙谐。——诙谐是关于一种死去的感情的碑铭。

203

问题解决前的刹那间。——在科学中,每时每刻都发生着这样的事情:一个人就站在答案面前,却认为自己的努力现在已完全成为徒劳——就像一个拉开活扣的人,正在他马上就要拉开这个活扣时,他犹豫了:因为恰恰在那时候,这个活扣看上去最像一个死结。

204

加入狂热者的行列。——考虑周到、对自己的理智有把握的人可以很有收获地在狂热者中间混 10 年，使自己沉湎于一种不过分的疯狂。这样一来，他已经在最终通向精神世界主义的道路上走了好长一段路，这种精神世界主义可以毫不狂妄地说："任何精神的东西对我来说都不再陌生。"

205

凛冽的空气。——科学中最好、最健康的东西，像在山区里一样，是在其中流动的凛冽的空气。——精神上的软弱无能者（如艺术家）由于这种空气而畏惧并诽谤科学。

206

为什么学者比艺术家更高贵。——科学比诗歌艺术需要**更高贵的**人：他们必须更简单、更少野心、更节制、更安静，不那么关心身后的名誉，能全神贯注于这样一些事物：这些事物很少在许多人眼里显得值得作出这样一种个性牺牲。此外，他们还意识到另一种损失：他们的活动方式、对最高度冷静的一贯要求，削弱了他们的**意志**，火的力度不像在诗人的炉子里保持得那样猛烈；因此他们往往在一生中比诗人更早失去最高的力量和全盛时期——而且如已经说过的那样，他们**明白**这种危险。在任何情况下，他们都**似乎**更缺乏天赋，因为他们更少发光，将比他们的实际情况更少被人看重。

207

虔诚在多大程度上起了遮蔽作用。——人们把自己世纪所有的伟大品质和美德作为礼物，在以后的世纪里送给伟大的人——因此所有最好的东西不断被虔诚所**遮蔽**，虔诚将这些东西视为一幅圣像，人们给它硬摆上各种献祭品——直到最后它完全被这些东西所遮蔽、所包裹，因而更是一个信仰对象，而不是一个观赏对象。

208

颠倒。——如果我们将真理颠倒过来，我们通常不会注意到，我们的脑袋也因此没有待在它该待的地方。

209

时尚的起源和好处。——**个别人**对自己形式的明显的自我满足激起大量模仿，渐渐创造出**许多人**的形式，也就是说时尚：这许多人想要通过时尚达到的正是对形式的那种惬意的自我满足，而且他们也真的达到了。——如果我们考虑一下每个人有多少理由要感到恐惧、要自我隐藏起来，考虑一下每个人的 3/4 能量和好意如何会因为那些理由而麻痹、而一无所获，那么我们就得对时尚表示感谢，因为它解放了那 3/4，并向那些明白自己受它法则约束的人传达自信和相互间愉快的迁就。甚至愚蠢的法则也能给人以性情的自由与安宁，只要许多人屈从于它就行。

210

舌头的松绑者。——有些人和书的价值仅仅在于这样的特性，可以使每个人不得不说出最隐秘、最内心的东西：这是舌头的松绑者，是撬开最顽强的牙齿的撬棍。甚至有些事件和恶行，尽管显然只受到人类的诅咒，却也有那样的价值和好处。

211

慷慨大方的精灵。——在我们中间，要是不想用自己的方式、通过用自己的肩膀分担一部分遭妒忌和**辱骂**的负担，从而向那些被作为**辱骂**对象而强加了自由精灵这个名称的人表示敬意，那么谁会敢于自称为自由精灵呢？然而，我们大概可以十分严肃地（不带任何高傲或宽容的顽固姿态地）自称为"慷慨大方的精灵"，因为我们感觉到作为我们最强烈心灵冲动的自由引力，而且和受束缚而根深蒂固的理智相反，几乎用一种精神的游牧方式来看待我们的理想——为了要使用一种谦虚的、几乎蔑视的表达方式。

212

真是缪斯的恩宠呀！——荷马的说法动人心弦，如此真实、如此可怕：缪斯由衷地爱他，给他以好事与不幸；因为她取走了他的眼睛，给他注入迷人的歌。——这是给思想家读的一个没完没了的文本：她给予好事与不幸，这是**她**由衷之爱的方式！每个人都将特别为自己作出解释，为什么我们思想家和诗人就得牺牲我们的**眼睛**呢？

213

反对音乐的照料。——从儿童时代起通过素描和绘画，通过风景、人物、事件的速写而对眼睛的艺术培养，同时也带来了一生都能享有的不可估量的好处，使观察人和情景的目光变得**敏锐、宁静、持久**。相似的附带好处不会从对耳朵的艺术培养中产生出来：因此，公立学校将视觉艺术优先于听觉艺术一般是会有好处的。

214

平凡事物的发现者。——有一些敏锐的人，对他们来说，没有什么比一件平凡事物离他们更遥远的了，他们往往在走了各种各样的弯路和山间小道之后发现这样一种平凡事物，并且非常喜欢它，使不敏锐的人大为惊奇。

215

学者的道德。——科学有规则地迅速向前发展，这只有当个人**不必太怀疑**、不必非要到一个对他来说比较遥远的领域里去核查别人的每一份账单和每一个断言的时候才是有可能的；然而，其条件是，在他自己的领域里，每个人都有**特别多疑**的竞争者恶毒地严密监视他。从这样一种"不太怀疑"和"特别多疑"的并置中，产生出学者共和国里的正直。

216

一无所获的原因。——有一些有最高天赋的人，他们只是因为一个气质上的弱点而太不耐烦，不能等过妊娠期，从而一无所获。

217

颠倒的眼泪世界。——更高级文化的要求给人造成的多种多样的不适使本性产生如此之大的改变，以至于他们通常老是很呆板、很淡泊寡欲，只有在幸运难得地降临到头上时才会流下眼泪，有些人甚至在享受无痛苦时刻的情况下不得不流泪——只有在幸福中他们的心才跳动。

218

作为译员的希腊人。——当我们说起希腊人的时候，我们总是不由自主地谈起今天和昨天：他们那众所周知的历史是一面干净明亮的镜子，它总是反射出不是镜子本身所有的东西。我们随便谈起他们，为的是可以不谈别人——以便别人现在自己对着若有所思的读者的耳朵说些什么。所以希腊人使现代人变得更容易传达许多难以传达的、靠不住的东西。

219

关于希腊人后天获得的性格。——我们很容易受到希腊人著名的明晰、透明、简单、秩序以及希腊作品水晶般自然同时又水晶般艺术的诱惑而相信这一切希腊人很容易做到，就像利希腾贝格曾经这样说过。但是没有什么比这更草率、更站不住脚的了。从高尔吉亚到狄摩西尼的散文史昭示了一种从晦涩、堆砌、无品味倾向中走出来的工作和斗争，可以让人想起英雄们为开拓出森林和沼泽地中的第一条道路而付出的辛劳。悲剧对话是戏剧家真正的**业绩**，这是由于其非同寻常的清晰和明确，而且是处在这样一种民族气质中：它沉湎于象征与暗示，此外尤其受到伟大的歌队抒情诗的教育：就像使希腊人从亚洲式的豪华和含糊的作风中解放出来，在伟大和个别中获得建筑学的明晰是荷马的业绩一样。而且真正纯粹地、有启发地说事情亦非易事，要不然，怎么会有对西摩尼得斯警句的高度赞美呢？他的警句真的显得那么淳朴，没有金丝花边，没有以阿拉伯风格装饰的诙谐——它只是说它必须说清楚的事情，带着阳光的宁静，而没有那种闪电般的哗众取宠。因为从几乎天生的朦胧中奔向光明是希腊式的，所以这个民族在听到一句简洁的警句时，在听到哀歌的语言、听到七位智者的箴言时，会发出一声欢呼。这就是我们认为有失体统的以韵文颁布的法令作为要战胜韵律的危害、战胜诗歌原本固有的、晦涩的、希腊精神的日神使命之所以如此受到欢迎的原因。简洁、流畅、平淡是从民族气质中**硬逼**出来的，不是与生俱来的——退回到亚洲方式中的危险始终在希腊人头顶上游荡，而且不时地降临到他们身上，就像一股昏黑的洪流，充满着神秘的感情冲动，充满着原初的野蛮和昏天黑地。我们看见他们潜下水去，我们看见欧洲几乎被冲走、被淹没——因为欧洲当时非常小——但是他们总是一再冒出来,真是出色的游泳者和潜水员,这个俄底修斯的民族。

220

473　　**真正的异教因素**。——也许对于希腊世界的观察者来说,没有什么比他发现希腊人时不时几乎像过节似的对待他们所有的激情和不良自然倾向,甚至由国家机关发起建立他们太人性的东西的一种节庆秩序的时候更使他感到惊奇的了:这就是他们世界的真正的异教,从基督教的角度出发是从来理解不了也绝不可能理解的,而且始终遭到最严厉的反对和蔑视。——希腊人把太人性的东西看作是不可避免的,所以并不辱骂它,宁愿通过将它规定在社会文化的风俗习惯领域内而给它一种二等的权利:是的,对人拥有**权力**的一切,他们称之为神性,他们将此写在他们天堂的墙上。他们不否认在恶劣品质中表现出来的自然冲动,而是给它规定范围,在他们发明了足够的预防措施以便能对那狂野的洪水进行尽可能无害的疏导之后,将它限制在某些礼拜上和某些日子上。这是古代所有道德主义自由思想的根本。邪恶的东西、靠不住的东西、动物性的落后的同样也野蛮的东西,仍然在希腊人本性基础中活着的前希腊人和亚洲人的东西,都会有机会得到一种适度的发泄,人们不去努力完全消除这些东西。这样一些被规定了的东西的整个体系,包含在不是根据个别的个人或社会阶层而是根据人的一般特性建立起来的国家之中。在国家建设中,希腊人显示出对典型事物与事实性的东西的那种惊人意识,这种意识使他们后来能够成为自然科学家、历史学家、地理学家、哲学家。需要在国家政体和国家崇拜的组织机构中起决定作用的,不是一个

474　　有限的教士道德法则或种姓制度式的道德法则,而是对**所有人性现实**的最广泛的考虑。希腊人的这种自由和这种现实意识,是从哪里来的呢?也许是从荷马和荷马以前的诗人那里来的;因为正是这些其本性通常不是最正直、最聪明的诗人却因此而拥有那种对现实事物、对**任何一种**有现实效果的东西的乐趣,甚至不想完全否定恶:对他们来说,它保持适中,不把一切都打死,不在内心造成毒害,就足够了——也就是说,他们和希腊国家的缔造者相似,是他们的老师和先行者。

221

希腊人的例外。——在希腊，深刻、彻底、认真的人都是例外：人民的本能应该说更倾向于把认真和彻底感受为一种扭曲。不是创造形式，而是从国外借用形式，但是把它变成最美丽的外表——这就是希腊方式：模仿，不是为了使用，而是为了艺术错觉；一再压制禁不住产生的认真；清理；美化；肤浅化——从荷马到公元第三、第四世纪的诡辩学者都是这样，这些诡辩学者纯粹就是些表面文章、浮华辞藻、激动的表情，他们诉诸渴望外表、声响和效果的完全空洞的灵魂。——而现在我们来评价那些创造了**科学**的例外的希腊人的伟大吧！谁谈论他们，谁就谈论了人类精神最英勇的历史！

222

简单的东西既不是时间上的最初者，也不是时间上的最末了者。——在宗教概念的历史中，虚构了事物的许多虚假演变和渐进发展，实际上这些事物不是从彼此中发展出来，也不是一个接一个地发展起来，而是并列地、分开地发展起来的；尤其是简单事物被太过于认为是最古老、最开始的事物了。不少人性的东西是通过减法和除法，而恰恰不是通过加倍、附加、复合的方式产生出来的。——例如，人们仍然相信从那种粗笨的大木块和石头直到完全人化的**神像**的逐渐演化；然而事实恰恰是，**只要**神性被置入树木、木料、石头、动物中，并在那里被感觉到，人们就会像害怕无神论一样害怕神的形象的人化。只有远离迷信和宗教**羞耻心**魔力的诗人才不得不使人的内心幻想习惯于此，对此心甘情愿，但是如果比较虔诚的情绪和时刻再次占了上风，那么诗人这种起解放作用的影响就会重新退回去，神圣性会一如既往地停留在怪物、可怕的东西以及真正完全非人的东西那边。然而，甚至有许多内在想像力敢于为自己建构的东西仍然会，如果用外在的、具体化的描述说出来就是，产生痛苦的效果：内在的眼睛比外在的眼睛大胆得多，也更不害羞（因此就产生了众所周知的困难，难于把史诗题材变成戏剧题材，从部分意义上来讲，这种改变也是不可能的）。宗教想像很长时间都根本**不愿意**相信神和形象的同一性：形象应该让神性之**守护神**以某种神秘的、无法充分想像的方法在这里、而且只有在这里显灵。最古老的神像应该**既包含同时又藏匿神**——暗示神，但是不表露出来。没有一个希腊人曾经在内心里将他的阿波罗**看作**木头方尖碑，将他的厄洛斯**看作**石头块；这是一些象征，它们恰恰应该造成对直观显现的恐惧。那些木制品也是同样情况，在其上面以最可怜的木雕艺术雕刻出了一个个的往往在数量上过多的肢体；例如一个拉哥尼亚①的阿波罗有四只手、四个耳朵。在这样的不完整、暗示或过于充分中，有一种令人恐惧的神圣性以**阻挡**人们想起人性的东西和人类方式的东西。这不是人们形成这样一些东西的艺术胚胎阶段；好像在这样的形象受到尊敬的时代里，人们没能讲得更清楚，没能表达得更明白易解。更确切地说，人们害怕的正是一件事情：直接说出来。就像古神庙的祭神室里有最神圣的、真正的神性之**守护神**，将其藏匿在神秘的朦胧之中，**但又不是完全藏匿**；就像有围柱的神庙包含了祭神室，几乎以一种罩子和雾霭遮挡住胆大放肆的目光，**但不是全部**：所以这形象既是神，同时又藏匿神。——只有当宗教礼拜之外的世俗竞争世界里对竞争胜利者的乐趣上升得如此之高，以至于在这里激起的宗教感之海的海浪朝那世界滚滚而去的时候；只有当胜利者的立式雕像在神庙庭院建立起来，虔诚的神庙参拜者不得不有意无意地使他的眼睛像他的灵魂一样，习惯于这种**人类之美、人类**超凡之力的不可回避的外观，以至于由于空间和心灵的靠近，敬人和敬神听起来互相搞混了的时候，对神像真正人化的恐惧才会消失，伟大的雕塑艺术的大竞技场才被打开——甚至现在还有这样的限制：凡有**朝拜**的地方，上古的形式和丑陋就得到保存，并被小心翼翼地复制出来。但是，**给予神圣化与馈赠的**希腊人现在可以在极度的幸福之中沉湎于让神成为人的乐趣。

223

我们得去何方旅行。——直接的自我观察早就不足以认识自我：我们需要历史，因为过去继续浪水滔滔地在我们中间流动；甚至我们自己也不过是我们每一时刻从这种继续流动中感觉到的东西。甚至在这里，

---

① 古希腊南部的一个王国，都城为斯巴达。

当我们想要踏入表面看来最属于自己、最个性化的存在之河时，赫拉克利特的那句话仍然管用：我们不能两次踏进同一条河流。——这是一句渐渐变得陈旧的格言，但是仍一如既往地保持着同样的力量和真实性①，就像下面那句格言一样：为了理解历史，我们不得不寻找历史时代的活生生的残余——我们必须像祖先希罗多德那样到各个国家——这些国家不过是一些已变得稳固的人们可以**立足**于其上的较早**文化阶段**、到所谓的野蛮和半野蛮的民族那里去**旅行**，尤其是到人们已经脱掉了欧洲的服装或者还没有把它穿上的地方去。但是，现在还有一种**更为精妙的**旅行艺术和旅行意图，使人们不必老是从一个地方到另一个地方，行千里路。很可能，有其各种文化色彩和文化之光折射的最近三个世纪仍然继续活在**我们附近**：它们只是需要被**发现**。在有些家庭里，甚至在个别人那里，仍然等级分明，一层压一层；在别的地方，有着更难理解的岩石断层。一种更古老的情感的值得尊敬的模式肯定能更容易地保存在偏远的地区，保存在人迹罕至的山谷里面，保存在比较封闭的集体里，它必须在这些地方被追踪出来，而这样的发现在柏林就是不可能的——因为在柏林人们脱胎换骨、一无所有地来到世上。谁长时间地从事了这种旅行艺术的实践以后变成了百眼阿耳戈斯，谁最终就将陪着**他的伊俄**②——我指的是他的**自我**——到处走，在埃及和希腊、拜占庭和罗马、法国和德国，在民族迁徙或定居的时代、文艺复兴和宗教改革时代，在家乡与国外，甚至在大海、森林、植物、山区中，重新发现这生成变化中的**自我**的旅行冒险。于是自我知识变成了关于一切过去事物的全面知识：就像——按照只是在这里作出暗示的另一系列的思考——自我决定和自我教育在最自由、最远视的人那里有一天会变成关于未来整个人类的全面决定一样。

---

① 本书翻译所参照的德文版本中"真实性"一词的德文原文是"nahrhaft"，意思是"滋补的"，此处可翻译成"滋补性"；但是德国其他出版社，如汉瑟尔出版社出版的《尼采文集》中此处的原文是"wahrhaft"，意思是"真实的"、"有真实性的"，译者认为后者在这里更合适，所以此处翻译成"真实性"，特此说明。

② 伊俄是希腊神话中伊纳科斯国王的女儿，宙斯的情人，被天后赫拉变成了一只母牛，送给了阿耳戈斯。

224

香脂与毒药。——人们不能足够彻底地考虑这一点：基督教是已经变得古老的古代的宗教，它的前提是存在堕落了的有高度文化的古老民族；对这些民族，它曾经能够、现在也能够发挥香脂的作用。在耳朵和眼睛里"满是淤泥"，以至于再也听不见理性与哲学的声音，看不见具体化的智慧的时代——无论这种智慧用的是爱比克泰德的名字还是伊壁鸠鲁的名字——也许那矗立的苦难十字架和"末日审判的长号"仍然起作用，打动这样的民族，让他们仍然作**正派的**生活享受。人们想起罗马的尤维纳利斯①，想起这个有着维纳斯的眼睛的恶毒家伙——人们由此而明白，在"世人"面前画十字是什么意思，人们由此而尊敬宁静的基督教教堂辖区，并因为它覆盖了希腊罗马的土地而心怀感激。如果大多数人当时都同时带着心灵的奴化，带着老人的欲念出生，那么碰到那些更是灵魂而不是肉体的人；那些似乎实现了希腊人关于冥府幽灵的想像的人；那些畏缩不前、躲躲闪闪、啾啾叫唤、好心好意的人影；那样一些带着一种可以补缺而拥有"更好生活"的希望，并因此而变得如此知足、如此无言地蔑视、如此高傲地容忍的人影，该是何等的好事！——这种基督教，作为以破烂、疲乏然而音调优美的钟敲出来的**优秀**的古代的晚钟，甚至对于那种现在只是历史地穿越那个世纪的人来说，仍然是一种用于耳朵的香脂：对于那些人本身来说一定就是这样的！——与此相反，对于年轻的、生气勃勃的野蛮民族来说，基督教就是**毒药**；例如，将关于有罪和罚入地狱的信条植入古代德意志民族的英雄的、孺子的、众生的灵魂，无非就意味着毒害了它；其结果必然是一种完全闻所未闻的化学发酵和化学分解、一种感情和判断的大杂烩、一种最荒诞事物的蔓生与培育，因此，在更长远的过程中，是对这样的野蛮民族的全面削弱。——当然，没有这种削弱，我们还会从希腊文化中得到什么呢？我们还能从人类的整个文化往昔中得到什么呢？——因为**未受**基督教**触动**的野蛮人懂得彻底清除古代文化：例如，罗马化的不列颠的异教征服者

---

① 尤维纳利斯（公元60—140）：罗马讽刺诗人。

就极其明确地证明了这一点。基督教不得不违背自己的意志，帮助使古代"世界"不朽。——在这里还是再次留下了一个相反的问题和一种相反考虑的可能性：如果不被所提到的毒药削弱，那些生气勃勃的部落中的一个或另一个，也许是德意志人，能够自己渐渐找到一种更高级的文化、一种自己的新的文化吗？关于这种文化，人类甚至连一点概念都不会有吗？——所以在这里也像在任何地方一样，人们不知道——用基督教的话来说就是：一切成了现在这个样子，是上帝更应该感谢魔鬼，还是魔鬼更应该感谢上帝呢？

225

信仰让你上天堂，也让你下地狱。——一个思想上犯了禁的基督徒有一天大概会问自己：如果对上帝、替罪羊等**存在**的**信仰**已足以产生同样的效果，那么还真有**必要**实际上**存在**一个上帝以及一只代人受过的替罪羊吗？万一它们应该存在，那它们不就是**多余**的了吗？因为一切舒适的、令人安慰的、道德化的东西像一切基督宗教给予人类心灵的那些使人阴暗、使人破碎的东西一样，是从那种信仰出发，而不是从那种信仰的对象出发的。这里的情况和下列众所周知的情况并没有什么两样：虽然没有魔女，但是由于相信有魔女而产生的效果跟如果真有魔女时产生的效果是一样的。对于基督徒期待有一位上帝的直接干预，然而却徒然期待——因为没有上帝——的所有那些时机来说，他的宗教有着足够的创造才能，可以虚构出种种让人感到安慰的借口和理由：由此可见，它无疑是一种富有才智的宗教。——虽然信仰至今还没有能够搬动真正的大山，我也不知道有谁声称它能做到这一点，但是它却能把大山放到没有山的地方。

226

雷根斯堡①的悲喜剧。——我们时不时会惊人清晰地看到幸福女神的滑稽剧，看到她如何将未来几个世纪的绳索连在了少数的日子上，连在了一个地方，连在了一个人的状况和看法上，她要让未来的世纪在这绳

---

① 德国的一个城市，此处指1541年在此举行的神学与政治会议。

索上跳舞。所以德国近代史的厄运就在于雷根斯堡争论的那几天里：没有宗教战争，没有反宗教改革，教会与道德问题的和平出路似乎得到了保障，德意志民族的统一似乎也一样；孔塔里尼①深刻而宽厚的思想意识，作为将精神自由的曙光反映在自己翅膀上的较为成熟的意大利虔诚的代表，在神学争论之上得意地盘旋了片刻。但是，路德的榆木脑瓜里充满着怀疑和极大的恐惧，他拒绝了：因为他似乎觉得通过仁慈来辩解是**他**最伟大的发现和座右铭，所以这句话从意大利人**嘴**里说出来他就不相信了；而众所周知，意大利人发现这句话要早得多，而且完全不动声色地将它传遍了整个意大利。路德在这表面的协调中看到了魔鬼的诡计，就尽可能地阻止了和平工作；他由此而大大促进了帝国敌人的企图。——现在，让人更多地得到的极其滑稽的印象的是，我们还要另外考虑到，人们当初在雷根斯堡争论的那些命题中，包括关于原罪、关于耶稣代世人受过从而实现救赎、关于以信仰作为辩护之由等命题，没有一个有任何一点真理性，甚至同真理毫无关系，它们现在全都被认为是无法讨论的——然而世界却因此烧着了大火，也就是说，没有任何事物、没有任何现实与之相符合的那些观点被点燃了起来；而关于纯粹的哲学问题，例如关于耶稣在最后的晚餐中所说的话的解释，至少还允许争论，因为在这里可以谈论真理。但是，在什么东西也没有的地方，真理也失去了它的权利。——最后要说的只有：当时产生的**能源**确实如此巨大，以至于没有这些能源，现代世界的所有磨坊都不会受到同样强度的驱动。所以首先要看力度，然后才看真理，或者甚至然后还有很长时间不看真理——不是吗，我亲爱的合乎时世的人们？

227

歌德的谬误。——歌德在下列问题上是伟大艺术家的伟大例外，他不是生活在**他实际能力的目光狭隘**之中，好像这种能力在他本人身上以及对全世界来说，必然是本质的、优秀的、绝对的、最终的东西。有两

---

① 盖斯帕罗·孔塔里尼红衣主教（1483—1542）：天主教会的一位改革家，被派去雷根斯堡同路德派进行和解，但没有成功。

次他认为比他实际情况拥有更高的东西——在他似乎十分相信自己是最伟大的**科学**发现者和启蒙者之一的**后**半生中,他犯了错误。而在他的**前**半生中也是一样:他**要求**自己拥有的东西,比诗歌艺术对他来说似乎已达到的高度更高——在这中间他已经犯了错误。本性想要把他造就成一个**造型**艺术家——这就是最终驱使他去意大利,以便在这种幻想中得到真正的宣泄并为它作出任何牺牲的炽热沸腾的内心秘密。最后,作为一个深思熟虑的人,一个真正厌恶所有幻觉创造物本身的人,他发现,一个骗人的欲望小精灵如何刺激他相信这种职业,他如何不得不摆脱他意欲的最大激情,向它**道别**。相信必须**道别**的那种有刻骨铭心之痛的信念,在塔索的情绪中逐渐完全消失:在他身上,在那位"强化的维特"① 身上,有那种比死还要糟糕的预感,就像一个人对自己说出下面这段话时的情况那样:"现在完了——在这次离别之后,要是不发疯,该怎么活下去!"相对于当时仅仅是世人熟悉的那样一种纯文学的诗歌态度,歌德一生中这两个基本谬误给予他一种如此有偏见,几乎显得专横的姿态。除了当席勒——这位可怜的席勒,他没有时间,也不放弃任何时间——把他从对诗的适度畏惧中,从对所有文学活动和文学行当的恐惧中驱赶出来的时候,歌德都显得是一个希腊人,这个希腊人时不时到情人那里去,心中疑惑着这是不是一位他无法以正确名字命名的女神。我们注意到,他的所有创作都十分接近于造型艺术和自然:在他脑海中浮现出来的这些形象的特征——他也许认为他始终只是在探索一位女神的变形——在无意中和不知不觉中变成了他的全部艺术子女的特征。没有这些**谬误的拐弯抹角**,他就不成其为歌德,也就是说,不成其为现在还没有过时的惟一的德国文字艺术家——因为他既不想当天生的作家,也不想当天生的德国人。

228

旅行者及其等级。——人们把旅行者分成五等:第一个最低等级的旅行者是那些旅行同时又**被**人看的人——他们就是在旅行,几乎是盲目

---

① 维特是歌德作品中的人物。

的；其次是真正自己看世界的人；第三种人由看而体验到某些事物；第四种人将体验到的东西融合到自己心中，与自己相伴；最后有一些有着最高效力的人，他们在所有看到的东西被体验和融合以后，一回到家就必然又把它们全都活生生地倒出来，体现在行动和著作中。——像这五种旅行者一样，所有人归根结底都经历了整个人生旅程，最低等的人是被动的人，最高等的人是那些处于行动中的进行充分体验、穷尽全部内心事件的人。

229

更高的攀登。——我们一攀登到比那些至今一直赞美我们的那些人更高的地方时，我们在他们眼里就显得下沉、下降了：因为他们总以为一直是**和我们一起在顶峰**的。

230

适中与中庸。——关于两件高贵的事情——适中与中庸，我们最好不要去谈论。有少数几个人通过内心体验和内心皈依的神秘小径了解到它们的力量和迹象：他们尊敬其中神圣的东西，害怕大声说出来。所有其余的人在它们被人谈论时几乎不专心听讲，误以为其无聊和平庸；也许除了那些曾听见来自那个领域的一声预先警告的声音但又充耳不闻的人。现在想起这声音就使他们气恼。

231

友谊与占优势的人性。——"如果你走向早晨，我就将挨近黄昏"——这样的感觉是较亲密交往中的人性的高级标志：没有这种感觉，任何友谊、任何拜师求教，早晚都会变成虚伪。

232

深邃者。——深思熟虑的人在同别人的交往中让人觉得像是一个戏子，因为为了得到理解，他们不得不总是先装出一副肤浅的样子。

233

给兽类人群的轻蔑者。——把别人看作兽类并尽可能快地避开他们的人，肯定会被他们追上，他们会用他们的兽角顶他。

234

对爱虚荣者的主要犯罪行为。——使另一个人在社会有机会幸运地陈述他的知识、感受、经验的人,也使自己凌驾于那人之上,因而,万一未被那人完全感觉到他是地位更高的人,那他就对自己的虚荣犯了谋杀罪——而他本人却偏偏相信这种虚荣心得到了满足。

235

失望。——如果漫长的生命和包括言论、文字在内的行为可以公开为一个人作证,那么同他的交往通常便会出于双重原因而令人失望:一是因为人们对一段短暂的交往时间期待太多——也就是说,期待所有那些只有靠一生中的上千次机会才会让其显现出来的东西;然后是因为每一个已被承认的人不作出努力,仍然在个人中寻求承认。他太漫不经心——而我们则太急切了。

236

善的两个源泉。——一视同仁地对所有人友善,毫无区别地亲善每一个人,这既可以是对人深深蔑视的结果,也可以是对人至爱的结果。

237

丛山漫游者的自言自语。——有可靠的迹象表明,你前行登上了更高处:现在你周围比先前更加开阔、更加一览无余,风吹到你脸上更加清凉,但是也更加柔和——你不再有那种愚蠢,将柔和与温暖混为一谈,你走起路来更加生气勃勃、更加坚定,勇气和谨慎一起增长——由于所有这些理由,你现在的道路会比你以前的道路更加寂寞,无论如何也更加危险,尽管肯定没有到看着你这漫游者走出雾蒙蒙的山谷、踏上丛山的那些人相信的那种程度。

238

最近者的例外。——显然我的脑袋就是没有很好地长在我的脖子上;因为众所周知,每一个别的人都更清楚地知道,我该做什么,我不该做什么:只有我自己,这可怜的流浪汉,束手无策。我们不**都**像脑袋错了位的柱形立像吗?不是吗,我亲爱的邻居?——可是不,你恰恰是例外。

239

小心。——我们绝不要同那些缺乏对私人事务的尊重的人打交道，要不然就事先毫不留情地给他们戴上习俗的手铐。

240

意欲显得虚荣。——同不认识的或者半生不熟的人谈话时，只表达有选择的想法，只谈论自己有名的熟人，谈论重要的经历和旅行，这是一种表示，表明这个人并不骄傲，至少他不想显得骄傲。虚荣是骄傲者的礼貌的面具。

241

亲密的友谊。——当一个人很尊重另一个人，而且甚于尊重他自己的时候；当一个人同样爱另一个人，但是不如爱他自己的时候；最后当一个人懂得如何通过给亲密关系加上柔和的**表皮**和绒毛以便使交往变得更加容易但同时明智地克制住实际上的真正的亲密和你我不分的时候，亲密的友谊产生了。

242

作为幽灵的朋友。——如果我们大大地改变了自己，那么我们那些不变的朋友们就会变成我们自己的过去的幽灵：他们的声音隐隐约约，令人毛骨悚然地传到我们这里——好像我们听到了自己的声音，只是更年轻、更强硬、更不成熟。

243

一种眼睛，两种目光。——那些有着寻求恩宠、寻求恩主的奇异目光的人，由于他们经常受到的屈辱和经常有的复仇感，通常同样会有厚颜无耻的目光。

244

蓝色的远方。——终生当一个孩子——这听起来很动人，不过只是来自远方的判断；在近处观看和体验，这始终只意味着：终生稚气。

245

同一误解中的长处与短处。——聪明人默默无言的尴尬通常会被不聪明的人从自己角度解释为沉默的优越性，并且十分害怕，而对尴尬的察觉则会产生友善。

246

大智若愚。——智者的博爱决定了他有时候**装出**激动、愤怒、高兴的样子，以便使他**真正**本性中的冷漠和谨慎不至于伤害周围的人。

247

强迫自己全神贯注。——只要我们一注意到某人在同我们的交往与谈话中**强迫**自己全神贯注，我们就有了充分有效的证据，证明他不爱我们，或不再爱我们。

248

通往基督教美德的路。——向自己的敌人学习是一条最佳的道路，可以走向爱自己的敌人：因为这使我们对他们心怀感激。

249

强求者的策略。——强求者用金币来换我们习惯的硬币，要我们因此而在此后不得不将我们的习惯看作罪过，而将他看作例外。

250

反感的理由。——我们对有些艺术家或作家变得怀有敌意，不是因为我们最终发觉他欺骗了我们，而是因为他认为没有必要以更机智的手段来使我们就范。

251

距离。——使我认识到两颗灵魂之间的亲缘关系和休戚相关的，不是一颗灵魂如何靠近另一颗灵魂，而是一颗灵魂如何同另一颗灵魂有距离。

252

肃静——一个人不可以谈论他的朋友，否则他就会把友好的感觉谈跑了。

253

不礼貌。——不礼貌经常是笨拙的谦虚的标志，在惊喜之中冲昏了头脑，想要通过粗鲁来加以掩盖。

254

对诚实的错误估算。——我们至今一直隐瞒的事情，有时候正是让我们新近认识的熟人首先知道：这时候我们愚蠢地认为，我们这种信任的表示是我们可以用来抓住他们的锁链——但是他们并没有足够了解我们，从而如此强烈地感受到我们的直言不讳中所包含的牺牲，于是他们将我们的秘密泄露给别人，却并没有想到这是泄露：以至于我们也许就此失去我们的老熟人。

255

在好意的接待室里。——所有那些我们让他们站在好意的接待室里等待的人都会发起酵来，变得酸溜溜的。

256

对被轻蔑者的警告。——如果你显而易见地失去人们的尊敬，你就得拼命保持交往中的羞耻心，要不然你就等于透露给别人说，你也失去了你自己的尊敬。交往中的厚颜无耻是一个迹象，说明孤独中的人自己把自己当作狗来看待。

257

有些无知显得高贵。——要得到尊敬者的尊敬，明显地**不懂得某些事情**是更有好处的。无知也会给人以特权。

258

优雅的对手。——不耐烦的人和傲慢的人不喜欢优雅，感觉它就像是对自己的一种肉眼可以见到的责备；因为优雅是处于运动和神情中的内心宽容。

259

在再见时。——当老朋友在长久分别之后互相再见到的时候，经常发生这样的事情：在提到对他们来说已经完全变得无所谓的事情时装出十分关心的样子，有时他们两人都注意到这一点，但是不敢捅破这层窗户纸——出于一种悲伤的疑虑。于是谈话就像在冥府里进行一般。

260

只与勤奋者交友。——懒散者对于他的朋友来说很危险:因为他没有足够的事情好做,就谈论他的朋友们做的事情和不做的事情,最终把自己也搀和进去,使自己很辛苦:所以人们聪明地只和勤奋的人交朋友。

261

一件武器抵两件。——如果一个人用头脑和心,另一个人只用头脑来为自己的事业说话,这就是一场不平等的竞争:前者似乎是让太阳与风来和自己作对,他的两件武器互相干扰:他失去了奖赏——在**真理**眼中。然而,另一方面,后者用一件武器取得的胜利却很少是符合所有**其他**旁观者心愿的胜利,它不讨他们的喜欢。

262

深水与浑水。——公众很容易将浑水摸鱼的人同从深水中汲取的人相混淆。

263

向朋友和敌人显示虚荣。——有的人在有目击者在场的时候出于虚荣而甚至糟蹋自己的朋友,他要让他们明白他的优越;另一些人则夸大了他们敌人的价值,为的是要骄傲地证明,他们配得上这样的敌人。

264

冷静下来。——人的心热起来,通常是与头脑和判断的病态相联系的。对后者的健康关心了一段时间的人因而必然知道,他必须使什么东西冷静下来:对他自己的心的未来好不关心啊!因为如果人们真的能热起来,那么人们一定还会再热起来,从而拥有自己的夏天。

265

感情的混合。——女人和自私自利的艺术家都违背科学而感到某种由妒忌和多愁善感构成的东西。

266

在危险最大的时候。——只要人们在生活中努力向上攀登,人们就很少有折断腿的——但是，当人们开始放松，选择舒服道路的时候，就有危险了。

267

不要太早。——人们必须留神，不要太早变得锋芒毕露——因为人们同时也会因此而过早地变得贫乏。

268

喜欢反抗者。——优秀的教育者懂得在有些情况下为自己的弟子感到骄傲，因为他**违背他**而忠实于他自己：也就是说，在那些情况下，那小伙子不可以理解他这个人，或者理解就会造成对他自己的伤害。

269

诚实的尝试。——想要变得比以前更诚实的小伙子，为自己寻找一个公认的诚实者作为他们首先攻击的牺牲品，他们的办法是试着通过谩骂他而被提升到和他平起平坐的地位——背后的想法是，反正这第一次尝试没有什么危险；因为恰恰那位诚实者是不会惩罚诚实者的厚颜无耻的。

270

永久的儿童。——我们认为，童话和玩耍属于儿童：我们这些短视的家伙！好像我们在某一个年龄段想要没有童话和玩耍而生活似的！当然，我们把它们称作别的东西，感受为别的东西，但恰恰是这一点说明了它们是同样的东西——因为儿童也把玩耍感受为自己的工作，把童话感受为自己的真理。生命的短暂保护我们免于被学究式地分成不同的阶段——好像每个阶段都带来了新的东西似的，而一位诗人则应该就此展示两百岁的人，展示真正没有童话和游戏而生活的人。

271

任何哲学都是一个年龄阶段的哲学。——一位哲学家在其中找到自己学说的那个年龄阶段会在其学说中反映出来，这是他无法预防的，无论他会感觉自己如何高高凌驾于时间之上。因而叔本华的哲学始终是热烈而忧郁的青年时代的映像——这不是年长者的思想方法；因而柏拉图的哲学令人想起 30 岁的中年，这时候往往是一股寒流和一股暖流交替奔腾，以至于产生出雾气和轻柔的小云彩，在良好的情况下，有日光照耀，还会产生迷人的彩虹图像。

272

关于女人的精神。——一个女人的精神力量，由于她出于对一个男人及其精神的爱而牺牲了她自己的精神，由于尽管有这种牺牲，她仍然在对她的本性来说原本陌生的、是男人的品性要求她进入的那个新领域里**立即**重新产生出**第二种精神**，从而得到了最好的证实。

273

性的提高与下降。——情欲的风暴有时把男人拽到所有情欲都沉默的高度：在那里他真正地**爱**，而且是在更好的存在状态中，而不是在更好的意欲中生活。而另一方面，一个良家妇女经常出于真正的爱而下降到追求情欲的地步，同时在自己面前**降低**自己。尤其是，后者属于那种能带来美满婚姻想像的最动人的因素。

274

女人做事，男人预言。——通过女人，自然展示了它至今在描绘人类图像的工作中完成了哪些事情；通过男人，自然显示了在其工作中征服了什么，但是也显示了它还**打算**要对人类做的一切。——每个时代的完美女性是创造者在文化的每一个第七日上的懒散，是艺术家在工作中的休息。

495

275

移植。——如果我们用自己的精神来控制感情冲动的无度，那么也许就会带来讨厌的结果：我们会把无度转移到精神上，因而放纵思想和求知欲。

276

笑中露天性。——一个女人怎么笑，什么时候笑，这是她的修养的标志，但是在笑声中流露出她的天性，在很有教养的女人那里，也许甚至流露出她天性中最不能通融的那一部分。——因此人性的检验者会和贺

拉斯一样说出同样的话来，尽管是出自不同的原因：笑吧，姑娘们。（ridete puellae）

277

出自小伙子的灵魂。——小伙子们在对待同一个人的态度上，付出和无耻互相交替；因为他们实际上只是在他人身上尊敬和蔑视自己，只要他们还没有在经验中找到意愿和能力的分寸，他们就不得不在关于自己的两种情感之间来回晃悠。

278

为了世界的改善。——如果我们禁止不满意者、忧郁者、发牢骚者的繁殖，那么我们就能魔术般地把地球变成乐园。——这个命题属于女性的实用哲学。

279

不要猜疑自己的感觉。——女性的那种说法，说是我们不要猜疑自己的感觉，其意思无非是：我们应该吃我们觉得味道好的东西。这也许对于有节制的人来说，是一个很好的日常惯例。但是，其他人不得不按照另一种原则生活："你必须不仅用嘴吃，而且用脑袋吃，从而不让嘴巴因为爱吃甜食而把你毁掉。"

280

爱的残酷念头。——任何伟大的爱都带有残酷的念头，要杀死所爱的对象，免得这对象再放肆地变来变去；因为对于爱来说，变心比毁灭更可怕。

281

门。——孩子像大人一样，在体验到和学到的一切东西中看到了门：但是对于孩子来说，这是入口，对于大人来说，这始终只是**通道**。

282

有同情心的女人。——女人的同情是多嘴多舌的，这种同情把病人的床搬到了开放的市场当中。

283

过早的功绩。——很年轻时就立下功绩的人，往往同时忘记了对老年人及年长者的畏惧，从而对自己十分不利地将自己排斥于成熟者和成熟赋予者的社会之外：以至于他尽管较早立下功绩，却仍然比别人更长久地停留在不成熟的咄咄逼人而又稚气的阶段。

284

整体的灵魂。——女人和艺术家认为，凡是人们在什么地方不反对她们，人们就是反对不了；在 10 个问题上尊重，同时在另外 10 个问题上默默地不赞同，这在她们看来似乎是不可能的，因为她们有着整体的灵魂。

285

青年才子。——对于青年才子，我们必须严格按照歌德的准则办事：我们不可以经常损害谬误，为的是不损害真理。他们的状况跟妊娠期的疾病差不多，伴有罕见的食欲：为了人们由此而期望的结果，人们应该尽量满足和放任这些食欲。当然，作为这些奇异病人的护士，人们必须懂得这种自愿的自我贬低的困难艺术。

286

对真理的厌恶。——女人天生就是这样的，所有关于男人、爱、孩子、社会、生活目标的真理都让她们厌恶——而对每个睁着眼睛看她们的人，她们就寻求对其报复。

287

伟大的爱之源泉。——一个男人对一个女人的那种突如其来的深沉的内心激情是从哪里来的呢？最不可能仅仅出自肉欲；但是如果男人在同一个人身上发现了懦弱、依赖性，同时还有傲慢，那么在他身上就会产生某种东西，就好像他的灵魂要沸腾起来一样：他同时受到感动和伤害。就在这时候，产生了伟大的爱之源泉。

288

整洁。——人们应该在孩子心中点燃起整洁意识，直到它变成一种激情，然后它在全新的变形中几乎将自己提高到任何美德的高度，最终作为所有才华的补偿，显得像是一层由纯净、节制、温和、人格构成的光亮外壳——自己携带着幸福，在自己周围传播着幸福。

289

关于虚荣的老人。——沉思属于年轻人，清醒的意识属于老年人：尽管如此，老人有时仍然以沉思者的方式谈话和写作，那么他们是出于虚荣这样做的，他们相信，他们因此就具有了年轻人、狂热者、未来者、富于预感者、满怀希望者的魅力。

290

对新事物的利用。——男人利用新学到的或者新体验到的东西作为犁铧，也许甚至作为武器，但是女人立刻把它变成自己的一种装饰品。

291

两性各自有理的时候。——如果你对一个女人承认她有理，那么她也不会放弃做这样的事情：扬扬得意地把鞋跟踩到失败者的脖子上——她得充分享受胜利；而男人对男人在这样的情况下通常就会羞于自以为是。因此，男人习惯于胜利，而女人则因此而经历了一次例外。

292

求美意志中的断念。——为了变美，一个女人不可以想要被认为好看：也就是说，她不得不对 99 个她可以取悦于人的场合加以拒绝，不让别人得到满意，以便有一次收获她的狂喜；她的灵魂之门尽可能大大地敞开，以便接纳伟大的东西。

293

无法理解，不堪忍受。——一个小伙子无法理解一个长者也曾经经历过一次他自己的那种欣喜、那种感情的曙光、那种思想转折和振奋：一想到这些东西存在过两次，他就感到受了伤害——但是当他听说如果要**有果实**，他就得失去那些花朵及其芬芳时，他更是充满了敌意。

294

一副可怜相的党派。——任何懂得装出一副可怜相的党派都能赢得好心人的心，从而自己有了一副好心人的样子——这对它是极为有利的。

295

断言比论据更安全。——一个断言至少在多数人中间比一个论据产生更强烈的效果；因为论据唤起猜疑。因此群众集会上的演说者试图通过断言来保护其党派的论据。

296

最高明的隐瞒者。——所有定期取得丰富成果的人都有深藏不露的诡计，这就是始终只把他们的缺点和弱点显示为表面的优点；因此，他们不得不非常明了、非常清楚地了解这些缺点和弱点。

297

有时候。——他坐到城门里面，对一个从城门里走过去的人说，这就是城门。这个人回答说，这是对的，但是如果你想要因此而得到感谢，那你就没有必要说得太对。哦，他回答说，我并不想要得到感谢；但是有时候，不仅说得对，而且归根结底是对的，这才让人心旷神怡。

298

美德不是德国人发明的。——歌德之高雅而没有妒忌心；贝多芬之高贵的隐士般的与世无争；莫扎特之心灵优美与幽雅；亨德尔之坚强不屈的男性气概与法则下的自由；巴赫之信心十足而又神化的内心生活，这种内心生活甚至不必放弃光彩与成就——这就是**德国人的**品质吗？——如果不是，这至少说明了德国人应该努力争取什么，以及他们可以实现什么。

299

虔诚的欺诈（*Pia fraus*）之类。——但愿是我搞错了，但是我似乎觉得，在现在的德国，一种双重的虚伪变成了每一个人当前的义务：人们要求为帝国政治忧虑的日耳曼主义和为社会忧虑的基督教，但是两者都只是在于口头上和表情上，尤其是在于保持沉默的能力。现在值钱的是**外表**，并且要为之付出高昂的代价：整个民族正是为了**观众**的缘故，才在脸上皱起了德意志与基督教的皱纹。

300

不好不坏究竟能在多大程度上胜于全好。——在所有做长久打算并始终要求许多人服务的事情中，一些**不太好**的东西不得不被用来**作为准则**，尽管组织者很了解更好、更难于做到的东西；但是他得指望永远不缺乏能符合准则的人——而且他知道，人力的不好不坏就是准则。——年轻人很少看清这一点，于是就相信，作为创新者，他是多么有理，而别人的盲目又是**多么**罕见。

301

党徒。——真正的党徒不再学习，他只是体验并作出判断；而梭伦，他绝不是一名党徒，但是他追求他的目标时，既和党派平行，又高于党派，或者和党派对立，他是典型的"活到老，学到老"这句淳朴的名言之父，其中包含着雅典的健康和不可穷尽。

302

按照歌德的理解，什么才是德意志的。——真正令人无法忍受的人，人们甚至都不想接受来自他们的好处；可正是这些人，他们拥有**观念的自由**，但却没有注意到他们缺乏**趣味的自由**和**精神的自由**。然而，按照歌德深思熟虑的判断，正是这个才是**德意志的**。——他的见解和他的例子表明，德国人如果想要变得对其他民族有用，甚至能够被他们容忍，就必须**不仅仅**是一个德国人——而且他应该**朝某个方向努力**，来超越自我、摆脱自我。

303

什么时候必须停止。——当大众开始发怒，理性变得暗淡无光的时候，你要是对自己灵魂的健康没有十分的把握，你就走进一个门洞里，期盼着天气的变化，这就做得很好。

304

颠覆者与拥有者。——你们仍然掌握的反对社会主义的惟一手段是：不向它挑战，也就是说，自己平凡而知足地生活，尽量阻止任何淫乐倾向的显示，如果国家对一切多余的东西和一切像是奢侈的东西征收重税，你们就帮助它。你们不想用这种手段吗？那么，你们这些自称为"自由主义者"的富有资产者，只对自己承认一下吧，正是你们自己内心的意向，你们发现它们在社会主义者身上如此可怕、如此危险，而在你们自己身上，你们却让它们被看成是不可避免的，好像在你们身上它们就是别的东西似的。如果你们没有自己实际拥有的**财产**，也不用担心如何来保存这财产，那么你们的这种意向就会把你们变成社会主义者：只是财产把你们和他们区别开来。如果你们想要用某种方法战胜你们富裕生活的敌人，那你们首先得战胜自己。——但愿这种富裕的生活是真正的幸福！它不应该这样表面化，这样唤起妒忌，它更应该是大家分享的、更加有友善姿态的、更加调和式的、更加有促进性的。然而，你们的更是处于敌意感（认为别人没有这些乐趣，所以妒忌你们）之中而不是处于力量充实、力量提高的感觉之中的生活乐趣所拥有的那些不纯之物、作秀一般的东西——你们的住房、服装、车辆、商店橱窗、美食与宴席的要求，你们对歌剧和音乐的吵吵闹闹的热情，最后，你们的太太，都有模有样、形状不错，但却不是好钢铸造的；金光闪闪，但却没有金子的声音，它们被你们选出来当花瓶，它们自己也把自己当作花瓶——它们就是那种大众疾病的有毒的传播者，这种疾病作为社会主义的心灵疥癣现在越来越快地传播给大众，但是**在你们身上**却有着它们最初的居所与起源。现在还有谁来阻止这种瘟疫？

305

党派的策略。——当一个党注意到一个至今还是党员的人从一个无条件的党徒变成了一个有条件的党徒的时候，它简直不能容忍，以至于它使用一切煽动与伤害的手段，试图断然摆脱他，把他变为敌人：因为它满腹狐疑，认为谁想要在它的信仰中看到某种**比较**有价值的允许正反两个方面、允许权衡和拒绝的东西，那么对它来说，就比全面敌对更危险。

306

党的强化。——想要在内部强化一个党的人应该给它机会，让它不得不受到明显不公的待遇；由此它可以积累起它至今也许缺乏的良心的资本。

307

关心自己的过去。——因为人们原本只尊重一切古代建立的缓慢演变的东西，所以想要在死后继续活着的人得不仅关心子孙后代，而且更关心一种**过去**：因此各种暴君们（也包括专横的艺术家和政治家）喜欢对历史施以暴力，以便使历史显得就是为他们而做的准备，是他们攀登的阶梯。

308

党的作家。——青年作家在为一个党的服务中对击鼓声感到非常欢欣鼓舞，而这击鼓声在那些非党人士听来，就像是铁链的锒铛声，唤起的是同情而不是赞美。

309

站在自己的对立面上。——如果我们站在自己的对立面上，我们的追随者绝不会原谅我们：因为这意味着，在他们眼里，这样做不仅拒绝了他们的爱，而且也让他们的理解力丢了丑。

310

财富中的危险。——只有那些有思想的人才应该拥有财富，不然，财富就对公众有危险。因为不懂得如何利用自己的财富来为自己买到空余时间的财富拥有者将总是在**继续不断**地谋求财富：这种谋求将构成他的娱乐，构成他同无聊斗争的策略。于是最终从满足有思想者的中等财富中产生出真正的财富，而且作为思想依赖与思想贫乏的灿烂成果。只是这财富**显得**和它可怜的起源让人期待的样子完全不一样了，因为它可以给自己戴上教养和艺术的面具：它可以**购买**面具。由此它在比较贫穷、比较没有教养的人那里唤起了妒忌——这些人始终从根本上妒忌教养，看不见面具就是面具——并渐渐准备了一种社会变革：因为在所谓的"文化享受"中的镀金的野蛮和戏子式的自吹自擂让这些人起了这样的念头："问题全在于金钱。"——而**某些问题倒是在于金钱，但更加多得多的问题在于思想**。

311

命令与服从当中的乐趣。——命令和服从都给人以乐趣，前者是在它还没有成为习惯的时候，而后者是在它已经变成习惯的时候。新的发号施令者和手下的老仆人在互相给予乐趣方面相得益彰。

312

向往绝境的虚荣心。——有一种向往绝境的虚荣心，它会促使一个人去冒最大的风险。

313

何时急需毛驴。——你绝不会让人群呼喊"和撒那"，除非你骑着一头毛驴进城。

314

党风。——每一个党都试图把在它之外发展起来的重要事物描绘成不重要的；但是如果这种努力失败了，那么这事物越出色，这个党就越会敌视它。

315

变空。——献身于不寻常事情的人会越变越小，最后所剩无几。因此大政治家们会变成完全空空如也的人，而他们曾经却是十分殷实富有的人。

316

被人向往的敌人。——社会主义运动现在对于君主统治来说，与其说是引起恐惧，倒不如说是受欢迎的，因为通过社会主义运动，君主统治将采取特别措施的**权利和利剑**搞到了手，他们能用这些措施来对付真正使他们恐惧的人物，那些民主分子与反君主分子。——对于自己公开憎恨的一切，这样的统治现在有一种秘密的好感和热忱：它不得不给自己的灵魂蒙上一层面纱。

317

财产成为主人。——只是从某一种程度上来说，财产使一个人更独立、更自由；再往前上一个台阶——财产就变成了主人，而财产拥有者则变成了奴隶：作为奴隶，他不得不为财产牺牲他的时间、他的思考，从此以后，感到自己对某一种交往负有义务，感到自己被固定在一个地方，感到自己融入到了一种国家体制中——也许所有这一切都违背他最内在、最根本的需求。

318

关于知识人士的统治。——为立法机构的选举树立一个榜样是很容易的，容易到了可笑的地步。首先，一个国家中诚实可靠的人，如果他们同时又是某个领域的大师和专家，那么他们会不得不通过趣味相投和相互承认来作出相互选择：在他们中间，各个领域的一流专家和知识人士还得再相互作出更小范围的选择，同样也是通过相互承认和相互保障。如果立法机构由他们组成，那么最终在每一种个别情况下，必然只有最专业的内行的声音和判断起决定作用，**所有**其他人的正直在足够大的程度上都干脆变成了礼节问题，有关的表决也都留给那些内行去做：以至于从最严格的意义上讲，法律是出自最聪慧者的聪慧。——而现在是党派表决：在每一次表决时必然会有上百种羞愧——那些信息不灵、无力判断者的羞愧，那些应声虫、跟屁虫及受操纵者的羞愧。没有任何东西会像每一次党派表决逼迫出来的不诚实造成的这种挥之不去的羞愧那样降低任何一种新法律的尊严了。但是，正如已经说过的那样，为立法机构的选举树立一个榜样很容易，容易到了可笑的地步：只是现在世界上没有一种力量强大到足以使更好的东西成为现实——除非对于**科学和知识人士**的最高**有用性**的信念最终甚至使最怀有恶意的人明白事理，也除非人们更喜爱这种信念，而不像现在那样一味相信数字。在这样一种未来的意义上，我们的口号应该是："更加尊重知识人士！打倒所有党派！"

319

关于"思想家的民族"（或者"恶劣思想的民族"）。——人们背后议论德国人本性的那些话，诸如模糊不清、飘忽不定、富于预感、原始粗犷、凭借直觉等——对于模糊不清的事物也要选择一些模糊不清的说法，如果这些东西事实上仍然存在，那么它们就会表明，德国文化落后了好多步，仍然始终围绕在中世纪的魔力和氛围中。——当然，在这样一种落后当中，也有一些优点：德国人有了这些特性——再说一遍，如果他们现在仍然拥有同样的特性——便能够胜任一些事情，尤其是能够理解一些事情，这在其他民族那里是无力做到的。而如果**理性丧失**——也就是说，那些特性中的共同特性也丧失了，那么许多东西无疑也就丧失了，但是在这里没有一种损失是没有最高补偿的，所以没有任何理由悲叹，前提是不能像孩子或美食家那样，想要同时享受一年四季的水果。

320

飞往雅典的猫头鹰。——伟大国家的政府手中掌握着两种手段，让人民在畏惧与服从中依附于自己：一种手段比较粗野，即军队；另一种手段比较典雅，即学校。有前者的帮助，它们将上层的**野心**和下层的**力量**集中到自己一边，一般说来，这两种力量通常拥有才气中等和才气较弱的人中间的积极者和精力充沛者；在另一种手段的帮助下，它们为自己赢得了**有才华**的贫民，尤其是中等阶层中文化修养上高品位的半贫民。它们尤其从各种级别的教师中造就一伙不自觉地朝"上"看的精神朝臣：通过给私立学校甚至完全不受欢迎的个别教育设置一个又一个障碍，他们确保自己有权支配数量十分可观的教席，而这些教席，总是不断有饥渴而低三下四地注视的眼睛在盯着看，这些渴望的眼睛必然只有 1/5 可以得到满足。由于这些职位只可以**贫乏地**养活它们的在职人员，于是在这些人员心中维持着对**提拔**的热烈渴望，这使他们更紧紧地同政府的意图捆绑在一起。因为培养一种适度的不满总是比满足更有利，满足了就会胆大，就会有自由思想，就会狂妄。借助于这种肌体上和精神上受到约束的教师队伍，全国所有的年轻人都被尽可能地提升到某一种对国家有用并按照不同目的分成不同阶段的教养高度；尤其是那样一种思想意识会几乎神不知鬼不觉地传播到各阶层不成熟的沽名钓誉者那里，即认为只有国家承认和正式批准的生活志向才会立即带来**社会**褒奖。这样相信国家考试和国家授予的头衔，其影响变得如此广泛，以至于甚至对于那些保持独立的人、那些通过商业和手工业飞黄腾达的人来说，也如此长久地有一根不满的毒刺留在胸中，直到他们的地位也受到上面的注意和承认，被赦免式地授予头衔和勋章——直到他们"能见公婆"。最后，国家使任何想要获得那些成百上千属于它的官位和职位之前必须先受国立学校的教育，并获得其签发的证书：社会的尊敬、个人的面包、成家立业的可能性、自上而下的保护、有共同文化教养的人之间的同感——所有这一切构成了一张所有年轻人都会跑进去的希望之网：究竟哪里还会有什么使他感到猜疑的地方呢？如果在经历了少数几代人的过程之后，最终每一个人都逐渐把当几年**士兵**的义务看成一种不假思索的习惯和先决条件，人们早早就依照这样的条件来剪裁人生计划，那么国家也就敢于使用这样的绝招，通过有利条件将学校和军队，将天赋、抱负与威力结合在一起，也就是说，通过比较有利的条件将有**较高天赋和教养**的人吸引到军队来，给予高高兴兴服从命令的士兵以精神的灌输，这样他们也许就会长期效忠于军队，以其天赋而为军队取得越来越辉煌的新荣誉。——这时候，万事俱备，只欠伟大战争的机会，而外交家们连同报纸和交易所出于职业的需要来关心这个问题，因而全然**问心无愧**，因为作为黩武民族之"民"在战争时总是问心无愧的，那是不必为此担心的。

321

511 新闻界。——如果我们考虑一下甚至现在所有那些伟大的政治事件如何婉转地在暗地里悄悄登上了舞台，它们如何被毫无意义的事情所掩盖，在其旁边显得微不足道，它们如何在事件发生以后很久才显示出它们的深刻影响，让大地跟着颤抖——那么像现在这样的新闻界，每天用尽力气来喊叫，来压倒别人的声音，来让人激动，来使人惊恐，我们会认为它有什么意义呢？——除了是误导耳朵和各个感官的**盲目的永久性噪声**以外，还能是什么呢？

322

在一件大事之后。——一个民族或一个人，如果其灵魂在一件大事当中暴露出来，通常会因此而感到一种对**幼稚**行为或**野蛮**行为的需要，这是出自羞愧，同样也是为了恢复正常状况。

323

当一个好德国人就是意味着使自己非德国化。——我们发现构成民族差别的东西，只是**不同文化阶段**的差别，只有最少的部分是保持不变的东西（甚至这也不是从严格意义上来理解的），这在程度上要比我们至今已经认识到的大得多。因此，从民族性格出发来进行的所有论证对于从事信念**改造**工作，也就是说，从事文化工作的人来说，是没有什么约束力的。例如，如果我们考虑**曾经是**德意志的一切事情，那么我们就会立即通过反问来改进这样一个理论问题：什么**是**德意志的？我们的反问就是："**现在**什么是德意志的？"——而每一个好德国人恰恰都会通过克服他自己的德意志性格来作出很实际的回答。因为当一个民族朝前走、朝前发展的时候，它必然每次都会冲破到那时一直使它具有它那种**民族**外观的束缚；如果它停滞不前，如果它失去活力，那么它就会给自己的灵魂系上一条新的绳索；变得越来越坚硬的外壳几乎就是在它周围建起了一个墙壁在不断增高的监狱。所以，如果一个民族有许多固定不变的东西，那么这就是一个明证，证明它想要变成石头，变成完完全全的**纪念碑**：就好像埃及人从某一时刻以来的情况一样。所以，希望德国人好的人也许会从他的角度来看一看，他是如何成长得越来越脱离德国化东西的。因此，**非德国化的转变**历来是我们民族中能干者的标志。

324

洋话连篇。——在德国旅行的一个外国人曾以他在各个逗留地所说的一些言论造成愉快和不快。他常说，所有具有智慧的施瓦本人都卖弄风情。①——但是，别的施瓦本人还总认为，乌兰德是一位诗人，歌德是不道德的。——现在变得很有名的德国小说的最大好处在于，你不需要读它们：你已经了解它们。——柏林人显得比南方德国人脾气好，因为柏林人太喜欢开玩笑了，因而也经受得住取笑：在南方德国人那里就没有这种情况。——德国人的思想受到他们的啤酒和报纸的控制：他②向他们推荐茶和小册子，当然是为了治疗。他建议好好看一看已经老化的欧洲的各个民族，看一看每一个民族是如何特别出色地展示某一种古代的

---

① 按照文中的语气，以下的话也都是这个外国人说的。
② 这里以及后面多处提到的"他"指的就是这个外国人。

513 特色，以愉悦坐在这个大舞台前面的那些人：法国人如何成功地代表了古代的机智和可爱；英国人如何成功地代表了古代的经验和矜持；意大利人如何成功地代表了古代的清白和无拘无束。究竟有没有疏漏掉古代的其他面具呢？高傲的老人在哪里呢？嗜权的老人在哪里？贪得无厌的老人在哪里？德国最危险的地方是萨克森和图林根：没有任何地方会有更多精神上的进取和人性的知识，包括自由思想，一切都被居民的那种丑陋语言和热心的殷勤服务如此谦虚地隐藏起来，以至于你几乎没有注意到，这同德国精神上的军士长们和德国教师的好坏有关。北方德国人的傲慢受到他们那种服从倾向的限制，南方德国人则受到他们那种懒散倾向的限制。——他似乎觉得，德国男人在女人方面拥有的是笨拙然而非常自信的家庭主妇：她们如此顽强地说自己的好话，以至于她们几乎使全世界，至少使她们的男人，相信专门有德国家庭主妇的美德。——当谈话随后转到了德国内外政策上的时候，他习惯于说——他称之为：泄露——德国最伟大的政治家不相信伟大的政治家们。——他认为德国人的未来既受到威胁，又是威胁性的：因为他们忘记了自我**愉悦**（这是意大利人很懂得的事情），却由于战争和改朝换代的十分危险的游戏而**习惯于感情冲动**，结果终有一天他们会发生暴动。因为这就是一个民族能使自己得到的最强烈的感情冲动。——德国社会主义者之所以是最危险的，恰恰是因为没有一种**确定的**需求在驱使他①，他的痛苦是不知道自己要什么，所以尽管他实现了许多东西，他却仍然在享受中受欲望的煎熬，完全像浮

514 士德那样，不过也许像一个非常粗俗的浮士德而已。"因为那浮士德—魔鬼"，他②最终喊道，"有教养的德国人受到如此的纠缠折磨，好在俾斯麦把他从他们那里赶走了：现在魔鬼钻进了猪身子，从来没有这么糟糕过！"

325

见解。——大多数人什么也不是，什么也不算，直到他们将自己包

---

① 这一句话中的几个"他"指的是社会主义者。
② 这个"他"仍然是指那个外国人。

裹在普遍的信念和舆论之中——按照裁缝的哲学：服装造就人。但是关于独特之人，应该说是**穿着者造就服装**；在这里，见解不再是公开的，变成了不同于面具、装饰品和伪装的东西。

326

两种平淡。——为了不使出于思想衰竭的平淡同出于中庸的平淡相混淆，我们必须注意到，前者情绪恶劣，后者快快活活。

327

对快乐的搀假。——一件事情在我们看来有多少天是好的，我们就多少天称它为好的，一天也不要多，尤其是：一天也不要早——这是使**快乐**保持纯粹的惟一手段：要不然，它太容易变得平淡无味和走味了，而且现在对于整个各阶层人民来说，它属于搀假的食品。

328

替善羊。——当一个人做得最好的时候，那些对他怀有好意但是不能胜任他的行为的人就赶快找一只羊来杀掉，误以为它是替罪羊——但实际上它是替善羊。

329

主权。——甚至关注坏的东西，如果这东西**让人高兴**，就拥护它，而且不懂得为自己的高兴感到羞愧，这就是在大小事情中的主权的标志。

330

产生影响的人是幽灵，而非现实。——名人渐渐懂得，只要他产生影响，他就是另一个人头脑里的幽灵，而且他也许陷入细腻的内心痛苦，问自己是否得保持自己的幽灵，以**最佳**裨益于自己的同胞。

331

取走与给予。——当人们从一个人那里取走了（或不让他拥有）最微不足道的东西的时候，这个人是看不见人们给了他许多更了不起的甚至最了不起的东西的。

332

良好的农田。——所有的拒绝和否定都表明一种缺乏，缺乏一种丰富性：其实，如果我们是良好的农田，我们可以不让任何东西不被利用就消失掉，在每一个事物、事件和人物中看到受欢迎的肥料、雨露和阳光。

333

作为享受的交往。——如果一个人带着弃绝人生的念头故意生活在孤独中，那么他就可以因此而将同人的交往变成自己难得享受到的美食。

334

懂得如何在公众面前痛苦。——我们得公开自己的不幸，时不时让人听到我们在叹息，让人看到我们很不耐烦：因为如果我们让别人注意到，我们尽管有痛苦和匮乏，却如何在心中很自信、很幸福，那么我们会让他们变得多么嫉妒和怀有恶意啊！——但是我们得留神不要使我们的同胞变坏了；此外，他们会在那种情况下让我们担负起苛捐杂税，所以我们**在公众面前的痛苦**无论如何也是我们**私下的长处**。

335

高地上的温暖。——在高地上比山谷里的人们认为的更温暖，尤其是在冬天。思想家知道这个比喻所说明的一切。

336

有志于善，成就于美。——行**善**是不够的，你得先有志于善，用诗人的话说，就是将神性接纳到意志中。但是你不可以有志于**美**，你得**成就于美**——在无辜和盲目中，没有任何好奇心理地。谁打起灯笼来寻找完人，谁就会注意到这样一个标志：完人就是那些始终为善奔忙，却始终在奔忙中不假思索地实现了美的人。因为许多更好更高贵的人，由于无能和缺乏美的心灵，尽管有所有那些善的愿望和善的作品，却仍然让人看着不快、让人看着很丑陋；他们倒退回去，甚至以讨厌的服装损害了美德，他们的糟糕趣味把这样的服装穿在了美德的身上。

337

弃绝快乐的危险。——我们得留神不要把我们的生活建立在一个太狭隘的贪欲基础之上：因为如果我们弃绝了地位、荣誉、伙伴、快感、舒适、艺术给我们带来的快乐，那么有一天我们会注意到，通过这种放弃我们给邻人带来的不是**智慧**，而对**生活的厌恶**。

338

关于见解的最终见解。——人们应该要么隐藏起自己的见解，要么隐藏在自己的见解背后。谁在做法上有什么不同，谁就是不谙世事，或者属于胆大妄为之徒。

339

"那就让我们快乐吧。"（*Gaudeamus igitur*）——快乐对于人的道德禀性来说，必然也包含着启发与治疗作用：要不然我们的灵魂怎么会一待在快乐的阳光里就不由自主地发誓要"做好人"、"变完美"，而且同时有一种完美的预感就像一种极其幸福的震颤抓住我们的灵魂呢？

340

致一位受表扬者。——只要有人表扬你，你就始终只相信你还没有上自己的轨道，而是待在了另一个人的轨道上。

341

爱师傅。——徒弟爱师傅不同于师傅爱师傅。

342

太美的和人性的。——"自然对于你这个可怜的凡人来说是太美了"——人们有这样的感觉并不罕见；但是有一两次，在细致观察的时候，一切人性的东西，其丰盈、力量、温柔、纠葛，都使我感到好像不得不谦恭地说："甚至**人**对于观察中的人来说也是太美了！"——而且绝不只是道德意义上的人，而是每一个人。

343

动产和地产。——如果生活曾经真正像强盗一般对待一个人，在荣誉、快乐、追随者、健康、各种财产方面尽它所能地拿走一切，那么这个人在最初的惊恐之后也许会发现，自己比以前**更富有**了。因为现在他才知道他拥有的是什么，没有一个强盗的手能动得了它；于是一个人也许是以一个大地主的优雅，从掠夺和混乱中诞生出来。

344

519　不自觉的理想人物。——世上最痛苦的感觉是发现，人们总是被当成比自己实际情况更高的东西。因为在这时候人们不得不向自己承认：你身上的某种东西是谎言和欺骗——你的话、你的表情、你的目光、你的行为——而这种欺骗性的东西像你其他情况下的诚实一样必要，但是却不断抵消这种诚实的效果和价值。

345

理想主义者和说谎者。——我们不应该让自己受到最美的能力——把事物提升为理想的能力——的压制：要不然有一天真理就会离我们而去，并怒喝道："你这个彻头彻尾的说谎者，我与你有何相干？"

346

被误解。——如果我们整个地被误解，那么就不可能从根本上消除个别被误解的情况。我们必须看到这一点，以便在为自己的辩护中不至于浪费多余的力量。

347

饮水者说。——你尽管喝让你一生都精神振奋的酒——我必须当一名饮水者，与你有何相干？酒和水不是毫无龃龉地相处在一起的好兄弟吗？

348

520　在人吃人的国家。——在孤独中，孤独者自己吃掉自己；在多数人中，多数人吃掉他。现在选择吧。

349

在意志的冰点上。——"将你裹在毫无痛苦的金色云彩中的那个时刻终有一天会到来：这时候灵魂享受它自己的困倦，在同它自己的耐心进行的耐心游戏中就像湖中的波浪，这波浪在一个宁静的夏日，反映出傍晚色彩斑斓的天空，在岸边发出吧嗒吧嗒的声响，重又沉寂下来——没有尽头、没有目的、没有满足、没有需求——一片喜悦于变化的宁静，一片伴随大自然脉搏跳动的潮涨潮落。"这就是所有病人的感觉和言论，但是如果他们实现了那样的时刻，那么在短暂的享受之后到来的则是无聊。不过这是融化冻结了的意志的暖风：意志苏醒过来，行动起来，重新产生出一个又一个愿望。——愿望是康复或改善的一个标志。

350

被否认的理想。——一个人只有在否认自己的理想时才达到最高境界，这是破例发生的事情：因为这种理想至今太强烈地驱使着他，以至于他在每次行程的中途变得上气不接下气，不得不停下来。

351

泄露真情的倾向。——我们将以下情况看作一个充满嫉妒然而力争上游者的标志，如果他感觉自己被这样的思想所吸引，即面对杰出的人只有一种解救的方法：爱。

352

楼梯上的幸福。——就像有些人的机智没有和机会同步，以至于当机会已经走出门去的时候，机智还站在楼梯上：所以在别人那里，有一种楼梯上的幸福，它跑得很慢，为的是始终给具有飞毛腿的时间让路：他们在经验中，在整个生命历程中享受到的最好的东西，只有在很长时间以后才会归他们所有，经常只是作为一种唤起渴望和悲哀的淡淡的醇香，好像某个时候痛饮这种饮料是可能的：只是现在太晚了。

353

蠕虫。——思想中有几条蠕虫①并不说明思想不成熟。

354

胜利的坐姿。——一个坐骑上的好姿势使对手丧魂落魄，博得观众的好感，——为什么你还要进攻？你就像一个已经取得胜利的人那样坐着吧！

355

赞美中存在的危险。——我们会由于过分赞美他人的美德而忘记了

---

① 指想入非非。

自己的美德，并由于缺乏实践而最终连自己的美德也丢失了，而且绝不会因此而得到他人的美德作为替代品。

356

虚弱多病的好处。——经常生病的人不仅由于自己经常变得健康而对健康有一种更加大得多的享受，而且会对自己和他人作品、行为中健康的东西与有病的东西有一种大大增强的感受力：以至于恰恰是多病的作家——很可惜，几乎所有伟大作家都在其中——通常在他们的写作中有更加确切、更加稳定得多的健康气息，因为他们比体格强健者更精通于心理健康和心理康复的哲学及其教材：清晨、阳光、森林和水源。

357

不忠，大师的条件。——每一位大师都只有一个学生——而这学生也变得对他不忠——因为他也注定要当大师：这是没有办法的。

358

绝不徒劳。——在真理的丛山中，你的攀登绝不是徒劳的：要么你今天继续往上爬，要么你练一练自己的力气，以便明天能登得更高。

359

在朦胧的窗玻璃前。——你们透过这世界之窗看到的东西竟是如此之美，以至于你们根本不再想要透过别的窗户看一眼——甚至试图阻止别人这样做。

360

强烈变化的标志。——如果你梦见早就被遗忘的人或者早就死去的人，那么这就是一个标志，表明你在内心中经历了一种强烈的变化，表明我们在上面生活的那块土地被完全翻了个个儿：于是死人站立起来，我们的古代变成了新时代。

361

心灵之药。——静静地躺着，不思不想，这是治疗所有心灵疾病最物美价廉的药品，而且在有意的情况下，一小时又一小时地使用这种药品会使你变得越来越舒服。

362

关于精神的档次。——你企图明确地指出例外，而另一个人则企图确立规则，这使你在档次上远远低于那个人。

363

宿命论者。——你**不得不**相信命运——科学可能会迫使你这样做。这时候你由于相信命运而产生的后果——怯懦、顺从，或者出色和坦率——证明了那块被播种的土地，却不能证明种子本身——因为从种子里可以变出各种东西。

364

许多不快的理由。——那些在生活中优先选择美而不选择有用的人，最终必然像优先选择糖果而不选择面包的孩子一样，毁了胃，很是怏怏不快地看世界。

365

作为医疗手段的过分。——你可以较长时间过分地看重并享有相互对立的东西，从而重新使自己的才能引起别人的兴趣。——把过分用作医疗手段是生活艺术中比较精巧的手法之一。

366

"意欲一个自我吧。"——积极进取的成功者不是按照"认识你自己"这样的名言行事的，而是好像在他们面前浮现出这样一道命令：**意欲**一个自我吧，那么你就**成为**一个自我。——命运似乎始终把选择留给了他们；而消极的、好沉思的人则思考在进入人生是如何**做了**那一次选择的。

367

尽可能没有追随者地生活。——只有在你停止当你的追随者的追随者时，你才明白，追随者多么无足轻重。

368

淡化自己。——我们必须淡化自己，以便摆脱令人讨厌的赞美者的蜂拥纠缠。

369

525 　无聊。——有一种最聪明、最有教养的人的无聊，对他们来说，世上提供的最好的东西也变了味：他们习惯于吃越来越精选的食品，对比较粗糙的东西感到厌恶，他们将会有饿死的危险——因为最最好的东西只是很少一点点，有时变得难以接近或坚硬得连好牙也咬不动。

370

　　赞美中存在的危险。——对一种品质或艺术的赞美会如此强烈，以至于它会妨碍我们努力去拥有它们。

371

　　我们要求于艺术的是什么。——一个人要求通过艺术而为他自己的本性感到高兴，另一个人则要求借助于艺术暂时超越他的本性，摆脱他的本性。按照这两种要求，就有一种双料的艺术和艺术家。

372

　　变节。——背叛我们的人也许并不因此而伤害我们，但是肯定伤害了我们的追随者。

373

　　在死后。——我们通常只是在一个人死了很久以后才发现无法理解他已经不在了，至于十分伟大的人，往往要在几十年以后。那些诚实的人在有人死了的时候通常认为，其实并没有失去很多，而那个郑重其事的遗体告别演说家则是个伪君子。只有急需才表明一个人的不可缺少，而真正的墓志铭则是一声迟来的叹息。

374

　　遗留在阴曹地府。——人们不得不把许多东西遗留在具有半意识状态感觉的阴曹地府中，而不愿意将它们从那阴影般的存在中拯救出来，要不然，它们就作为思想和言辞变成了我们恶魔般的主宰，残酷地渴望我们的鲜血。

375

　　与叫花子近在咫尺。——即使是最富有的人偶尔也会丢失打开他储藏金银财宝房间之门的钥匙，这时候，他就像不得不乞讨的最贫困者一样，只要活下去就行。

376

链条思想家。——对于一个思考了很多的人来说，他听到或读到的每一种新思想都以一根链条的形式出现。

377

同情。——在同情的镀金剑鞘里，有时藏着妒忌的匕首。

378

什么是天才？——天才是一个崇高的目标**以及**达到此目标的手段。

379

战士的虚荣。——没有比希望在一场战斗中获胜或者明显处于劣势的人格外想要让他的战斗方式受到赞扬的了。

380

哲学人生被曲解。——当有人开始将哲学付诸实施的时候，所有人所相信的都恰恰相反。

381

模仿。——坏东西通过模仿提高了威望，好东西则因此而失去威望——尤其是在艺术中。

382

历史的最终教训。——"啊，要是我生活在那个时候就好了！"——这是愚蠢而不负责任者的说法。一段经过**认真**观察的历史，尽管它是最受赞美的往日之乡，可人们更会由于它而最终大呼："千万别回到那时候去！那个时代的精神会用上百个氛围的重负压在你身上，对于其中善与美的东西，你不会感到高兴，对于其中坏的东西你会无法消化。"——后代肯定会同样评价我们的时代：它是不堪忍受的，其中的生活是无法过的。——然而每个人不都忍受了他自己时代的生活吗？——是的，而且原因就在于他时代的精神不仅躺在他**身上**，而且在他心中。时代精神互相对抗、互相支撑。

383

作为面具的高贵。——我们以行为的高贵使我们的敌人恼怒，以不掩饰的妒忌使他们几乎同我们和解：因为妒忌进行比较，进行等量齐观，它是一种无意的、悲叹的谦虚。——妒忌是否有时由于所提到的这个优点而被看作那些不妒忌的人的面具呢？也许；但是行为的高贵肯定经常被那些虚荣者用作掩盖其妒忌的面具，这些虚荣者宁愿遭受损害并使其敌人恼怒而不愿意让人看到其内心里是将敌人和自己等量齐观的。

384

不可原谅的。——你给了他一个机会来显示性格的伟大，而他却没有利用这个机会。他是绝不会原谅你这件事的。

385

反命题。——关于人的思考中最老态龙钟的东西隐藏于下列著名命题中："自我始终是可恨的"；最孩子气的东西在更著名的命题中："像爱你自己一样爱你最亲近的人。"——在前者那里，对人之常情的理解终结了，而在后者那里，这种理解还根本没有开始。

386

丢失的耳朵。——"只要我们始终把罪过推到别人身上，我们就还是群氓一类的人物；如果我们始终只是让自己承担责任，我们就走上了智慧之路；智者不认为任何人有罪过，既不是自己有罪过，也不是他人有罪过。"——这是谁说的？——爱比克泰德，在1 800年以前。——人们听到了这样的话，但是忘记了。——不，人们没有听到，也没有忘记：不是每一件事都会忘记的。但是人们没有用来听这种事情的耳朵，没有爱比克泰德的那种耳朵。——那么他是自己说给自己的耳朵听啦？——就是这样：智慧就是孤独者在熙熙攘攘的市场上同自己的窃窃私语。

387

是立场的错误，而不是眼睛的错误。——我们总是站得彼此间太靠近了几步；离最亲近的人总是太远了几步。于是我们太过于全面地评判他人，太过于按照个别的、偶尔的、微不足道的特征和事件来评判自己了。

388

对武器的无知。——对于另一个人是否了解一桩事情，我们多么不以为然——而他也许因为想像人们认为他对此事无知而急得出汗，最终把血都流出来了。确实有出奇的傻瓜，他们总是带着满满一箭囊的诅咒和强制命令走过来，准备射倒每一个让人看到有些事情中他们的判断是不算数的人。

389

在经验的酒桌旁。——有些人出于天生的节制，每一杯酒喝一半就放在那里了，可他们不愿意承认，世上每一件事物都有残余和沉淀。

390

鸣禽。——一个伟大人物的追随者往往戳瞎自己的眼睛，以便能更好地为他唱赞歌。

391

不能胜任。——如果我们不能胜任善，善就令我们讨厌。

392

作为母亲或作为孩子的规则。——产生规则的状况不同于规则产生的状况。

393

喜剧。——我们有时收获爱和尊敬却是因为我们早就像蜕去一层皮一样从中脱身的行为和劳作：这时候我们很容易被诱惑充当表演我们自己的过去的喜剧演员，把旧皮再一次披到肩上——不仅是出于虚荣，而且也是出于对我们的赞美者的好意。

394

传记家的错误。——急需将一条小船推入大河的小小力量不应该和此后载着船走的大河的力量混为一谈，但是这样的情况几乎发生在所有的传记中。

395

531　　不要买太贵的东西。——我们买了太贵的东西，用起来往往也很糟，因为没有爱心但却带着痛苦的记忆——所以我们因此而遭遇了双重的不利。

396

　　社会急需哪一种哲学。——社会秩序的支柱立足于这样的基础：每一个人都很愉快地看待自己的身份、自己所做的事情以及自己追求的事情，愉快地看待自己的健康或疾病、自己的贫穷或财富、自己的荣誉或寒酸相，并且同时感觉"**我不会同任何人交换位子**"。——想要建立社会秩序的人只要始终把这种愉快地拒绝交换位子和毫无妒忌心的哲学植入人们心中就行。

397

　　高尚心灵的标志。——一颗高尚的心灵不是那种能飞升到最高处的心灵，而是那种不升不降但是**始终**居于一种比较自由、透着光亮的空中和高处的心灵。

398

　　伟大以及对伟大进行观察的人。——伟大的最佳效果就是让观察者把眼睛睁得又大又圆。

399

532　　得到满足。——智力已经达到的成熟表现在这样的事实中：人们不再到罕见之花夹杂于其中的有着最尖荆棘的知识树篱的地方去，而是考虑到对于罕见之物和非凡之物来说，生命太短，因而满足于花园、森林、草场和耕地。

400

　　匮乏的好处。——总是生活在内心的温暖和丰富之中、生活在几乎是心灵的仲夏空气中的人，无法想像一种震颤的欣喜，这种欣喜抓住了生活在冬天里的人，使他们破例地被爱的光芒和一个阳光明媚的二月天的温和气息所打动。

401

给受苦者的药方。——对你来说，生活的负担变得太重了吗？——那么你就必须再加重你生活的负担。如果受苦者最终渴望忘川并去寻找的话——那么为了肯定能找到忘川，他就得变成**英雄**。

402

判官。——看到某人理想的人是那人的铁面无私的判官，而且几乎是他的愧疚。

403

伟大的断念妙在何处。——伟大的断念，其最妙的好处在于，它告诉我们那种对于美德的自豪，从那时候起，我们由于这种自豪而很容易达到关于自己的小小断念。

404

义务如何变得光彩照人。——在每个人的眼里把你那铁的义务变成金子的方法是：始终比你所作的承诺多履行一点点。

405

向人类祈祷。——"宽恕我们的德行吧"——我们应该这样向人类祈祷。

406

创造者与享受者。——每个享受的人都认为树取决于果实；可是它取决于种子。——其中包含着所有创造者与享受者的区别。

407

所有伟人的荣誉。——如果天才不传达给他的观察者与尊敬者以这样一种自由和感情升华，即认为他们不再需要天才，那么天才有何价值呢？——**使自己多余**，这就是所有伟人的荣誉。

408

下阴曹地府。——我也像奥德修斯一样到过阴间，而且将更多地去

534 那里；为了能同几个死人谈话，我不仅牺牲了阉羊，而且不惜献出自己的鲜血。有四对人没有拒绝我这些祭品：伊壁鸠鲁和蒙田、歌德和斯宾诺莎、柏拉图和卢梭、帕斯卡和叔本华。当我长时间一个人漫游的时候，我不得不同这些人讲个明白，我要求他们给我说一说我是否有道理，当他们在这期间互相说出是否有道理的时候，我要聆听他们的说法。无论我说什么，作出什么决定，为自己和他人设想了什么，我都把眼睛盯住那八个人，也看到他们的眼睛盯住了我。——活着的人如果有时在我看来像影子一样，那么苍白，那么闷闷不乐，那么不安，啊呀！那么渴望生命，但愿他们原谅我有这样的看法，而那八个人当时在我看来显得那么活跃，就好像在死后从来就不可能厌倦生命。可是，**永久的生气勃勃**才是关键："永久的生命"，尤其是生命，有多重要啊！

第二部分　漫游者和他的影子

先前出版的思想集《人性的，太人性的：一本献给自由精灵的书》的第二个也是最后一个补遗。（于1880年第一版）

影子：我这么长时间没有听到你说话了，我想给你一个机会。

漫游者：有人说话——在哪里说话？是谁在说话？几乎就好像是我听见自己在说话，只是说话的声音比我自己的弱。

影子（停了一会儿以后）：有机会说话，你不高兴吗？

漫游者：看在上帝和所有我不信之物的分上，这是我的影子在说话；我听见了，但是我不相信。

影子：我们忍了吧，不要再继续思考这些事情了，一小时以后一切都过去了。

漫游者：我在比萨附近的森林里先看见两只骆驼，然后又看见五只骆驼时，也完全是这样想的。

影子：一旦我们的理性停止运作，我们两人以同样的方式互相宽容，这很好，这样我们在谈话中就不会生气，万一别人的话我们没有听懂，我们也不会马上对他施加压力。如果我们刚好不知道怎么回答，那么随便说些什么也就足够了：正是在这种合理的条件下，我才同别人交谈的。在一次较长的谈话中，甚至最聪明的人也会有一次变成傻瓜，三次变成糊涂蛋。

漫游者：你的知足对于你向他承认这一点的人是不中听的。

影子：那么我应该说好听的吗？

漫游者：我原以为，人的影子是他的虚荣，但是他的虚荣绝不应该问："那么我应该说好听的吗？"

影子：人的虚荣，就我所知，也不会像我有过的两次情况那样问它**是否**可以说话；它总是在说话。

漫游者：我才注意到，我对你多么没有礼貌，我可爱的影子：我不仅见到你，而且听到你说话，可我连一句有多么**高兴**的话都没有说。你将会知道，我爱影子，就像我爱光一样。为了有脸面的姣好、说话的明了、性格的善与坚定，光与影同样必不可少。它们不是对手：它们更应该亲密地手拉着手，当光消失的时候，影也随它溜之大吉。

影子：我恨你之所恨：黑夜。我爱人类，因为他们是光的信徒，他们这些不知疲倦的认识者和发现者，我很喜欢他们认识和发现时眼中的闪光。当知识的阳光照临的时候，万物展示出那种影子——我也是那样的影子。

漫游者：我相信我理解你，尽管你说得有点含含糊糊。但是你说得对：好朋友之间相互不时交换一句模糊不清的话作为默契的标志，这对于第三者来说就是一个谜了。而咱们是好朋友。不必唠叨不休了！有几百个问题压在我的心头，而你也许只有很少时间能用来回答它们。让我们看一看，在哪些问题上我们能尽快平心静气地相互取得一致。

539　　**影子**：但是影子比人类更腼腆：你不能告诉任何人，咱们是怎么在一起谈话的！

漫游者：咱们是**怎么在一起谈话的**？绝不会有长篇大论的书面谈话！要是柏拉图少些津津乐道于东拉西扯，他的读者就会对他有更多的兴趣。在现实中让人轻松愉快的一次谈话，如果变成书面的东西让人来阅读，那就是一幅只有错误透视画法的图画：一切都太长或太短。——但是我也许可以说一说，咱们**在哪些问题**上取得了一致。

影子：对此我很满意；因为大家在其中只认出了你的看法：影子的看法是没有人会想得到的。

漫游者：也许你错了，朋友！到现在为止，人们在我的看法中更多察觉到的是影子而不是我。

影子：更多是影而不是光？这可能吗？

漫游者：严肃点，亲爱的傻瓜！我的第一个真正的问题就是要求严肃的态度。——

1

关于知识之树。——可能性，但不是真实；像是自由，但不是自由——这两种果实是知识之树不会和生命之树相混淆的标志。

2

世界的理性。——世界**不是**一种永恒理性的典范，这一点已通过以下事实最终得到证实，即我们所认识的那一部分世界——我指的是我们人类的理性——并不是太理性的。如果说它并不是始终完全聪明合理，那么世界的其他部分也将不是如此；在这里由少到多，从部分到整体（*a minori ad majus，a parte ad totum*）这个结论是适用的，而且具有决定性的适用性。

3

"一开始"。——赞美起源——这是形而上的事后冲动，它是在对历史的思考中重新产生出来的，并让你完全觉得在所有事物的开端矗立着最有价值、最根本的东西。

4

衡量真理价值的尺度。——登山的劳累根本不是测量山的高度的尺度。而在科学中，情况就不一样了！——一些想要被认为是入门者的人这样对我们说：为真理付出的劳累恰恰应该决定真理的价值！这种疯狂的道德出自这样的思想："真理"原本不过是体操器械，我们得在上面把自己累得半死——一种运动员和体操家的道德。

5

语言应用方式和现实。——有一种佯装的对所有的人类事实上最重视的事物以及**所有最接近于人类的事物**的蔑视。例如我们说"我们只是为了活才吃"——一个该死的**谎言**，就像那种把生孩子说成是肉欲的真正目的言论一样。相反，对"最重要的事物"的高度评价，几乎从来就不是真实的：尽管神甫和形而上学家已经让我们在这个领域里完习惯于一种虚伪地进行夸张的**语言应用方式**，但是却没有转变将这种最重要的事物看得连那些遭蔑视的最亲近的事物都不如的那种感情。——然而，这种双重虚伪的不幸结果总是这样的：一方面，人们不把最亲近的事物，例如衣食住行，变成持续不断的、没有偏见的、**普遍**的反思和变革的目标，是因为这些东西被看作是丢人的，所以不对它们加以知识上、艺术上的认真考虑；以至于在这里习惯和草率很容易战胜那些欠考虑的人，尤其是那些没有经验的年轻人。而另一方面，我们连续不断地违反最简单的人体和精神的法则，将我们大家，无论老少，统统带入一种令人羞愧的依赖和不自由中——我指的是那种归根结底是多余的对医生、教师、牧师的依赖，他们现在还始终是整个社会的重负。

6

542 人世间的脆弱及其主要原因。——我们转过身去时，总是会碰见一些一生都吃鸡蛋却没有注意到形状稍长一点的鸡蛋最好吃的人；碰到一些不知道雷雨有益于下腹、不知道香味在清凉的空气中气味最强烈、不知道我们的味觉在不同的月相是不一样的、不知道在每次吃饭的时候说多了话或听多了话对胃不好的人。这些缺乏观察力的例子也许并不令人满意，人们更会承认，大多数人看不清**最亲近的事物**，很少注意它们。这是无所谓的吗？——但是你考虑一下，个人的**几乎所有身心缺陷**都来源于这种不足：不知道在我们生活方式的惯例中、在一天的划分中、在交往的时间和选择中、在职业和空闲中、在命令和服从中、在自然感和艺术感中、在吃和睡及反思中，究竟什么对我们有利、什么对我们有害；**在最小和最日常的事情中无知**，没有敏锐的眼光——这就是对这么多人来说把地球变成"苦海"的东西。我们不说在这里像在任何地方一样，这是一个人类的**非理性**的问题：应该说理性绰绰有余，但是它被**定错了方向**，**人为地**被从那些最亲近的小事物那里**引向别处**。教士和教师，以及每一种理想主义者崇高的权势欲，无论是比较粗犷还是比较精细的理想主义者，都已经使孩子相信，重要的是完全不一样的东西：是灵魂的拯救，是国家公务，是对科学的促进，或者是威望与财富，这是为整个

人类效力的手段，而个人的需要以及个人在24小时之内的大小需求就会是被蔑视的或无所谓的东西了。——苏格拉底曾全力捍卫自己，为了人类的利益而反对这种傲慢的无视人性的做法，他喜爱用一句荷马的话来提醒人们想到所有忧虑和思考的真正范围与内容：这不过是，他说，"我在家遭遇的好与坏的问题"。

7

两种安慰手段。——古代稍后期的灵魂安慰者伊壁鸠鲁有那种今天仍难以发现的惊人洞察力，他认为，为了使心情平静，完全没有必要解决最终的、最极端的理论问题。所以在他看来，对那些受到"对神的恐惧"折磨的人说这样的话就足够了："即使有神存在的话，他们也不关心我们。"——而不是就神究竟是否存在的最终问题进行毫无结果、不着边际的争论。下面一种态度要有利也有力得多：你让另一个人先得几步优势，以便使他更乐意倾听和铭记在心。但是，当他一打算要论证相反的问题——神是关心我们的——这可怜的家伙就一定会陷入什么样的误区和布满荆棘的树丛啊！这完全是出于他自己的意愿，没有对话者的狡猾手段，这对话者只要有足够的人性和巧妙来隐藏起他对这个场面的同情就行。最终这另一个人会感到厌恶，这是反对任何一种命题的最强有力的论据，他会厌恶他自己的断言，他冷静下来，带着纯粹的无神论者具有的那种情绪离去："神原本跟我有什么关系？让魔鬼把他们抓走吧！"——在其他情况下，尤其是当一个一半属于物理范畴一半属于道德范畴的假设使情绪变得阴暗的时候，他不是反驳这个假设，而是承认，可能大概就是这样的情况；但是**还有第二个假设来解释同样的现象；也许情况又不一样。大多数**假设，例如关于愧疚的起源，即使在我们时代也足以除去灵魂上的那种阴影，那种阴影如此容易地从对一种惟一的、仅仅能见到的、却因此而被百倍高估的假设的冥思苦想中产生出来。——于是想要给予不幸者、作恶者、癔病患者、垂死者以安慰的人，应该想起伊壁鸠鲁那两种令人感到安慰的说法，它们能够被运用到非常多的问题上。以最简单的形式出现，它们大概就是：第一，假定情况就是这样，那么这同我们无关；第二，情况可能是这样，但是也可能是另外的样子。

8

　　在夜里。——夜幕一降临，我们对于最直接的事物的感觉就改变了。那是风，它就好像在禁止通行的道路上绕来绕去，窃窃私语，就像在寻找什么东西，悻悻然，因为找不到它。那是灯光，昏暗的、微微发红的光线疲乏地观望，不快地抗拒着夜晚，是醒着的人们的不耐烦的奴隶。那是熟睡者的呼吸及其可怕的节奏，似乎有一种一再回来的忧虑在按照这种节奏演奏着乐曲——我们听不见这乐曲，但是每当熟睡者的胸部隆起，我们就感到心被揪住，每当一口气呼出，几乎消失在死一般的沉寂中，我们就对自己说："宁静一点，你这受折磨的可怜虫！"——我们祝愿所有活着的人和物有一个永久的宁静，因为它们活着受到如此的压力；夜晚说服人们去死亡。——如果人们因缺少太阳而难过，以月光和油灯向黑夜开战，将会有什么样的哲学来给它们裹上自己的面纱啊！人们已经太清楚地从人的精神本质和心理本质中觉察到这一点，看到这种精神本质和心理本质是如何通过将生活蒙在薄纱中的半明半暗和太阳缺失而在整体上变阴暗的。

9

　　意志的自由之说的出处。——在一个人那里，**必然性**以他的激情的形式出现，在另一个人那里作为倾听和服从的习惯出现，在第三个人那里作为逻辑良知出现，在第四个人那里是作为情绪和荒唐行为的恶作剧快感而出现的。但是，这四个人正是在四人中的每一个都被坚实地捆绑的地方追求他们意志的自由的：就好像丝蚕正是在作茧中寻求其意志的自由一样。这是怎么回事？显然是由于每个人在其**生存意识**最强烈的地方，也就是说，像已经说过的那样，一会儿在激情中、一会儿在义务中、一会儿在知识中、一会儿在恶作剧中，感觉自己最自由。个别人借以成为强大的东西，他感觉自己在其中很活跃的东西，他会不自觉地认为，它们也必然始终是他的自由的因素：他把依赖和迟钝、独立和生存意识算作必然结成的对子。——在这里，一种人类在社会政治领域里取得的经验被错误地转到了最终的形而上学领域：在社会政治领域，强者也是自由人，在那里，生动的苦乐感、崇高的希望、大胆的渴求、强烈的憎恨是统治者与独立者的附属品，而被征服者、奴隶则受着压迫，麻木不仁地活着。——意志的自由之说是一种统治阶级的发明。

10

感觉不到新的链条。——只要我们**感觉**不到自己有某种依赖，我们就认为自己是独立的：一个错误的结论，它显示出人是多么骄傲、多么嗜好权力。因为他在这里认为，一旦他有依赖性，他就必然在任何情况下注意并承认它，前提是他**习惯**于在独立中生活，如果他破例失去了独立，就立即会觉察到这种感觉的对立面。——但是，如果相反的情况是真的怎么办？也就是说，他始终生活在多种多样的依赖中，却认为自己是**自由的**，因为他在依赖中由于长期的习惯而**不再觉察到**链条的压迫。只是他还是遭受着**新的**链条之苦——"意志的自由"原本不过是感觉不到新的链条。

11

意志的自由和事实的孤立。——我们习以为常的不精确的观察总是一视同仁地看待一组现象，称之为一个事实：在这事实和另一个事实之间我们的观察会认为是一个真空，它把每一个事实都**孤立**起来。但是实际上我们所有的行为和认识都不是一组事实和其间的真空，而是一个持续不断的流动。现在，对意志自由的信仰恰恰同关于一种持续不断的、具有一类性质的、完整的、不可分的流动的想法格格不入：它的前提是，**每一个个别的行为都是孤立的、不可分的**；它是一种意欲和认知领域里的**原子论**。——正如我们不精确地理解性格一样，我们也不精确地理解事实，我们谈论同样的性格、同样的事实：**两者都不存在**。然而，我们现在只是在这样一个错误的前提下进行褒贬的：有**同样的**事实存在，有一种事实**类型**的阶梯状级别存在，与之相适应的是一种阶梯状的价值级别。于是我们不仅**孤立**了个别的事实，而且在另一方面也孤立了一组组所谓同样的事实（好的、坏的、同情的、妒忌的行为等）——两方面都是错误的。——词和概念是我们之所以相信各种行为组合的这种孤立的最明显的理由：我们不仅用它们来**表示**事物，而且我们原本就打算通过它们来理解这些事物的**本质**。然而我们现在仍然不断受到词和概念的误导，把事物想像为比实际情况更简单，互相分离，每个词和概念本身又是不可分的。**语言**中隐藏着一个哲学神话，它在任何时候都会重新冲出来，无论人们在通常情况下如何谨慎小心。对意志的，也就是说，对**同样**事实和**孤立**事实的自由的信仰——在语言中有其坚定的福音传播者和代言人。

12

基本错误。——人要感受某一种心理快乐与不快，必然受这两种幻觉之一的支配：**要么**他相信某些事实、某些感觉的**相同**：这时候他通过现在状况和以前状况的对比，通过宣称这些状况的相同或不同（就像发生在所有回忆中的情况那样）而拥有一种心理快乐或不快；**要么**他相信**意志自由**，例如当他想"我不必做这个""这可能会是另外一个结果"，却同样由此而获得快乐或不快的时候。没有在每一种心理快乐和不快中发挥作用的谬误，人类就绝不会产生——他的基本感觉是、而且始终是：人是不自由的世界中的自由者，是永恒的**奇迹**创造者，无论他干得好还是不好，他是惊人的例外，是超动物，是准上帝，是创造的意义，是不可须臾或缺的，是宇宙之谜的谜底，是自然的伟大统治者和蔑视者，是将**自己**的历史称为世界史的生物！——人是虚荣中的虚荣。（Vanitas vanitatum homo）

13

话说两遍。——把一件事情很快就表达两遍，给它一只右脚、一只左脚，这很好。真理虽然可以靠一条腿站着，但是有两条腿它可以走路、可以远行。

14

人类——世界的喜剧演员。——应该有比人类更有智慧的创造物，其存在仅仅为了享受下列事实中的全部幽默：人类把自己看成整个世界之存在的目的，人类不会真的仅仅满足于对一种世界使命的展望。如果一个神创造了世界，那么他就会把人创造成**神的猿猴**，作为在他那太长久的永恒中使他不断高兴起来的理由。地球周围的天体乐声这时候大概会是人类周围所有其他那些创造物带讽刺的笑声。那位无聊的神仙**痛苦**地挠他那宠物的痒痒，为的是看它那种痛苦的、悲剧式的、自豪的表情和表现，尤其是喜欢最虚荣的创造物的那种精神的创造发明——作为这发明者的发明者。因为谁虚构出人来取乐，谁就比人更有智慧，也更喜欢智慧。——甚至在这里，我们人类自愿想要卑躬屈膝一下，而虚荣却来捉弄我们，让我们人类至少在**这种**虚荣中想要当某种完全无可比拟的、完全不可思议的东西。我们在世界上独一无二！啊呀，这是一件全然太不可能的事情呀！一种有时部分地实现了脱离地球的视野的那些天文学家让我们明白：世界上的点滴**生命**对于生成与流逝的巨大海洋的总体性来说是没有意义的；无数天体像地球一样具有产生生命的相似条件——当然，同从来没有生出过生命的疹子或早就从这种疹子痊愈了的无限多的天体相比，这只是一点点；每一个这样的天体上的生命，按照其存在的时间长度来测量，只是一个片刻、一个闪烁，然后是一个个长长的长长的时段——因此这些生命绝不是这些天体存在的目的和最终意图。也许，森林中的蚂蚁自以为它就是森林存在的目的和意图，其强烈的程度就像我们在想像中几乎不自觉地将地球的毁灭同人类的毁灭联系在一起时一样。确实，如果我们就此打住，不把一个世界与神的普世黄昏办成最后一个人类的葬礼，那么我们仍然是谦虚的。最无偏见的天文学家本身也几乎不可能意识到没有生命的地球同人类发光的、飘动的坟丘有什么两样。

15

人类的简朴。——非常少的快乐就足以使大多数人认为生活是好的，人类是多么简朴！

16

何处急需冷漠。——没有什么会比这更思想错乱的了：想要等待科学有一天将最终查明关于最初和最终的事物的情况，而直至那时却仍然以**传统的**方式思考（尤其是信仰！）——就像我们如此经常地被劝说去做的那样。在这个领域完全只想要拥有**确定性**的那种冲动，是一种**宗教的**

事后冲动，如此而已——一种隐藏的、只是表面上抱怀疑态度的"形而上需求"同这样一种私下的念头结合在一起：还会有很长时间看不到这种最终的确定性，直到那时候，"虔诚者"不关心那整个领域都是有道理的。我们根本**不需要**这种关于最远视野的确定性来过一种丰富的、非常好的人生：就像蚂蚁不需要它来做一只好蚂蚁一样。更应该说，我们得搞清楚，我们如此长期地给予那些事物的那种讨厌的重要性原本究竟是从哪里来的，为此我们需要伦理感和宗教感的**历史**。因为只有在这些感觉的影响之下，那些最尖锐的知识问题对我们来说才变得这么重要、这么可怕；人们将罪与罚（而且是永远的罚！）这样的概念拽入了精神的**目光投向那里**，但是没有**闯入其中**的那些最远的领域：这些领域越黑暗，这样的做法就越肆无忌惮。人们自从古代以来就在人们无法确定任何东西的地方大胆想像，并说服其后代认真对待这些想像，把它们当成真的，最后拿出一张丑陋的王牌：信仰比知识更有价值。现在，在那些最终的事物方面，我们急需的不是同信仰相对的知识，而是在那些领域里**同信**

551　**仰和所谓的知识相对的冷漠**！——除了至今在说教中被说成是对我们来说至关重要的那种东西以外，**所有**其他东西都必然同我们更接近，我指的是这些问题：人的目的是什么？人在死后有什么样的命运？人是怎样和上帝和解的？以及诸如此类的稀奇古怪的问题。像这些宗教界的问题一样，哲学教条主义者的问题同样和我们无关，无论他们是唯心主义者、唯物主义者，还是现实主义者。他们全都热中于逼我们在既不急需信仰也不急需知识的领域作出一个决定，如果在一切可以研究、可以通向理性的东西周围有一片笼罩在迷雾中的虚假的沼泽地带，有一条不能通过、永远流动、辨别不清的带状物，那么即使对于最伟大的知识爱好者来说，这也是更为有用的。正是通过同知识大地边缘的黑暗王国的对比，明亮而亲近的、最直接的知识世界才不断增加其价值。——我们得重新成为最直接的事物的好邻居，不再像至今的情况那样，眼光轻蔑地越过它们，朝向云层和夜晚出现的恶魔。在森林和洞穴中，在沼泽地带，在云层密布的天空下，例如在整整几千年的各个文化阶段上，——人类活得太长久，而且活得很可怜。在那里，人类学会了蔑视现在、蔑视邻人、蔑视生命，甚至蔑视自己——而我们，我们这些居住在**较为明亮的**自然和精神原野里的人，现在仍然在我们的血液中继承了一点这种蔑视最直接事物的毒剂。

17

深刻的解释。——比实际意味"更深刻地解释"一位作者的一段话的人并没有解释这位作者，而是**遮蔽**了他。我们的形而上学家就是这样来对待自然的文本的，甚至更恶劣。为了显示他们深刻的解释，他们经常首先在这方面修整文本：也就是说，他们**毁坏**它。作为毁坏文本、遮蔽作者的奇怪例子，让我们在这里考虑一下叔本华关于妇女怀孕的一些想法。他说，生命意志在时间中不断存在的标志是性交；重新同这种意志相结合、使拯救的可能性保持开放的知识之光并且有着最高清晰度的知识之光的标志，是生命意志重新成为肉身；重新成为肉身的标志就是怀孕，于是妊娠坦然走来，甚至自豪地走来，而性交却像罪犯一样爬行。叔本华断言，**每个**妇女如果在生殖行为中被人撞见，会羞得要死，可是却"**毫不羞耻地，甚至带着一种自豪，炫耀她们的妊娠**"。尤其是，这种状况不可能比它自己炫耀自己更容易了；因为叔本华恰恰只强调这种炫耀的目的性，所以他就准备了文本，让这文本和已经准备好的"解释"相一致。然后我们要说的是，他关于要解释的现象的普遍性所说的话是不符合事实的：他谈论"每一个女人"，但是，许多女人，尤其是比较年轻的女人，经常在这种状况中，甚至在最亲近的亲戚面前，显示出一种痛苦的羞涩；而如果比较成熟和最成熟年龄的妇女，尤其是那些来自较底层的妇女，事实上会以那种状况而自豪，那么她们大概会以此来让人明白，她们**仍然**为她们的男人所追求。看到她们的时候，男女邻居或一个过路的陌生人会这样说或想："这应该是可能的吧。"——这样的施舍在教养水平低下的情况下总是会被女性虚荣欣然接受的。在相反情况下，正如从叔本华的命题中可以推断出来的那样，正是最聪明、最有教养的女人会最为她们的状况而公开得意扬扬：她们确实有最大的希望生一个有智慧的神童，在这神童身上，"意志"为了大家的利益会再一次"否定"自己；愚蠢的女子会与此相反，找出一切理由来，比她们隐藏起的一切都更加羞赧地隐藏起她们的妊娠。——我们不能说这样的事情不是现实。假定叔本华关于妊娠状态中的女性比她们通常情况下更多地流露出沾沾自喜的说法一般来讲完全是有道理的，那么就会有一个比他的解释更现成的解释。你可以想像母鸡在下蛋前也咯咯地叫，叫的内容就是：瞧啊，瞧！我要下蛋了！我要下蛋了！

18

现代的第欧根尼。——在我们找人以前，我们必须已经找到了灯笼。——这将必须是犬儒学派的灯笼吗？

19

伤风败俗者。——道学家现在不得不接受被骂成伤风败俗者，因为他们解剖道德。但是要解剖的人不得不开杀戒：不过是为了搞得更加明白，有更好的判断力，活得更好；不是为了解剖整个世界。但是很可惜，人们始终还是认为，每个道学家必须通过他的整体行为做一个其他人必须模仿的模范；他们将他混同于道德说教者。较老的道学家解剖得不够，说教太多，因此激起了那种混淆和令当今道学家不舒服的那种后果。

20

554　不可混淆。——道学家们将例如普罗塔克的主人公们的那种卓越、影响深远、富有牺牲精神的思想方法或者真正的优秀男女那种纯粹、豁亮、导热的心理状态作为知识的棘手问题来处理，并通过揭示藏于表面简单中的复杂，将目光对准动机的交织，对准交织在一起的细巧的概念错觉以及从古代继承下来的慢慢增强的个人和群体感觉，从而探究这些思想方法和心理状态的起源——这些道学家恰恰最不同于他们最会被混同的那些人，不同于那些根本不相信那种思想方法和心理状态，误以为他们自己的那种微不足道就藏在伟大和纯粹的光辉后面的狭隘之人。道学家说："这就是问题"；而卑微者则说："这是骗子和欺骗。"于是他们恰恰否认了道学家有意要**解释**的东西的存在。

21

作为测量者的人。——也许人类的全部道德在原始人类发现量具和测量、秤和称重时产生的巨大内心激动中有其渊源（"人［Mensch］"一词真的是意味着测量者［Messenden］，人想要按照他自己最伟大的发现来**命名**自己！）。带着这些想法，他们进入了完全无法测量、无法权衡的领域，但是这些领域原本不是这样的。

22

平衡的原则。——强盗和向某个集体许诺要保护他们不受强盗侵犯的有权者也许归根结底是同类人，只是后者取得其好处的方式不同于前者：也就是说，通过由那个集体向他交纳定期捐税，而不再通过洗劫。（这就和商人与海盗之间的关系是一样的，他们在很长时间内都是同一个人：那时候一种功能对他们来说显得不可取，他们就行使另一种功能。实际上，甚至现在，整个商人道德也还不过是**变得更聪明**的海盗道德：尽可能便宜地买进——大概也就是出一个业务费——尽可能贵地卖出）实质性的问题是：那位有权者许诺要对强盗保持**平衡**；弱者在其中看到了一种生存的可能性。因为他们要么得自己组合成一个**平衡**力量，要么屈服于一个平衡力量（因为他的功绩而向他提供服务）。后一种做法会很容易受到优先考虑，因为它归根结底遏制了**两个**危险的家伙：通过后者遏制了前者，通过有利可图的想法遏制了后者；因为后者是这样来得到好处的：他通过仁慈地或不好不坏地对待臣服者们，使他们不仅能养活他们自己，而且也能养活他们的统治者。事实上，在这中间，情况可能还会是非常困难、非常残酷的，但是同以前始终有可能存在的完全的**毁灭**相比，人们在这样的状况中还是可以松口气。——那集体一开始是弱者的组织，为了同以危害相威胁的权势保持**平衡**。如果人们在这中间变得强大起来，足以一下子**消灭**对抗力量，那么一个打破平衡而实现一边倒的组织会更可取：如果这同个别强大的弊端制造者有关，那么**试一下**打破平衡是必然的。但是，如果这个别人是部落首领或者有大批追随者，那么迅速而决定性的消灭就不可能，就要期待持久的长期的**敌对**，而这种敌对会给集体带来它最不希望有的状况，因为面对这样的状况，他们会丧失时间去考虑有着必需的规律性的生计，每时每刻都看到所有劳动的成果都受到威胁。因此集体宁愿要让它的防卫和进攻力量达到恰恰是危险的邻居所拥有的那种实力程度,并让对方明白,在他们的天平上,不管怎么说,堆的是矿砂啊!为什么大家不相互成为好朋友呢?——因此,对于最古老的权利学说与道德学说来说,**平衡**是一个非常重要的概念;平衡是正义的基础。如果正义在比较野蛮的时代说"以眼还眼,以牙还牙",那么它是以已经达到的平衡为前提的,想要通过这种复仇来**保持**平衡:以现在当一个人违背另一个人的时候,另一个人不再采取盲目发泄怨恨的报复。相反,通过惩罚权(*jus talionis*),被扰乱的力量关系的平衡被**重新确立**起来:因为**多**一只眼睛、**多**一条胳膊,在这样一种原始状态下就是多一份力量、多一点重量。——在一个大家都自以为平衡的集体内,违背,也就是说,破坏平衡原则,就会受到**耻辱**和**惩罚**。耻辱,这是一种用来抗衡这样一些个人的重力:这些个人具有支配力量而且通过这种支配力量为自己谋取好处,现在又通过耻辱重新体验到抵消和**超过**以前好处的那些不利因素。惩罚也是同样情况:针对每个罪犯宣布自己拥有的优势重力,它设置了一个大得多的对应重力;针对暴力行为,它设置了强制监禁;针对偷窃,它设置了赔偿与罚金。于是犯罪人得到**提醒**,他会因为他的行为而被排除在集体及其道德**利益**之外:它把他当作一个异类、弱者、一个集体以外的人;因此惩罚不仅是复仇,而且包含**更多的东西**,包含一点点**自然状态的艰难**;它要**提醒**的正是**这种状态**。

23

自由意志学说的追随者可以惩罚别人吗?——由于职业缘故而处决别人、惩罚别人的人在任何情况下都试图确定,作恶者究竟是否该为自己的行为负责,他是否**能**运用他的理性,他的行为是否有**理由**,是否不是无意识或者被强迫的。如果人们惩罚他,那么是因为他更喜欢比较不好的理由,而不是比较好的理由,也就是说,他一定**知道**这些理由。在不知道的情况下,按照通行的观点,此人是不自由的,也是没有责任的:除非他的无知,例如他的对法律的无知(*ignorantia legis*),是有意忽视学习的结果;当时在他不想学习他应该学习的东西时,他已经优先选择了比较不好的理由,而不是比较好的理由,现在不得不为他的不良选择的后果受到惩罚。如果不是这样，而是他没有看到比较好的理由，也许是由于愚钝和弱智，那么人们通常就不惩罚他：人们会说，他没有选择，他的行为方式像动物一样。现在人们关于应该受惩罚的罪犯的前提是：他故意否认比较完好的理性。但是，某个人怎么能够比他必然有的情况更加无理性呢？如果天平上放着好的动机和坏的动机，裁决从何而来呢？也就是说，不是来自谬误、来自盲目，也不是来自外部或内部的压力（此外，人们考虑到，每一个所谓的"外部压力"不过是恐惧和痛苦这样的内部压力）。裁决从何而来呢？人们一再问道。**理性**应该不是原因，因为它不可能决定反对较好的理由吧？在这里人们求助于"自由意志"，起决定作用的应该是**完成的愿望**，应该有一个这样的时刻：这个时候动机不起作用，行为作为凭空而来的奇迹发生。在一种不应该由愿望来支配的情况下，人们惩罚这种所谓的**随意性**：人们认为，懂得法律、禁令、命令的理性根本不可以允许有任何选择，应该作为强制和更高权力发挥作用。于是罪犯受到惩处是因为他利用"自由意志"，也就是说，因为他在应该按照理由行事的地方毫无理由地行事。但是，**为什么他这样做呢？**这是不可以多问的：这是一种没有"因此"、没有动机、没有起源的行为，是某种无目的、无理性的东西。——然而这样一种行为，按照所有应予以惩罚的情况的上述第一个条件，**也是不可以惩罚的**！就连那种应予以惩罚的情况也不可以提出来，好像在这里有些事**没有**做，有些事疏忽了，**没有**运用理性；因为在任何情况下都有**无意**的疏忽发生！只有对必须做的事情的故意疏忽才被认为是应该受到惩罚的。罪犯虽然优先选择比较不好的理由，而不是比较好的理由，但是他**毫无**理由和意图：他虽然没有运用他的理性，但不是**为了**不运用他的理性。人们关于应该受惩罚的罪犯提出的那种前提，即他故意否认比较完好的理性——正是这种前提在"自由意志"的假设那里被取消了。你们**不可以惩罚别人**，你们这些"自由意志"学说的追随者，按照你们自己的原则，这是不可以的！——但是，这归根结底不过是一个非常奇特的概念神话，而把这神话孵化出来的母鸡则远离一切现实，坐在它的鸡蛋上。

24

对罪犯和法官作出评判。——了解整个事态流程的罪犯并不认为他的行为像他的法官和指责者所指出的那样那么出格和不可理解，但是对他的惩罚却恰恰是按照法官和指责者在把他的行为看作不可理解时感到的**惊讶**程度来衡量的。——如果罪犯的辩护律师关于他的案情和他的前科了解得足够广泛，那么他按顺序提出的所谓的减刑理由最终**必然**减免去整个罪责。或者说得更清楚一点：辩护律师将一步步**缓和**那种谴责和量刑的**惊讶**，最终将其完全消除，因为他迫使诚实的听众在内心里承认："他不得不像他已经做了的那样去做；如果我们惩罚的话，我们将惩罚永恒的必然性。"——按照人们对于犯罪历史拥有或**归根结底能达到的知情程度**来衡量惩罚的等级——这不是和一切公平相违背吗？——

25

交换与公平。——在一场交换中，只有当两个交换者中的任何一个所提的要求把他自认为自己的东西似乎有的价值、获得它所付出的辛劳、其罕见的程度、耗费的时间等因素，连同情感价值统统考虑在内的时候，交易才会诚实合理地进行。一旦他**按照别人的需要**来定价格，他就是一个比较巧妙的盗贼和勒索者。——如果钱是交换目标，那么就要考虑，在一个富有的继承人、一个打工仔、一个商人、一个学生手中的一块银币是完全不同的东西：每个人在几乎什么也不做或做了许多事情来挣得它以后，将会为此而得到很少或很多——这大概就是公平。而事实上，众所周知的情况恰恰相反。在金钱大世界里，最懒惰的富人的银币比贫穷者、勤劳者的银币更能赚钱。

26

作为手段的法律状态。——以平等者之间的契约为基础的法律，只要缔约者的势力**相等**或相似，它就存在；智慧创造了法律来结束相似的力量之间的争吵和**无益**的浪费。但是，如果一方**变得**确确实实**弱于**另一方，那么争吵和浪费**同样也最终**结束了：这时候屈从开始，法律**终止**，不过其效果跟通过法律实现的效果是一样的。因为现在是占优势者的**智慧**建议**保护**屈从者的力量，不要将其无益地浪费掉，而且屈从者的境况往往比以前当平等者时的境况更有利。——所以说法律状态是智慧建议的暂时**手段**，不是目的。——

27

对幸灾乐祸的解释。——幸灾乐祸是这样产生的：每一个人在某些他大概意识到的方面感觉不好、感到忧虑、感到后悔，或感到痛苦：落在另一个人头上的伤害则使这个人和他处于**平等**地位，平息了他的嫉妒。——如果他正好自我感觉很好，却仍然收集他人的不幸作为他意识中的资本，以便在他自己突然遇到不幸时用来对付这种不幸，这也是"幸灾乐祸"。于是平等意识将它的尺度推广到快乐与或然性的领域：幸灾乐祸也是在更高世界秩序范围内关于平等的胜利和恢复的最普通的表达方式。自从人学会在别人身上看到自己的同类以来，也就是说，自从社会建立以来，才有幸灾乐祸。

28

量刑中的随意性。——大多数罪犯服刑就像妇女生孩子一样。他们十次上百次地做了同样的事情，没有觉察到不利的后果：突然有一天被发现，随后就是受惩罚。罪犯因为他的行为受到惩罚，但是，习惯使然，这应该让这种行为的罪责显得更可以原谅；甚至会有一种癖好，比习惯更加难以抗拒。但是相反，如果被怀疑是习惯性犯罪，罪犯要受到更严厉的惩罚；习惯将作为反对任何减刑的理由被提出来。一种使犯罪在相形之下更为可怕的至今都堪称模范的生活方式应该使有罪感显得更加强烈！它往往可以减轻惩罚。所以一切都不是按照罪犯，而是按照社会及其受到的损害和危险来考虑的；一个人以前的好处被用来为他的一次性损害开脱，他以前的损害则和现在被发现的问题加在一起，因此而量刑量得最高。但是如果人们以这样的方法也一起惩罚或酬谢一个人的过去（前一种情况就是这样，较轻的惩罚就是一种酬谢），那么人们就应该往回走得更远，惩罚和酬谢造成如此这般过去的原因，我是指父母、教育者、社会等；在许多情况下，人们会在这时候发现**法官**也有一份罪责。如果人们惩罚过去，那么在罪犯那里止步是有随意性的：如果人们不愿意承认每一个罪责的绝对可原谅性，那么人们就应该在每一个个别案子上止步，不继续回头看，也就是说，将罪责**孤立**起来，完全不把它和过去联系起来——要不然，人们就变成了违背逻辑的罪人。你们这些自由意志者，还是从你们的"意志自由"学说中得出必要的结论吧，大胆地颁布法令:"任何行为都没有过去。"

29

妒忌和它更高贵的兄弟。——在平等真正实现并持久确立的地方,会出现那种在自然状态中几乎不可理解的、整体上被视为不道德的倾向:**妒忌**。妒忌者感觉到了另一个人高于共同标准的每一个突出方面,想要把他往下拉到这个标准上——或者把自己提升到那个水平:由此产生出两个不同的行为方式,赫希奥德将其称为恶意的厄里斯和善意的厄里斯。在平等状态中同样会出现对以下问题的愤怒:一个人在他的尊严和平等水平**以下**境况很糟糕,还有一个人则**超出**平等水平,高高在上地过得很舒服。这是**较高贵**之人的情感。他们感到在独立于人们的随意性的事物中缺少了正义和公正,也就是说,他们要求,人类承认的平等现在也要得到自然和或然性的承认;他们对平等者的不平等感到愤愤不平。

30

563　**神的妒忌。**——如果被人看得较低的人让自己和较高的人平起平坐(如埃阿斯),或者由于命运的偏爱而和较高的人平起平坐(如尼俄伯①作为受到过多祝福的母亲),那么"神的妒忌"就产生了。在社会等级的范围内,这种妒忌提出这样的要求:任何人都不应该享有**高于**他地位的功劳;他的幸福应该和他的地位相一致;尤其是,他的自信不应该超出那种限制。常胜将军经常体验"神的妒忌",创作了大师级作品的学生也是一样。

31

作为非社会状态之事后冲动的虚荣。——为了自己安全的缘故,人们相互之间**平等**相待,以建立集体,但是,这种见解归根结底是违背个人天性的,是某种强加的东西,所以一般的安全越得到保障,争取优势的古代冲动的新苗头就越会冒出来:在阶级划分中,在对职业尊严和特权的要求中,尤其在虚荣中(风度、服装、语言等)。一旦重新感受到集

---

① 希腊神话传说中的底比斯王后。

体的危险,未能在普遍安宁的状态中达到其优势的多数人就会重新将一种平等状态强加于人:荒唐的特权和虚荣会暂时消失一阵。但是,如果集体崩溃,一切都陷入无政府状态,那么,那种自然状态以及那种无动于衷、肆无忌惮的不平等就会冒出来,就像根据修昔底德的报告在科尔基拉①发生的事情那样。既没有一种自然权利,也没有一种自然过失。

32

公平。——正义的一种深造就是公平,是在不违背集体平等原则的人中间产生的:那种关于平衡的比较微妙的考虑被用到法律没有作任何规定的情况上,它瞻前顾后,它的座右铭是:"你怎么待我,我也怎么待你。"所谓的公平合理(Aequum)就是:"它**符合我们的平等**;这种平等也将我们小小的不同消解为平等的表面,想让我们忽视一些我们**不必**忽视的东西。"

33

复仇的因素。——"复仇"一词说起来如此之快,几乎显得好像它完全不比**一个**概念之本和感觉之本包含更多的东西。于是人们一直努力去发现这同样的本:正如我们的国民经济学家尚未倦于在"价值"一词中揣测到这样的统一,尚未倦于探求价值原有的根本概念。好像并不是所有的词语都只是一个口袋,而是可以一会儿塞进去这,一会儿塞进去那,一会儿同时塞进去更多的东西!所以"复仇"也是一会儿这、一会儿那、一会儿某种凑在一起的东西。我们一是要区分开防御性回击,我们几乎是无意识地甚至对伤害我们的无生命的物体(例如对运转的机器)也要进行这种回击:我们的回击动作意义在于通过让机器停下来而制止伤害。为了达到这目的,反击的强度有时不得不如此之强,以致捣毁了机器;但是,如果机器太结实,不可能为个人所立即摧毁,那么这个个人仍然会一直施行他力所能及的最猛烈的打击,——几乎就是作为一种最后的尝试。我们在直接感受到伤害本身的时候,也是这样表现来对付

---

① 科尔基拉(Korkyra):爱奥尼亚群岛最北面的岛屿,在公元前 5 世纪曾遭受野蛮的内战之苦。

伤害者的；如果你要将这种行为称为复仇行为，你尽管称呼；只是你考虑一下，在这里单是**自我保存**就已经让理性的齿轮组运转起来了；而且你归根结底一直在考虑的不是伤害者，而只是你自己：我们这样做，并**不想要重新造成伤害**，而只是为了**抽身逃命**。——如果我们带着自己的思想从自己转向对手，并自问，用什么样的方法他可以被打得最痛，那么，我们是需要**时间**的。这发生在第二种复仇的情况下：关于别人的易受伤害性和承受痛苦的能力的反思是其前提；人们想要造成痛苦。与此相反，确保自己不受进一步伤害的想法在这里如此远离复仇者的视野，以至于他几乎定期给他自己带来进一步的伤害，而且他往往总是冷静地料到了。如果在第一种复仇那里使回击尽可能猛烈的原因是对第二次打击的恐惧，那么在这里则是对对手将做什么完全无动于衷；反击的强度只能通过他对我们做的事情来决定。——他究竟做了什么呢？我们因为他而遭受痛苦，现在他自己也遭受痛苦，这对我们又有什么好处呢？这是一个**修复**的问题；而第一种复仇行为只是**自我保存**。也许我们由于对手而丧失了财产、头衔、朋友、孩子——这些损失是用复仇买不回来的，修复只同所有提到的损失中的**附带损失**有关。修复式的复仇不防止进一步的伤害，它不能使已经遭受的损失重新好起来——除非在一种情况下。如果我们的**荣誉**遭到对手的危害，那么复仇能够使它得到**修复**。但是如果有人故意使我们遭受损害，那么我们的荣誉在任何情况下都要受到伤害：因为对手以此表明，他不怕我们。通过复仇我们也表明，我们不怕他：其中包含着扯平、修复。（想要表示毫无恐惧的这种意图在有些人那里走得如此之远，以至于复仇对他们的危险性［健康或生命的丧失，或其他损害］被他们视为每次复仇的一个必要条件。因此他们走决斗的道路，尽管法庭给他们提供了因为受到侮辱而接受赔礼的手段，但是他们认为对他们的荣誉的无危险的修复是不够的，因为这不能表明他们不害怕）在第一次提到的那种复仇那里，行使反击的恰恰是恐惧；在这里则相反，是恐惧的不在场，如已经说过的那样，**想要**通过反击来**证明自己**。——因此，似乎没有什么东西比用"复仇"一词来称谓的两种行为方式的内在动机更不一样的了，尽管经常发生这样的事情：复仇者不清楚原本是什么事情决定了他采取复仇行动的；也许，他出于恐惧，想要保存自己，所以进行反击，但是事后，当他有时间对荣誉受到伤害的观点加以反思的时候，他让自己相信，因为他的荣誉，他自己尝到了恶果——这种动机确实在任何情况下都比另一个动机**更高尚**。——其中本质的问题仍然是他是在别人（世人）眼里，还是只是在冒犯者眼里看到了他的荣誉受到伤害：在后一种情况下，他将优先考虑秘密复仇，但是在第一种情况下，他将优先考虑公开复仇。根据他设身处地地为冒犯者和旁观者的灵魂着想的强弱程度，他的复仇会变得更加激烈或更加温和；如果他完全没有这种想像，那么他将完全不考虑复仇；因为这时候荣誉感不在他那里，因此也不会受伤害。同样，如果他**蔑视**冒犯者和冒犯行为的旁观者，那么他也将不考虑复仇：因为作为被蔑视的人，他们不可能给他荣誉，因此也不可能拿走荣誉。最终，他将在他爱冒犯者这样一种并非不常见的情况下放弃复仇：当然，这样他会在冒犯者眼里丢失荣誉，而且也因此变得更不值得得到爱的回报。但是，对所有爱的回报的放弃也是爱所准备作出的一种牺牲只要不是**非得**给被爱者**造成痛苦**就行：这意味着爱对自己造成的痛苦会比牺牲带来的痛苦更大。——于是，每一个人都将复仇，除非他不知羞耻，或者对伤害者或侮辱者充满蔑视或充满爱。即使他求助于法庭，他也会作为私人来要求复仇，但是，**此外**，作为社会中更广泛思考的有预见性的人，他要求对一个**不尊敬**社会的人实行社会的复仇。于是，不仅私人荣誉，而且社会荣誉都通过法庭惩罚得到**修复**：也就是说，惩罚就是复仇。——无疑在惩罚中也有其他那些起先描述过的复仇因素，就这方面而言，社会通过惩罚而有利于它的**自我保存**，并由于**正当防卫**而进行反击。惩罚要防止**进一步**的损害，它要把人**吓退**。用这种方法，实际上在惩罚中，两种如此不同的复仇因素**结合**起来，这种情况也许产生的最大效果会到这样的程度：维持所提到的概念混乱，由于这种混乱，复仇的个人通常不知道他真正想要什么。

34

不怕受损失的德行。——作为社会成员，我们相信某些使我们作为私人获得最大荣誉和一些愉悦的德行是不可以实行的，例如仁慈和对各种各样过失者的宽容——一般说来，正是这样的行为方式，它让社会利益通过我们的德行而遭受损害。没有一个法官可以允许自己在自己的良心面前仁慈：人们把这个特权留给了**作为个人**的国王；人们很高兴以此来证明，人们很喜欢自己是仁慈的，但是作为社会完全不会仁慈。因此，社会只承认对它有利或至少对它无害的德行（那些实行起来不会造成损失或者甚至还有回报的德行，例如公正）。那种造成损失的德行不可能**在社会中**发生，因为甚至现在，在每个最小的形成中的社会范围内，都会出现反对意见。因此这是不平等者之间的德行，是由占优势者和个人发明出来的；这是**统治者**的德行，其背后的想法是："我强大到足以让一个明显的损失使我高兴，此乃我力量之明证"——因而是同自豪有关的德行。

35

优点的决疑论。——如果没有优点的决疑论，就不会有道德的决疑论。最自由、最敏锐的理解力往往也不足以在两件事物中作出这样的选择，使它选择的必然是较大的优点。在这样的情况下，人们因为不得不选择而选择，此后就有一种晕船的感觉。

36

变成伪君子。——每一个乞丐都变成一个伪君子，就像任何一个出于贫穷、出于窘迫（不管这是一种个人的还是一种公众的窘迫）而从事一种职业的人那样。——乞丐长时间都不像他如果想要靠乞讨生活而必然让人感觉到他的贫穷那样感觉他的贫穷。

37

一种激情崇拜。——为了指责整个世界的性质，你们这些阴森可怕的东西，这些哲学的慢缺肢蜥们，谈论着人类激情的**可怕性**。好像凡是有激情的地方也都有可怕性！好像世界上必然不断有这种可怕性！——由于对小东西的疏忽，由于缺乏自我观察和对应受教育者的观察，你们自己才让激情增长为这样的洪水猛兽，以至于你们现在一听到"激情"一词就害怕起来！从激情那里将其可怕性**去掉**，因而防止它们变成肆虐的洪水，以前靠的是你们，现在要靠我们。——人们不应该将自己的失误夸大成永恒的厄运；宁肯说，我们要一起诚实地做好工作，把人类的激情统统变成欢乐。

38

愧疚。——愧疚就像狗咬石头一样，是一种愚蠢。

39

权利的起源。——权利首先源于**传统**，传统源于一次性的**协定**。过去某个时候人们满足于他们已经达成的协定的结果，而且太懒惰，没有正式将它更新；于是人们继续生活，就好像它不断在更新，渐渐地，当它被遗忘展开的迷雾所覆盖时，人们相信自己拥有一种神圣的、不可动摇的状态，每一代人都**必然**继续信赖这种状态。传统现在是**强制**，尽管它现在不再带来人们原来缔结协定时意在取得的好处。——**弱者**在这里发现了他们全天候的坚固城堡；他们倾向于将那种一次性的协定以及那种仁慈表示**永恒化**。

40

遗忘在道德感中的意义。——在原先的社会中，让人首先想到共同的**功利**目的的行为，后来在另几代人手中做起来的时候就会出于其他动机：出于恐惧或对那些要求他们这么做和劝告他们这么做的人的敬畏；或者出于习惯，因为人们看到他们从小就在自己周围这样做；或者出于好意，因为他们这么做到处都造成欢乐和表示赞同的面孔；或者出于虚荣，因为他们受到表扬。这样的行为，其基本动机及功利性动机，**被遗忘了**，这时候叫做道德行为：绝对不是因为这些行为出于那些**别的**动机，而是因为它们做的时候**不是**出于有意识的功利性。这种在这里显而易见的对功利的**憎恨**是从哪里来的？所有值得表扬的行为是在哪里正式拒绝了为功利考虑的行为呢？——社会这个所有道德和所有对道德行为的赞美的策源地，不得不太长期、太艰难地同个人的自我利益和自我意识作斗争了，为的是不要最终在道德上把**任何其他**动机评价得高于功利。于是显得好像道德**不是**从功利中产生出来的，而它原本就是曾经费了很大的气力顶住所有的私人功利目的而使自己达到更高声望的社会功利。

41

道德的富有继承人。①——在道德领域内，也存在一种**继承者的**财富：温和者、好心者、同情者、慈善者拥有了它，他们从自己的祖先那里得到了所有好的**行为方式**，但是没有得到理性（好的行为方式之源）。这种财富的好处在于，如果它要被人感觉到它的存在，它就得不断被使用、不断被散发，它是无意识地来缩小道德富有和道德贫穷之间的距离的；而且，最值得注意的、最好的东西**不是**有利于造成贫富之间未来的中等水平，而是有利于造成一种**普遍**的富裕化和超富裕化。——于是像这里发生的情况那样，关于道德继承者的财富的流行观点大概就形成了：但是在我看来，似乎这种观点得以坚持更是为了更大的道德荣耀，而不是为了真理的荣誉。经验至少提出了一个命题，这个命题如果不是被看作反驳，无论如何也得被看作是对那种普遍性的重大限制。没有最优秀的理解力——经验这么说，没有进行最精细选择的能力和一种**强烈的节制倾向**，道德的富有继承人就会变成道德的挥霍者：通过无节制地沉湎于他们那些同情的、慈善的、调解的、安慰的冲动，他们使自己周围的整个世界都变得更加漫不经心、更加贪婪、更加多愁善感。所以这样一种非常道德的挥霍者的孩子很容易就成为——很遗憾地说，在最好情况下也不过是成为——可爱的、虚弱的饭桶。

42

法官和减刑的理由。——"我们对魔鬼也应该公平，付清欠他的债务，"一个年老的士兵在有人更加详细地给他讲述了浮士德的故事以后说，"浮士德应该下地狱！"——"哦，你们这些可怕的男人！"他的妻子大喊道："这怎么可能！他除了在墨水瓶里没有墨水以外，什么也没干

---

① 这里"富有继承人"的德文原文是"die Erbreichen"一词，这是一个尼采生造的词，由两个部分组成：Erb（e）（意思是继承人）和 reichen（没有后缀 en 的 reich 是富有的意思，加了后缀以后，可以是富人、富有者的意思）。看来，尼采生造这个词是为了和德文中原有的"Erbarmen"（怜悯、同情）一词相对应，因为这个词也是由两部分组成的：Erb（e）和 armen（词根 arm 是贫穷的意思）。

呀！当然，用血写字是一种罪过，但是一个如此出色的男人就应该因此而在地狱中燃烧吗？"

43

对真理的责任问题。——责任是一种敦促你做出行为的强制性感觉，我们称之为好的感觉，并认为是无可讨论的（——我们不想谈论其起源、界限、权限，就当我们没有谈论过它们）。但是思想家认为一切都是生成的，一切生成的东西都是可以讨论的，所以思想家是没有责任的人——只要他仅仅是思想家。所以，作为这样的人，他也不会承认看到和说出真理的责任，不会感受到这种感觉；他问道：它是从哪里来的？它要去哪里？但是，这种问题本身就被他看作是有问题的。然而，如果他在认知行为中真的能**感觉自己不受约束**，那么这不会产生这样的结果，即思想家的机器不再正常运转了吗？就这方面来说，用这种机器来调查的因素似乎在这里用来**加热机器**也是必要的。——也许可以简单明了地说：**假定**有一种认识真理的责任，那么同每一种其他责任有关的真理又是什么呢？——然而一种假设的责任感不是一种荒谬吗？——

44

道德的阶段。——道德首先是一种根本上保存集体、防止其毁灭的手段；然后是在某一种高度上、某一种生存质量上保存集体的一种手段。它的动机是**恐惧**和**希望**，而且因为对颠倒的东西、片面的东西以及个人的东西的嗜好仍然十分强烈，所以动机格外激烈、格外有力、格外粗俗。最恐怖的恐怖手段不得不在这里发挥作用，只要还没有更温和的手段想要发生影响，而且那两种保存无法用任何其他方法来实现（关于有着一个永久地狱的彼岸的发明就属于其最强烈的手段）。那就必须有对灵魂的拷问和进行拷问的帮凶。道德的进一步的阶段，也就是说，达到所描述的目标的手段是一位神的命令（就像摩西律法那样）；再进一步的更高阶段就是用"你应该如何如何"来表示的绝对责任观念的命令——一切都还是相当粗糙地开凿出来的然而很**宽大的**台阶，因为人类还不懂得如何踏上更精巧、更狭窄的台阶。然后就有了一种**兴趣爱好**的道德、**鉴赏力**的道德，最终是**洞察力**的道德——它超越于所有幻想的道德动机之上，但是很清楚人类怎么会长时期都没有其他动机。

45

无节制者所表示的同情中的道德。——所有那些不能充分克制自己，不把道德认作是在大事和最小事情中实行的不断的自我控制和自我克制的人，将不自觉地变成善良、同情、善意的冲动之赞美者，变成那种没有头脑而似乎只是由心地和援助之手构成的本能的道德之赞美者。确实，怀疑一种理性的道德，而把那另一种道德当作惟一的道德，这是事关他们切身利益的。

46

灵魂的下水道。——灵魂也得有它的某些下水道，它可以让它的垃圾流到那里去：充当垃圾的有个人、关系、阶级或祖国，或最终——对十分傲慢的人来说（我指的是我们亲爱的现代"悲观主义者"）——亲爱的上帝。

47

一种宁静与遐想。——留意不要让你的宁静与遐想等同于狗在一家肉铺子前面的宁静与遐想，恐惧不让它往前去，贪欲不让它往后撤：眼睛瞪得像两只大嘴。

48

毫无理由的禁止。——我们不理解或不承认其理由的禁止不仅对于固执的人，而且对于渴求知识的人来说几乎就是一道命令：我们让试验来说明**为什么**要有这样的禁止。道德上的禁止，如十诫上禁止的东西，只适合于驯服理性的时代：现在一种这样毫无理由的禁止，如"你不应该杀戮"，"你不应该通奸"，产生的更是一种有害的而不是有益的效果。

49

性格描写。——这是一个什么样的人呢？他这样谈论自己："我很容易蔑视，但是从不憎恨。在每个人身上我都立即可以找出某种可以尊敬的东西，并且我因此而尊敬他；所谓的可爱品质是吸引不了我的。"

50

同情与蔑视。——表示同情会被感受为受蔑视的标志，因为一旦向一个人表示了同情，他就显然不再是畏惧的对象了。他失去了心态的平衡，人类的虚荣无法得到满足，只有高高在上和引发畏惧才给予灵魂以所有感情中最符合期望的感情。因此，如何对同情进行**评价**是一个问题，就像不得不解释为什么无私者受到表扬一样：他原本是在**受到蔑视**，或者是被看作不怀好意而**受到畏惧**。

51

为小之道。——人们不得不仍然接近鲜花、小草、蝴蝶，就像一个并不比这些东西高出多少的孩子一样。而我们上了年纪的人已经高出于它们之上，所以得俯就于它们；我认为，如果我们承认对小草的爱，小草会**恨**我们。——想要分享**所有**好东西的人也必须懂得时不时做一回小孩子。

52

良心的内容。——我们良心的内容是童年时代那些我们尊敬或害怕的人毫无理由定期**要求**于我们的一切。于是，出自良心，那种不得不做的感觉被激发出来（"我不得不做这不做那"），它不问：我**为什么**不得不做？——在所有带着"因为"和"为什么"去做一件事情的情况下，人的行为是**没有**良心的；但是还不会因此而反对良心。——对权威的信任是良心的源泉，因此这不是上帝在人胸中的声音，而是几个人中之人的声音。

53

激情的克服。——克服了自己激情的人就是占有了最肥沃的大地：就像成为森林和沼泽地的统治者的殖民主义者。在被战胜的激情的土地上**播下**优秀的精神著作的种子，是这时候最直接的紧迫任务。克服，就其本身而言，只是一种**手段**，不是目的；如果对它不是这样来看待，那么各种各样的杂草和可怕的东西就会迅速在这片变得空旷的肥沃土地上长出来，很快它就变得比以前任何时候都更加丰满、更加狂野不羁。

576

54

服务的技巧。——所有所谓注重实际的人们都有一种服务的技巧：正是这使他们注重实际，无论是为了别人还是为了他们自己。鲁滨孙还有一个比星期五更好的仆人：这就是克路梭①。

55

语言对思想自由的危险。——每个词都是一个偏见。

56

精神与无聊。——"马札尔人太懒惰而不会感到无聊"这一格言发人深省。只有最敏锐、最好动的动物才能够无聊。一个伟大诗人的题材会是在世界第七日那天的**上帝的无聊**。

57

与动物交往。——人们还可以在我们对动物的态度中观察道德的产生。在对损益**不加考虑**的地方，我们有一种完全不负责任的感觉；我们通常不假思索地杀死、伤害昆虫，或者让它们活着。我们如此笨拙，以至于我们对鲜花和小动物的殷勤行为几乎总是很凶残的：这绝不妨碍我们对它们的乐趣。——今天是小动物的节日，一年中最闷热的日子：我们周围有东西密密麻麻在爬，我们并不有意想要，**但是也**不很留神地一会儿在这里、一会儿在那里碾死一条小虫或一只带翅膀的小甲虫。——如果动物给我们带来伤害，我们就用尽一切方法来寻求它们的**毁灭**，手段往往是很残酷的，我们原本并不想要这样：这是无心的残酷。如果它有用，我们就**利用**它，直至更高的智慧向我们表明，某些动物会大量回报另一种对待，即回报它们得到的照料和管教。这时才产生责任。对于家畜，是要避免造成痛苦的；一个人会感到愤慨，如果另一个人对他的牛冷酷无情，这是完全遵循原始的集体道德，无论何时个人违反了规矩，这种道德都会认为**共同的利益**受到威胁。谁在集体中察觉到一种违规行为，谁就会害怕对自己的间接伤害：我们在家畜没有受到好的待遇时，会为肉的质量、

---

① 18世纪英国小说家笛福著名小说《鲁滨孙漂流记》中的人物。

农业的质量以及交通工具的质量而感到担忧。此外，残忍对待动物的人会被怀疑对弱小、不平等、无力复仇的人也很残忍；他被认为是不高尚的，缺乏比较高贵的自豪。于是产生了道德判断和道德感的萌芽：迷信添加到最好的东西上。有些动物通过眼神、声音、表情促使人们**想像自己就是**这些动物，有些宗教教导在动物身上也许有人的灵魂和神的灵魂的居所，因此它们劝告在同动物的交往中尤其要有一种比较高尚的谨慎，甚至充满敬畏的胆怯。甚至在这种迷信消失之后，由它引起的感觉还会继续发挥作用、会成熟、会开始凋谢。——众所周知，在这一点上，基督教证明是贫乏的、退化的宗教。

58

新演员。——人类中的陈词滥调莫过于有关死亡的话题；排在第二的是关于诞生的话题，因为并不是所有会死的人都诞生了；然后是关于结婚的话题。但是，这些陈旧不堪的小悲喜剧在其不计其数、不可胜数的演出中的每一次都总是由一个新演员来表演，因此就不断拥有兴趣盎然的观众；而人们会相信，如果不是如此，人间戏剧的全体观众早就会出于对这出戏剧本身的厌恶而在所有的树上吊死了。由此看来，新演员如此重要，剧本却如此次要。

59

"固执"是什么意思？——最短的路线不是尽可能笔直的路线，而是有顺风鼓起我们风帆的路线：航海家的教训告诉我们。不听从这条教训就叫做**固执**：性格的坚强在这里被愚蠢玷污了。

60

"虚荣"一词。——我们道德家们绝对不可能缺少的个别词语自从人类最直接、最自然的冲动遭到诋毁的那个时代以来已经在自己心中承受了一种道德审查。于是，那种认为我们在社会潮流上更是通过我们的**价值所在**，而远非通过我们**实际是**的那种东西才一帆风顺或遭受失败的基本信念——一种必然执掌所有同社会有关之行为的信念——就以最普通的词语"虚荣"（*vanitas*）来表示并打上烙印，这是最丰富、最有内容的事物之一，它有一种把它描述成原本空洞无物的表达方式，也就是说，是某种有着一个缩小化名称甚至带着漫画笔法的大东西。没有办法，我们不得不使用这样的词语，但是在这样做的时候，我们不得不充耳不闻古老习惯在我们耳边说的悄悄话。

61

580　土耳其宿命论。——土耳其宿命论有其根本性错误，这就是它把人和命运作为两件分开的事物对立起来了：它说，人可以反抗命运，可以力图挫败它，但是命运最终总是保持了胜利；因此最合理的事情就是听天由命或随随便便地生活。实际上，每一个人本身就是一段命运；如果他是按说定的方法反抗命运，那么这本身就是命运在作怪；斗争是一种幻觉，听天由命也是一种幻觉；所有这些幻觉都包含在命运中。——大多数人对意志不自由学说所抱有的恐惧是对土耳其宿命论的恐惧：他们认为，人类将懦弱地、自暴自弃地、双手合十地站在未来面前，因为人类无能对未来做任何改变；或者人类将完全放任自己的情绪变化，因为一旦定下的事情也不可能由于这些情绪变化而变得更糟糕。人类的愚蠢像他们的智慧一样，是一段命运；甚至害怕相信命运实际上也是命运。你自身，可怜的胆怯者，就是无法制服的命运女神，这女神还在众神之上，庄严地端坐着处理正在到来的一切；你是祝福或诅咒，而在任何情况下，你都是枷锁，将最强健者锁于其中；在你心中人类世界的整个未来已预先规定，如果你自己对自己感到害怕，这对你是没有好处的。

62

581　魔鬼的辩护士。——"只有通过自己受伤害，我们才会变得**聪明**起来，只有通过别人受伤害，我们才会变**善良**"——那种从同情来寻找一切道德根源，从人的孤立来寻求一切理智根源的奇特哲学这样认为：它因此而无意识地成了人间所有损害的辩护士。因为同情需要有痛苦，孤立需要有别人的蔑视。

63

道德的角色伪装。——在阶级的角色伪装被认为是最终已固定不变、就等于阶级本身的时代里，道德家会被诱惑认为，甚至**道德的**角色伪装也是绝对的，并将它描绘成这样。所以莫里哀作为路易十四时代的同时代人是可以理解的；而在我们这个过渡社会和中级阶段社会中他会作为一个天才的书呆子出现。

64

最高尚的美德。——在较高级的人类的第一时代，勇敢被视为最高尚的美德；在第二时代是公正；在第三时代是中庸；在第四时代是智慧。我们生活在哪个时代？你又生活在哪个时代呢？

65

事先需要的东西。——一个不想当自己的暴躁、肝火、复仇欲、淫欲的主人却试着在别的某个领域里当主人的人，就像在一条山涧旁开辟田地却没有对这山涧作自我防护的农夫一样愚蠢。

66

真理是什么？——**施瓦策尔特**（梅兰希顿①）："人们经常正是在失去了信仰、到处寻找信仰的时候宣扬自己的信仰的——而人们在这时候宣扬信仰，宣扬得不是最糟糕！"——**路德**：你今天说得像天使一样有真理，兄弟！——**施瓦策尔特**："可这是你敌人的思想，他们把它用到你的头上。"——**路德**：那么这就是一个从魔鬼屁股里放出来的谎言之屁。

67

只见对立面的习惯。——一般不精确的观察在自然中到处都看到对立面（例如"冷与暖"之类），而那里没有对立面，只有程度上的不同。这种坏习惯诱使我们想也按这样的对立面来理解和分析内在的自然，那种精神道德世界。非常多的痛苦、狂妄、艰难、陌生化、冷漠化是通过人们认为在过渡的地方看到了对立面而进入到人类感觉中的。

68

我们是否能宽恕？——如果他们不知道他们在干什么，我们怎么竟

---

① 菲利浦·梅兰希顿（1497—1560）：德文中又叫施瓦策尔特，德意志新教神学家、教育家。

能宽恕他们呢？我们根本没有任何东西**好**宽恕。——一个人每次都**完全知道**他在干什么吗？而如果这始终都是**成问题的**，那么人们就不必非得宽恕相互间的什么事情，发慈悲对于最有理性的人来说也是一件不可能的事情。最后，**如果**作恶者真的知道他们做了什么，那么以我们只有在拥有了指控和惩罚的权利时才会有**宽恕**的权利。可是我们没有指控和宽恕的权利。

69

习惯性的羞愧。——当我们得到了所谓"不应得"的善待和表扬时，为什么我们感到羞愧呢？这时候，我们似乎认为，我们挤入了一个我们不应该进入而应该被排除在外的领域，几乎是一个我们的脚不能跨入的圣地，或者最神圣的地方。然而，我们是通过别人的错误进入到那里的，而现在充满我们心中的，一部分是恐惧、一部分是敬畏、一部分是惊讶，我们不知道是否该逃走，还是该享受这幸福时光及其恩赐的好处。在所有羞愧中都有一种似乎被我们亵渎或者处于被亵渎的危险中的神秘；一切恩赐都产生羞愧。——但是如果我们考虑到我们根本从来就不"应得"某样东西，假如人们在对事物的基督教式的全面观察中热中于这样的观点，那么羞愧之感就会变成**习惯性的**了：因为这样的上帝似乎**不断**在赐福于一个人，在对一个人发慈悲。但是，除了这种基督教的解释以外，甚至对于那种坚持所有行为和所有人都彻底不负责任、彻底不配得到任何东西的观点的完全无神的智者来说，那种**习惯性羞愧**的状态也会是可能的：如果他得到的待遇就**好像**他应该得到这应该得到那，那么他似乎就挤入了人的一个更高级别，这个级别的人一般**应该**得到某种东西，他们是自由的，能真正为他们自己的愿望和能力负责。谁要是对这位智者说："你应该得到它"，谁就是似乎在对他喊："你不是一个人，而是一位神。"

70

最笨拙的教育者。——在第一个人那里，在他的矛盾精神的土地上培植出了他所有的真正美德；在第二个人那里，在他不能说不的基础上，而不是在他的赞同精神的基础上培育出了他所有的真正美德；第三个人让他所有的道德出自他孤独的自负；第四个人让他的道德出自他强烈的交际冲动。现在假定，由于笨拙的教育者，也由于碰巧，在这四种情况中美德的种子没有播撒在他们本性的土地上，而在他们那里，这土地有着最丰富、最肥沃的表层土：所以他们会是没有道德的、懦弱不快的人。而谁会正好是所有教育者中最笨拙的一位、是这四个人的厄运呢？是道德的狂热信仰者，他认为，善只能出自善，只能在善的土地上成长。

71

谨慎的文笔。——A：可是，如果**所有人**都知道这一点，那么这会对**大多数人**造成伤害的。你自己把这些看法称之为对受威胁者很危险，可是你会公开说出它们来吗？B：我采用的写法是，既不让暴民，也不让平民，亦不让各种各样的当事人想要读我的东西。因此这些看法就绝不会成为公开的看法。A：可你究竟怎么写呢？B：既没有用，也不令人愉快——对于所说的那三种人来说。

72

神圣的布道者。——连苏格拉底都感觉自己是一个神圣的布道者：可是我不知道在这儿还应该感受到怎么样的一丝阿提卡式的反讽和戏谑的乐趣，可以让那种令人不快的、狂妄的观念变得温和起来。苏格拉底不经意地谈到：他的关于制动器和马的图画朴实无华，没有司铎般的庄严，他感觉向他提出来的真正的宗教使命，即用各种各样的方法**考验**神**是否**说出了真理，可以让人推断出一种大胆而坦率的表情，这里的这位布道者就带着这种表情走到了神的身边。那种对神的考验是虔诚和精神自由之间曾经设想出来的最微妙的妥协之一。——现在我们也不再需要这种妥协了。

73

诚实的绘画艺术。——拉斐尔很重视教会（在它还能付得起钱的时候），但是，像他同时代的最优秀者一样，不重视教会信仰的对象。他一步也不追随他的一些主顾的那种苛求的、神魂颠倒的虔诚：他甚至在那幅原先决定用来做游行旗帜的特殊绘画，即那幅西斯廷的圣母玛利亚像中，也保留了他的诚实。在这里，他要画一个幻影：但是这应该是没有"信仰"的高尚小伙子**也**会有、**也**将有的那样一种幻影，关于一个未来妻子的幻影，一个聪明伶俐、心灵高尚、沉默寡言而又非常漂亮的女人，怀里抱着她第一胎的孩子。让那些习惯了祈祷和朝拜的老人在这里像左面那位令人肃然起敬的白发老人那样崇尚超人的东西；我们这些比较年轻的人，拉斐尔似乎这样朝我们喊道，愿意偏爱右面的那位漂亮女子，她正带着她那种挑衅的、一点也不恭顺的目光对那幅画的观赏者说："不是吗？这位母亲和她的孩子——这是一个令人愉快、非常诱人的景象吧？"这张脸和这目光反射出观赏者脸上快乐的光芒；创造出这一切的艺术家以这种方法本身得到了自我享受，并将他自己的快乐添加到艺术接受者的快乐中去。——关于一个孩子头脑中的"救世主式的"表达方式，

586 拉斐尔这个诚实的人，这个不想画他不相信其存在的灵魂状态的人，以一种彬彬有礼的方式智胜了他那些**笃信宗教的**观赏者；他画了那种并不少见的奇妙自然现象，那种孩子头脑里的成人目光，而且是看到了一种紧急状态的勇敢而乐于助人的男人目光。属于这目光的是一把胡须；可是没有这把胡须，两种不同的年龄依旧在这里从同一张脸上对人说话，这是令人愉快的悖论，笃信宗教者是从他们相信有奇迹的意义上来解释这种悖论的：就像艺术家也可以对这些笃信者的解释艺术和穿凿附会艺术所期待的那样。

74

祈祷。——只有在两种前提下，所有的祈祷——以前时代还没有完全消失的那种风俗习惯——才有意义：决定性地影响神，或改变神的看法，这必然是可能的，祈祷者自己必然最知道他急需什么、对他来说什么是真正值得向往的。然而，在所有其他宗教里被采纳、被拿来的两个前提，却偏偏遭到基督教的否定；如果基督教在相信上帝有大智大慧和能预见未来的理性的同时，仍然坚持祈祷，尽管由于理性，这种祈祷其实已经变成没有意义，甚至亵渎神明的了——那么它还是再次在其中显示了它值得赞美的撒旦式的智慧；因为一条明确的戒律"你不要祈祷"会使基督徒由于无聊而走向非基督教。因为在基督教的祈祷和劳作（ora et labora）中，祈祷取代了**娱乐**的位子：没有祈祷，那些拒绝劳作的不幸者，那些圣徒们，能着手做些什么呀！——和上帝交谈，向他要求各种各样的好事情，略微嘲笑一下人们怎么会这么愚蠢，尽管有了一位如此出色的父亲，却还会怀有愿望——这对于圣徒来说，是一个非常好的发明。

75

一个神圣的谎言。——阿利亚死去时留在嘴上的谎言（几乎一点也不疼［Paete, non dolet］）遮蔽了垂死者说出的所有真话。这是变得著名的惟一的神圣**谎言**；而神圣的气味要不然就只黏着在**谬误**上。

76

最必要的门徒。——在12个门徒中，有一个必然始终像一块石头一样坚硬，这样就可以在他身上建起新的教堂。

77

精神和肉体哪一个更短暂？——在法律、道德、宗教事务中，最表面的、直观的东西，即风俗习惯、表情、仪式等，有着最长的**持久性**：这种持久性即总是有一个**新的灵魂**添加到它上面去的**肉体**。文化事宜总是像固定的文本一样，得到新的解释；观念和感觉是流体，风俗习惯是固体。

78

关于病的信念就是病。——基督教首先把魔鬼画在世界的墙上，首先把罪带入世界。相信对此有对付手段的信念已经渐渐从最深的根本上动摇；但是基督教教导并散布的关于**病**的信念却仍然存在。

79

宗教人士的言论与文字。——如果**宗教**人士连教士的谈话与书写风格以及总体表达方式都不知道，那么我们就不必再认真对待他关于宗教和有利于宗教的看法了。如果他像他的风格透露的那样拥有讽刺、狂妄、恶毒、憎恨以及所有混乱变化的情绪，完全像最与宗教无缘的人一样，那么他的看法对于其持有者本身来说就是**软弱无力的**；——它们对于他的听众和读者来说会更加软弱无力到何种程度！质言之，他将有助于使他的听众和读者变得更缺少宗教因素。

80

个人身上的危险。——上帝越是被看作一个自为的个体，人们就对他越不忠诚。人们更忠实于他们的观念形态，而不是他们最爱的情人：因此他们牺牲自己，为国家、为教会，也为上帝——只要他始终是**他们的作品、他们的想像**，不完全被看作太个体化的东西。在后一种情况下，他们几乎总是抱怨他：甚至最虔诚的人也会脱口说出这样痛苦的话来："我的上帝，为什么你丢下我们不管！"

81

世俗正义。——彻底改造世俗正义是可能的——用关于每个人都完全无责任、无过失的学说；而这个方向上的尝试正是在关于每个人都完全有责任、有过失的相反学说的基础上作出的。正是基督教的创立者想要取消世俗正义、取消审判和惩罚。因为一方面，他把所有过失理解为"罪"，也就是说，理解为**对上帝**犯罪，而**不是**对世人犯罪；另一方面，他在最大程度上，几乎在每一个方面，都把每一个人看作罪人。然而，有过失者不应该成为其同类的法官：他的公平意识如此判定。于是，世俗正义的**所有**法官在他眼里就像被他们判决的人一样有过失，他们脸上的无辜表情在他看来似乎很虚伪、很伪善。此外，他看行为的动机，不看结果，并认为判断动机只有惟一一个人有着足够敏锐的眼光：他自己（或者像他自己所表达的那样：上帝）。

82

分手时的一种装模作样。——想要同一个党派或宗教分道扬镳的人认为，他现在必须驳斥它们了。可这种想法太狂妄自大。他必须做的只是要清楚地看到，是什么东西至今为止把他同这个党派或宗教捆绑在一起的，而现在不再捆绑了；是什么样的意图驱使他和这个党派或宗教连在一起，而现在要把他驱使到别处去。我们**不是**出于严格的认识上的理由站到那个党派或宗教一边去的：我们同它们分手的时候，也不应该这样来**装模作样**。

83

救世主与医生。——基督教的创立者，不言而喻，作为人类灵魂的专家不是没有最大缺陷和偏见的，作为灵魂的医生也是声名狼藉地、外行地一味相信有一种万灵药。他在方法上有时像牙疼拔牙的牙医一样；例如，他用这样的建议来同感官作斗争："如果你的眼睛让你生气，那就把它挖除掉。"——可是还是有区别，那位牙医至少达到了他的目的，病人的牙不疼了；当然，用如此笨拙的方法，使他变得很可笑，而遵循那条建议，并相信已经杀死了感官的基督徒却上了当：感官以一种令人毛骨悚然的吸血鬼的方式继续活着，在可恶的伪装下折磨他。

84

囚徒。——有一天早晨，囚徒们走进工场；看守不见了。他们当中一些人立即去工作，这是由他们的天性决定的，而另一些人则闲站着，犟头倔脑地东张西望。这时候一个人走向前，大声说："你们想做多少就做多少，要不然就什么也不要做，一切都无所谓。你们的阴谋曝光了，监狱看守最近窃听了你们，过几天要对你们进行一场可怕的审判。你们了解他，他很冷酷无情，报复心很强。可是现在注意了：你们至今都错看了我；我不是我表面的样子，远远不止这样：我是监狱看守的儿子，对他来说，我就是一切。我能救你们，我也要救你们；可是，应该强调的是，只救你们当中那些**相信**我是监狱看守儿子的人；让其他人收获他们的不信所造成的恶果吧。""那么"，沉默了一会儿之后，一位较年长的囚徒说："你很在意我们相信或不相信你吗？如果你真是他的儿子，而且能够做你所说的事情，那就为我们大家说句好话，那你就真是个大好人。把这种关于相信与不信的谈论丢到一边去吧！"在这期间，有一个较年轻的人喊道："我也不相信他：他只是想像了某种东西。我打赌，我们八天以后还会像今天一样在这里，监狱看守**什么也不知道**。""如果他曾经知道某种东西的话，那他现在就不再知道了"，刚刚来到工场的最后一个囚犯说，"监狱看守刚才突然死去了"。——嗨，好几个人乱七八糟地喊道，嗨！儿子先生，儿子先生，遗产的问题怎么样啊？我们现在也许是**你的**

囚犯了吧？——"我已经跟你们说过了"，先头说话的那个人温和地回答，"我将释放每一个确定无疑地相信我的人，就像我父亲还活着一样确定无疑"。——囚犯们没有笑，可是耸耸肩，丢下他不管了。

85

上帝的迫害者。——保罗想出了这样的念头，加尔文给予了深思熟虑：无数人永远受诅咒，这项美好的世界计划是安排来揭示上帝之美妙的；于是天堂、地狱、人类的存在，应该是要来满足上帝的虚荣心的！首先想出或第二个想出这种事情的人，在其灵魂中闪烁的必然是多么残酷而又不知满足的虚荣心啊！——因而保罗就仍然还是扫罗——**上帝的迫害者。**

86

苏格拉底。——如果一切都顺利的话，那么这样一个时代就会到来：人们为了在道德上、理性上促进自己，宁愿在手上拿着苏格拉底的回忆录而不是《圣经》，而蒙田和贺拉斯作为先驱者和路标则被用来理解最简单、最不朽的人神中介智者苏格拉底。最五花八门的哲学生活方式的道路都追溯到他那里，这些生活方式归根结底是由理性和习惯来确定的五花八门的性情的生活方式，所有性情都指向生活乐趣和对自己的乐趣；由此人们会得出结论，苏格拉底身上最特有的东西是对各种性情的参与。——苏格拉底有那种快乐的严肃态度和构成人类最佳心灵状态的**充满恶作剧的智慧**，在这方面他超过了基督教的创立者。此外，他有着比较了不起的判断力。

87

学习好好书写。——好好说话的时代已经过去了，因为城市文化的时代已经过去。亚里士多德允许大城市拥有的最后边界——传令官必须能够让整个集合起来的居民都听得见他说话——与我们无关，就像一般来说城市居民同我们无关一样，我们这些想要超越各民族而被人理解的人。因此每一个有良好的欧洲意识的人不得不学习**好好书写，并越写越好：** 没有用，即使他是在德国出生的也是如此，因为在那里人们把拙劣的书写当作民族的特权。但是,更好地书写同时也意味着更好地思考;意味着不断发明更值得传达的东西,而且真的能够传达;意味着对于邻人的语言来说是可以翻译的;意味着使那些学习我们语言的外国人的理解力能够接受;意味着产生这样的效果:一切好东西都成为公共财产,一切都听从自由者调遣;最后,意味着**准备好**那种现在仍然那么遥远的事物状态,在那里,优秀欧洲人的伟大使命落到了它们手中:领导和监督整体的世俗文化。——宣扬相反东西,即宣扬不好好书写、不好好阅读的人——两种美德互增互减——事实上给各民族指出了一条如何越来越民族化的道路:他增加了这个世纪的疾病,是好欧洲人的敌人,是自由精灵的敌人。

88

关于最佳风格的学说。——关于风格的学说可以一方面是关于找到人们借以把每一种情绪传达给读者和听众的表达方式的学说,另一方面是关于找到用来表达一个人最值得向往之情绪的表达方式的学说,这种情绪的传达和传播也是最该向往的:克服了激情的从心底里被打动的精神上愉快、聪明、坦率的人的那种情绪。这将是关于最佳风格的学说:这种风格同好人相符合。

89

注意进程。——句子的行文表明作者是否已经倦怠;尽管如此,个别表达方式仍然可以始终是强健的、出色的,因为它是早先独自被发现的:当时是作者首先想到这个念头的时候。歌德经常是这样的情况,他在困倦的时候,太经常地采用口授的方式。

90

已经和仍然。——A:"德意志散文还很年轻:歌德认为,维兰德是德意志散文之父。"B:这么年轻就已经这么丑陋了!C:"可是——就我知道的而言,乌尔斐拉斯主教①就已经写德意志散文了:它差不多1 500

---

① 乌尔斐拉斯主教(公元311?—382?):古代基督教西哥特主教,曾将部分《圣经》译成哥特文。

岁了。"B：这么老，却仍然这么丑陋！

91

原始德意志。——事实上不是按照一种模式形成的、大概不得不被看作德意志口味的原始产物的德意志散文，可以给未来的原始德意志文化的热心辩护人一种指导，告诉他们，例如，一种真正的德意志服装、一个德意志社会、一个德意志的房间布置、一顿德意志的午餐，在不模仿模式的情况下将是什么样子的。——某个较长时间思考了这种前景的人最终会十分惊讶地大声喊叫："可是，看在老天的分上，也许我们已经拥有了这种原始文化——我们只是不愿意谈论它而已！"

92

禁书。——绝不要去读那些傲慢的万事通和糊涂蛋写的东西，他们有着最令人厌恶的坏习气以及那种**逻辑**悖论的坏习气：归根结底他们所创作的一切恰恰都是肆无忌惮的临时拼凑，他们都是在空中楼阁中运用**逻辑**形式的。（"于是"在他们那里的意思应该是："你这个读书的毛驴，对你来说，没有这个'于是'，可对我来说却是有的"——对此的回答是："你这个写书的毛驴，你究竟写了干什么？"）

93

显示精神。——每个想要显示自己精神的人都会让人注意到，他也有大量相反的东西。有修养的法国人的那种给自己的最佳念头加上一点蔑视的坏习气，起源于想要被认为比实际情况更富有的意图：他们想要随随便便地给予，由于不断从满盈的宝库中取出东西来慷慨施舍给人而变得几乎筋疲力尽。

94

德国文学和法国文学。——过去100年德国文学和法国文学的不幸在于德国人过早地从法国人的学校里**跑出来**——而此后，法国人又过早地**跑进**了德国人的学校。

95

我们的散文。——现在有高度文化的民族中，没有一个像德意志民族那样有这么糟糕的散文；如果有教养而又爱挑剔的法国人说：没有德意志散文——那我们原本不该生气,因为这是礼貌的表示,而不是我们的实际情况。如果我们寻找理由,我们最终会得出这样一个奇怪的答案:**德国人只知道临时拼凑的散文**,对于其他散文毫无概念。如果一个意大利人说,散文难于诗歌的程度,就像对于雕塑家来说表现裸体的美难于表现穿着服装的美的程度一样,这让德国人听起来是简直不能理解的。人们得老老实实地致力于诗歌、形象、节奏、韵律——这一点德国人也懂,他们不乐意给即兴诗歌以特别高的价值。但是,从事一页诗歌的创作同创作一个柱形立像一样——这对于他们来说,就好像是在讲寓言世界中的神奇故事。

96

伟大风格。——当美取得了对畸形丑怪的胜利时,伟大的风格就产生了。

97

避开。——人们不知道,在杰出的人那里其表达方式和措辞的精妙之处在哪里,直到人们能够说,每一个平庸的作家在表达同样的事物时不可避免地会突然想起什么样的词。所有伟大的艺术家在驾驭他们的马车时都显示自己倾向于避开老规矩、倾向于越出常规——而不是翻车。

98

像面包一样的东西。——面包使其他食品的味道中性化了,将其味道抹去了;因此每一次吃一顿时间较长的饭时都要吃面包。在所有艺术作品中,必然有某种像面包一样的东西,可以在作品中造成各种各样的效果:这些效果如果很直接地一个紧接一个,没有一些暂时的间歇和中断,就会很快让人筋疲力尽,造成反感,从而使一顿**较长时间的**艺术大餐成为不可能。

99

让·保尔①。——让·保尔知道得很多,但是没有知识;擅长于艺术

---

① 让·保尔:让·保尔·弗莱德利希·利希特(1763—1825)的笔名,德国小说家和文人。

中的各种各样的诀窍，但是没有艺术；几乎认为没有任何东西是不可享受，但是没有鉴赏力；有感情，很认真，但是当他让人品尝这些东西的时候，却在上面浇上了令人恶心的泪花汤；是的，他有诙谐——但是很可惜，就他对于诙谐的渴望而言，实在是太少太少了。因此他正是由于缺乏诙谐而把读者推向绝望的。总而言之，他是一夜之间在席勒和歌德精致的果园里冒出来的色彩斑斓的、散发着强烈气味的野草；他是一个懒散的好人，然而却是一场灾难——一场裹在晨服中的灾难。

100

懂得尝出相反的味道。——为了就像它的同时代人的感受一样欣赏一部过去的作品，我们得在舌头上尝出这部作品所**衬托**的当时很普遍的味道。

101

酒精作者。——有些作家既不是精灵也不是酒，而是酒精：他们能够燃烧起来，然后发出热量。

102

中介意识。——味觉像真正的中介意识一样，经常说服其他感官接受它自己对事物的看法，向它们灌输它的法则和习惯。人们可以在饭桌旁接受关于最精妙的艺术秘密的信息：人们只要注意，什么东西好吃、什么时候好吃、吃起来有什么味道、好味道能停留多长时间。

103

莱辛。——莱辛有一种真正的法国美德，尤其是作为作家，最勤奋地在法国人那里上学：他懂得在商店橱窗里很好地安排和布置他的物品。没有这些真正的**艺术**，他的思想就会像他的思考对象一样几乎全都留在黑暗中，而且普遍损失不会很大。但是，许多人（尤其是最近几代德国学者）从他的**艺术**那里学到了东西，无数人从他的**艺术**中感受到乐趣。当然，那些学习者不必像经常发生的那样，也从他那里学会他那种令人不快的语气方式，其中混合着好斗和诚实。关于抒情诗人莱辛，现在大家的看法都是一致的；关于戏剧家莱辛，大家将会取得一致看法。——

104

不受欢迎的读者。——那些乖巧的读者是如何以肥大而笨拙的灵魂折磨着作者啊,当作者自己和这样的灵魂相撞时,也跌倒在地,而且每次都很疼。

105

诗人的思想。——真正的思想在真正的诗人那里都像埃及妇女一样,是戴着面纱出现的:只有思想的深邃**目光**越过面纱自由地观望。——诗人的思想通常不像它们被认为的那样有价值:人们还要为面纱和自己的好奇心付出代价。

106

简单而有益地书写。——承上启下、详细说明、进行感情的色彩变幻,——这一切是我们赠送给作者的,我们把这些东西拿来,万一作者对我们有利,我们就让他的书得到好处。

107

维兰德。——维兰德写的德语比任何一个人写的都好,他在其中获得他真正的大师般的满足与不满(他翻译的西塞罗书信和琉善作品是最好的德语翻译);可是他的思想却不再给我们任何东西去思考。我们既忍受不了他那快乐的道德,也忍受不了他那快乐的不道德:两者相依为命。可是,喜欢这些东西的人大概归根结底是比我们更好的人——但也是极为笨拙的人,他们就**需要**这样一个作家。——德国人不需要**歌德**,因此他们也不懂得利用他。就来看一下我们最好的政治家和艺术家吧:他们全都没有把歌德当成教育家——也不可能当成。

108

少有的庆典。——简练、宁静、成熟——你在哪里发现一个作家有这些特点,你就在哪里停下来,在沙漠中间举行一个长长的庆典:因为你要再次这样快活的话还要过很长时间。

109

德意志散文之宝。——如果把歌德的著作尤其是《歌德谈话录》(歌德同艾克曼的谈话）这本现有的最佳德语书除外,那么德意志散文文学中真正还剩下什么值得一再阅读的呢？利希腾贝格的格言、容-施蒂林的传记第一卷、阿达尔伯特·施蒂弗特的《晚来的夏日》、戈特弗里特·凯勒的《塞尔特维拉的人们》——暂时就这些而已。

110

600　　文字风格和语言风格。——写作艺术尤其要求只有说话者才有的表达方式的替代品,也就是说,对表情、重音、语气、眼神的**替代品**。因此文字风格是一种完全不同于语言风格但更加难得多的东西——它要使自己以更少的手段但却能像语言风格一样被人理解。狄摩西尼发表他的演讲和我们读这些演讲稿的情况是不一样的；他对它们作了修改,以适合于阅读。——西塞罗的演讲应该狄摩西尼化一下,以适应同样的目的：现在其中有太多的公开讨论,这是读者无法忍受的。

111

　　小心引用。——年轻的作者不知道,好的表达方式、好的念头,只有在同类中才能显出真好来；一条出色的引文可以通过以下方式否定掉整整一页,甚至整整一本书：它警告读者,似乎对他大喝一声："注意,我是宝石,我周围是铅,苍白的、可耻的铅。"每一个词、每一个念头都只愿意生存在**它自己的圈子里**：这就是优雅风格的道德寓意。

112

　　如何说出谬误。——人们可以争论,如果把谬误说得不好或者像最佳真理一样好,是不是有害。肯定的是,在前一种情况下,谬误双倍损害了头脑,更难于从头脑中清除出去；但是它们确实不像在第二种情况中那样确切地发生影响：它们较少有传染性。

113

601　　压缩与扩大。——荷马压缩、缩小了题材的范围,但是让个别场面扩张、扩大开去——而后来悲剧家们一再这么干：每个悲剧家都比自己的前辈采用**更小段**的材料做题材,但是每个人在分隔开的花园围篱的范围内却有**更为丰富**的鲜花盛开。

114

文学与道德互为解释。——希腊文学可以用来显示,希腊精神是通过什么样的力量发展起来的,它如何走向不同的方向,又是如何衰弱的。所有这一切构成了一幅图像,描绘出希腊**道德**归根结底是怎么一回事,任何一种道德又都是怎么一回事:它如何先是一种强制,先显示出严厉,然后渐渐变得较温和,最终如何产生出对某些行为、某些习俗和形式的乐趣,并由此重新产生出独自从事这些行为和单独拥有这些东西的倾向;路上如何挤满了并且过多地挤满了竞争者、如何出现了过度的饱和、如何寻找新的竞争对象和野心的对象、过时的东西如何被召回而复苏、演的戏如何一再重复、观众如何对观看完全感到厌倦,因为现在整个圆圈似乎已经画完——然后出现了静止、咽气:溪流消失在沙地中。这就是终结,至少是**一个**终结。

115

哪些区域让你持久快活。——某个区域对于一幅画来说,有着重要的特点,但是我找不到用来表现这些特点的表达方式,作为整体来说,它始终是我无法把握的。我注意到,不断吸引我的所有风景在全部多样性的底下有一种简单的几何线条模式。没有这样一种数学基础,任何区域都不会有艺术上令人快活的东西。也许这条规则可以按比喻的方式运用到人的身上。

116

朗读。——朗读可以以你有**呈现**能力为前提:你到处只有浅颜色可以运用,但是你得按照同不断呈现的、起引导作用的、色彩丰富而又深浓的背景画面的精确比例决定浅颜色的程度,也就是说,由同一个部分的**呈现**能力来决定。所以你必须能做到这样的呈现。

117

戏剧感觉。——没有比较精细的四种艺术感觉的人试图以最粗俗的第五感觉来理解一切:这就是戏剧感觉。

118

赫尔德。——赫尔德根本不是他让人误以为的那个样子(而是他自己想要是那样):不是伟大的思想家和发明家,不是有着原始森林般尚未开发利用新生力量的肥沃的新土。但是,他拥有最高程度的嗅觉,他比别人更早看到并摘取了一个季节中最早成熟的果实,以至于别人会相信,是他让它们长出来的:他的精神在明暗之间、老少之间,以及像埋伏着的猎人一样在有小桥、洼地、隐蔽泉水和生长物标志的任何地方;春天的躁动驱使他到处奔走,但是他自己不是春天!——这一点他大概不时也感觉得到,但是不想自己相信它,他这个这么喜欢当他自己时代的精神教皇的野心勃勃的教士!这是他的痛苦:他似乎早就作为好几个王国,甚至一个普世王国的王位觊觎者而活着,而且有相信他的追随者:青年歌德就是追随者之一。但是在任何最后真的要给予冠冕的地方,他却一无所获:康德、歌德,然后是第一批真正的德国历史学家和语文学家从他那里拿走了他误以为保留给他的东西——不过,经常静下心来私下里想想就**不**这样认为了。恰恰在他怀疑自己的时候,他喜欢把自己裹在尊严和热情中:这些东西在他那里往往是必定掩盖了许多东西的长袍,他借这长袍来欺骗和安慰自己。他真的有热情和烈火,但是他的野心要大得多!这后者不耐烦地朝火焰吹气,使火焰摇曳不定,噼啪作响,烟雾缭绕——是他的**风格**摇曳不定,噼啪作响,烟雾缭绕——可他希望的是**熊熊**大火,而它就是不来!他不是坐在真正创造者的长餐桌旁:而他的野心也不允许他谦虚地坐在真正的享受者中间。所以他是一个急不可待的客人,预先品尝着德国人在半个世纪中从整个世界范围和时间领域内给自己拿来烩在一起的精神大菜。除了从来没有真正吃饱、真正高兴以外,赫尔德还太过于经常地生病;这时候妒忌往往坐在他的床边,虚伪也来造访。受伤害的东西和不自由的东西黏在他的身上:他没有比任何一个我们所谓的古典作家拥有更多一点那种单纯而勇敢的男子气概。

119

词的气味。——每一个词都有它的气味,有一种气味的和谐与不和谐,因而也有一种词的和谐与不和谐。

120

矫揉造作的风格。——拾来的风格对于有着矫揉造作的风格的朋友来说是一种冒犯。

121

许愿。——我不要再读人们觉察出来他想要做一本书的作者的书；而是只读那种由于其思想而无意间变成一本书的作者的书。

122

艺术传统。——3/4 的荷马是传统；所有希腊艺术家的情况也差不多是如此，他们没有理由成为现代追求原创性狂热的对象。他们没有所有那些对传统的恐惧；他们真是由于这一点，所以同他们的观众紧密相连。因为传统是已经**赢得了**听众理解的艺术手段，是人们努力学会的共同语言，艺术家真正能用它来**倾诉**衷情。尤其当他像希腊诗人和音乐家那样想要以自己的每一部艺术品立即取胜的时候——因为他习惯于公开同一两个竞争者竞争——第一个条件就是，他也**立即被人理解**：但是这只有通过传统才有可能。艺术家超越了传统发明的东西，他自愿用于并且敢于在有成果的最佳情况下**创造出**一个新的传统。通常，原创性的东西受到赞扬，有时甚至受到崇拜，但是很少被理解；顽固地回避传统意味着不愿意被理解。那么，现代追求原创性的狂热是指向何处呢？

123

艺术家对科学性的装腔作势。——席勒像其他许多德国艺术家一样相信，如果人有才气，他就可以**用笔**就各种各样的困难问题**即兴写作**。而现在他的散文文章就放在那里——就每一个方面而言都是一个关于我们**不可以**着手美学与道德的科学问题的样本——而且对于那些在对诗人席勒的赞美中没有勇气小瞧思想家席勒和作家席勒的年轻读者来说是一种危险。——如此容易、如此可以理解地向艺术家袭来的诱惑，要引诱他走一次恰恰禁止**他**走的草地，引诱他也就**科学**问题发一发言——因为最有能力的人有时也会认为自己的手艺和工作室不能忍受——这种诱惑竟然使艺术家到了这样的地步：向全世界显示这个世界根本不必看见的东西，即他的思想小屋看上去是那样狭窄而又无序的样子——为什么不呢？因为他不住在里面呀！——即他的知识库一部分是空的，一部分堆满了无用的杂物——为什么不呢？因为这种状况对于那位艺术家孩子来说归根结底没有什么不合适——然而尤其是，甚至对于连初学者都很熟悉的科学方法的最简单操作来说，他的关节也太缺乏锻炼、太笨拙了——而甚至这一点，他也真的不必感到羞愧！——另外，他经常在**模仿**所有错误、坏习惯、糟糕的学究气在科学行当里如何显现的样子中显示出不小的艺术，他相信，这如果不是属于事物本身的话，也是属于事物的表面；而这恰恰是这样的艺术家的文字可笑的地方，即在这里，艺术家无意中却做了属于他的职责的事情：**讽刺地模仿**科学人员和非艺术人员。因为就他是一个艺术家，而且只是一个艺术家而言，除了讽刺模仿的姿态，他不应该对科学采取任何别的姿态。

124

浮士德观念。——一个裁缝小女子被诱拐，造成不幸；一位四门学科的大学者竟是罪犯。这事很奇怪吧？是的，肯定很奇怪！没有那个地道恶魔的帮助，那位大学者是不会实现这一切的。——这真的应该像有些德国人所说的那样是最伟大的德国"悲剧观念"吗？——但是，对于歌德来说，这种观念仍然太可怕了；他的温柔之心忍不住要把那个裁缝小女子，"那个只有一次忘乎所以的好人"，在她非自愿的死亡之后，置于邻近圣人的地方；真的，甚至通过在关键时刻对魔鬼玩弄的一个恶作剧，把那位大学者，那个有着"神秘渴望"的"好人"在恰到好处的时候送入了天堂——在天堂里，恋人重逢。——歌德有一次说过，对于那种真正悲剧性的东西，他的天性太懦弱而无法应对。

125

有德国古典作家吗？——圣伯夫有一次说，"古典"一词完全不符合有些文学的风格，例如，谁会这么轻易地谈论"德国古典作家"呢！——我们德国的书商对此说些什么呢？他们正在把我们应该相信的50名德国古典作家再增加50名。几乎好像一个人只需要死了30年之久且作为被许可的牺牲品公开躺在那里，就可以突然作为古典作家而听到复活的号角声吗？而这是在这样一个时代、这样一个民族中：在其中，甚至六个伟大的文学祖先中有五个正在确切无疑地过时，或已经过时——这个时代、这个民族恰恰**不**必为**此**感到羞愧！因为他们正是在这个时代的**强势**面前退缩了——这样考虑真是很公平！——正如已经表明的那样，我把歌德排除在外，他属于比"民族文学"更高的文学类型，因此就生活、新奇、过时等方面而言，他都不属于他的**民族**。他曾经为少数人活着，现在仍然为少数人活着：对于大多数人来说，他不过是一把虚荣的号角，除非人们时不时把它对着德国边境另一边将其吹响。歌德，不仅是一个好人、伟人，而且是一种**文化**，歌德在德国人的历史中是一个没有结果的插曲：例如，谁能在过去 70 年的德国政治中指出一点歌德的影子呢？（而无论如何，其中有一点点席勒，甚至一小点莱辛的影子曾起过作用）。可是那另五个人又是如何呢？克洛普施托克在活着的时候就已经以一种令人崇敬的方式过时了：而且如此彻底，以至于他晚年那本沉思之书《学者共和国》大概至今都没有人把它当回事。赫尔德很不幸，他的著作总是要么新、要么旧；对于较精细、较强健的人（例如利希腾贝格）来说，甚至赫尔德的主要著作，他的关于人类历史的思想，刚一出版就立即成了过时的东西。维兰德的生活很丰富，也让人丰富地生活，他抢在其影响因他的死亡而消失之前先当个聪明人。莱辛或许今天还活着——不过是在年轻的而且越来越年轻的学者中间！而席勒现在是出了狼窝，又入虎穴，到了所有德国男孩的手中！落到越来越不成熟的年龄段读者之手的地步，这实在是一种众所周知的过时方式。——那么是什么东西迫使这五人淡出，以至于受过良好教育的、勤奋的男人们不再读他们的书了呢？是更高的鉴赏力、更高的知识，是对真实和现实事物的更高尊重；也就是说，完全是恰恰通过那五个人（以及通过 10 个、20 个名气不太响亮的其他人）才重新置入德国的美德，这些美德现在作为他们坟墓旁边的参天大树在敬畏的树荫旁又伸展出某种遗忘的树荫。——但是**古典作家**不是知识美德和文学美德的**置入者**，而是这些美德的**完成者**和最高的光亮中的树梢，它们在一些民族本身灭亡之后仍然高居于这些民族之上：因为它们比这些民族更轻松、更自由、更纯粹。人类的高级状态是可能的，在那里，各民族的欧洲是一种幽暗的遗忘，在那里，欧洲仍然生活在 30 本非常古老但绝没有过时的书中：在古典作家的作品中。

126

有趣，但是不美。——这个地方隐藏了它的意义，但是它有一个人们想要猜到的意义：无论我朝哪里看去，我都读到词以及对词的暗示，但是我不知道解开所有这些暗示的谜的句子是从哪里开始的，为了调查是该从这里还是从那里开始读的问题，我都快变成啄木鸟了。

127

反对语言革新者。——在语言中革新或仿古，偏爱稀奇古怪的东西，追求词汇的丰富而不是节制，始终是不成熟趣味或堕落趣味的标志。一种高贵的贫困，但却可以自由支配一笔小小的财富，这样的特点使希腊演讲艺术家超群出众：他们要比民众拥有得**更少**——因为民众在新老词汇中是最丰富的——但是他们要**更好地**拥有这少量词汇。他们的仿古和猎奇可以很快列举出来，但是如果我们对他们那种轻松而精细的日常交往方式和显然早就穷尽的词汇和用语有一种好眼光的话，那么我们就会无穷地加以赞美。

128

伤心的作者和严肃的作者。——把自己**现在忍受**的东西写在纸上的人成为一个伤心的作者；但是如果他告诉我们他**过去忍受**的东西，而现在为什么沉浸在快乐中，他就是一个**严肃的**作者。

129

健康的趣味。——为什么健康不像疾病那样有传染性呢——一般而言，尤其是在趣味中？有没有健康的传染病呢？——

130

决心。——不再读在诞生的同时又（用墨水）受洗的书。

131

改进观念。——改进风格——也就是说改进观念，仅此而已！不立即承认这一点的人，也就不会让人信服这一点。

132

经典书籍。——每一本经典书籍最薄弱的方面是它太过于用作者的母语来写作。

133

坏书。——书应该渴望笔墨、写字台；而通常是笔墨、写字台渴望书。因此现在书这么无足轻重。

134

感官的在场。——公众在思考画的时候变成了诗人，在思考诗的时候变成了研究者。在艺术家诉诸公众的那一刻，公众始终缺乏**真正的**感官，不是缺乏思想的在场，而是缺乏感官的在场。

135

精练的思想。——一个重要时代的精练风格不仅挑选词语，而且挑选思想——更确切地说，对于两者都要从**常见的、流行的**东西中挑选：冒险的、太散发着新鲜气息的思想不比新的、极为大胆的图画和表达方式更少让比较成熟的趣味厌恶。后来两者——精练的思想和精练的词语——很容易散发中庸的气息，因为精练的东西的气息很快就挥发了，然后只剩下日常流行之物的味道。

136

风格败坏的主要理由。——想要比实际上存在的情况更多**显示**对一件事物的感受，会败坏语言中和所有艺术中的风格。应该说，所有伟大艺术都有相反的倾向：它们喜欢像每个道德上举足轻重的人那样让感情继续走它的路，不让它**完全**朝终点跑去。这种感情的半遮半掩的羞赧例如在索福克勒斯那里看起来是最美的；当感受本身表现得比实际情况更清醒的时候，似乎感受的特征被美化了。

137

为笨拙风格者辩护。——说得轻松的事情很少像真正有分量的事情那样有分量地灌到耳朵里去——但是它留在训练差的耳朵里，这种耳朵得从用我们至今称之为音乐的那种东西进行的教育中走出来，进入到更高级的音乐学校，也就是说，进入到**说话**的学校里去。

138

鸟瞰。——在这里,山涧从好几个方向朝一个深渊奔流过去,它的奔流如此凶猛,如此牢牢拽走了注视的目光,以至于周围光秃秃的山坡和长着树林的山坡似乎不是往下降下去的,而是好像**向下亡命奔逃**。我们在看的时候会变得很紧张、很害怕,好像在所有这一切后面隐藏着某种怀有敌意的东西,在这种东西面前,一切都得逃走,而深渊倒为我们提供了保护。这个地区是完全无法画出来的,除非我们像鸟一样在它之上的自由的天空中翱翔。在这里,来一次这种所谓的鸟瞰并不是艺术的随意性,而是惟一的可能性。

139

冒险的比较。——当冒险的比较不是作家恶作剧的证明时,它们就是他疲惫的想像的证明。但是两种情况都是糟糕鉴赏力的证明。

140

戴着链条跳舞。——对每个希腊艺术家、诗人、作家都应该问一下:他所承担的、并使之迷住同时代人(以至于他发现有模仿者)的**新压力**是什么?因为人们称之为"发明"(例如在有韵律的事物中)的东西,始终是这样一种自己加给自己的锁链。"戴着锁链跳舞",给自己造成困难,然后给这一切蒙上轻松的外表——这就是他们想要向我们展示的绝招。在荷马那里已经可以发现大量继承来的公式和史诗叙事规则,他不得不**戴着**这些公式和规则的锁链跳舞;而他自己另外为后来者造成新的常规。这是希腊诗人受教育的学校,也就是说,首先通过以前的诗人让自己承受各种各样的压力;然后再另外发明一种新的压力,把它承担起来,并优雅地战胜它:以至于压力和胜利得到注意和赞美。

141

作者的丰满。——一个好作者得到的最后的东西是丰满;把丰满随身带来的人绝不会成为一个好作者。最纯种的赛马是很瘦的,直到它们可以从胜利中获得**休息**。

142

气喘吁吁的主人公。——遭受感情狭隘之苦的诗人和艺术家通常都让他们的主人公喘息：他们不善于进行最容易的呼吸。

143

半盲人。——半盲人是所有放任自己的作者的死敌。这些作者应该了解这种半盲人在合上一本书时因为发现书的作者竟需要 50 页来传达 5 个想法而产生的愤怒：那种对把他视力的剩余部分几乎毫无补偿地带入到危险中而感到的愤怒。——一个半盲人说：**所有作者都放任自己**。——"圣灵也这样吗?"——圣灵也这样。但是圣灵可以这样做，因为他为完全的盲人而写。

144

不朽的风格。——修昔底德以及塔西佗，两个人在起草他们著作的时候都在考虑让他们的著作有不朽的经历：如果你不从别的地方知道这一点，也可以从他们的风格中猜出来。一个人相信可以通过腌制，而另一个人相信通过泡制来使自己的思想长久；似乎两个人都没有打错算盘。

145

反对形象和比喻。——人们用形象和比喻来说服别人，但是不证明什么。因此在科学范围内人们害怕形象和比喻；人们在这里恰恰**不想要**令人信服、令人**相信**的东西，更应该说，人们是通过表达方式和没有装饰的墙壁向最冷漠的猜疑挑战；因为猜疑是确定性的试金石。

146

谨慎小心。——缺乏全面知识的人应该避免在德国写作。因为好的德国人不说："他无知"，而说："他有靠不住的性格。"——顺便说一句，这个仓促得出的结论使德国人大为增色。

147

涂色的骨骼。——涂色的骨骼：这正是那样一些作者，他们想要用人为的色彩代替他们肉身上缺少的东西。

148

出色的风格和更高的东西。——人们学习写出色的东西比学习写简单容易的东西学得更快。其原因迷失在道德领域之中。

149

塞巴斯蒂安·巴赫。——只要你**不是**作为完美的、精明的对位法专家和作为各种赋格曲的谱曲风格的专家来听巴赫的音乐,并因此必然放弃真正的艺术享受,那么我们作为他的音乐听众就会感觉(用歌德的豪言壮语来说就是)好像我们正在**像上帝一样创造世界**。也就是说:我们感觉在这里有某种伟大的东西正在生成但是还不存在:我们**伟大**的现代音乐。它已经通过征服教会、征服各个民族、征服对位法而征服了世界。在巴赫身上仍然有太多生硬的基督教特点、德国特点以及经院哲学特征;他站在欧洲(现代)音乐的门槛上,却从这里回头去看中世纪。

150

亨德尔。——亨德尔在创造他的音乐时大胆、求新、真实、有力,致力于一个**民族**能够做到的英雄主义。——在创作中经常变得拘束、冷漠,甚至厌倦自己;这时他就运用一些经过考验的手法,写得很快很多,并在完成时很快活——但不是像上帝和其他创造者在他们的工作日之夜曾有的那种快活。

151

海顿。——只要天才能够和一个不折不扣的**好人**相联系,海顿就拥有这种天才。他正好达到道德为理智划定的界限,他纯粹是在创作"没有过去"的音乐。

152

贝多芬与莫扎特。——贝多芬的音乐经常显得像是在意外地重新听到被认为早就失传的一曲"音之无辜"时的一种十分激动**思考**,这是关于音乐的音乐。在小巷里的乞丐和孩子们的歌中,在漫游的意大利人的单调旋律中,在小村酒店里或者狂欢节之夜的舞蹈中——就是在那里他发现了他的"旋律":他就像一只蜜蜂一样,通过一会儿在这里一会儿在那里捕捉到一个声音、捕捉到一个短小的解决,从而把这些旋律收集起来。这对他来说是来自"更好的世界"的经过美化的**记忆**:就跟柏拉图关于理念的设想差不多。——莫扎特同他的旋律的关系就完全不是这样：他不是在听音乐时，而是在观察生活中——在观察最活跃的**南欧**生活中找到他的灵感的：他不在意大利时总是梦见那里。

153

宣叙调。——从前宣叙调是干巴巴的；现在我们生活在**湿漉漉的宣叙调**的时代：它掉入水中，波涛随心所欲地将它卷走。

154

"**快乐的**"音乐。——如果我们很长时间缺少音乐，音乐随后就会像沉甸甸的南方酒一样太快速地进入到血液中去，留下一颗被麻醉的、半醒而又嗜睡的灵魂；这尤其是**快乐**的音乐的效果，这种音乐将痛苦和伤害、厌恶和乡思结合起来，逼迫人一而再、再而三地咕嘟咕嘟喝下一切，就好像是在喝加了糖的毒性饮料一样。这时候，欢腾的大厅似乎变狭窄了，光线渐渐暗淡，变得越来越昏暗：最终让人感到好像音乐声传到了监狱里，那里有一个可怜人正在思乡中不能入睡。

155

弗兰茨·舒伯特。——弗兰茨·舒伯特，同其他大音乐家相比之下的一个小小艺术家，却从所有人那里获得了最伟大的音乐**遗产**。他出于好心，大把大把地挥霍这遗产：以至于音乐家们还需要几个世纪的时间来**消耗**他的想法和念头。在他的作品中，我们拥有一个**取之不尽**的发明创造的宝库；其他人将在消耗中获得他们的伟大。——如果我们可以把贝多芬称作一个演奏家的理想听众，那么舒伯特就有权叫做理想的演奏家。

156

最现代的音乐演唱。——音乐中大段的悲剧演唱是通过像基督教想像和希望的那样来模仿**大罪人**的表情而获得其个性的：迈着缓慢的步子，狂热地冥思苦想，在良心的折磨下坐立不安，惊慌失措地逃窜，心醉神迷地谋取，绝望地一动不动……以及一个人有了大罪孽以后的种种典型表现。基督教徒认为所有人都是大罪人，认为他们除了罪孽以外毫无作为，只有在这样一个基督教徒的前提下，把那种演唱风格运用到**所有**音乐上才有道理：就此而言，音乐应该是人类全部所作所为的写照，作为这样的写照，应该不断说大罪人的表情语言。一个不是十足的基督徒而无法理解这种逻辑的听者，在听这样一种演唱的时候当然会惊叫："看在老天爷的分上，罪孽怎么会进入到音乐中来呢？"

157

618　　费利克斯·门德尔松。——费利克斯·门德尔松的音乐属于这样的音乐：它对曾经有过的一切善的事物有着浓厚兴趣：它总是指向背后。它怎么会有许多"面前"、许多未来呢？——但是他究竟**想要**未来吗？他具有一种艺术家中间很少见的美德，那种美德是一种没有附带目的的感激：就连这种美德也总是指向背后。

158

一位艺术之母。——在我们这个怀疑的时代，真正的**虔诚**所包含的几乎是一种野蛮的**野心**英雄主义；狂热地闭上眼睛，弯曲膝盖，已经不够了。下面这种情况难道不可能吗？做所有时代的最后一位恭顺者，这样的野心会成为最后一种天主教堂的音乐之父，就像它曾经是最后一种教堂建筑风格（人们称之为耶稣会风格）之父一样。

159

锁链中的自由——一种王侯的自由。——比较新的音乐家中最后一位像莱奥帕尔迪那样看到美、崇拜美的人，那位不可模仿的波兰人肖邦——他的所有前人晚辈都没有资格要求这样的修饰语——他有像拉斐尔在使用最简单、最传统的色彩时所显示出的那种同样在传统方面的王侯般的高贵——但不是在色彩上，而是在旋律和节奏的传统性上。他让这些传统性被认为是**在礼仪中诞生的**，但是像最自由、最优雅的精灵在这种锁链中玩耍和跳舞一样——而且**不是**在讽刺它们。

160

619　　肖邦的船夫曲。——几乎所有的状态和生活方式都有一个**极乐的**时刻。好的艺术家懂得如何去把它发掘出来。甚至那种海滩上的生活，那种如此无聊、如此肮脏、如此不健康的、在最喧嚣最贪婪的恶棍附近度过的生活,也会有这样的一个时刻——这种极乐的时刻,肖邦让它如此响彻在船夫曲中,以至于甚至神在这时候都渴望在长长的夏夜躺在一条小船上。

161

罗伯特·舒曼。——德国和法国的浪漫主义抒情诗人在19世纪最初1/3时间前后所梦想的那种"小伙子"完全被转化成了歌曲与声音——通过罗伯特·舒曼,这始终感觉自己力量十足的永久的小伙子:当然也有他的音乐,在其中让人想起永久的"老处女"的时刻。

162

戏剧歌手。——"为什么这个乞丐要唱歌?"——他也许不懂得悲叹。——"那他就做对了:但是我们的戏剧歌手,他们悲叹,因为他们不懂得唱歌——他们那样做也对了吗?"

163

戏剧音乐。——对于看不见舞台上发生了什么事情的人来说,戏剧音乐是一种不恰当的东西;就像给一个已经遗失的文本做连续不断的注解是一件不恰当的事情一样。它真正要求在有眼睛的地方也有耳朵;但是因此而施暴于欧忒耳珀①:这可怜的缪斯被要求把她的眼睛和耳朵留在所有其他缪斯也拥有它们的地方。

164

胜利与有理性。——很可惜,甚至在艺术家以他们的作品及其自我辩解挑起的审美之战中,最终起决定作用的也是力,而不是理性。现在全世界都认为是历史事实的是,在同皮契尼的斗争中,格鲁克是**有理**的:总之是他**胜利**了,力量在他的一边。

165

关于音乐演唱的原则。——现在的音乐演唱艺术家真的相信他们艺术的最高信条是尽可能多地给每一个段子以**深浮雕的**效果,并让它不惜

---

① 缪斯之一,主管音乐和抒情诗的女神。

一切代价地说出一种**戏剧**语言来吗？例如在用到莫扎特身上时，这难道不是地地道道的一种反对精神，反对莫扎特的快乐、开朗、温柔、漫不经心的精神的罪孽吗？莫扎特的认真是一种善良的而不是可怕的认真，他的图像不想要从墙上跳下来追赶惊逃中的观众。要不你们认为莫扎特的音乐和"石头客的音乐"是同样意思吗？你们认为不仅是莫扎特的音乐，而且所有音乐都是这样吗？——可你们回答说，你们有较大的**效果**来替你们的原则说话——而你们也许是对的，假如没有人问相反的问题的话！这相反的问题便是：是**对谁**产生效果？一个高尚的艺术家究竟是**应该想要**对谁产生效果？绝不是对大众！绝不是对不成熟的人！绝不是对感伤的人！绝不是对病态的人！但尤其是：不是对麻木迟钝的人！

166

今天的音乐。——这种最现代的音乐，有着强健的肺和衰弱的神经，总是首先被它自己吓一跳。

167

在音乐有自己家园的地方。——音乐只有在不能或不可以讨论的人当中才获得其最大的力量。因而它的促进者首先是那些不要在自己周围有许多批评甚至有许多思想的王侯；然后是那些在某一种压力（一种王侯或宗教压力）下不得不习惯于沉默但是寻求摆脱感情无聊的格外强烈的符咒（通常是永恒的热恋和永恒的音乐）的社会；最后是没有"社会"但是有着格外多的个人的所有民族，这些个人都有一种孤独倾向，一种趋向于朦胧思想的倾向，一种趋向于尊敬所有无法形容事物的倾向：这是真正的音乐之魂。——希腊人，作为一个健谈而又好斗的民族，只是将音乐作为那些真正可以让人争论和谈论的艺术的**配菜**来忍受的：而关于音乐则几乎没有清楚地**思考**过。——那些在许多方面都是希腊人的例外的毕达哥拉斯派学者据说也是伟大的音乐家：那些发明了五年沉默但是**没有**发明辩证法的人。

168

音乐中的感伤。——人们还是如此喜欢严肃而丰富的音乐，而在个别时刻，人们也许会格外多地被与其相反的东西所征服、所陶醉，甚至所融化；我指的是被那些最简单的意大利歌剧花腔，尽管这些花腔具有所有那些节奏上的单调与和谐的稚气，有时却似乎像音乐之魂本身一样向我们歌唱。不管你们承认与否，你们这些高雅的法利赛人：就**是**这样的，而现在对我来说重要的是放弃这个如此这般的谜，让人去猜测吧，我自己也反复做一点猜测。当我们还是孩子的时候，我们第一次品尝了许多事物中像鲜蜂蜜一样的东西，绝不会再有那么好的蜂蜜了，它诱惑我们去生活，生活得最长，以第一个春天的形式、最初的鲜花的形式、最初的蝴蝶的形式、最初的友谊的形式，当时——也许是在我们生命中的第九个年头左右——我们听到最初的音乐，那是我们首先**理解**的音乐，因而是最简单、最稚气的音乐，比奶妈唱歌时的添油加醋与行吟诗人式的扩充内容强不到哪里去。（因为人们不得不首先为艺术最微不足道的"揭示"做好**准备**，并且**硬记**下来：根本没有艺术的"直接"效果，无论哲学家们把它编造得多么美好）当我们听到那些意大利花腔时，同那些最初对音乐的陶醉——我们生活中最强烈的陶醉——相联系的是我们的感觉：孩子的快乐与童年的丧失，那种对于最无法挽回的东西即最宝贵财富的感觉——这如此强烈地拨动了我们灵魂的心弦，以至于当前最丰富、最严肃的艺术是无法单独达到这种强烈程度的。——这种审美快感与一种道德忧虑的混合，现在人们通常称之为"感伤"，我似乎觉得有点太盛气凌人——这是作品第一场结束时的浮士德情绪——这种听众的"感伤"对意大利音乐有好处，要不然那些有经验的艺术鉴赏大师以及那些纯粹的"美学家"会喜欢无视这种音乐。——此外，几乎每一种音乐都是从我们听到我们自己**过去**的语言出自它那里而说话的时候才产生**魔术**效应的：就此而言，所有的**古老**音乐对于外行来说似乎都是变得越来越好，而所有刚诞生的音乐则没有什么价值：因为它们还没有激起"感伤"，已经说过，这种情绪对于每一个能不纯粹作为艺术家而喜欢这种艺术的人来说，是音乐的最基本的快乐因素。

169

作为音乐的朋友。——最终我们对音乐有好感，就像我们对月光有好感一样。两者毕竟都不想要排斥太阳——它们只想要尽可能照亮我们的**黑夜**。可不是吗？尽管如此，我们还是可以戏弄嘲笑它们吗？而且时不时地嘲笑它们吗？至少可以有一点点嘲笑它们吗？嘲笑那月中的男人！嘲笑那音乐中的女人！

170

劳动时代的艺术。——我们有一个**勤奋**时代的良心：这良心不允许我们把最好的时刻和早晨给予艺术，即使这种艺术本身是最伟大、最有价值的。这种艺术在我们看来是休闲的问题和休息的问题：我们把我们**剩余**的时间和剩余的力量贡献给它。——这是最普通的事实，通过这事实，艺术同生活的关系改变了：当它对艺术接受者提出**宏伟**的时间要求和力量要求时，它用勤奋者和有才能者的良心来**反对**自己，它被规定面向无良心者与懒散者，但是按照他们的天性，这些无良心者与懒散者恰恰不喜欢**宏伟**的艺术，他们把它的要求感受为狂妄。因此它就会完蛋，因为它没有空气和自由的呼吸：或者——宏伟的艺术尝试在一种粗糙化和乔装打扮中、在那另一种空气中找到家园（至少在其中坚持下去），这种空气原本只是对于**小艺术**、对于休息的艺术、对于轻松愉快的消遣艺术来说是自然因素。这种情况现在到处都有；甚至宏伟艺术的艺术家也许诺休息和消遣，他们甚至求助于精疲力竭者，还请他们拿出他们工作日的晚上时间——就像那些给人消遣的艺术家，他们满足于针对额头上沉甸甸的严肃表情和下垂的目光来赢得一种胜利。那么他们比较伟大的同志们用的是什么诀窍呢？这些人在自己的盒子里装了最强有力的兴奋剂，用了这些兴奋剂，就连半死的人都必然会吓一跳；他们会让你陶醉、麻痹、震颤、泪流不止：他们以这些东西来征服精疲力竭者，把他们带入到一种彻夜不眠的过度兴奋状态中，在狂喜和惊愕中不知所措。由于其手段的危险性，由于那种现在作为歌剧、悲剧、音乐而生存的宏伟艺术的危险性，人们可以愤怒地将它视为恶毒的有罪者吗？肯定不能：它自己百倍地宁愿生活在清晨宁静的纯净环境中，诉诸听众与观众期待中的清新的、充满力量的清晨灵魂。让我们感谢它优先考虑如此来生活，而不是逃遁：但是让我们也承认，对于一个有一天将重新把自由丰富的节庆欢乐日子带入到生活中来的时代来说，**我们的**宏伟艺术将是无用的。

171

科学职员与其他人。——真正能干而又有成果的学者，我们可以统称为"职员"。当他们在年轻时代充分运用他们的洞察力、丰富他们的记忆的时候，当手和眼都有了确切把握的时候，他们就由一个较老的学者指引着走上科学岗位，在那里，他们的素质能够带来好处；后来，在他们自己获得了洞察力并能够看到他们的科学中的各种有缺陷、有毛病的地方以后，他们就自己投身到急需他们的地方去。这些人统统都是为了科学的缘故而存在的。但是有一些比较罕见、很少成功、完全合格的人，"因为他们的缘故科学才存在"——至少对他们自己来说是这样的；他们经常是不舒服的、自负的、固执的然而在某种程度上又始终是有魔力的人。他们不是职员，也不是雇主，他们利用被职员们挣得和确保的东西，以某种王侯般的泰然自若，连赞美一声都很难得：几乎就好像那些职员们属于一种下等人。而他们有的不过是和别人一样的素质，可别人却出类拔萃，而他们有时还没有对这素质有足够的开发。此外，他们有一种那些人所没有的他们自己固有的**限制**，因为这些限制，就不可能将他们放到一个岗位上，不可能在他们身上看到可以充当有用工具的地方——他们只能**在他们自己的空气中**，在他们自己的土地上生活。这种限制给他们注入了一门科学中"属于他们"的一切，也就是说，他们可以拿回到他们的空气和家园中的一切；他们总是误以为是在收集自己分散的"财富"。如果人们阻止他们建设自己的巢穴，他们就会像无家可归的鸟一样死去；不自由对他们来说就是肺结核。如果他们以那些其他人的方式来耕耘个别的科学领域，那么这就始终只是这样一些他们自己需要的果实和种子在那里繁茂生长的领域；那么，从整体来看，科学是否有未种植过的或耕耘得很糟糕的领域，跟他们有什么相干呢？他们在知识问题上没有任何一种**非个人的**兴趣，就像他们自己是彻头彻尾的个人一样，他们所有的洞察力和知识又会重新紧密结合到某个个人身上，结合到一种活生生的多样性上，其个别部分互相依赖、互相牵制，获取共同的营养，而作为整体它又有一种自己的空气和一种自己的气息。——这样的人以他们的这种**个人的**知识构成物产生出那种**幻觉**：一门科学（或者干脆整个哲学）已经完成，目标已经达到；在其构成物中的**生活**施行这种魔法：作为魔幻，它有时候对科学是灾难性的，对于那种刚才描述过的、真正能干的思想工作者来说是误导的；而另一方面，在乏味和疲惫占上风的其他时候，它就像一种提神饮料，像一个清凉爽快的休憩地的气息一样发生效应。——人们通常把这样的人称为**哲学家**。

172

对才能的认可。——当我走过 S 村庄的时候，一个男孩用尽全身力气抽响鞭子——他已经深为精通这门艺术，并且知道这一点。我向他投去一个认可的目光——其实我感到**非常痛苦**。——我们在认可许多才能的时候都会这样。当它们引起我们痛苦的时候，我们还要让他们感到舒服。

173

笑和微笑。——精神上变得越是快活、越是靠得住，人们就越是忘记放声大笑；与此相反，他们脸上不断涌现出精神的微笑，这是他们对美好生活所藏匿的无数舒适感到惊讶的一种标志。

174

病人的消遣。——就像人们在内心忧虑时尽抓自己的头发、拍自己的脑门、拧自己的脸颊，或者干脆就像俄狄浦斯刺瞎自己的眼睛一样，人们在经历强烈的肉体痛苦时，往往会求助于强烈的怨恨感：回想那些诽谤我们、怀疑我们的人，把我们的未来想得一团漆黑，恶意地在想像中朝不在场者刺去一把匕首。偶尔这也是符合实际情况的：一个魔鬼赶走了另一个魔鬼——可是我们这时候还是**留下**了一个魔鬼。——因此，倒不如给病人推荐那另一种似乎可以缓解痛苦的消遣：考虑一下能否给朋友和敌人都作出善举，表示出殷勤。

175

作为面具的中庸。——中庸是占优势的人可以戴的最出色的面具，因为它不让大多数人即中庸者，想到戴面具的问题——而正是为了他们的缘故他才戴上面具的——为了不刺激**他们**，甚至往往是出于同情和仁慈。

176

耐心者。——松树似乎在倾听，枞树似乎在等待；而两者都没有不耐烦——它们不想一想它们下面那个小人，他的不耐烦和他的好奇心正在吞噬着他。

177

最好的玩笑。——对我来说，取代一种沉重的不无疑虑的思想、同时作为手指和眼睛的示意的玩笑最受欢迎。

178

一切尊敬的附属物。——在往昔受到尊敬的无论什么地方，人们都不应该让清洁和清洁者进入。虔诚没有一点灰尘、垃圾、污垢就会变得不舒服。

179

学者的大危险。——正是最有能耐、最全面的学者处于这样的危险中：看到他们的生活目标被定得越来越低；处于这样的感觉中：感到在他们的后半生中情绪越来越坏、越来越难以忍受。首先，他们满怀希望地游入科学中，分配给自己比较大胆的任务，其目标有时已通过他们的想像预先看到了；然后有这样一些时刻，就像在伟大的航海探险家生活中发生的情况一样——知识、预感、力量，相互提升得越来越高，直到一个遥远的新海岸第一次在眼前渐渐出现。但是，现在严格的人逐年地越来越认识到，研究者的个别任务应该尽可能地加以限定，以便**毫无保留地**将它解决掉，以避免早期科学为之所苦的那种对力量的难以忍受的挥霍；所有工作都以十分的努力去做，然后第十一分的努力总还是会有关键的、最佳的成绩。但是，学者越是毫无保留地了解、实施这种解谜方式，他对此的乐趣就会变得越大；而他对于这里称之为"毫无保留"的东西的要求上的严格性也同样会增加。他把在此意义上必然仍不完美的一切置于一边，他获得了一种对只有一半可解答的问题的反感和一种对此的嗅觉——只有在整体上和比较不确定的意义上才能产生出一种确定性的一切。他的青年时代的计划在他眼前瓦解了：其中几乎没有剩下几个大小结子，这位大师现在有兴趣来把它们解开，来显示他的本事。而这时，正在这如此有用、如此不安的活动当中，突然有一种深深的不快、一种良心的折磨向他袭来，向这个日益见老的人袭来，然后又更加经常地一再袭来：他朝自己看，就像看一个变形的人，好像他变小了、变矮了，被造就成了精通技艺的**侏儒**，他对此感到不安：是否精于小事就是一种懒散、一种逃避，免得别人提醒你注意生活的伟大和创造的伟大呢？可是他不可能**过得去**——已经没有时间了。

180

图书时代的教师。——由于自我教育和四海之内皆兄弟的教育变得更加普遍，现在通常形式的教师几乎必然成为多余。想要共同获得知识的好学的朋友们在我们这个图书时代找到了比"学校"和"教师"更短、更自然的捷径。

181

可以派大用场的虚荣。——原来强有力的个人不仅把自然，而且把社会和弱小的个人当作掠夺开发的对象来对待：他尽可能多地利用它们，然后不断这样做下去。因为他生活得很不稳定，摇摆于饥饿和剩余之间，于是他就杀死更多的动物，超过了他的消耗能力；更多地虐待别人，超过了必要的程度。他的力量显示是一种同时针对他的痛苦状态和恐惧状态的报复表示，然后他要在别人眼里显得比他的实际情况更强大，因此他就滥用机会：他所引起的恐惧的增长就是他力量增长的显示。他成熟地注意到，不是他**实际**是什么，而是他**被看成**什么在支撑着他，或者把他打倒在地：这就是**虚荣**的起源。强大的人不择手段地试图让人更加**相信他的力量**。在他面前颤抖并为他服务的臣仆自己知道自己的确切价值，恰恰和他们**在他眼里**的价值相一致：所以他们是为这样的效果，而不是为他们自己的自我满足努力工作的。我们只是在最弱化的形式中，在已经升华和小剂量的情况下认识虚荣的，因为我们在一种后期的缓和的社会状态中生活：原先它可以派**大用场**，是最强有力的保护手段。而个人越聪明，虚荣心就越大：因为让人更加相信你有力量，比你扩展力量本身更容易，但只是对有思想的人而言——或者，像用于原始状态必然有的那种说法：对那些**狡猾的**、**诡计多端的**人而言。

182

文化气候的征兆。——有决定性意义的文化气候的征兆这么少，以至于如果我们手中只掌握着**一个**可以可靠地用于我们的房子和花园的征兆，我们就一定会很高兴。为了检验某个人是否是我们中间的一员——我指的是是否属于自由精灵之列——我们就测试他对基督教的感情。如果他不是对它采取**批判**态度，那我们就转过身去不理他：他给我们带来了不干净的空气和坏天气。——**我们的**任务不再是教这样的人什么是西罗科风，他们有摩西和气候预言家及启蒙预言家：他们不愿意听这些，所以——

183

发怒与惩罚有其自己的时代。——发怒与惩罚是我们从动物世界得到的礼物。只有当人类把这生日礼物还给动物的时候，人类才成熟起来。——在这里掩藏着人类可能有的最伟大的思想之一，关于一种一切进步中的进步的思考。——让我们共同前进几千年，我的朋友们！人类还有资格得到非常多的快乐，现在的人对此连气味都没有闻到！而我们可以向自己保证有这种快乐，甚至是作为某种必然的东西来预告和发誓，只要人类的理性发展**不停止**下来就行！有一天，我们将**不再忍心**犯隐藏在以个人方式或是社会方式实现的发怒与惩罚中的**逻辑**错误：有一天，当心与脑学会相互间如此紧密地相处，就像它们现在还相互离得很遥远一样。看一眼人类的总体进程，就可以相当明显地看到，心与脑已**不再**像原先那样离得**那么遥远**了；不得不全面掌握一生中内心活动的个人，将会骄傲而愉快地意识到所克服的距离、所实现的接近，从而可以冒风险怀有更大的希望。

184

"悲观主义者"的来源。——一点点好吃的东西往往决定我们是以空洞的目光还是充满希望地展望未来：可以一直伸展到最高、最精神的领域。现在的一代从以前的穷光蛋那里**继承**了不满和对世界看法的一片黑暗。人们也经常注意到我们的艺术家和诗人,尽管他们自己生活得也还快活,但是他们没有好的出身,有些作为他们作品题材和作品中讲究的色彩而重新可以见到的东西,是他们从生活在压迫和营养不良中的祖先那里得到的。希腊人的文化是富有者的文化,而且是古老富有者的文化:他们整整几百年都比我们生活得**更好**(从任何意义上讲都生活得更好,尤其在饮食上要简单得多);最终他们的大脑变得既丰富又细致,血液就像一种有鲜亮色彩的葡萄酒,令人快活地快速流过,以至于在他们那里,好的和最好的东西不再忧郁地、陶醉地、强行地,而是美好地、充满阳光地涌现出来。

185

关于合理的死亡。——当人们要求机器做的工作完成了的时候,让机器停下来;或是让它继续转动,直到它自己停下来,也就是说,直到它坏掉为止,这两者哪一个更合乎理性呢?后者不是对维修费用的一种浪费、对力能和操纵机器者的注意力的一种滥用吗?别处非常需要的东西,在这里不是被扔掉了吗?一种对机器的蔑视会由于许多机器被如此无用地维护着、操纵着而普遍传播吗?——我谈论的是无意中的(自然的)死亡和有意的(合理的)死亡的问题。自然的死亡是独立于所有理性的真正**不合理**的死亡,遇到这样的死亡时,可怜的外壳材料决定了核心可以存在多久,也就是说,遇到这样的死亡时,正是失去生活乐趣的、往往病态的、迟钝的狱卒有权决定他的尊贵的囚犯该在哪个时刻死。自然的死亡是自然的自杀,也就是说,被束缚于理性存在物中的非理性事物对理性存在物的消灭。只有用宗教观点来阐明,才会出现相反的情况:因为这时候,更高的(上帝)理性很公平地发出较低的理性不得不服从的命令。除了宗教思想方式以外,自然的死亡是不值得赞美的。——关于死亡的明智安排和规定属于那种现在完全无法理解、听起来不道德的未来道德范畴,而朝这种未来道德看一眼,也必然是一种无法描述的幸福。

186

复原。——所有罪犯都强迫社会回到比文化现在正处于的阶段更早的文化阶段上去：他们起着复原的作用。你想一想社会为了自卫而不得不为自己创造和维护的工具：想一想狡猾的警察、狱卒、刽子手；你不会忘记公诉人和辩护律师；最终你会自问，法官本身、惩罚以及整个法院程序，在其对不是罪犯的人所产生的影响中是否更是一种大为压抑的现象而不是令人振奋的现象；给防卫和复仇披上无辜的外衣是绝不会成功的；而我们如此经常地把人类利用为达到社会目的的手段而加以牺牲，整个更高的人性为此而悲哀。

187

作为医疗手段的战争。——对于变得衰弱和可怜的民族来说，战争可以作为医疗手段加以推荐，也就是说，万一他们还想要继续活下去的话：因为对于民族的肺结核来说，也有一种野蛮疗法。可是，永远活下去的愿望和不死的能力本身就已经是感觉上老态龙钟的一种标志：一个人活得越充实、越出色，他就越迅速地准备为一种惟一的好感觉献出生命——一个如此生活和感觉的民族是不需要战争的。

188

作为医疗手段的精神移植与肉体移植。——不同的**文化**是不同的精神气候，其中每一种气候都特别有害于或有益于这样那样的机体。整个历史，作为关于不同文化的知识，是药理学，而不是关于医疗技术的科学本身。医生当然还是很需要的，他利用这种药理学把每个人都送到正是对该人有利的气候中去——暂时或者永远。生活在现在，在一种惟一的文化范围内，这种文化不足以充当普遍的处方，在这中间，会有太多最为有用的那些种类的人绝种，这些人在这样的文化中不能健康地呼吸。我们必须借助历史来给他们造就**空气**，并试图保存他们；落后文化的人也借此拥有他们的价值。——人类在肉体关系中不得不争取通过一种医学地理学来搞清楚，地球的各个地区给了什么样的蜕变和疾病以机会；反过来讲，各个地区又提供了什么样的医疗因素，这对精神疗法是有帮助的，然后渐渐地，各民族、家庭、个人不得不如此长久地、如此持续不断地被移植，直到人们控制了天生的生理缺陷。整个地球最终将成为一个健康中转站的总和。

189

人性之树与理性。——你们在老耄之年的短视中所害怕的地球上的人口过剩,恰恰将伟大的使命交到了比较满怀希望的人手中:人类有一天应该成为一棵其树荫遮蔽整个地球的大树,开着几十亿朵鲜花,这些鲜花全都会成为一个个互相挨着的果子,而地球本身则准备好变成这棵大树的营养。现在**尚小的**萌芽为此增加了汁液和活力,汁液在无数渠道中循环流动,滋养着整体和个体——看一个现在的人是否有用的**标准**就是从诸如此类的使命中推断出来的。这项使命极其伟大、极其冒险:我们大家都要留意不让大树过早腐朽!历史无疑成功地在时间整体中将人类行为和人类活动放到自己面前,就像蚂蚁行为以其艺术性地层叠起来的蚂蚁堆呈现在我们大家眼前一样。从表面上来判断,整个人类行为甚至像蚂蚁行为一样会让人想起"本能"。经过更严格的检验我们发现,所有的民族在所有的世纪都在尽力找出新的手段,尽力**检验**用什么方法我们才能有益于一个伟大的人类整体,并最终有益于整个人类的大果树;无论个人、民族、时代在这种检验中遭受到什么样的损失,个人每次都由于这样的损失而变得聪明起来,从他们那里出发,智慧慢慢流入到各个民族、各个时代的准则中。甚至蚂蚁也会犯错误;人类也完全可能由于手段的愚蠢而腐朽、而过早枯萎,既没有一种对那个人来说肯定举足轻重的本能,也没有一种对这个人来说肯定举足轻重的本能。应该说,我们不得不**正视**这项伟大的使命,为能生产最伟大、最令人愉快的果实的植物**准备**好土壤——一项为理性而理性的使命。

190

对无私者的赞美及其原因。——两个当邻居的酋长多年来都处于争执之中:他们互相毁坏秧苗,牵走牧群,烧毁房屋,但却没有取得整体上有决定性的成果,因为他们几乎势均力敌。有一个第三者,由于其庄园的隔离状态而可以和这种争执保持很远的距离,可是他也害怕有一天这两个好斗的邻居之间会有一个占决定性优势,终于他友好而隆重地来到争执者之间,暗地里他在他的和平建议上放了一个沉重的砝码,他让每个人都明白,他今后要同另一个人联合起来与那个反对和平的人作对。

两个酋长一起来到他跟前，犹豫不决地将手放到他的手中，而他们的手以前却是工具，而且往往是仇恨的原因——确确实实，他们是认真的，试着看看和平能否行得通。每个人都惊奇地看到，不知为何在突然之间，自己变富裕了，变舒适了；自己的邻居现在也变成了一个很愿意做买卖的商人，而不是一个恶狠狠的、公开嘲弄人的作恶者；甚至在未可预见的困境中，他们能互相把对方拽出困境，而不是像一直以来发生的情况那样，利用邻居的困境并将这种困境推向极端。确实，就好像从那以后，两个领地里的人类变美好了：因为眼睛变明亮了，眉头舒展了，大家都拥有了对未来的信赖——而没有什么比这种信赖更有益于人类身心的了。每年大家都在缔盟那天重逢，包括酋长以及他们的手下，而且当着调解者的面：他的行为方式越是被大家认为有好处，而且好处越大，大家就越是赞叹它、敬重它。大家称它为**无私**——大家把目光过于牢牢地盯着他们自己的一时收获到的好处，所以只能从邻居的行为方式中看到邻居的状况由于其行为方式的结果而没有像自己的状态那样发生了那么大的变化：他的状况更是保留了老样子，所以似乎他没有把好处放在眼里。大家第一次对自己说，无私是一种美德；当然，相似的事情也许在他们那里也经常小规模地暗中发生过，但是只有当这种美德第一次被以十分大的字体涂在墙上，整个集体都看得清楚的时候，大家才会注意到它。各种道德品质只有在**明显**决定整个社会的幸福和关系的那一刻起，才被承认为美德，才有名分，才得到珍视，才会有人劝你去养成它们：因为这时候在**许多人**那里，感觉达到了如此高的高度，内在的创造力被激发到如此大的程度，以至于大家都把自己拥有的最好的东西馈赠给这样的品质。认真的人把自己的认真献给它；尊贵的人把自己的尊贵献给它；妇女把自己的温柔献给它；年轻人把他们秉性中所有充满希望、憧憬未来的东西献给它；诗人借给它言辞与名分，将它编入相似秉性的圆圈舞蹈中，赋予它一个家谱，最终像艺术家的做事方式那样，将想像的产物作为新的神明来朝拜——他**教**你如何朝拜它。于是，由于所有人的爱和感激都倾注于一种美德，就像倾注于一根柱形立像一样，这种美德最终就变成了善与值得尊敬的东西的**集合体**，一种圣殿，同时也是神圣的个人。从此以后，它作为惟一的美德、作为一种它直到那时尚不是的那种自为的秉性而存在，并行使一种神圣化的超人的权利和权力。——在古希腊后期，城市里充满了这种神人化的抽象物（人们为了这种奇特的概念而原谅了这个奇特的词）；人们以自己的方式在地球上建立了一个柏拉图式的"理念天堂"，我不相信其中的居民会被感到不如古代荷马的神明那样生气勃勃。

191

黑暗时期。——人们把在挪威太阳整天都待在地平线以下的时期称为"黑暗时期"：这期间温度不断地慢慢下降。——这是一个很好的比喻，来说明所有那些暂时失去了人类未来阳光的思想家。

192

耽于享乐的哲学家。——一个小花园、一些无花果、一些小奶酪，再加上三四个好朋友——这就是伊壁鸠鲁式的那种耽于享乐。

193

生命的时期。——生命中真正的时期是那些介于一种主导思想或感觉的上升和下降之间的那些短暂的静止时期。在这里，再一次有了**满足**：其他的一切都是饥渴——或者厌倦。

194

梦。——我们的梦，如果有一天例外地成功并变得完美——通常梦是一种敷衍了事的作品，它们就是取代一种叙事诗人语言的象征性场景链条和图像链条，它们诗人一般大胆而明确地改写我们的经历、期待或状况，以至于到了第二天早晨，当我们回忆我们的梦境时，我们总是对自己感到惊讶。我们在梦中消耗掉太多的艺术才华——因此白天里往往在这方面太贫乏。

195

自然与科学。——完全像在自然中一样，在科学中也是那些比较差的、不肥沃的区域被首先种植好——因为在这些区域，**发展中**的科学的手段差不多就足够了。在最肥沃的地区进行耕作，其前提是要有大量细心开发出来的方法,有已经获得的个别成果和一群有组织的受过良好训练的工人——这一切很晚才汇集起来。——不耐烦和野心往往过早地去抓取那些最肥沃的地区,可是这时候结果等于零。在自然中,这样的尝试会通过饿死垦殖者来为自己复仇。

196

简单地生活。——找到一种简单的生活方式现在很困难,为此需要甚至比非常聪明的人还拥有更多得多的深思和发明才华的人。他们当中最诚实的人也许还会说:"我没有时间如此长久地来思考这样的问题,简单的生活方式对我来说是一个太高的目标,我要等到比我更聪明的人来找到它。"

197

大高峰与小高峰。——最高级、最有修养的人以及属于他们的阶级的较弱的繁殖力,他们经常性的独身生活及普遍的性冷淡,这在人类经济学中是很重要的;理性承认并利用这样的事实,即在精神发展最远的一点上,造成**一种神经质的**子孙后代的危险非常之大:这样的人是人类的**高峰**——他们不可以进一步走向小高峰。

198

自然从不跳跃。——无论人类如何强有力地不断进化,似乎从一个对立面跃入另一个对立面,但是通过较精确的观察你都会发现新的结构从较老的结构中生长出来的新旧**衔接之处**。这是生物学家的使命:他必须按照生命法则想到,自然从不跳跃。

199

虽然很干净。——穿着洗干净的破烂衣服的人穿得虽然很干净,但是却衣衫褴褛。

200

孤独者说。——作为对许多厌烦、不快、无聊——这一切必然带来一种没有朋友、没有书籍、没有义务、没有激情的孤独——的补偿,我们收获了那1/4的时间,最深入地进入到自我和自然中去。充分提防无聊的人也提防他自己：他绝不会从自己最内心的源泉中喝到最清醇的清凉饮料。

201

虚假的名声。——我恨那种所谓的自然美，它归根结底只是通过知识，尤其是通过地理知识才具有一点意义，可是其本身却没有让渴望美的感官得到满足：例如从日内瓦看到的勃朗峰的景观——一种没有意义的东西，除非有知识急速帮助大脑获得的愉悦；那里比较靠近我们的山全都更美，更富于表现力——"可是，远没有那么高"，那种荒唐的知识会这样添上一句，目的是要贬损它们。在这当中，眼睛会反驳知识：可它如何能在这种反驳中真正感到快乐呢？

202

寻求消遣的旅游者。——他们像动物一样爬到山顶，愚蠢而又大汗淋漓；人们忘记了对他们说，一路上都有美丽的景色。

203

太多与太少。——现在人们都经历得太多，深思熟虑得太少：他们得了善饥症，同时又得了肠绞痛，因此变得越来越瘦，尽管他们吃得那么多。——现在说"我什么也没经历过"的人是一个笨蛋。

204

终结与目标。——并非每一个终结都是目标。旋律的终结不是其目标；可是尽管如此，如果旋律没有达到终结处，那么它也没有达到它的目标。一个比喻。

205

大自然的中性。——大自然的中性（在山上、在海里、在森林和沙漠中）让人高兴，但只有一段很短的时间，然后我们就变得不耐烦起来。"这些事物根本不愿意**对我们**说些什么吗？**我们**不是为它们而存在的吗？"于是产生出一种亵渎人类之君罪（crimen laesae majestatis humanae）的感觉。

206

忘记了意图。——人们在旅行中通常忘记了旅行的目的。几乎每种职业都被挑选、被着手作为达到一种目的的手段，但是却作为最终目的而被继续下去。忘记了意图，这是最经常犯的愚蠢。

207

观念的黄道。——当一种观念刚在地平线上升起时，心灵的温度通常很低。观念只是逐渐显示出它的热量，当对观念的信念已经重新下降时，它才是最热的（也就是说，它发挥出它的最大效果）。

208

如何让大家都反对你。——如果现在有人敢于说："不支持我的人，就是反对我的人"，那么他马上就会让大家都反对自己。——这种感觉为我们的时代带来光荣。

209

为财富感到耻辱。——我们的时代只容忍惟一的一种富人，即为其财富**感到耻辱**的人。如果你听说某人"很富有"，你立刻就会有一种类似于在看到一种令人恶心的肿胀疾病、一种肥胖症或水肿时的感觉，你不得不强迫自己想起自己的人性，以便能同这样一个富人打交道时而不让他察觉到你的任何厌恶感。可是，一旦他竟然对自己的财富感到自豪，那么我们的感觉就会与一种对人类居然有这么高程度的非理性而几乎同情地表示出的惊讶混合在一起：以至于你想要朝苍天举起双手，喊道："可怜的毁容者、负担过重者、百倍的受束缚者，每个小时都给你带来**或能**给你**带来**令人不快的东西，20 个民族的**任何一个**事件都会在你的四肢中引起颤抖，你怎么可以让我们相信你在你的状况中感觉很舒服呢？如果你在任何地方公开露面，那我们就知道，这是一种赤背遭受的夹道鞭挞，完全处于对你只怀有冰冷仇恨或强求或沉默讽刺的目光之下。你的收获也许比别人的收获更容易一些，可是这是一种多余的收获，很少带来快乐，而**保存**所有获得的东西**现在**无论如何是一件比任何一种非常辛苦的收获更辛苦的事情。你**不断**痛苦，因为你不断失去。你总是有新的

644　人造血输入，这对你有多好，因此架在你脖子上、不断架在你脖子上的放血器也同样让你感到痛苦！——可是，公平地来说，你很难，也许不可能**不**变富，你**不得不**保存，**不得不**有新的获取，你本性中继承的习气就是套在你身上的**桎梏**——可是不要因此而欺骗我们，诚实地、明显地为你套上的桎梏感到**耻辱**，因为在你的心灵深处，你感到厌倦，不愿意套着它。这种耻辱不伤害你的外表。"

210

　　狂妄中的不着边际。——有一些人如此狂妄，以至于他们不懂得用别的方法来称赞他们公开赞美的一种伟大，只是把它描绘成**他们**的预备阶段和通向**他们**的桥梁。

211

　　在耻辱的基础上。——想要使人们摆脱一种观念的人，通常不遗余力地反驳它，挑出其中不合逻辑的毛虫，更有甚者，在毛虫杀死以后，他还是把整个果子扔到了**粪便**里，为的是使它在人们眼里显得不干净，引起人们对它的厌恶。于是他相信找到了使在被反驳的观念中经常有的"在第三天复活"的情况不可能发生的手段。他搞错了，因为恰恰是在**耻辱的基础上**，在污秽中间，观念的果核迅速长出了新芽——。所以，不要嘲笑，不要玷污你最终想要清除掉的东西，而是敬重地把它**放在冰上**，考虑到观念有着十分顽强的生命力，就要一而再、再而三地放。在这里你就得按照这样的准则行事："一次反驳不是反驳。"

212

645　摆脱道德。——既然精神的束缚减少了，道德（继承来的、流传下来的、本能的、**按照道德感行事**的行为方式）肯定也同样下降了：但不是个别的德行、节制、公正、安详——因为有意识的心灵的最大自由有一天会在无意中通到它们那里去，然后加以推荐，说它们是有用的。

213

　　狂热的怀疑者及其保证。——**老人**：你想要冒巨大的风险，大规模地教育人类，你的保证在哪里？——**皮朗**：这就是保证，我要警告人类小心我自己，我要公开坦白我本性中的所有错误，在所有人面前暴露我的仓促、矛盾和愚蠢。我要对你们说，不要听我的，直到我变得像你们当中最微不足道的人一样，而且比他更微不足道；你们要反对真理，只要你们能够做到，那就去反对真理吧！这是出于对真理代言人的厌恶。如果你们发现在我身上还闪烁着最小一点点尊严和尊贵，我就将成为你们的误导者和欺骗者。——**老人**：你许诺太多，你不能承载这种重负。——**皮朗**：所以我也要把这告诉人们，我太弱了，无法信守我的诺言。我越是微不足道，当真理从我嘴里说出来时，人们就越不相信它。——**老人**：那么你是想要成为怀疑真理的教师吗？——**皮朗**：是那种世界上还从来没有过的怀疑，是对所有事物和任何事物的怀疑。这是通向真理的惟一道路。右眼不可以信任左眼，光将有一段时间不得不叫做黑暗：这是你们不得不走的道路。不要相信它将你们带到果树和牧场那里去。你们在这条路上将发现坚硬的小玉米颗粒——这就是真理：你们将不得不在几十年中整把整把地吞吃谎言，为的是不被饿死，尽管你们知道这是谎言。可是那些玉米粒被播种、掩埋，也许，也许有一天会有一个收获的日子：没有人可以**许诺**这一天，除非他是一个狂热的信徒。——**老人**：朋友！朋友！你的话也是狂热信徒的语言呀！——**皮朗**：你说得对！我要怀疑所有的语言。——**老人**：那么你将不得不沉默。——**皮朗**：我将对人说，我不得不沉默，他们应该怀疑我的沉默。——**老人**：那么你退出你的计划了？——**皮朗**：正相反，你刚才指出了我要走的大门。——**老人**：我不知道——我们现在相互之间还充分理解吗？——**皮朗**：也许不。——**老人**：但愿你还充分理解你自己！——**皮朗**转过身，笑了。——**老人**：啊，朋友！沉默和笑——这就是你现在的全部哲学吗？——**皮朗**：这不会是最坏的哲学。——

214

欧洲的书。——相比于读任何一组其他民族的六位作者的书，在读蒙田、拉罗什富科、拉布吕耶尔、丰特奈尔（尤其是《死者的对话》）、沃夫纳格、尚福尔的著作时，我们更接近于古代。通过这六个人，**古老纪元的最后几个世纪的幽灵**复活了——他们在一起构成了仍在延伸的文

647 艺复兴大链条中的重要一环。他们的书超越了民族趣味和哲学色彩的变化，现在通常每一本书都闪烁着并且必然闪烁着这样的哲学色彩，为的是能够出名，它们包含的**真正思想**比德国哲学家加在一起的所有书包含的还要多：造就思想的那种思想，而且——我很难下最后的定义；但是他们对我来说，似乎是既不为孩子，也不为狂热者；既不为少女，也不为基督徒；既不为德国人，也不为——（我又很难结束这份名单了）而写作的作者，这就足够了。——把赞美之词说得明白一点：它们如果是用希腊语写的，希腊人也会明白。另一方面，甚至是柏拉图究竟又**能够**理解多少我们最好的德国思想家的著作呢？例如歌德、叔本华的著作，且不说他们的文风会在他那里引起的反感，也就是说，那种灰暗的东西、夸张的东西，偶尔又是那种干巴单薄的东西——这些缺陷，要说在上述两位身上，是德国思想家当中最少的，可实际上还是太多太多（歌德作为思想家，喜欢拥抱云彩超过了合理的程度，而叔本华则不是不受惩罚地几乎不断漫步在事物的比喻当中，而不是事物本身当中）。但是，在那些法国人那里则是怎样地明明白白，怎样地明确得恰到好处啊！甚至耳朵最好使的希腊人也一定会赞成这种艺术，有一样东西他们甚至会赞叹与崇拜，这就是法国人表达方式的诙谐：他们非常**热爱**这样的东西，尽管这方面并非他们特别的强项。

215

648 时尚与摩登。——在无知、肮脏、迷信盛行的地方，在交通不便、农业贫困、神职人员力量强大的地方，到处都还可以找到**民族服装**。另一方面，在可以找到其对立面的标志的地方，是**时尚**占上风。所以时尚可以在现在欧洲的**美德**旁边被发现：它真的会是其背阴的一面吗？——首先，时髦然而不再是民族服装的**男式**服装这样来谈论穿它的人们：欧洲人既不想作为**个人**，也不想作为**一个阶级、一个民族的成员**出人头地，他故意减少这种虚荣，并使之成为自己的一条法则；然后说，他很勤劳，没有很多时间穿着打扮，他也发现一切料子贵重和褶裥繁多的服装不适合他的工作；最终说，他通过他的服装表明，比较有学问、有教养的职业是他作为欧洲人最接近或愿意最接近的**职业**，而通过那些仍然存在的民族服装、强盗、牧人或士兵作为最可向往的、起示范作用的身份浑身闪闪发光。然后在这种男式时尚的总体性范围内，还有大城市里的年轻人、衣着入时者、游手好闲者，也就是说，**那些作为欧洲人还没有成熟的人**的虚荣造成的那些小变动。——欧洲妇女**还远不是**这样的情况，因此在她们那里，那些变动就要大得多：她们也不想要民族服装，讨厌被从服装上认出是德国人、法国人或俄国人，可是她们非常想要作为个人显得很突出；同样，不应该有人因为她们的服装而怀疑她们是否属于社会上一个较受人尊敬的阶级（属于"优秀的"或"高尚的"或"伟大的"世界），而且她们越不属于或几乎不属于那样的阶级，却越希望偏向这一方面。尤其是年轻女子不想穿年纪较大一点的女人穿的服装，因为她们相信，如果被怀疑年纪较大，她们的价格就要下降；另一方面，只要还可以，年纪较大的妇女就尽可能长久地通过较年轻的服装来骗人。——由于这样的竞争，暂时总是不得不有时尚产生，在这样的时尚那里，真正年轻的东西变得明明白白、变得不可模仿地清晰。如果这些青年女艺术家的创造发明才能有一段时间一直沉湎于这样一种对青春的暴露，或者，让我们说出全部的事实：如果人们再一次向以前的宫廷文化的创造发明才能以及仍然存在的民族的创造发明才能，总而言之，向整个用古怪服装打扮的世界请教，而且比方说，把西班牙人、土耳其人、古希腊人放在一起，以便把美丽的肉体拿到舞台上展示，那么人们最终会一再地发现，人们并不最擅长于自己的长处，为了在男人身上产生效果，用美丽的身体做捉迷藏的游戏比全裸和半裸的诚实更有利；现在趣味和虚荣的车轮再一次朝相反的方向转动：年纪大一点的年轻女子发现，她们的王国已降临，最可爱和最荒唐的创造物之间的竞争重新凶猛起来。可是，女人的内心越丰富，在她们中间越是不再像至今的情况那样，把优先地位给予不成熟的年龄段，她们服装中的这些变化就越小，她们的装饰品也就越简单：关于这种装饰品，你不可以按照仿古的样式，也就是说，不可以按照南国海滨女子的服装标准，而是要考虑到中欧和北欧地区的气候条件，即考虑到欧洲的精神创造和形式创造天才如鱼得水之地的气候条件，来公正地作出判断。——所以，总而言之，恰恰**不是变化着的**

东西，而是**对民族虚荣、社会等级虚荣、个人虚荣的拒绝**，才是**时尚和摩登**的标志，因为变化恰恰是有点落后的东西，表明了尚**不成熟**的男女欧洲人。因此，如果欧洲个别城市和地区为所有其他地方思考服装问题，并且考虑到并非每个人都有形式感而加以创造发明，那么这应该受到表扬，因为这样可以省力省时。例如如果巴黎要求当这个领域里惟一的发明者和创新者，只要那样一些变化还存在，那么这实在也算不得什么太高的野心。如果一个德国人，出于对一个法国城市的这种要求的仇视，要穿着别的样子，例如像阿尔布莱希特·丢勒穿着的那样，那么他就要考虑，他这时候穿着的是一件以前德国人穿的但同样不是德国人发明的服装——**从来没有**一种表明德国人就是德国人的服装。此外，他还应该看到，他穿着这样的服装是什么模样，以及有着所有那些 19 世纪刻印下的纹路和褶皱的真正摩登脑瓜是否会对丢勒的服装提出任何异议。——在这里，"摩登的"和"欧洲的"概念几乎被等同起来，欧洲被理解为比地理上的欧洲——欧洲在面积上只不过相当于亚洲的一个小小的半岛——拥有更多得多的领土；尤其美洲是属于欧洲的，它一般来讲就是我们文化的分支。另一方面，"欧洲"作为文化概念并不包括整个欧洲，而只包括在希腊文化、罗马文化、犹太文化、基督教文化中拥有其共同过去的所有那些民族和民族分支。

216

"德意志美德"。——无可否认，从 18 世纪末以来，一股道德觉醒之流在欧洲流动。只有在那时候，美德才重新变得雄辩起来；它学会找到不是强逼出来的振奋和同情的表情，它不再自我羞涩，想出哲学和诗歌来赞美自己。如果你寻找这股潮流的源头，那你就会首先发现卢梭，不过是那位神秘的卢梭，那位你按照其著作——你几乎可以再次说：其被做了神话般解释的著作——留下的印象、按照他自己给出的示意进行虚构的卢梭（他和他的读者不断致力于这种理想形象）。另一个源头在于斯多葛式的伟大罗马文化的复活，通过这种复活，法国人以最尊贵的方式将文艺复兴的使命继续进行下去。他们从以最辉煌的成功实现的对古代形式的模仿走向对古代性格的模仿：以至于他们作为至今总是将最好的书和最好的人给予现代人类的民族,将永远保持一种权利,要求有最高的荣誉。这双重的榜样力量、神话般的卢梭和那种重新唤起的罗马精神的榜样力量如何影响了较弱的邻居,这尤其在德国可以看到:德国由于其完全不习惯的严肃态度的新振奋和宏大愿望及了不起的自我控制,最终对它自己的新美德感到惊讶,抛出了"德意志美德"的概念,就好像没有什么能比这更原始、更有继承性了。将法国人的那种伟大冲动和道德愿望的意识转到自己身上的那些最初的伟人更诚实,他们不忘感激之情。康德的道德主义是从哪里来的?他一再暗示:是从卢梭和重新唤起的斯多葛式的罗马那里来的。席勒的道德主义有着同样的源泉和对源泉的同样的美化。贝多芬音调中的道德主义是卢梭的永恒的赞歌,是仿古的法国人和席勒的永恒的赞歌。是"德意志青年"首先忘恩负义,在这期间人们甚至去倾听仇视法国的布道士:有一段时期,比别的青年人有着更多德意志意识的那种德意志青年受到了重视。当他们追溯父亲身份的时候,他们当然要考虑到自己接近于席勒,接近于费希特,接近于施莱尔马赫,可是他们的祖父,他们会不得不在巴黎、在日内瓦寻找,而相信曾经相信的东西,这是短视的:即美德不老于 30 岁。当时人们习惯于要求"德国的"一词同时也被理解为美德——直到今天,人们还没有完全把它丢掉。——顺便说一下,那种所谓的道德唤起对于道德现象的**知识**来说,几乎不言而喻地,结果只有不利和倒退。从康德算起的整个德国道德哲学以及它所有的那些法国、英国、意大利的分支和旁支是什么呢?一种对爱尔维修的半神学的谋杀,一种对通过艰难的长期斗争得来的开阔视野和爱尔维修最终充分表示出来的关于正确道路的指点的拒绝。直至今日,爱尔维修都是在德国所有优秀道德家和好人中最受到辱骂的一位。

217

古典的与浪漫的。——具有古典思想的人和具有浪漫思想的人——总是会有这样两种人——总是怀有一种关于未来的幻觉:但是前者出于他们时代的**强大**,后者出于他们时代的**衰弱**。

218

作为教师的机器。——机器在行动中通过自身来教你人群之间的相互啮合技术,在行动中每个人只要做一件事:它教给你组织党派和进行战争的样本。另一方面,它不教你个人的专横独断:它从许多人中造就**一台**机器,用每个个人来造就一件达到**一个**目的的工具。它最普遍的效果是教你认识到中央集权的好处。

219

不定居。——我们很愿意住在小城市里;但是时不时地,恰恰是它把我们驱赶到最孤独、最没有得到揭示的自然中去,也就是说,当它再一次对我们来说变得太透明的时候。最终,为了从这种自然中**复原**,我们去了大城市。几次从大城市迁移——我们猜出了它杯中的沉渣——以小城市开始的循环重新开始。——现代人就是这样生活:他们在一切事物中都有点**太认真地**要像其他时代的人那样**定居**下来。

220

对机器文化的反拨。——本身就是最高思考能力产物的机器在那些操纵它的人那里几乎只是把低级的、没有思想的力量调动起来。在这中间,它普遍释放了过多的、要不然仍在沉睡的力量,这是真的;可是它没有推动提高、推动改进、推动成为艺术家。它使人行动、使人单调——长此以往,这产生了一种相反效果,一种心灵感到了绝望的无聊,心灵通过它而学会渴望多种多样的游手好闲。

221

启蒙运动的危险性。——所有那些近乎疯狂的东西、那些戏子手段、那些动物般的残忍、那些淫欲,尤其是那些感伤的东西和自我陶醉,在一起构成了真正**革命的**实体,并在革命之前成为卢梭的灵与肉。——这整个东西还带着阴险的热情把**启蒙运动**顶到了自己疯狂的脑袋上,这脑袋因此而像在神圣的灵光中,本身就开始发起光来:归根结底,对那个东西来说如此陌生,并自为地存在着,会像一道穿过云层的光辉一样宁静地离去的启蒙运动,长时间地满足于仅仅改造个人:以至于它也许只是非常缓慢地改造各民族的社会风气和习惯。可是现在,同一个使用暴力的、突如其来的东西捆绑在一起,启蒙运动本身也变成使用暴力和突

如其来的了。它的危险性因此而几乎变得比通过它而进入到大革命运动中的那种解放作用和启蒙作用更大。理解这一点的人也将懂得要从什么样的混沌中将它拉出来,从什么样的混浊中使它清明:为的是然后**独自继续**启蒙运动的**工作**,在事后将革命扼杀在摇篮里,使它不会发生。

222

中世纪的激情。——中世纪是激情最大的时代。不论是古代还是我们的时代都不拥有这种灵魂的宽广程度:它的**空间性**从来没有这么大过,也从来没有用更长的尺度衡量过。野蛮民族的原始森林体魄,基督教神秘信徒过于讲究灵魂的、过于清醒的、过于明亮的眼睛,最稚气、最年轻同样也最过于成熟、最厌倦年龄的东西,食肉动物的野蛮和古代晚期精神的柔弱与精细——当时所有这一切并不是很难得地集中到一个人身上:如果一个人陷入激情之中,情绪的急流会变得空前凶猛,心潮空前迷乱,落差空前巨大。——我们现代人可以对在这方面的有所失而感到满意。

223

掠夺与节约。——其后果是大人物希望能够**掠夺**,小人物希望能够**节约**的一切思想运动都向前发展了。因此,例如德国的宗教改革就向前进展了。

224

欣悦的灵魂。——在被人示意有饮料、醉酒状态和一种难闻的污秽味道的时候,古老的德国人的灵魂会变得欣悦起来——要不然它们总是郁郁不乐的;在那样的时候,他们有他们的那种心领神会。

225

纵欲的雅典。——甚至当雅典的鱼市有了它自己的思想家和诗人的时候,希腊人的纵欲仍然拥有一种比罗马人或者德国人的纵欲更加田园诗般的、更加精细的外观。尤维纳利斯的声音会像一只瓮声瓮气的喇叭那样响起:一个彬彬有礼的、几乎孩子一样的笑声会对他作出响应。

226

希腊人的智慧。——因为胜利的欲望和出人头地的欲望是一个无法克服的本性特征，它比所有对平等的尊重和在平等中获得的快乐更古老、更原始，所以希腊国家批准在同类人中间进行体操竞赛和艺术竞赛，也就是说，划定一块场地，可以让那种欲望在那里发泄掉，而不危及政治秩序。随着体操竞赛和艺术竞赛的最终衰落，希腊国家陷入了内部动荡与瓦解。

227

"永远的伊壁鸠鲁"。——伊壁鸠鲁生活在以前的所有时代，而且现在仍然活着，而那些曾经自称、现在仍然自称伊壁鸠鲁主义者的人则对他一无所知，他在哲学家那里也没有名气。甚至他也忘记了自己的名字：这是他所扔掉的最沉重的包袱。

228

优势风格。——学生德语，即德国学生的说话方式，源头是在不学习的学生中间，他们懂得通过揭露教育、端庄、博学、秩序、节制中一切假面舞会一样的东西，来实现对他们更认真的伙伴的优势。他们虽然嘴上不断像那些更好的、更有学问的人一样说着那些领域里的话语，但却在目光中带着恶意，并伴随着一个怪脸。现在政治家和报上的批评家也不由自主地以这种优势语言——惟一在德国有原创性的语言——说话：这是一种不断带着讽刺的引用，一种目光中透着不安和狠毒的左右斜视，一种引号加怪脸的德语。

229

被埋藏的。——我们隐退：但不是由于某种个人的不愉快，好像现在的政治社会状况让我们感到不满，而是因为我们想要通过我们的隐退来节省和聚集力量，这些力量**以后**有一天对文化来说将是十分急需的，如果**这个**现在仍然是**这个**现在，并作为这样的现在来完成**其**使命的话，那么情况就将更是如此。我们是在建立一项资本，试图使它得到可靠的确立：可是，就像是在十分危险的时代里那样，将它**埋藏**起来。

230

精神暴君。——在我们的时代，每一个如此严格地是一种道德特征表现的人，就像泰奥弗拉斯托斯①或莫里哀笔下人物品格的情况那样，人们会认为他是病态的，并谈论他的"固定观念"。公元三世纪的雅典，如果我们可以到那里去访问一下的话，我们就会感觉好像那里住的都是傻瓜。现在**各种观念**的民主统治着每一个人的头脑——**许多观念在一起做主：一个曾经想要**做主的个别观念现在像已经说过的那样，叫做"固定观念"。这是**我们杀死暴君的方式**——我们打发他们去疯人院。

231

最危险的向外移居。——在俄国，有一种知识分子的向外移居：他们越过边境是为了读好书、写好书。这样却有助于把被精神抛弃的祖国越来越多地放进想要吞下小小欧洲的亚洲伸着脖子张开的大口中去。

232

国家的愚忠。——希腊人对国王那种几乎宗教式的爱戴在王政终结后转移到了城邦上。而因为一个概念可以比一个人忍受更多的爱，尤其对于爱的人来说，这个概念不像被爱的人那样经常地对他造成伤害（——因为他们越是知道自己被别人爱，通常就会越变得无所顾忌，直到他们最终不配再得到爱，而实际上，一个裂痕出现了），所以对城邦和国家的尊敬大于以前曾有过的对王侯的尊敬。希腊人在古代史上是**国家的愚忠**——在现代史上这个角色则由其他民族来扮演。

233

不能忽视眼睛。——你是否能证明在读《泰晤士报》的英国有教养的阶级中每十年就有一次视力的减退呢？

234

伟大的著作和伟大的信仰。——那个人有伟大的著作，可他的伙伴有对这些著作的伟大信仰。他们是不可分的：但是显然前者完全取决于后者。

---

① 泰奥弗拉斯托斯（公元前372？—前287？）：古希腊逍遥学派哲学家，著有《品格论》等。

235

659　合群的人。——"我不喜欢我自己",某人说,为的是表明他对社会的偏爱。"社会的胃比我的胃更强大,它消受得了我。"

236

闭上精神的眼睛。——如果人们习惯于训练有素地对行为加以思考,那么人们就必然在行为(尽管这不过是写信或吃喝)中自己闭上内心的眼睛。甚至在同普通人的谈话中,人们也必须懂得如何闭上思想者的眼睛来**思考**——也就是说,为的是要和普通思想在同一平台上,并理解普通思想。这种闭眼是一种可以感知的、可以用意志来完成的行为。

237

最可怕的复仇。——如果你要对一个对手彻底**复仇**的话,那你就应该长久地等待,直到你手上掌握了一大堆真理和正义,并不动声色地充分调动它们来对付他:以便行使复仇和行使正义同时进行。这是那种最可怕的复仇,因为在它上面没有一个可以去上诉的法院管着它。所以,伏尔泰向皮隆复仇,用了五行字来对他的整个生平、著作和意愿下断语:有多少真理,就用多少个词;他也是这样向腓特烈大帝报复的(在一封由凡尔尼发出的给他的信中)。

238

660　奢侈税。——人们在商店里买必需品和仅次于必需品的东西,不得不花很贵的价钱,因为人们同时也为那些放在那里有待出售却很少有顾客问津的东西付了钱:奢侈品和满足新奇欲望的商品。所以是奢侈把一项需要不断交纳的税收强加给并不需要奢侈的普通人。

239

为什么乞丐仍然活着。——如果所有的施舍都只是出于同情才给的,那么乞丐统统都会饿死。

240

为什么乞丐仍然活着。——最大的施舍者是胆怯。

241

思想家如何利用谈话。——如果你懂得如何既看得真切,又时不时看不见自己,那么你也可以不用当倾听者就能听到许多东西。但是人们不懂得如何来利用一次谈话;他们花费了太多太多的注意力在他们想要说和想要对付的事情上,而真正的**听者**往往满足于做短暂的回答,此外**说**几句分期付款式的客套话,另一方面,却诡计多端地记下了另一位所说的一切,连同他说话时的**那种**声调和表情。——在通常的谈话中,每个人都以为自己是引导者,就像两只船肩并肩地行驶,时不时轻轻碰撞一下,而各自都坚信,是邻船跟在后面,或者甚至被拖着走。

242

道歉的艺术。——如果有人向我们道歉,他必须做得非常地道:要不然我们很容易会感觉是自己的不是,因而有一种不舒服的感觉。

243

不可能的交往。——你的思想之船走入了太深的水域,你无法以它在那些友好、正派、殷勤之人的水域航行。有太多的浅滩和沙洲,你会不得不转过身,掉过头来,处于不断的狼狈之中,而那些人马上也会陷入狼狈——由于你的狼狈而狼狈,因为他们猜不出何以使你狼狈。

244

狐中之狐。——一只真正的狐狸不仅称它够不着的葡萄是酸的,而且把它够得着但是却被别人先摘走的葡萄也说成是酸的。

245

最亲近的交往。——尽管人们如此紧密地属于一个整体,但在他们共同的地平线范围内仍然有那整个的四个方位,有些时候他们注意到了这一点。

246

厌恶的沉默。——某人作为思想家和人经受了深刻而痛苦的转变,然后公开为这种转变作证。而听众什么也没有注意到!他们相信他还完全跟以前一样!——这种通常的体验使有些作家感到厌恶:他们曾经对人类的智力给予了过高的尊敬,当他们察觉到自己的错误时,就发誓保持沉默。

247

敬业。——有些富人和贵人的事业是他们那种已习惯了的从太长久的**懒散**中**休息**过来的方式:所以他们如此认真、如此充满激情地对待它,就像别的人对待他们难得的休闲和业余爱好那样。

248

眼睛的双重含义。——就像你脚边的水域突然发出一阵鳞状的战栗,在人的眼睛里也有这种突然的不确定性和含混,遇到这种情况时,人们会自问:这是一种寒噤?一种微笑?或两者兼而有之?

249

正与反。——这位思想家不需要反驳他的人:他自己反驳自己就够了。

250

空网之仇。——你要小心提防那些有着那样一种苦涩的渔夫感情的人,这种渔夫在白天辛勤工作以后,晚上拖着空网回家。

251

让他的权利无效。——行使权力需要你付出代价,也要求有勇气。所以这么多人才使他们正当的或最正当的权利变得无效,因为这种权利是一种**权力**,但是他们太懒惰、太胆小,而没有行使它。遮盖这些过失的德行叫做**宽恕**和**耐心**。

252

光的携带者。——如果不是天生讨人喜欢的小家伙(我指的是所谓的小可爱)把阳光带进来,那么社会里就会没有阳光。

253

最慈善的。——当人刚受到很大的尊敬并吃了一点东西的时候,他是最慈善的。

254

向着光明。——人们渴望光明，不是为了看得更清楚，而是为了更加引人注目。——人们在谁面前引人注目，人们就很乐意让谁来当光。

255

疑病患者。——疑病患者是一种有着足够的精神和精神乐趣以认真对待他的痛苦、他的失败和他的过失的人；但是他赖以生存的领域太小，他吃光了小草，最终就得寻找个别的小茎来吃。以这样的方式，他终于变成了嫉妒者和守财奴——只有这时候他才变得让人难以忍受。

256

回报。——赫西奥德劝告说，只要我们一有能力，我们就要慷慨地、尽可能更丰富地回报接济过我们的邻人。这样做的时候邻人很喜欢，因为他以前的乐于助人给他带来了利息；可是就连回报的人也很喜欢，因为他作为给予者，通过一点小小的优势，买回了以前不得不受人接济的小耻辱。

257

过细。——我们对别人是否察觉我们的弱点的那种观察意识比我们对别人弱点的观察意识要细致得多：由此表明，它过于细致了。

258

一种光明的影子。——紧挨着完全黑暗的人的，总是有一颗光明的灵魂，几乎作为一种规律，又好像是同他们捆绑在一起似的——这个光明的灵魂几乎就是那些人投下来的倒影。

259

不复仇乎？——有这么多精细的复仇方式，以至于一个有理由复仇的人可以归根结底做或者不做他想要做的事情：整个世界在一些时候以后都会取得一致意见，认为他**已经**复了仇。所以不复仇几乎不会在一个人的愿望中占据地位：他甚至都不可以说出来，说他不**愿意**复仇，因为蔑视复仇被解释为和**感受**为一种崇高的、重大的复仇。——由此表明，人们不应该做**多余**的事情。——

260

665　　表示尊敬时的谬误。——每个人都相信当他向思想家表明他自己如何同思想家有完全相同的想法，甚至相同的表达方式的时候是在对思想家说某种表示尊敬和让人感觉舒服的事情；可是当他这样说的时候思想家却很少感到愉快，而是经常怀疑自己的思想及其表达方式：他默默地下决心有一天对两者都要加以修正。——如果你要对某人表示尊敬，你得谨防那种表示一致的说法：它把两者置于同样的水平上。——在许多情况下，倾听一种看法时得表现得它好像不是我们自己的看法，甚至在我们的视野之外，这是一个得体地进行社会交往的问题，例如，当一位长者，一位富有经验的长者，有一天例外地向我们打开了他知识的神龛的时候。

261

信。——信是一种不速之客，信使是不礼貌的不速之客的媒介。你应该每周留出一个小时来收信，然后洗个澡。

262

有偏见者。——有人说：我从小时候起就对自己**有偏见**，因此我在责备中看到了某种真理，在赞扬中看到了某种愚蠢。我通常对赞扬的估计太低，对责备的估计太高。

263

666　　平等之路。——爬几个小时的山会使恶棍和圣人变成两个相当平等的人。劳累是走向**平等**和**博爱**的捷径——而自由是最终通过睡眠添加上去的。

264

诽谤。——如果你被怀疑有什么真正不光彩的事情，你绝不要到你诚实而单纯的**敌人**那里去寻找原因；因为如果这些敌人关于我们发明出这样一些事情来，是没有人相信他们的，由于他们是我们的敌人。可是那些有一段时间我们一直对其有用，而出于某一种原因私下里断定自己不能再从我们这里得到什么东西的人——这样的人能使卑鄙无耻的事情运转起来：他们能让人相信他们的话，首先因为人们认为他们不会杜撰出任何可能损害他们自己的事情；其次因为他们已经进一步了解了我们。——受到这样严重诽谤的人也许会自我安慰地说：诽谤是其他人的病，只是这些病在你身上突然暴发出来；它们证明，社会是一个（道德）躯体，因此你可以对你实施能够有益于他人的治疗。

265

儿童天国。——儿童的幸福就像希腊人所讲述的极北乐土之民的幸福一样，是一种神话。希腊人认为，**如果**幸福就住在尘世，那么它也肯定是尽可能远离我们，大约是在世界的边缘。较古老的人同样认为：**如果**人类归根结底能够幸福，那么肯定也是尽可能远离**我们**的时代，在人生的边缘和初始。对于有的人来说，**透过**这神话的面纱看一眼儿童是他们能够分享到的最大幸福：如果他说"让孩子们到我这里来，因为天国属于他们"，那么他自己就进入了天国的前院。——任何地方，只要现代世界里有某种多愁善感的东西，那么，儿童天国的神话就以某种方式流传着。

266

不耐烦者。——正是生成者不想要生成状态：他太不能耐心等待了。年轻人不愿意等到长期的学习、痛苦、匮乏之后，等到他关于人和事物的图画变得完整起来的时候，于是他深信不疑地想像了另一幅已经完成并提供给他的图画，好像它必然事先把**他的**图画的线条和色彩给予了他，他扑倒在一个哲学家面前、扑倒在一个诗人面前，听由他们指使，不得不服很长时间的劳役，否定自己。这期间他学了许多：可是这时候一个年轻人往往忘记了最值得学习、最值得认识的东西：他自己；他终生都只是一个追随者。啊，有许多无聊需要克服、许多汗水得流，直到我们发现了我们自己的色彩、自己的画笔、自己的画布！——然后还有很长时间我们仍然不是我们生活艺术的大师——可至少是我们自己工作室的主人。

267

没有教育者。——作为思想家，人们应该只谈论自我教育。由别人进行的青年教育，要么是在一个尚未知的、不可知的问题上完成的一个试验，要么是一种原则上的平均主义，它要使无论什么样的新事物都同占统治地位的风俗习惯相一致，也就是说，在两种情况下，都是某种与思想家不相称的东西，是一个冒失的诚实人称为我们的天然敌人（nos ennemis naturels）的父母与教师的作品。——有一天，当人们早就按照世人的看法受了教育的时候，人们才**发现**了**自己**：这时候，思想家的使命开始了，现在是请求他来帮助的时候了——不是作为一个教育者，而是作为一个有经验的受了自己教育的人。

268

对青年人的同情。——如果我们听说，一个青年人折断了牙齿，另一个瞎了眼睛，我们会发出悲叹。要是我们知道存在于他们整个人生中的所有不可改变、毫无希望的东西，那么这种悲叹会有多大啊！——我们在这里**痛苦**的实际原因是什么呢？因为青年人应该继续**我们**已经从事的事情，所以**我们的**工作到了他们手中，他们力量的每一次受损都会给**我们的**工作带来损害。这是关于我们的不朽得不到保证的悲叹，或者，如果我们感觉自己是人类使命的实施者，那么这就是关于这项使命不得不转到比我们更弱的手中而发出的悲叹。

269

年龄段。——将四季同四种年龄段相比是一种令人敬畏的幼稚可笑。既不是生命的最初 20 年，也不是生命的最后 20 年同一个季节相适合：假定我们不满足于白发和白雪的比较，以及其他相似色彩游戏的话。第一个 20 年是对一般生命的一种准备，是整个生命之年的漫长的元旦；而最后 20 年则对以前经历的一切加以俯瞰、内省，将其带入神游与和谐中：就像人们小规模地在每个除夕夜对过去的整整一年所做的事情一样。但是，在这中间，事实上有一段时间可以引起同季节的比较：从 20 岁到 50 岁的这一段时间（一方面，这里统统是按 10 年来计算；另一方面，不言而喻，每个人得按照他自己的经验来自己细化这些粗略的估计）。这 3 个 10 年分别同 3 个季节相适应：夏天、春天、秋天——人生是没有冬天的，除非你要把那些很遗憾屡见不鲜的艰难、冷漠、孤独、无望、无果的**病态时期**称作人类的冬天。20 岁到 30 岁：热烈、令人难堪、暴躁、耽于享乐、让人疲惫，在这样的年纪，当白天过去的时候，我们在晚上赞美它，并在赞美时一抹脑门表示惊讶；在这样的年纪，我们认为工作是艰难的，然而很必要——这 10 年是生命的**夏天**。另一方面，30 岁到 40 岁是生命的**春天**：气温一会儿暖和一会儿清冷，总是不安宁，总是在诱惑你，到处都是喷涌的活力，枝叶茂盛，花香扑鼻，许多迷人的早晨和夜晚，鸟儿的歌声唤醒我们去工作，一种真正用心来做的工作，一种对自己充沛精力的享受，这种享受由于提前在希望中享受到快乐而大为增强。最终，40 岁到 50 岁：像一切静止不动的东西一样神秘莫测；好比一片高大广阔的塬，有清新的风吹向那里；塬的上空是一片明朗无云的天空，它整日整夜始终以同样的温柔注视着收获的时刻，也是最由衷欢乐的时刻——这是生命的**秋天**。

270

现在社会中的女性修养。——妇女现在如何考虑男性修养，我们可以从下面的事实猜出来：她们在她们的装饰艺术中什么都想到了，就是没有特别强调她们的精神面貌或者她们脸部有修养的细节：她们宁愿把它们隐藏起来；而与之相反，她们却懂得例如在额头上留一些头发，以表达一种热切渴望的性感和没有修养，而事实上她们又恰恰不大具备这些特点。她们相信女性的修养会把男人吓坏，这种信念居然到了乐于否认自己有敏锐的修养意识的地步，故意把**近视**的名声强加在自己头上；她们的目的无疑是要使男人更可信赖：就好像一片温柔诱人的黄昏展开在她们周围。 *670*

271

伟大的和短暂的。——使观察者感动得流下了眼泪的事情是一位年轻美貌的妻子用以注视她丈夫的那种陶醉的幸福目光。这时候，针对人类幸福的伟大和短暂，你会感觉到整个秋天的忧郁。

272

牺牲意识。——有的女人有牺牲精神 (*intelletto del sacrifizio*)，如

果她的丈夫不愿意牺牲她，她就一生变得不再快活：这时候她不再懂得该把她的理智引向何方，无意中从牲畜献祭品变成了祭奠的祭司。

273

非女性。——女人说"像一个男人一样愚蠢"；男人说"像一个女人一样胆怯"。愚蠢是女性身上的**非女性**。

274

男性气质和女性气质及死亡。——男性比女性有更不好的气质，这个结论是由以下这一点得出的：凡人中男性儿童比女性儿童更优秀，显然是因为他们更容易"发怒"：他们的野性和好争吵很容易使所有的坏事恶化成致命的事情。

275

巨人建筑物的时代。——欧洲的民主化是不可阻挡的：谁企图阻止它，谁就恰恰要使用把民主思想首先交到每个人手中的手段来做到这一点，并使这种手段本身变得更加便于使用、更加有效；民主的最根本的反对者（我指的是颠覆者）似乎仅仅是为了通过他们激起的恐惧来驱使不同的党派越来越快地前进在民主的道路上。而面对那些现在有意识地、诚实地为民主的未来工作的人，一个人事实上会变得恐惧不安：他们脸上有某种空虚单调的东西，灰色的尘土似乎甚至已经刮进了他们的脑子里。尽管如此，后世很可能有一天会嘲笑我们的这种忧虑，考虑一连好几代人的民主工作就像考虑石头大坝和防护墙的建筑一样——将其视为一种必然在衣服上和脸上扬满许多灰尘，无疑也不可避免地使工人有一点痴呆的工作；可是谁会因此而希望不做这样的事情呢？似乎欧洲的民主化是那些非凡**预防措施**链条中的一个环节，这些预防措施是新时代的思想，因为有这些措施，我们显现出和中世纪的不同。现在才是巨人建筑物的时代！最终确保了基础，才能毫无危险地在这基础上建起整个未来！今后文化的果园再在一夜之间被疯狂而失控的山洪摧毁是不可能的！建起石头大坝和防护墙来阻挡野蛮人、阻挡瘟疫、阻挡**肉体和精神的奴役**！而首先是粗略的、字面的理解，可是渐渐有了越来越高、越来越智慧的理解，以至于这里说到的所有措施似乎便是一位最高级的园艺艺术家富有修养的全部准备工作，这位艺术家只有在这准备工作完全完成了的时候才会转向他的真正的任务！——当然，在这里的手段和目的之间漫长的时间长度中，在几个世纪紧张努力的巨大的或过大的体力和精神中，在这种急需用来创造或获得每一种个别手段的努力中，如果那些致力于现在的人大声宣布，墙和果树棚子**就是**目的和最终目标，那么我们不可以对他们太当回事，因为还没有人看见园丁和果树，而那果树棚子是**为了他（它）们的缘故**而存在的。

276

普选权。——人民不曾给自己普选权，而在现在普选权有效的任何地方，人民得到了它，并暂时接受了它；但是无论如何人民有权利在它不满足人民希望的时候将它交回。现在似乎到处都是这样的情况：因为如果在普选权被使用的任何一个机会中，几乎不到2/3，也许甚至不到所有投票者多数的人来到投票箱跟前，那么这就完全是一种**反对**整个投票制度的投票了。——人们在这里甚至不得不作出更加严厉得多的判断。一条规定多数人可以最终决定所有人幸福问题的法律不能建立在由同样的法律所首先赋予的相同基础上：它必然需要一个更宽广的基础，这就是**全体的一致性**。普选权不可以仅仅是多数人意志的表达：整个国家都必须要求拥有它。因此一个非常少的少数的反对就足够把普选权作为不适合的东西放到一边去了：而**不参加**表决就是这样一种反对，这种反对使整个投票制度垮台。个人的"绝对否决权"，或者，为了不要小题大做，就说少数几千人的否决权，作为正义的后果，悬挂在这个制度的头顶上：每次人们使用它的时候，它必须按照参与方式首先证明它是否还**有效**。

277

糟糕的推断。——我们在自己不熟悉的领域做推论是多么糟糕的事情啊！无论我们作为有知识的人会多么习惯于出色的推论！这是多么让人感到羞愧啊！而现在很清楚，在重大的世界活动中，在政治事件中，在所有的突发的、紧迫的情况下，几乎就像每天发生的事情那样，就是

674　**这种糟糕的推断**在起决定作用：因为没有人完全熟悉一夜之间就新发展起来的东西；所有政治考虑，甚至在最伟大的政治家那里，也不过是碰运气的临时发挥。

278

机器时代的前提。——报刊、机器、铁路、电报是机器时代的前提，其千年的结论还没有人敢下。

279

文化的制动器。——当我们听说：在那里，人们没有时间从事生产性的业务，武器操练和列队游行占去了他们的时间，而其余的人口不得不为他们供吃供穿，可他们的服装却很招摇，往往色彩鲜艳、愚蠢不堪；在那里，只有少数显著的特点才得到承认，个人之间比别处有更多相似之处，或者被当作相同者来对待；在那里，人们盲目服从并要求盲从，人们发号施令，但是谨防做任何说服工作；在那里，很少有惩罚，但是这少数惩罚却很严厉，迅速走向极端，成为最可怕的事情；在那里，背叛被看作最大的罪行，甚至对弊病的批评也只有最大胆的人才敢于进行；在那里，人的生命是廉价的，野心经常采取危及生命的形式，谁要是听到这一切，都会立即说："这是一幅**进入危险中的野蛮社会的图画**。"也许一个人会补充说："这是关于斯巴达社会的描述。"可是另一个人会沉思起来，认为这是对**我们的现代军事**的描绘，就像它作为一种活生生的675　时代错误、作为已说过的那样一幅进入危险中的野蛮社会的图画、作为过去在身后留下的对于现代车轮只能有制动器价值的作品而存在于我们不同的文化与社会之中那样。——有时候，文化也会急需一种制动器：也就是说，当下坡跑得太快时，或者在此种情况下，也许是在**上坡**上得太快时。

280

更加尊敬内行。——在工作的竞争和销售人员的竞争中，**公众**被变成了手工艺的判官：可是公众没有严格的专门知识，只是按照商品质量的**表面**作出评判。结果，表面的艺术（或许还有趣味）将会在竞争支配下得以提升，与之相反，产品的质量必然下降。因而，只要理性不贬值，那种竞争总有一天会终结，一种新的原则会战胜它。只有手工艺大师才应该对手工艺作出评判，公众应该依赖对评判者及其真诚态度的信任。因此，不要做匿名的工作！至少得有一个专家作为产品的担保者，如果没有产品作者的名字或者作者的名字不响亮，那就添加上**专家**的名字作为凭证。一部作品的**廉价**对于外行来说是另一种方式的表面和欺骗，因为只有**耐用性**才能决定一件东西的廉价以及廉价到什么程度；可那是很难的，根本不能由外行来判断。——于是，眼睛看得到的物美价廉之物现在就占了优势——而且这当然将是机器制品。另一方面，机器，也就是说，最高速、最容易地进行生产的起因，也从它那方面促进了**最有销路的品种**：否则就不能用它来取得巨额利润，它将会变得利用率很小，过于经常地闲置在那里。可是，正如已经说过的那样，公众决定的东西是最有销路的：这必然是最有欺骗性的东西，也就是说，那种首先**显得**好，然后也**显得**廉价的东西。所以，就是在工作的领域，这也必须是我们的口号："更加尊敬内行！"

676

281

国王的危险。——民主能够不用暴力手段，通过不断使用的合法压力，来架空国王和皇帝的身份，直到只剩下一个零：也许，如果你愿意，这个零拥有每一个零的意义，它本身什么也不是，可是放到恰当位置上，就使一个数字达到 10 倍的**效果**。帝王的名分对民主政治合目的性的简朴长袍来说仍然是一件豪华装饰品，是民主给予自己的那种美丽的多余物品，是所有历史上令人敬畏的先辈们的装饰品的剩余物，甚至是历史本身的象征——其独一无二性是某种最有效的东西，如果如已经说过的那样，它不是单独地、自为地存在，而是被**放在**恰当的位置上。——为了防止那种被架空的危险，国王们现在用牙紧紧咬住他们作为**军事首领**的尊严：他们需要战争来达到这个目的，也就是说，需要紧急状态，在这种状态中，民主权利那种缓慢的合法压力停顿下来。

282

教师，一种必然的恶。——介于生产者和饥饿的接受者之间的人还

677 是尽可能少一些吧！因为**中间人**几乎无意中伪造了他们帮你获得的食物，然后他们**为自己**要求了太多的东西作为对他们这种帮助的酬劳，而这些东西是从原本的生产者那里拿走的：也就是说，关注、赞美、时间、金钱，以及其他。——因此，人们无论如何都把**教师**看作一种必然的恶，完全像商人一样：作为一种人们不得不尽可能**缩小**的恶！——如果说德国现在所处困境的主要原因也许在于太多太多的德国人想要靠商业生活，并且生活得好（也就是说，在生产者那里尽可能降低价钱，在消费者那里尽可能提高价钱，以便从两者尽可能大的损害中得到好处）；同样，人们肯定也可以从大量教师中看到造成精神上的危急状态的一个主要原因：由于教师的原因，人们学的东西这么少、这么糟糕。

283

尊敬税。——我们熟悉并尊敬的人，无论他是一个为我们工作或为我们做了些什么的医生、艺术家或工匠，我们很愿意尽可能出高价钱，甚至往往超出我们的能力，来给他付钱；与之相反，我们给不熟悉的人付钱是越低越好；这是一场每个人为了立锥之地而进行的斗争，每个人都造成了互相斗争的局面。在我们熟悉的人**为我们**做的工作中，有某种**无价**的东西，有**为了我们的缘故**而放入到他工作中去的情感与发明：我们相信只能通过我们方面的一种**牺牲**来表达这样的感情。——最高的税是**尊敬税**。竞争市场越是占统治地位，人们越是从不认识的人那里买东西、越是为不认识的人工作，这种税就越低，而这正是衡量人类灵魂**交流**程度的尺度。

284

678 实现真正和平的手段。——现在没有一个政府承认，它维持一支军队是为了满足一下偶尔有的征服别人的渴望；而是把军队说成是为防卫服务的。赞同正当防卫的那种道德被请来做它的辩护士。这就是说：为自己保留了道德，为邻邦保留了不道德，因为如果我们的国家必然应该考虑的是正当防卫手段，那么邻邦必然被认为是好战者、好征服者；此外，我们还应该通过我们为什么需要一支军队的说明，来把完全像我们国家一样否认自己好战，并且也从自己角度出发假装只是出于正当防卫的理由而维持一支军队的人说成是伪君子、是太想要心安理得地**袭击**一个无害而笨拙的牺牲品的狡猾罪犯。于是现在所有国家都互相对立：它们都假定邻邦心怀叵测，而它自己则堂堂正正。可这种假定是一种**不人道**，像战争一样糟糕，甚至比战争更糟糕：是的，归根结底，它是对战争的敦促，也是战争的起因，因为正如已经说过的那样，它将不道德归于邻邦，这似乎是在挑起敌对意识和敌对行为。关于军队是正当防卫手段的论调，我们必须像对待征服别人的渴望一样，彻底地发誓放弃掉。也许伟大的一天会到来，在这一天，一个以战争和胜利、以军事纪律和军事智慧的最高发展而闻名，并习惯于给这些东西献上最沉重的牺牲品的民族会自愿宣告："**我们毁掉刀剑**"——并且将它的全部军队机制彻底捣毁。从一种情感**高度**出发，**在最善战的时候使自己失去防御能力**——这是实现**真正**和平的手段，这种和平必然始终以思想意识上的和平为基础：而现在各国盛行的所谓武装的和平实际上是思想意识上的不和，它既不相信自己，也不相信邻邦，它不放下武器，一半是出于仇恨，一半是出于恐惧。宁愿毁灭，也不要仇恨和恐惧；**加倍地宁愿毁灭，也不要让别人来仇恨自己、恐惧自己**——这必然有一天也会成为每一个个别的国家团体的最高原则！——众所周知，我们自由派的人民代表没有时间来考虑人性：要不然，他们会知道，如果他们为"逐渐减少军事负担"而工作，那么他们只是徒劳而已。不如说：只有当这种棘手问题大到不能再大的时候，惟独在这时候才能助人的那种上帝才近在咫尺最近。战争荣誉树一下子就可以被雷电摧毁：可是你们很清楚，闪电来自云层——来自高处。——

285

财产是否可以用公正来补偿？——如果财产的分配不公被强烈地感受到——大钟的指针又一次指到了这个位置上——那么我们就可以说出两种补救的方法：一种是平均分配，另一种是废除财产，将财产归还集体。后一种方法尤其符合我们那些社会主义者的心愿，他们因为那位古代的犹太人说了"不可偷盗"而对他怀恨在心。按照他们的意思，第七条戒律应该是：不可拥有。——对第一种方法的尝试，在古代经常有人

680　做，尽管总是小规模地、不成功地进行，但是前车之覆，后车之鉴。"均田地"说起来容易，可是在由此而必然会有的分离和离别中，由于古老而受尊敬的财产的丧失，会产生多少痛苦！有多少虔诚的感情会受到伤害和牺牲！当人们挖掉界碑的时候，人们也挖掉了道德。而在新的所有者当中又会有多少新的痛苦，多少嫉妒和眼红，因为从来就没有两块真正平均的田地，如果真有的话，人类对邻人的嫉妒也使其会不相信它们真是平均的。这种在根部就已经受了毒害的不健康的平等能持续多久呀！在很少几代人当中，在这里，一块地作为遗产分成了五份；在那里，五块地落到了一个人名下；如果通过严厉的遗产法，我们防止了这样的不良状况，而且也有平均的田地，可是这期间却仍有贫困者和不满者，他们除了对邻人、亲戚的妒忌和要求推翻一切事物以外一无所有。——但是，如果你想要按照**第二种**方法将财产归还给**集体**，把个人只是变成临时的承租者，那么你就毁了耕地。因为人类同他们只是暂时拥有的一切相对立，没有未雨绸缪的操心和献身的精神，他们干的是剥削勾当，就像盗贼或放荡的挥霍者一样。如果柏拉图认为，利己主义会随着财产的取消而取消，那么给他的回答应该是，没有了利己主义以后，人类的四项基本道德①无论如何也是留不下了——像人们不得不说的那样：最严重的灾害也不会像有一天虚荣离人类而去那样给人类造成这么大的损害。没有虚荣和利己主义——人类的德行究竟是什么呢？这简直就是说，不过人类德行的名称与面具而已。现在由社会主义者继续唱着的那种柏拉图的乌托邦基调是以关于人的贫乏知识为基础的：他缺乏道德感的历史，

681　缺乏对人类灵魂善良有用品质根源的洞察力。像整个古代一样，他相信善恶，就像相信黑白一样，于是也相信好人与坏人之间、优秀品质与恶劣品质之间的根本区别。——因此，为了让财富今后引起更多的信赖，也变得更加道德，我们要敞开所有通往**少量**财富的工作之路，但是阻止不花力气的暴富；我们要从私人和私人公司手中拿走所有有利于**大量**财富积聚的商业运输部门，因此，尤其是金钱交易——把那些拥有太多财

---

① 由古希腊哲学家苏格拉底、柏拉图以及斯多葛派提出的勇敢、正义、节制和智慧（或敬神）。

富的人和那些一无所有的人都同样看作对社会有危险的人。

286

劳动的价值。——如果你要按照在劳动上花了多少时间、多少努力、多少好意或恶意、多少强制、多少发明创造或多少懒惰、多少诚实或多少假象，来决定劳动的价值，那么价值绝不会是公正的；因为这就得把整个个人放到天平上，而这是不可能的。在这里，这叫做"不要判断！"但是我们现在从那些不满于关于劳动的估价的人那里听到的，正是对公正的呼吁。如果你继续思考，你就会发现，任何人都不为其产品、不为劳动负责：所以从中绝推导不出一种**功劳**，每一项工作是好是坏，要看它在强与弱、知识与渴望造成的某种必然形势中的必然情况而定。工人**是否**工作，或者**怎样**工作，不是由工人说了算的。只有有用的观点、狭义和广义的**有用**的观点完成了关于劳动的价值评判。我们现在称为公正的东西，在这个领域作为一种最高尚的有用事物，很是恰到好处，它不只是考虑契机和利用机会，而且也考虑所有情形的持久性，因此也把工人的福利以及工人身心的满足放在眼里——从而工人及其后代也很好地为我们的后代工作，而且在一个比人类个别生命更长的时间跨度上变得可以信赖。对工人的**剥削**，正如人们现在理解的那样，是一种愚蠢，是一种以未来为代价的掠夺性开发，是一种对社会的危害。现在我们几乎已经处于战争状态：无论如何，从今以后为维持和平、为缔结条约和实现信任而付出的代价将是十分巨大的，因为剥削者的愚蠢曾经是十分巨大的、长久的。

682

287

关于社会团体的研究。——对于现在想要在欧洲，尤其是在德国，研究经济和政治的人来说，最糟糕的事情在于，实际状况不是用作例子来说明**规律**的，而是来说明**例外**或**过渡阶段**和**最终阶段**的。人们不得不因此而首先学会不去理会实际存在的东西，而将目光朝远处望去，直望到，例如，北美洲——在那里，只要**愿意**的话，你仍然可以用眼睛**看见**与查找社会团体最初的、正常的运动——而在德国，却必须经过艰难的历史研究或者如说过的那样用望远镜才能做到。

288

机器在多大程度上贬低了我们。——机器是非个性的，它剥夺了一件制品的自豪，剥夺了其个别的**优点**和**缺点**，这是非机器制品不可分割的东西——因而也剥夺了那件制品的一点点人性。从前，所有人到工匠那里买东西，这都是**一种个人的荣耀**，人们用这些个人的标志包围了自己：这样，家用器具和服装就变成了相互尊重和个人间休戚相关的象征，而我们现在似乎只是以无名的、非个性的奴隶身份生活着。——我们不得不购买不太贵的轻松的机器制品。

289

百年的隔离。——民主机构是对专制欲望这种古老瘟疫的隔离所，作为这样的机构非常有用，也非常无聊。

290

最危险的追随者。——最危险的追随者是其脱党会毁掉整个党的那种人，因而也是最好的追随者。

291

命运和肚子。——赛马师肚子里多一块黄油面包或少一块黄油面包有时决定了比赛和打赌的输赢，因此也决定了成千上万人的幸福与不幸。——只要各民族的命运仍然取决于外交家，外交家的肚子就始终是爱国者忧虑的对象。还要多久？（Quousque tandem?）① ——

292

民主的胜利。——现在所有的政治力量都试图利用对社会主义的恐惧以自强。但是其中只有民主取得了优势，因为**所有**政党现在都不得不迎合"人民"，给他们各种轻松自由，他们因此而最终会变成万能。人民距离作为一种变革财产所有制学说的社会主义是最遥远的：人民一旦通过其议会大多数将税收掌握到手中，他们就会以累进税打击资本家、商人、交易所大亨，慢慢造就成一个会像忘记一场已经战胜的疾病一样而

---

① 古罗马时期西塞罗在元老院对阴谋家喀提林发怒时所讲的话的开头。

忘记了社会主义的中产阶级。——这种传播开来的民主化的实际结果首先将是形成一个欧洲各民族的联盟，在这个联盟中，每个个别的民族都按照地理上的合目的性划界，拥有一个州的地位和特权；在这个过程中，对以前各个民族的历史记忆已无足轻重，因为对这些事物的虔诚感已经在渴望革新、渴望尝试的民主原则统治下被渐渐连根拔除了。在此过程中证明为有必要的边界修正是为大州的**利益**，同时也是为整个联盟的利益服务的，但不是为关于任何一种老朽往昔的记忆服务的。为这种修正找到观察角度将成为未来**外交家**的使命，他们将不得不同时成为文化研究者、农业家、交往专家，在他们背后没有军队，而只有依据和利益。只有那时候，**对外**政策才不可分割地同**对内**政策联系在一起，而现在，后者还总是追随着其骄傲的统治者，往可怜的小篮子里收集着前者收获时留在地里的小穗。

293

民主的目的和手段。——民主想要尽可能创造和保证许多**独立**：见解的独立、生活方式的独立、工作的独立。为了达此目的，它必须既剥夺一无所有者，也剥夺真正富有者的政治选举权：这是两种不允许存在的人类，它必须不断致力于将其清除掉，因为他们总是一再地使它的使命成了问题。同样，它必须阻止似乎目的在于组织政党的一切东西。因为以上三重意义上的独立的三大敌人是一无所有者、富有者和政党。——我谈论民主就像谈论某种正在到来的东西。现在叫做民主的东西同以前政府形式的区别仅仅在于它是由**新马**拉车：街道是旧的，车轮也仍然是旧的。——在**这样的**马车上，各民族利益面临的危险真的变小了吗？

685

294

审慎与成功。——审慎归根结底是德中之德，是德的老祖母和女王陛下，这种伟大品质在日常生活中绝不是始终有它那方面的成就的：只是为了想要有成就而向这种德求婚的求婚者会感到失望。因为在**实用的**人中间，它被认为是靠不住的，与别有用心和虚伪的狡黠混为一谈。另一方面，明显缺乏审慎的人——那种手脚很快，有一天也会出差错的

686 人，有着自以为是的偏见，认为自己就是一个忠诚可靠的小伙子。所以，实用的人不喜欢审慎的人，正如他们所认为的那样，审慎的人对他们来说是一种危险。另一方面，人们很容易将审慎的人看成胆怯、拘束、迂腐——不实用的、享受型的人恰恰认为他很讨厌，**因为**他不像他们那样不考虑做事和义务，漫不经心地生活，他就像他们有血有肉的良心出现在他们中间，一看到他，就是大白天在他们眼里也变得暗淡无光。如果他因此而不成功、不受人欢迎，那么他总是会自我安慰地说："你为拥有人类当中最珍贵的财富而不得不付出的**税**是那么高，——它值得啊！"

295

而我也在阿卡狄亚（*Et in Arcadia ego*）。①——我向下望过去，越过层层山峦，穿过冷杉林和古老庄严的红杉林，直望到一个奶绿色的湖泊：我周围是各种岩石碎块，地上百花争艳、绿草如茵。一群牲畜走过来，伸开四肢，躺在我的面前；较远处是个别的母牛和几头在一起的母牛，在松树丛旁边刺眼的傍晚光线中；另外更靠近的一些显得幽暗，一切都处于宁静和傍晚的满足之中。时钟指向五点半。畜群中的公牛走进溅着白色水花的小溪，一会儿挣扎，一会儿顺从地随波逐流，不时跌倒下去：无疑它有它自己那种强烈的惬意。两个深褐色的人影是意大利贝尔加莫地方出身的牧人：女孩子几乎穿成了男孩子的样子。左面是石头山坡和宽阔的森林地带的积雪，右面是两座巨大的冰峰，高高地俯瞰着我，漂浮在阳光下纱巾般的薄雾中，——一切都伟大、宁静、明亮。总体的美令人敬畏，在其显现的时刻令人默默地崇拜；无意间，就好像再自然不过的那样，在这纯粹而清晰的光的世界（这个世界完全没有渴慕、期待和前瞻后顾）中我放入了希腊英雄；我必然像普桑和他的学生一样感觉：同时感到了英雄气概和田园诗。——个别人曾经就是这样**生活**，这样**感觉**自己反复出现在世界上，世界反复出现在他们心中，在他们中间有一个最伟大的人之一，英雄—田园诗般哲学思考方式的发明者：伊

687

---

① 这是一句古代的拉丁文墓志铭，后来经常被人引用，包括画家普桑和诗人歌德；阿卡狄亚是希腊的山区。

壁鸠鲁。

296

计算与衡量。——看得见许多东西,一件件加以权衡,互相结算,很快得出结论,算出一笔相当精确的总账——这造就了伟大的政治家、统帅、商人——也就是说,他们靠的是一种心算的速度。看见**一件**事情,在其中找到惟一的行为动机,找到关于所有其他行为的裁判者——这造就英雄,也造就偏激者。——因而是用一种尺度进行衡量的一种能力。

297

不要不合时宜地观察。——只要你经历了什么事情,你就不得不热中于经验,闭上眼睛,也就是说,**不在其中**却成其为观察者。也就是说,这会扰乱对经验的消化:生活经验倒没有得到,却得了消化不良。

298

来自智者的实践。——为了变得聪明,人们**想要**经历某些经验,奔跑着进入了经验的大口。当然,这很危险,有些"智者"在此过程中被吞噬了。

299

精神的困乏。——我们偶尔对人的冷淡和无动于衷,被解释为我们的严酷和性格缺陷,而这往往只是一种精神的困乏:在这样的困乏中,别人对我们来说,就像我们对自己来说一样,是无所谓的,或者令人讨厌的。

300

"有一件事很必要。"——如果我们聪明的话,只有一件事情同每一个人有关,那就是我们心中很快活。啊,有人补充说,如果我们聪明的话,我们最好有见识。

301

一种爱的明证。——有人说过:"关于两个人我从来没有认真思考过:这便是我对他们爱的明证。"

302

我们如何寻求改进蹩脚的论证。——有的人在蹩脚的论证之后又扔上去一点他的个性，就好像那些论证因此便走上正确的轨道，变成了恰到好处的优秀论证；完全就像保龄球运动员在投球以后仍然表情丰富地手舞足蹈，试图把握球滚动的方向。

303

正派。——当你在权利和财产方面当一个楷模的时候；当你例如作为男孩从来不摘别人果园里的果子，作为成人不走未刈过的草地的时候——就列举一些小事，众所周知，这些小事比大事更证明这种楷模性——这种时候仍是凤毛麟角。凤毛麟角的事情还有：你有了甚至一个"社会"、一群人能够达到的那种道德程度，你也始终不过是个"法人"。

304

人啊！——最虚荣的人的虚荣同最谦虚的人在自然与世界中作为"人"的自我感觉方面所拥有的虚荣相比算得了什么！

305

最必要的操练。——由于缺乏小的自制能力，大的自制能力就遭到破坏。每一天都利用得很糟糕，那么对于第二天就是一种危险，第二天你至少连一次也没有拒绝自己某样小东西；如果你要保留自己做主的快乐，那么这种拒绝自己的操练是必不可少的。

306

失去自我。——你一旦发现了自我，你就得不时懂得**失去**自我——然后重新发现自我：前提是，你是一个思想家。因为对于思想家来说，永远束缚在一个人身上是很不利的。

307

何时必须告别。——你不得不同你想要认识和估量的东西告别，至少是暂时一段时间。因为只有当你离开了城市你才会看到，城里高耸在房屋中间的那些钟楼有多高。

308

在正午。——一个人生命的早晨被赋予了积极的充满暴风雨的特点，到了生命的正午，就会有一种奇怪的对宁静的渴望袭上心头，这种渴望会持续几个月乃至几年。他周围变得静悄悄的，声音变得越来越远；太阳垂直地照到他的头上。在森林中一块隐蔽的草地上，他看见大潘神正在睡觉，自然万物都和大潘神一起入睡，脸上有一种永恒的表情——他是这样认为的。他一无所求，不为任何事情操心，他的心静止了，只有他的眼睛活着——这是一种眼睛醒着的死亡。这时候那人看到了许多他从来没有看见的东西，极目望去，一切都织入了一张光的网中，几乎掩埋在其中。这时候他感到很幸福，不过这是一种非常非常沉重的幸福。——树林里终于起风了，正午已过，**生活**把他扯回到生活中来，那种盲目的生活，身后追随着飞奔的追随者：愿望、欺骗、遗忘、享受、毁灭、短暂。于是夜晚降临，甚至比早晨更充满暴风雨、充满行动。——对于真正积极的人来说，持续较长时间的认知状态显得几乎令人可怕和病态，但是并没有令人不愉快。

309

提防你的画家。——一个伟大的画家在一幅肖像画中揭示并描绘出一个人能有的最丰富的表情和时刻，如果他以后在现实生活中再见到这个人，他就会几乎总是相信看到的只是这个人的一幅漫画。

310

新生活的两条原则。——**第一原则**：生活应该建立在最可靠、最可证实的事物的基础上，而不是像至今的情况那样，建立在最遥远、最不确定、最像地平线上的云彩的东西的基础上。**第二原则**：我们应该在确立我们的生活，使其进入最终方向之前，确定同我们最亲密的、亲密的、比较可靠的、不太可靠的关系的**顺序**。

311

危险的易受刺激性。——有才华然而懒散的人在其朋友之一完成了一件出色的作品时，总是会显得受了一点刺激。他们的嫉妒心起，他们为自己的懒惰感到羞愧——或者更确切地说，他们害怕积极的人现在会比以前**更加**看不起他们。处于这样的情绪中，他们批评那件新作——而他们的批评变成了报仇，变成了作者的最高不快。

312

对幻觉的摧毁。——幻觉肯定是昂贵的消遣；可是对幻觉的摧毁更加昂贵——被视为对一些人来说无可争辩的乐趣。

313

智者的单调。——蠢妇有时有欲**问**又止的惊讶表情。而在较高的知识分子眼里，却有一种无动于衷（*nil admirari*）像无云蓝天的单调一样展现出来。

314

不要病得太久。——我们要谨防病得太久，因为旁观者很快就会由于通常表示同情的义务而变得不耐烦，而要他们长时间在自己那里维持这样一种姿态是很费劲的——然后他们直接转向对你们性格的怀疑，得出这样的结论："你们**活该**得病，我们不必再努力去同情了。"

315

给热心人的提示。——喜欢入迷、很容易让人来把自己往上抬的人应该留意不要变得太重，也就是说，例如，他不要学习很多东西，尤其是不要让自己**填满**知识。知识会使人笨拙！——当心啊，你们这些热心人！

316

懂得使自己惊讶。——那些想要看见自己实际模样的人必须懂得用自己手上的火炬来使自己**惊讶**。因为劳心者和劳力者的情况是一样的：习惯于在镜子里看自己的人总是忘记自己的丑陋，只有通过画家，他才重新得到关于这种丑陋的印象。可是他又习惯于绘画，第二次忘记了自己的丑陋。——这是符合普遍规律的，人**忍受不了**不变的丑陋：除非只是一会儿工夫；在任何情况下他都是忘记了这一点，或者否认这一点。——道德家不得不指望那样的时刻，以便可以说出他们的真理。

317

见解和鱼。——一个人是见解的持有者,就像他是鱼的占有者一样——也就是说,在他是鱼塘的拥有者的情况下。一个人得去钓鱼、得有运气,然后他才有**他的**鱼、**他的**见解。我在这里谈论的是活的见解、活的鱼。别的人在拥有一个化石陈列室以及在他们的脑袋里拥有"信念"时,就满足了。——

318

自由和不自由的标志。——尽可能多地满足自己必要的需求,尽管会是不完全的满足,这是**精神自由和个人自由**的方向。让许多甚至多余的需求得到满足,而且尽可能完全得到满足——这是教人走向**不自由**。智者学派的希庇亚斯里里外外穿的一切,都是他自己搞来、自己制作的,因此也符合最高精神自由和个人自由的方向。并不是非得一切都做得同样好、同样完美:自豪感会修补好损坏的地方。

319

相信自己。——在我们的时代,人们不相信任何相信自己的人;从前,让别人来相信我们就足够了。**现在**帮你找到信任的药方叫做:"不要爱惜你自己!如果你想要让你的见解显得值得信任,那你就首先放火烧掉自己的小屋!"

320

既是富裕者,又是贫穷者。——我认识一个人,他作为孩子时就已经习惯于认为人类的智力很不错,也就是说,思考了它在精神事物方面的真正贡献,思考了它无私地优先考虑被认识为真实的东西,以及诸如此类的事情;另一方面,关于他自己的脑瓜(判断力、记忆力、决断力、想像力),他则习惯于拥有很一般、甚至很低下的概念。当他同别人相比时,他发现自己一无是处。现在,经过几年工夫,他先是一次,然后上百次地被迫在这一点上改变观念——你会认为这给了他巨大的快乐和满足,事实上也有一些这样的情况。可是,"尽管如此",如他有一次说的那样,"其中搀和着一种我在以前生活中所不了解的最苦的那种苦:因为自从我在精神需求方面更恰当地评价了人类和我自己,我的精神对我来说似乎就更少有用场了;我因此几乎不相信还能证实有什么好处,因为别人的精神不懂得接受以下这一点:我现在始终在我面前看到乐于助人者和需要帮助者之间那种可怕的鸿沟。不得不独自拥有我的精神,并在可享受的范围内独自享受我的精神,这种困境如此地折磨着我。可是,**给予**比**拥有**更有福:在**沙漠**中孑然一身的最富有者又算得了什么呢!"

321

695　　**你应该怎样进攻。**——你由于某些理由相信或不相信某事,而真正认为这些理由**像它们可能有的情况那样**有力的人真是凤毛麟角。通常,要粉碎对某事的信念,你根本没必要直接搬出最重型的进攻武器;在许多人那里,如果你用一些噪声来发起进攻,你也可以达到目的:所以往往一些摔炮就足够了。针对非常虚荣的人,只需要发起最重量级进攻的**脸部表情**就足够了:他们看到自己得到非常认真的对待——就很高兴让步。

322

死亡。——通过关于死亡的确定前景,一点点宝贵的、芳香的漫不经心会搀和到任何一种生命中去——而现在你们这些奇异的药剂师一样的人从中制作了一种味道很难吃的毒药,吃了这种毒药,整个生命都变得令人恶心!

323

懊悔。——绝不要给懊悔任何活动余地,而要立刻对自己说:懊悔干脆就意味着给第一个愚蠢行为之上加上第二个。——如果我们造成损害,那我们就寻思着做好事。——如果我们由于自己的行为而受了罚,那我们就忍受惩罚,带着这样的感觉,即这样就已经是做了一些好事了:我们是在警戒别人,不要陷入同样的愚蠢。每个受惩罚的作恶者可以感觉自己就是替人类行善的人。

324

成为思想家。——某个人如果不是每天至少花 1/3 的时间摆脱激情、他人和书本，那么他如何成为思想家呢？

325

最佳药物。——不时有一点点健康是病人的最佳药物。

326

不要搀和！——有一些可怕的人，他们不解决问题，却让它在所有那些想要着手解决问题的人面前变得乱七八糟，更加难于解决。那些不懂得如何抓住要领的人，是根本不应该请来解决问题的。

327

被遗忘的自然。——我们谈论自然，却在谈论中忘记了：我们自己也是自然，尽管（quand même）——。因此自然是某种完全不同于我们在提到其名称时所感受到的那种东西。

328

深刻与无聊。——在深刻的人那里就像一口深井的情况一样，掉到里面的东西要很长时间才能到达底部。通常等待得不够长久的旁观者很容易把这样的人看作静止的、僵化的——或者也看作很无聊的。

329

何时该发誓忠于自己。——有时候，人们迷失在一个同我们的才能相矛盾的精神方向上；有一段时期人们英勇地同潮水和风作斗争，其实是在同自己作斗争；人们变得疲乏，变得气喘吁吁；人们实现的东西并不使一个人获得真正的快乐，因为人们认为在取得这样成果的同时，却丧失了许多东西。人们甚至对自己的富有成果、对自己的未来，感到**绝望**，就连在胜利中也是如此。最终，人们终于**调转头**——现在，风正在鼓起我们的风帆，推动我们走在**我们自己的航道上**。多么幸运！我们多**么满怀胜利的信心**！现在我们才知道自己是何许人物，才知道自己想要什么，现在我们发誓忠于自己，并且**可以**这样做——作为内行。

330

气候先知。——正如流云向我们透露出高高地掠过我们头顶的风刮向何处，最轻松、最自由的精灵倾向于预告即将来临的气候。山谷里的风和关于今日市场的看法对于要来临的东西毫无意义，只不过对于曾经存在的东西有意义。

331

不断加速。——那些动手很慢、很难熟悉一件事情的人，有时在事后具有不断加速的特点——以至于最终没有人知道，洪流会把他们拽向何方。

332

三件好事。——休息、高尚、阳光——这三件事包含了一个思想家向往并对自己要求的一切：他的希望和义务，他对知识、道德方面，甚至对日常生活方式乃至对其住处地形风景等的要求。与之相适应的首先是**崇高**的思想，其次是**令人心绪平静**的思想，第三是**给人以启发**的思想——可第四是加入到所有这三种特点中去的思想，在这种思想中，一切世俗的东西都神化了：这就是由伟大的**快乐三位一体**统治的王国。

333

为"真理"而死。——我们不会因为自己的观点而让自己被人烧死：我们对自己的观点还不那么有把握。但是也许会因为以下权利而让自己被人烧死：我们可以拥有自己的观点，我们可以改变自己的观点。

334

拥有自己的规定价格。——如果一个人想要**被人看作**和他的**实际情况**完全一样，他就必须是某种有**其规定价格**的东西。但是只有平凡的东西才有一个规定价格。因此这种渴望不是明智的谦虚造成的结果就是愚蠢的非分之想造成的结果。

335

建房者的道德。——房子建成之后，就得把脚手架拆掉。

336

索福克勒斯主义。——有谁曾比希腊人在葡萄酒里兑入了更多的水啊！平淡和优雅相结合——这是索福克勒斯时代及其后的雅典人的贵族特权。谁能够模仿，就快模仿吧！在生活中和作品中！

337

英勇行为。——英勇行为在于做一件伟大的事情（或者**不做伟大的**事情）而不感觉自己是在别人**面前**同别人竞争。英雄无论到哪里去，总是把荒野和神圣的、人迹罕至的边境地区带到哪里。

338

自然的酷似者。——在自然中的某个地方，我们愉快而惊愕地重新发现了自己；这是最美的酷似。——恰恰是在这里，在这总是洒满阳光的十月空气中，在这从早到晚阵阵微风的快乐嬉戏中，在这最纯粹的光亮和最适中的清凉中，在这高原的整个妩媚而庄重的丘陵、湖泊、森林特性中，在这无畏地躺在永恒的雪形成的庞然大物旁边的高原上，在这个意大利和芬兰相结合、大自然的所有银色色调似乎都落户于此的地方，能有那样一种感觉的人必定非常幸福——能够说出下列话的人又是非常幸福："自然中肯定有伟大得多、漂亮得多的东西，可是**这感觉**对于我来说是真挚的、熟悉的、有着血亲关系的，甚至意味着更多的东西。"

339

智者的平易近人。——智者会在无意间平易近人地同其他人交往，像是一位王公，尽管有天赋、身份、教养等方面的所有那些区别，却易于平等待人：一旦让人注意到这一点，人们就会因此而对他非常生气。

340

金子。——并不是所有是金子的东西都发光。最贵重的金属发出的是柔和的光。

341

轮子和止轮器。——轮子和止轮器各司其职，但是也有一个共同的职责：互相伤害。

342

思想家受到的打扰。——思想家不得不平静地看待一切中断（如人们所说的打扰）他思想的东西，就像看待一个自愿到艺术家门上来为其效劳的新的模特儿一样。中断就是给孤独者带来食品的乌鸦。

343

拥有大量才气。——拥有大量才气使你保持**青春**：但是你也不得不忍受正好因此而被人认为比实际情况**更老**的事情。因为人们把神来之笔解读为**生活经验**留下的痕迹，也就是说，解读为因为经历了许多，经历了糟糕的事情，经历了痛苦、错误、悔恨之后留下的痕迹。因此，当你拥有大量才气并显示出来的时候，你在他们眼里就被认为比实际情况更老，也**更糟糕**。

344

你如何取胜。——如果你只有**险胜**你对手的前景，那你就不该奢望胜利。出色的胜利必然让被战胜者心情愉快，它必然有某种避免**使人感到羞耻**的神圣东西。

345

卓越者的幻觉。——卓越者难于从一种幻觉中解脱出来：因为他们想像自己在中庸者那里激起妒忌，被感觉为与众不同。可事实上他们被人感觉为多余的人，人们缺了他们毫无缺憾之感。

346

干净整洁的要求。——人们改变看法对于一种人来说，就像要求换衣服一样，是一种干净整洁的要求；可对于另一种人来说，不过是一种爱虚荣的要求。

347

也算得上英雄。——这里有一个英雄，只不过是在果子成熟时摇了一下果树。你们以为这样太微不足道了吗？那么你们就好好察看一下他摇过的那棵树吧！

348

如何衡量智慧。——智慧的增长可以精确地以胆汁的减少衡量出来。

349

谬误说出来让人听着不舒服。——真理说出来让人听着舒服，这一点并不迎合每一个人的趣味。可是但愿至少没有人相信，如果谬误说出来让人听着**不舒服**，谬误就变成了真理。

350

黄金格言。——人身上捆着许多链条，因而他不再做出动物的举动：他变得比所有动物都更温和、更有教养、更快活、更审慎。不过如今他却受苦匪浅，如此长久地戴着他的锁链，如此长久地缺乏纯净空气和自由行动；可是这锁链是——我一而再、再而三地重复说——道德观念、宗教观念、形而上学观念中那些重大而有意义的谬误。只有当这种**锁链病**也被克服的时候，第一大目标才真正实现：人从动物中脱离出来。——我们现在正处于我们摘下锁链的工作中，必须保持最高度的谨慎。**精神的自由只可以给予完美的人；生活变得轻松**只在于这样的人，只有这样的人在伤口处被抹上药膏；他首先可以说，他为**快乐**而生活，不为任何进一步的目标；在任何其他人的口中，他的座右铭都会是危险的：**平安在我周围，喜悦一切近在眼前的事物**。——伴随这句适用于个人的格言，他回想起了一句适用于**所有人**的伟大而动人的古话，这句话作为一个座右铭和标志为整个人类保留下来，如果人们过早地以它来装饰自己的旗帜，就会毁在它上面——基督教就毁在它上面。似乎还**没有到时候**，所有人还不会像那些牧羊的人一样，看到天国在自己头顶上被照亮，听到那一句名言："在地上平安归与他所喜悦的人。"① ——这始终还是**个人的时代**。

影子：在你所说的一切当中，没有任何东西比一个预告**更**让我满意的了：你们要重新成为近在眼前事物的好邻居。这也将对我们这些可怜的影子有好处。因为——你们就承认了吧——你们至今为止太乐于诽谤我们了。

漫游者：诽谤？可是你们为什么从来不为自己辩护呢？你们毕竟就在周围，随时可以让我们的耳朵听你们说话。

---

① 《圣经·新约全书》中的一句话。这句话引全了应该是："在至高之处荣耀归与上帝，在地上平安归与他所喜悦的人。"

影子：我们觉得，我们似乎离你们太近了，无法谈论我们自己。

漫游者：妙！很妙！啊，你们影子是比我们"更好的人"，我觉察到了。

影子：而你们把我们说成是"纠缠不休"，——我们至少对一件事是很懂的：沉默和等待——没有一个英国人比我们更懂。真的，我们被认为很经常很经常地跟随在人的后面，但不是受他的奴役。当人见不得阳光的时候，我们见不得人；我们的自由就这么一点点。

漫游者：啊，更经常得多的是光见不得人，而那时候你们也离开了他。

影子：我经常是带着痛苦离开你的：在我这个知识的渴求者看来，许多东西对于人来说是不明白的，因为我不能始终在他周围。我宁愿以当你的奴隶为代价，来使人类获得全面的知识。

漫游者：你知不知道，你究竟是否会因此而突然从奴隶变成了主人呢？或者虽然仍是奴隶，却作为你主人的蔑视者过着一种降低身份的生活，一种恶心的生活？让我们两个满足于你——你和我——仅有的那种自由吧！因为看见一个不自由的人，对我来说，就会毁掉我最大的欢乐；如果有人**得**和我分享，那么最好的东西也会让我厌恶——我不要知道有奴隶在我周围。因此我也不喜欢狗，那种懒惰的、摇尾巴的寄生动物，它只有作为人的奴隶才变成"狗样"，人常常对它大加赞扬，说它忠于主人，跟着他就像他的——

影子：就像他的影子，他们是这样说的。也许我今天跟随你也跟随得太长了？这是最长的一天，可是我们已经到了它的尽头了，再有一小会儿的耐心吧。草地是湿的，让我冷得发抖。

漫游者：哦，是分手的时候了吗？而我最后不得不还要让你伤心；我已经看到，你在这过程中变得更暗了。

影子：我脸红了，而我脸红的颜色就是发暗。我想起来了，我经常像一只狗一样躺在你的脚边，你这时候就——

漫游者：我能不能很快地做点什么来让你喜欢呢？你有没有什么愿望？

影子：没有，除非是那条懂哲理的"狗"在伟大的亚历山大面前表示的愿望：为我从阳光里腾出一点点地方，我感到太冷了。

漫游者：我该做什么？

影子：走到这杉木树下，回头朝山那边看；太阳落山了。

漫游者：——你在哪里？你在哪里？

图书在版编目（CIP）数据

尼采全集. 第 2 卷/（德）尼采（Nietzsche，F.）著；杨恒达译. —北京：中国人民大学出版社，2011.9
ISBN 978-7-300-14398-9

Ⅰ.①尼… Ⅱ.①尼…②杨… Ⅲ.①尼采，F. W.（1844～1900）- 全集 Ⅳ.①B516.47

中国版本图书馆 CIP 数据核字（2011）第 188208 号

尼采全集　第 2 卷
人性的，太人性的
一本献给自由精灵的书
［德］弗里德里希·尼采　著
杨恒达　译
Nicai Quanji

出版发行	中国人民大学出版社		
社　　址	北京中关村大街 31 号	邮政编码	100080
电　　话	010 - 62511242（总编室）	010 - 62511770（质管部）	
	010 - 82501766（邮购部）	010 - 62514148（门市部）	
	010 - 62515195（发行公司）	010 - 62515275（盗版举报）	
网　　址	http://www.crup.com.cn		
经　　销	新华书店		
印　　刷	涿州市星河印刷有限公司		
规　　格	150 mm×230 mm 16 开本	版　次	2011 年 10 月第 1 版
印　　张	30.25 插页 2	印　次	2023 年 8 月第 10 次印刷
字　　数	425 000	定　价	88.00 元

版权所有　　侵权必究　　印装差错　　负责调换